Das iPad

Tipps und Tricks

Uwe Albrecht

Markt+Technik

Gratis-Download

Wenn Sie auf die Buch-Website www.mut.de/pdf-book/0044 gehen und den Code **0044** eingeben, können Sie ein PDF mit weiteren praktischen Tipps herunterladen.

ISBN 978-3-98810-044-3

Produktmanagement Christian Braun, Burkhardt Lühr
Lektorat, Herstellung Jutta Brunemann
Covergestaltung David Haberkamp
Coverfoto © agsandrew – Adobe Stock
Satz inpunkt[w]o, Wilnsdorf (www.inpunktwo.de)
Druck mediaprint solutions GmbH, Paderborn
Printed in Germany

Inhaltsverzeichnis

1. Grundlagen der Bedienung

Ein großer Vorteil des iPad und vor allem des iPad Pro gegenüber einem herkömmlichen Laptop ist seine Flexibilität. Es ist schnell, leicht und mobil, hat ein hervorragendes Display, kann nicht nur mit Fingertipps und Gesten, sondern auch mit Tastatur, Maus und nicht zuletzt mit dem Apple Pencil bedient werden. Sogar eine Steuerung und Bedienung über Sprachbefehle ist dank Siri möglich. Schwachpunkte der Tablets von Apple waren bislang vor allem das Betriebssystem iOS und die im Vergleich mit den Programmen für Mac und Windows etwas an Funktionen eingeschränkten Apps. Dies hat sich nicht erst seit dem aktuellen iPadOS 26 grundlegend geändert. Aufgrund der zahlreichen neuen und weiter verbesserten Funktionen – auch für professionelle Anwender und Anwenderinnen – stellt das iPad mittlerweile in noch größerem Maße als bisher – zumindest für einige Anwenderinnen und Anwender – durchaus eine Alternative zu herkömmlichen Laptops dar.

Im ersten Kapitel zeigen wir Ihnen Tipps und Handgriffe zur grundlegenden Bedienung Ihres iPad.

1.1 Wichtige Handgriffe am iPad

iPad aus- und einschalten

Sie schalten Ihr iPad über die Stand-by-Taste aus oder ein. Beim Einschalten startet das iPad umgehend und das Apple-Logo erscheint. Beim Ausschalten gehen Sie je nach Modell unterschiedlich vor. Bei einem iPad, das noch über eine Home-Taste verfügt, betätigen Sie nur die Stand-by-Taste. Bei allen aktuellen iPads ohne Home-Taste drücken Sie hingegen gleichzeitig die Stand-by-Taste und die Lauter-Taste. In beiden Fällen erscheint daraufhin ein Schieberegler mit der Bezeichnung *Ausschalten*. Betätigen Sie diesen, wird das iPad heruntergefahren.

iPad aufwecken

Sind Sie Besitzer eines iPad Pro (ab der 3. Generation), eines iPad Air (ab der 4. Generation) oder eines iPad mini (ab der 6. Generation), können Sie das iPad allein durch einen Fingertipp auf den Bildschirm aufwecken. Hierzu die Stand-by-Taste oder die Seitentaste zu betätigen, ist nicht mehr nötig. Dank Face ID oder Touch ID (sofern Sie den Finger auf die Seitentaste halten) wird das iPad zudem sofort entsperrt.

Alternativ schalten Sie Ihr iPad über das Kontrollzentrum aus.

1. Öffnen Sie das Kontrollzentrum, indem Sie auf dem Bildschirm des iPad von links oben nach unten wischen.

2. Tippen Sie dort rechts oben etwas länger auf das Symbol zum Ausschalten. Um das iPad auszuschalten, ziehen Sie anschließend den Schieberegler mit dem Symbol zum Ausschalten von rechts nach links.
3. Des Weiteren können Sie Ihr iPad über die *Einstellungen* ausschalten. Öffnen Sie die *Einstellungen* und tippen Sie dort auf den Eintrag *Allgemein*.
4. Wischen Sie ganz nach unten bis zum Eintrag *Ausschalten*. Tippen Sie darauf, erscheint der oben erwähnte Schieberegler, den Sie ebenfalls betätigen.

iPad neu starten

Ihr iPad (ohne Home-Taste) starten Sie auf die folgende Weise neu:

1. Drücken Sie schnell hintereinander erst die Lauter-Taste und dann die Leiser-Taste.
2. Zum Schluss betätigen Sie die Stand-by-Taste an der Oberseite des iPad für wenigstens fünf Sekunden, in jedem Fall so lange, bis das Apple-Logo auf dem Bildschirm erscheint und das iPad Pro neu startet.

iPad mit Home-Taste neu starten

Besitzt Ihr iPad noch eine Home-Taste, gehen Sie stattdessen folgendermaßen vor:

1. Halten Sie die Stand-by-Taste und die Home-Taste gleichzeitig gedrückt und warten Sie, bis das Apple-Logo erscheint.
2. Das iPad wird nun komplett neu gestartet, was auch etwaige Probleme beseitigen kann, da dabei der Speicher aufgeräumt wird.

Am iPad anmelden

Um sich am iPad anzumelden, gibt es drei Möglichkeiten: per Code, Touch ID oder Face ID. Je nach Modell verwenden Sie Touch ID, um sich per Fingerabdruck über den Home-Button oder die Stand-by-Taste anzumelden, bzw. Face ID per Gesichtserkennung durch die Frontkamera. Die Anmeldung per vier- oder sechsstelligem Code ist an jedem Gerät möglich und in manchen Situationen auch erforderlich, wie etwa nach einem Neustart oder Upgrade. Bei der Ersteinrichtung Ihres iPad werden die entsprechenden biometrischen Daten erfasst und gesichert. Diese können Sie später noch ändern.

Querformat verwenden

Der Home-Bildschirm Ihres iPad lässt sich selbstverständlich auch im Querformat nutzen. So ändert sich die Darstellung des Bildschirminhalts umgehend, wenn Sie das iPad auf die Seite drehen. Dies gilt auch für die allermeisten Apps. Diese funktionieren nicht nur im Querformat, sondern bringen auch einen Mehrwert mit sich. Verwenden Sie daher, wann immer das sinnvoll erscheint, das Querformat. In diesem Fall können Sie die Seitenleiste zahlreicher Apps nutzen und die Multitasking-Funktionen von iPadOS 26 sinnvoll einsetzen, um mit mehreren Apps oder Dokumenten zu arbeiten. Die Seitenleiste von vielen Apps sowie die mehrspaltige Ansicht von *Mail*, *Safari* oder *Notizen* erscheinen nur, wenn Sie das iPad auf die Seite drehen. Dies gilt auch für die Bildschirmtastatur, die im Querformat noch mehr Möglichkeiten bietet.

Bildschirmformat dauerhaft festlegen

Falls Sie aus einem bestimmten Grund die Darstellung des Bildschirminhalts auf Hoch- oder Querformat festlegen wollen, z. B. wenn Sie ein E-Book lesen und daher nicht wünschen, dass sich das Format ändert, wenn Sie sich oder das iPad bewegen, gehen Sie wie folgt vor:

1. Drehen Sie das iPad ins Hoch- oder Querformat. Wischen Sie vom oberen rechten Rand des Bildschirms nach unten, um das Kontrollzentrum aufzurufen.
2. Tippen Sie zunächst auf das kleine Herzsymbol, um die Favoriten des Kontrollzentrums aufzurufen. Dort wählen Sie das Symbol mit dem Schloss. Der Bildschirminhalt wird auf das aktuelle Format festgelegt und ändert sich anschließend beim Bewegen oder Drehen des iPad nicht mehr.

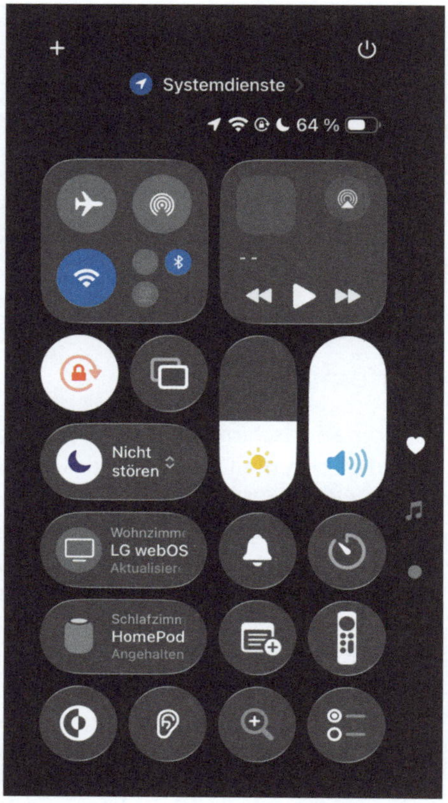

1.2 Fingertipps und Gesten

Die Bedienung Ihres iPad mit Fingertipps und Gesten ist weitestgehend intuitiv möglich. Spezielle Funktionen zur Verwendung mehrerer Apps, für das Multitasking, zum Löschen, Kopieren oder Einfügen von Text bzw. Dateien sind aber nicht in jedem Fall auf den ersten Blick ersichtlich. Mit den folgenden Tipps können Sie sich diese erschließen.

Schnell zum Anfang blättern

Wenn Sie eine längere E-Mail, Webseite oder ein PDF-Dokument lesen und dann umgehend nach oben an den Anfang blättern möchten, erreichen Sie das mit nur einem Fingertipp und müssen nicht aufwendig zurückblättern.

1. Öffnen Sie eine längere E-Mail oder auch ein PDF-Dokument in der *Mail*-App oder in der *Dateien*-App und blättern Sie ganz nach unten.
2. Tippen Sie nun oben links oder rechts von der Mitte auf die Statusleiste, wird umgehend der Anfang der E-Mail oder des Dokuments angezeigt.

Kontextmenü mit Schnellaktionen

Mit den meisten Ihrer Apps und Dateien auf Ihrem iPad können Sie sogenannte Schnellaktionen nutzen. Bei den Schnellaktionen handelt es sich je nach App und Dateityp um unterschiedliche Befehle, mit denen Sie Funktionen der Apps aufrufen oder Dateien anzeigen und bearbeiten. Die Schnellaktionen rufen Sie wie folgt auf:

1. Tippen Sie etwas fester und länger auf das Symbol der App oder Datei, hierbei erscheint deren Kontextmenü mit den Schnellaktionen – ähnlich, wie Sie diese vom Mac oder Windows-PC kennen.
2. Wählen Sie den gewünschten Befehl aus. Bei einer App sind es App-spezifische Befehle, bei einer Datei beispielsweise Befehle zum Bearbeiten, Markieren oder auch Kopieren.
3. Bei manchen Apps können Sie auch deren Erscheinungsbild ändern und diese in Form eines Widgets darstellen. Bei Widgets handelt es sich um »Kleinstprogramme«, die auf rudimentäre Funktionen beschränkt sind (Näheres zu Widgets siehe Kapitel 2.2).

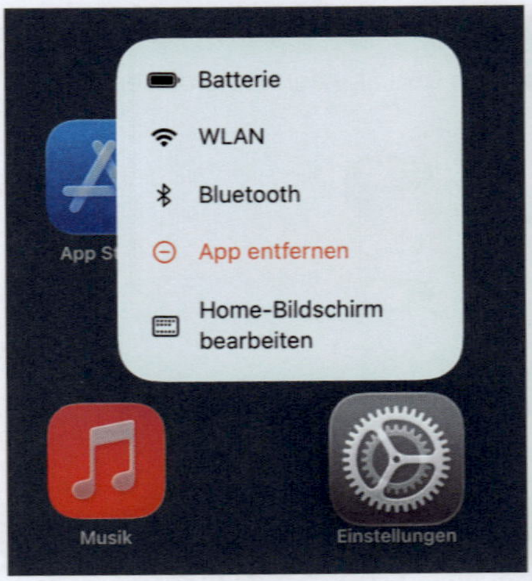

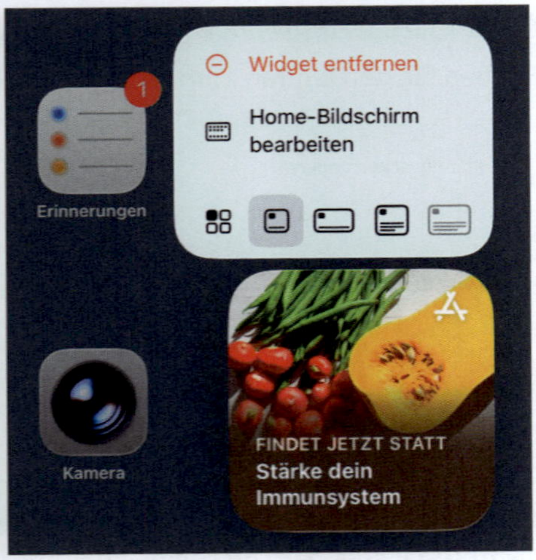

Dateivorschau

Die Schnellaktionen beinhalten auch – sofern von iPadOS unterstützt – eine Dateivorschau, auch »Übersicht« oder »Peek und Pop« genannt. Damit können Sie einen Blick in eine Datei oder auch auf eine Webseite werfen, ohne die App starten zu müssen.

1. Tippen Sie fest auf die App auf dem Home-Bildschirm oder im Dock – z. B. auf die *Dateien*-App oder die *Bücher*-App. In Ergänzung zu den Schnellaktionen werden die letzten vier dort geöffneten Dateien angezeigt. Nun können Sie diese per Fingertipp in der entsprechenden App öffnen.
2. Starten Sie die *Dateien*-App und tippen Sie fest auf eine beliebige Datei. Bei den eingeblendeten Schnellaktionen im Kontextmenü wählen Sie *Offene Fenster*.

3. Starten Sie *Safari* und öffnen Sie eine Webseite. Tippen Sie dort fester und länger auf einen Link. Die dazugehörige Webseite wird in der Dateivorschau angezeigt. Zudem können Sie passende Schnellaktionen – von *Safari* – aufrufen.
4. Öffnen Sie die App *Mail*. Wählen Sie in der linken Spalte eine E-Mail aus und tippen Sie fester und länger darauf. Die entsprechende E-Mail wird in der Dateivorschau angezeigt. Zudem können Sie passende Schnellaktionen aufrufen.

Eingaben über Schütteln widerrufen

Wollen Sie eine Eingabe an Ihrem iPad widerrufen, dann genügt es, dieses kurz zu schütteln, um die Eingabe rückgängig zu machen. Hierbei kann es sich um eine Texteingabe in der *Notizen*-App handeln, die Eingabe einer E-Mail-Adresse in der *Mail*-App oder einer Internetadresse in Safari. Auch Formatierungen oder Zeichenschritte lassen sich so in manchen Apps rückgängig machen. Damit dies funktioniert, muss die entsprechende Funktion allerdings aktiviert sein. Dies erreichen Sie auf die folgende Weise:

1. Öffnen Sie die *Einstellungen* und tippen Sie dort auf *Bedienungshilfen* sowie *Tippen*.
2. Suchen Sie den Eintrag *Zum Widerrufen schütteln* und aktivieren Sie diesen.

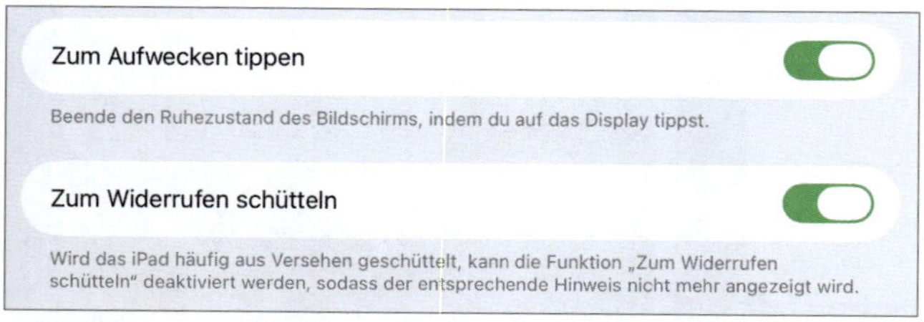

Eingaben über Gesten widerrufen

Falls Ihnen das Schütteln des iPad zum Widerrufen von Eingaben zu umständlich oder vielleicht sogar zu albern erscheint, können Sie auch eine Geste nutzen.

1. Verfassen Sie einen Text etwa in der *Notizen*-App.
2. Wischen Sie mit drei Fingern von rechts nach links über den Bildschirm, um die letzte Eingabe zu löschen, tippen Sie ggf. oben auf *Widerrufen*.
3. Um die letzte Eingabe nun doch wiederherzustellen, wischen Sie mit drei Fingern von links nach rechts und tippen ggf. auf *Wiederholen*.

Einige wichtige Gesten für das iPad

- **Tippen:** eine Funktion auswählen, eine App starten oder eine E-Mail bzw. ein anderes Dokument öffnen.
- **Doppelt tippen:** vergrößern oder verkleinern, z. B. bei Abbildungen.

- **Finger spreizen:** vergrößern, z. B. bei Webseiten, Textseiten, Abbildungen.
- **Auf die Statusleiste tippen:** schnell an den Anfang einer E-Mail, Webseite oder eines Dokuments blättern.
- **Lange auf eine Textstelle tippen oder den Finger auflegen:** Kontextmenü aufrufen.
- **Bildschirminhalt aktualisieren:** in der *Mail*-App oder Safari den Bildschirminhalt mit einem Finger von oben nach unten ziehen.
- **Suche über Spotlight aufrufen:** von der Mitte des Home-Bildschirms nach unten wischen.
- **Kontrollzentrum aufrufen:** vom oberen linken Rand des Bildschirms nach unten wischen.
- **Wischen zum Löschen:** Um beispielsweise eine Notiz, eine E-Mail oder ein Lesezeichen zu löschen, wischen Sie auf dem Eintrag schnell von rechts nach links.
- **Scroll-Leiste ziehen:** durch ein Dokument blättern oder navigieren.
- **Zur vorherigen Ansicht einer App zurückkehren:** von der Mitte des Bildschirms nach rechts wischen.

Gesten für die Arbeit mit mehreren Apps

Um unter iPadOS 26 Multitasking am iPad einfacher zu nutzen, gibt es zusätzliche Gesten:

- **App-Umschalter:** Streichen Sie vom unteren Rand des Bildschirms nach oben bis in die Mitte des Bildschirms und halten Sie den Finger gedrückt. Oder: vier/fünf Finger auf dem Bildschirm zusammenziehen.
- **Zwischen Apps wechseln:** bei einer geöffneten App mit vier oder fünf Fingern horizontal nach links oder rechts streichen.
- **Zur vorherigen Ansicht zurückkehren:** Um zur vorherigen Ansicht (etwa dem vorigen Home-Bildschirm) zurückzukehren, müssen Sie nicht mehr vom linken Rand nach rechts wischen, sondern können dies auch von der Mitte des Bildschirms aus machen.
- **Zum Home-Bildschirm zurückkehren:** bei einer geöffneten App vom unteren Bildschirmrand langsam nach oben wischen.

Zusätzliche Gesten aktivieren

In den *Einstellungen* von iPadOS 26 können Sie weitere Gesten aktivieren, etwa um das Multitasking am iPad einfacher zu nutzen.

1. Dazu wählen Sie in den *Einstellungen* den Eintrag *Multitasking & Gesten*.
2. Schalten Sie dort in der Kategorie *Gesten* die gewünschten Funktionen ein, etwa *Zum Einblenden der Menüleiste streichen*, *App-Umschalter mit vier oder fünf Fingern* oder *Produktivitätsgesten*.

3. Eine Besonderheit stellt die Geste *Mit Finger von Ecke aus streichen* dar. Schalten Sie diese ein, können Sie die gewünschten Funktionen festlegen, die ausgeführt werden, wenn Sie von der linken oder rechten Ecke nach innen streichen.
4. Sie haben die Wahl zwischen *Schnellnotiz* (mit dem Apple Pencil) oder dem Erstellen eines *Bildschirmfotos*.
5. Bitte beachten Sie Folgendes. Sofern Sie den *Stage Manager* fürs Multitasking oder die *Apps als Fenster* aktiviert haben, können Sie diese Geste leider nicht einschalten und nutzen.

Weitere Gesten zur Textbearbeitung

Sinnvoll und praktisch sind auch die Gesten zur Textverarbeitung auf dem iPad:

- Cursor mit Finger ziehen: Cursor verschieben
- Auf ein Wort tippen und getippt halten, bis das Wort markiert ist
- Zweimal auf ein Wort tippen: Wort markieren
- Dreimal auf einen Satz tippen: Satz markieren
- Viermal auf einen Absatz tippen: Absatz markieren
- Finger über einen Abschnitt wischen/ziehen: Abschnitt markieren
- Drei Finger spreizen: markierten Text kopieren
- Drei Finger zusammenziehen: markierten Text einfügen

1.3 Die Bildschirmtastatur

Bei der Bedienung Ihres iPad spielt die Bildschirmtastatur neben Gesten, Fingertipps und ggf. dem Apple Pencil die bedeutsamste Rolle. Schließlich handelt es sich beim iPad um ein Tablet und keinen herkömmlichen Laptop, auch wenn es mit entsprechender Ausstattung durchaus Ersatz für einen Klapprechner sein kann. An dieser Stelle finden Sie die wichtigsten Tipps zur Bildschirmtastatur Ihres iPad.

Bildschirmtastatur einstellen

Um die Tastatur einzustellen, wählen Sie in den *Einstellungen* die Einträge *Allgemein* sowie *Tastatur* aus. Dort aktivieren Sie die gewünschten Funktionen.

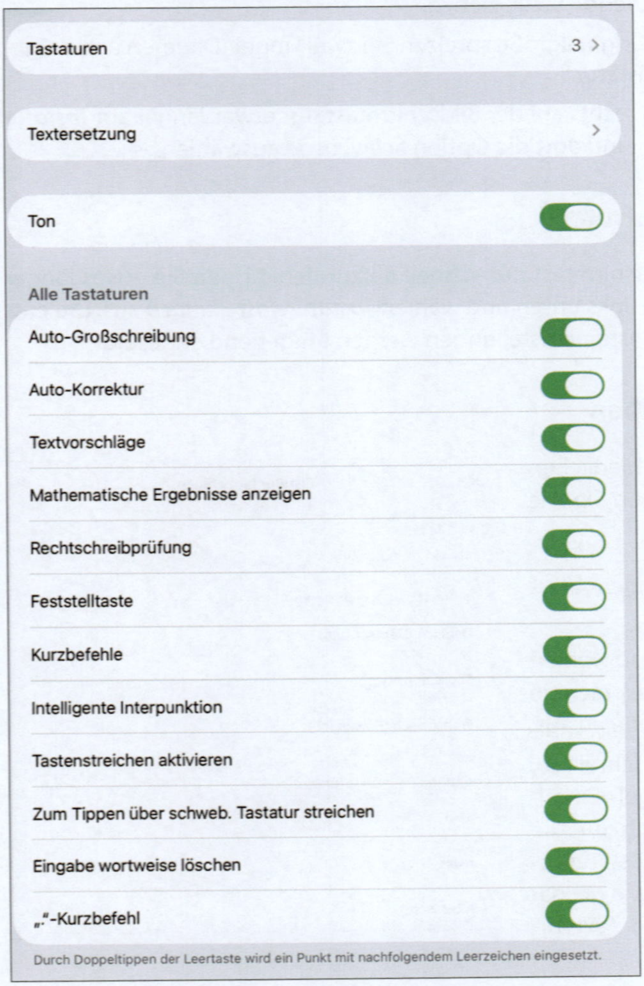

Schwebende Bildschirmtastatur aktivieren

Auf Wunsch können Sie auch auf einem »großen« iPad eine kleine vom iPhone gewohnte Bildschirmtastatur aktivieren:

1. Starten Sie eine App zur Textbearbeitung oder Texteingabe wie die App *Notizen* oder *Mail*.
2. Verfassen Sie den Text. Die Bildschirmtastatur erscheint am unteren Rand des Bildschirms.
3. Ziehen Sie auf der Bildschirmtastatur zwei Finger (Daumen und Zeigefinger) schnell zusammen, wird eine verkleinerte Version der Bildschirmtastatur angezeigt.
4. Verschieben Sie die Bildschirmtastatur, indem Sie diese an dem kleinen Strich unten am Fenster an die entsprechende Stelle ziehen.
5. Zum Wiederherstellen der Originalgröße spreizen Sie zwei Finger (Daumen und Zeigefinger) auf der Bildschirmtastatur.
6. Alternativ können Sie auch rechts auf der Bildschirmtastatur etwas länger auf *Tastatur ein- oder ausblenden* tippen und dort die Option *Schwebend* auswählen.

Tastatureinstellungen aufrufen

Um die Einstellungen zur Bildschirmtastatur schnell aufzurufen, tippen Sie etwas länger auf die Weltkugel-/Emoji-Taste links unten und wählen *Tastatureinstellungen* aus. Die entsprechenden Einträge in den Systemeinstellungen werden umgehend angezeigt.

In Fremdsprachen schreiben

Wollen Sie in mehreren unterschiedlichen Sprachen Texte verfassen, gehen Sie wie folgt vor:

1. Wählen Sie in den *Einstellungen/Allgemein* den Eintrag *Tastatur*.
2. Tippen Sie auf *Tastaturen* und wählen Sie die gewünschte fremdsprachige Tastatur über *Tastatur hinzufügen* aus.
3. Um mit der Tastatur zu schreiben, tippen Sie auf die Weltkugel-/Emoji-Taste und entscheiden sich für die gewünschte Tastatur. Die Tastaturbelegung ändert sich ebenso wie die dazugehörigen Korrektur- und Textvorschläge.

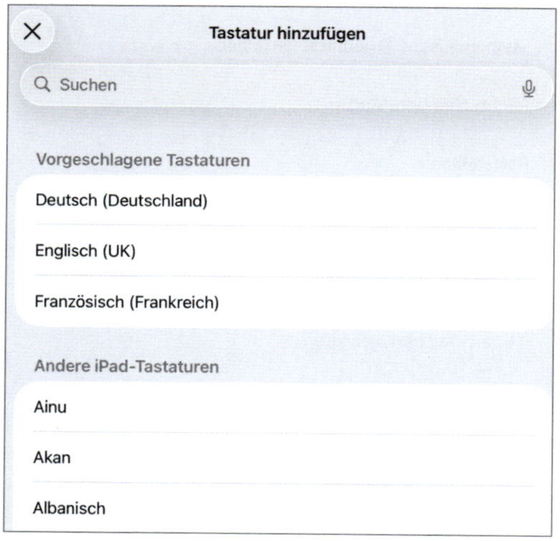

Zweisprachig schreiben

Zudem ist es möglich, zweisprachig zu schreiben, ohne zuvor die fremdsprachige Tastatur auswählen zu müssen.

1. Öffnen Sie zunächst die *Einstellungen/Allgemein* zur *Tastatur*. Dort schauen Sie nach, ob die zweisprachige Tastatur in *Deutsch u. English* bereits installiert ist. Falls dies nicht der Fall ist, fügen Sie sie über den entsprechenden Befehl hinzu.
2. Um anschließend zweisprachig (nur *Deutsch u. English*) schreiben zu können, gehen Sie wie folgt vor: Tippen Sie auf die Weltkugel-Taste und wählen Sie die Tastatur *Deutsch u. English* aus.
3. Verfassen Sie den Text. Dieser wird automatisch erkannt und entsprechend korrigiert – sofern erforderlich. Zudem erhalten Sie die passenden Wortvorschläge in der entsprechenden Sprache.

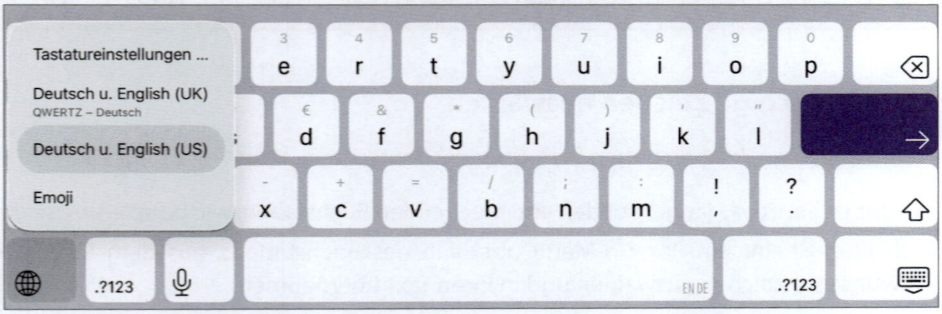

Schneller schreiben dank Tastenstreichen – QuickPath

Falls Sie schon mit einem Tablet oder Smartphone unter Android gearbeitet oder auf dem iPad eine entsprechende App wie z. B. *Swype* installiert haben, wissen Sie bereits, um was es in diesem Tipp geht: die schnelle Texteingabe per *Tastenstreichen* auf der Bildschirmtastatur. Seit iPadOS 13 hat Apple diese Funktion ebenfalls in das Betriebssystem integriert.

1. Öffnen Sie die *Einstellungen* und wählen Sie dort die Einträge *Allgemein* sowie *Tastatur*.
2. Nun schalten Sie die Funktionen *Tastenstreichen aktivieren* sowie *Zum Tippen über schwebende Tastatur streichen* ein.

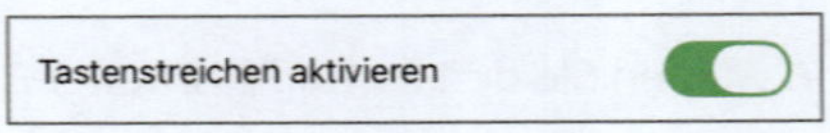

3. Anschließend aktivieren Sie die schwebende kleine Bildschirmtastatur wie oben beschrieben, indem Sie Daumen und Zeigefinger auf der Bildschirmtastatur schnell zusammenziehen.

4. Zur Texteingabe per Tastenstreichen bewegen Sie Ihren Finger mit etwas Druck über die entsprechenden Tasten. Hierbei erscheint eine hellgraue Spur auf der Bildschirmtastatur. Bitte beachten Sie, dass Sie etwas Übung benötigen, um zufriedenstellende Resultate zu erreichen.

Zahlen und Sonderzeichen schneller eingeben

Um auf der Bildschirmtastatur Ihres iPad schnell Zahlen und Sonderzeichen einzugeben, wischen Sie auf der entsprechenden Taste von oben nach unten. Dann wird statt des großen schwarzen Zeichens das kleine graue Zeichen auf der Taste verwendet.

Automatisch einen Satz beenden

Um einen Satz mit Punkt und Leerzeichen zu beenden, genügt es, einfach die Leertaste doppelt zu drücken, dann werden Punkt und Leerzeichen automatisch eingefügt.

Fremdsprachige Zeichen auswählen

Fremdsprachige Zeichen geben Sie – über die deutsche Tastatur – wie folgt ein:

1. Tippen Sie etwas länger auf den entsprechenden Buchstaben, wie beispielsweise das **e**.
2. Nun erscheint ein Pop-up-Menü oberhalb des Buchstabens, aus dem Sie das gewünschte Zeichen auswählen und in Ihren Text übernehmen.

Korrekturfunktionen verwenden

iPadOS 26 unterstützt Sie tatkräftig beim Schreiben mit der Auto-Korrektur und Wortvorschlägen bzw. Wortergänzungen. Sie finden diese oberhalb der Tastatur. Durch einen Fingertipp auf den entsprechenden Eintrag wählen Sie diesen aus und übernehmen ihn gleich in den Text.

Korrektur- und Textvorschläge abschalten

Falls Sie einzelne Korrekturfunktionen abschalten möchten, ist selbstverständlich auch das möglich.

1. Tippen Sie auf die Taste mit der Weltkugel und wählen Sie den Eintrag *Tastatureinstellungen*.
2. Schalten Sie nun die gewünschten Korrektur- und Wortergänzungsfunktionen bei Bedarf aus oder ein.

Textbausteine und Textersetzung nutzen

Über die Textersetzung von iPadOS 26 sparen Sie sich viel Tipparbeit. Hierbei geben Sie im Text einen Kurzbefehl wie *lg* oder *mfg* ein, das wie durch Zauberhand in *Liebe Grüße* oder *Mit freundlichen Grüßen* verwandelt wird.

Neue Textkürzel und die dazugehörigen Textbausteine erstellen Sie auf die folgende Weise:

1. Tippen Sie auf die Taste mit der Weltkugel und wählen Sie den Eintrag *Tastatureinstellungen* sowie *Textersetzung*.
2. Unten finden Sie bereits eine Liste von Textersetzungen. Über das Pluszeichen oben rechts erstellen Sie neue Einträge wie *Beste Grüße* mit dem Kurzbefehl *bg*.

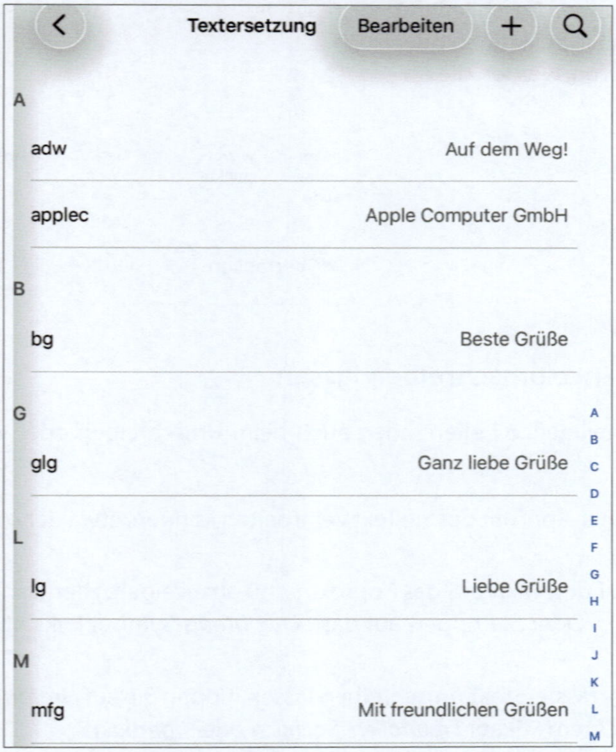

Text korrigieren lassen durch die Schreibtools

Nutzen Sie ein aktuelles iPad mit mindestens einem M1-Prozessor oder das neueste iPad mini (siehe Seite 104), dann können Sie sich beim Verfassen von Texten von den *Schreibtools* von Apple Intelligence unterstützen lassen.

Diese sorgen dafür, dass Ihr Text Korrektur gelesen wird, Sie können ihn zudem entsprechend Ihren Vorgaben umformulieren lassen.

Dazu gehen Sie auf die folgende Weise vor:

1. Verfassen Sie den Text in einer App, mit der Sie Text verarbeiten können, etwa die *Mail-* oder die *Notizen*-App.
2. Tippen Sie etwas länger auf den Text, um das Kontextmenü anzuzeigen. Hier wählen Sie den Eintrag *Schreibtools* aus. Alternativ tippen Sie auf das *Schreibtools*-Symbol oben.
3. Um den Text korrigieren zu lassen, tippen Sie auf den Eintrag *Korrekturlesen*. Anschließend erscheint ein Menü, in dem Sie bestätigen oder ablehnen. Tippen Sie auf *Fertig*, werden die Änderungen übernommen.

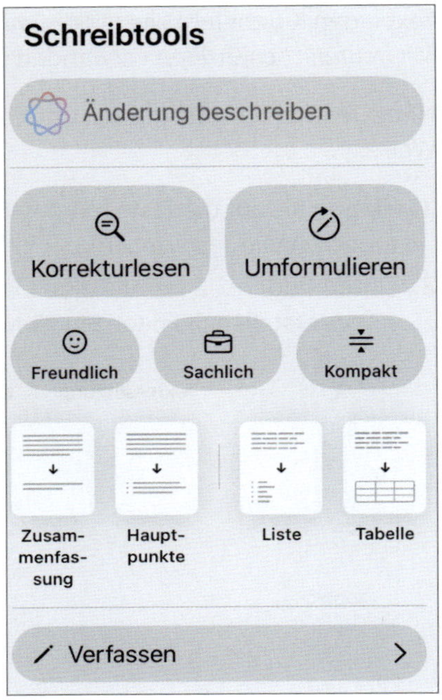

Texte von Apple Intelligence umschreiben lassen

Die *Schreibtools* von Apple Intelligence helfen Ihnen auch beim Umschreiben oder Verfassen von Texten:

1. Verfassen Sie den Text in einer App, mit der Sie Text verarbeiten können, etwa der *Mail-* oder *Notizen*-App.
2. Tippen Sie etwas länger auf den Text, um das Kontextmenü anzuzeigen. Hier wählen Sie den Eintrag *Schreibtools*. Oder Sie tippen auf das *Schreibtools*-Symbol links oberhalb der Bildschirmtastatur.
3. Möchten Sie den bereits verfassten Text umschreiben lassen, tippen Sie auf *Umformulieren* und je nach gewünschtem Stil auf *Freundlich*, *Sachlich* oder *Kompakt*.
4. Wählen Sie etwa den Eintrag *Kompakt*, wird der Text stringenter formuliert und gekürzt.
5. In weiteren Schritten können Sie Ihren Text zusammenfassen oder zu einer Liste umformulieren lassen. Dazu tippen Sie auf die entsprechenden Einträge.
6. Sind Sie mit den Ergebnissen nicht zufrieden, können Sie diese verwerfen. Oder entsprechend korrigieren.

> **Texte schreiben lassen**
>
> Apple Intelligence kann sogar noch mehr, und zwar Texte selbst verfassen. Hierzu geben Sie nur eine Anweisung ein, etwa »Schreibe eine Einladung zu meinem 30. Geburtstag« und diese wird umgehend verfasst. Bislang ist dazu allerdings ChatGPT erforderlich, das Sie in den Einstellungen von Apple Intelligence aktivieren. Auch die dazugehörige App muss im App Store heruntergeladen werden. Wie Sie ChatGPT aktivieren, erfahren Sie in Kapitel 3.11. Ist dies erfolgt, tippen Sie in den *Schreibtools* auf den Eintrag *Verfassen* und formulieren die entsprechende Anweisung.

Text per Kontextmenü markieren, kopieren und einfügen

Copy and Paste, also Text zu kopieren und an anderer Stelle wieder einzufügen, ist am iPad möglich. Dafür haben Sie mehrere Möglichkeiten: per Kontextmenü, mit Gesten und über eine externe Tastatur. Zunächst wird der Weg über das Kontextmenü gezeigt.

1. Tippen Sie so lange auf den Text, bis dessen Kontextmenü erscheint. Dort wählen Sie den Befehl *Auswählen*.
2. Ziehen Sie nun die linke und rechte Textbegrenzung an die gewünschte Stelle, um den Text auszuwählen.
3. Über den Befehl *Kopieren* wird die Textstelle in die Zwischenablage übernommen.
4. Bewegen Sie den Cursor an die gewünschte Stelle bzw. wechseln Sie zu einer anderen App. Über den Fingertipp auf *Einsetzen* übernehmen Sie die Textstelle.
5. Alternativ können Sie über den entsprechenden Befehl die Textstelle auch *Ausschneiden* und dann woanders einfügen.

Text über Gesten markieren, kopieren und einfügen

Mit etwas Übung sind das Markieren und Kopieren von Textstellen über Gesten schneller möglich. Wie immer, wenn Gesten genutzt werden, benötigen Sie auch hier etwas Übung, bis Sie diese weitgehend intuitiv einsetzen können.

1. Starten Sie eine App zur Texteingabe und schreiben Sie einen Text Ihrer Wahl.
2. Zum Markieren eines ganzen Absatzes tippen Sie viermal auf diesen. Wollen Sie einen Satz markieren, tippen Sie dreimal auf ihn, und um ein Wort zu markieren, tippen Sie zweimal auf das gewünschte Wort.

3. Zum Kopieren des markierten Textes spreizen Sie drei Finger gleichzeitig.
4. Tippen Sie auf die Stelle, an der der kopierte Text eingefügt werden soll. Dort ziehen Sie drei Finger zusammen und der Text wird eingefügt.

> **Text über Tastaturbefehle markieren, kopieren und einfügen**
>
> Verwenden Sie ein Apple Magic Keyboard, ein Smart Keyboard Folio oder eine anderweitige Tastatur oder Tastaturhülle für Ihr iPad, dann nutzen Sie zum Markieren, Kopieren, Ausschneiden oder Einfügen die gleichen Befehle wie am Mac oder Windows-PC. Zum Markieren drücken Sie die [⇧]-Taste sowie die Pfeiltasten. Fürs Kopieren ist die Tastenkombination [control]+[C] zuständig, zum Einfügen nutzen Sie [control]+[V] und zum Ausschneiden [control]+[X].

Das geheime Trackpad verwenden

Die Bildschirmtastatur Ihres iPad können Sie als Trackpad verwenden, um den Cursor zu verschieben. Legen Sie dazu einen Finger auf die Leertaste oder zwei Finger auf die Bildschirmtastatur. Die Tastenbeschriftungen verschwinden und Sie können mit den Fingern den Cursor im Textdokument wie auf einem Trackpad bewegen und verschieben. Heben Sie die Finger an, erscheinen die Tastaturbeschriftungen wieder.

Den Cursor exakt platzieren

Möchten Sie den Cursor in einem Wort oder in einer Zeile exakt an eine bestimmte Stelle verschieben, ziehen Sie diesen ganz einfach mit dem Finger an die entsprechende Stelle.

Bequemere Bedienung dank Tastenrahmen

Manchmal ist es nicht einfach, die Menüeinträge mit der Fingerspitze exakt zu treffen. Statten Sie diese doch einfach mit Tastenrahmen aus – und zwar in den *Bedienungshilfen*.

1. Öffnen Sie die *Einstellungen* und tippen Sie dort nacheinander auf die Einträge *Bedienungshilfen* und *Anzeige & Textgröße*.
2. Schalten Sie dort die Funktion *Rahmen einblenden* ein. Nun werden alle Befehle, die angetippt werden können, mit einer Unterstreichung hervorgehoben und sind auf diese Weise besser zu finden und zu treffen.

1.4 Sprachbedienung mit Siri

Siri einrichten

Möchten Sie Siri, die Sprachbedienung von iPadOS 26, nutzen, drücken Sie normalerweise etwas länger auf die Stand-by-Taste – oder die Home-Taste bei älteren iPad-Modellen. Auf Wunsch reagiert Siri auch auf Zuruf:

1. Öffnen Sie die *Einstellungen* und wählen Sie dort den Eintrag *Apple Intelligence & Siri*. Hier aktivieren Sie über *Siri-Anfragen sprechen & tippen* die Funktion *„Siri" oder „Hey Siri"*.
2. Anschließend lernt Siri Ihre Stimme, indem Sie mehrmals hintereinander „Hey Siri" ins Mikrofon Ihres iPad sprechen. Folgen Sie dabei den Anweisungen.
3. Danach können Sie Siri über den Sprachbefehl *„Hey Siri"* oder *„Siri"* starten.

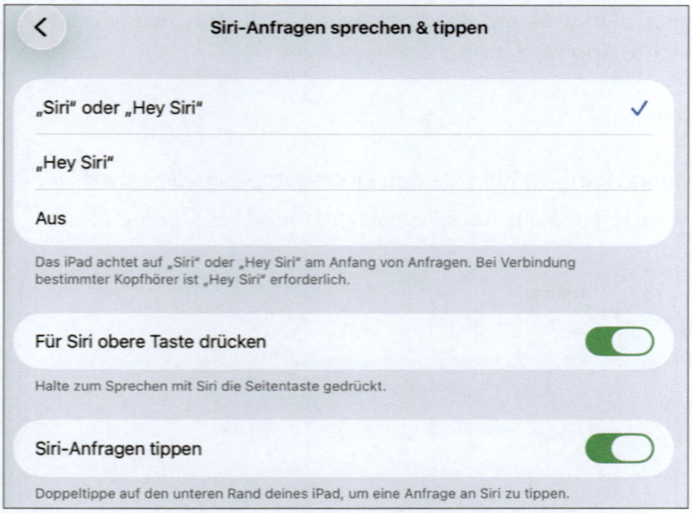

Siri offline nutzen

Seit iPadOS 18 ist es möglich, zahlreiche Funktionen von Siri auch ohne aktive Internetverbindung zu nutzen. Bislang hat Siri ohne aktive Internetverbindung den Dienst weitgehend verweigert, da die Spracherkennung und die Ausführung der Befehle ausschließlich über die Server von Apple liefen. Zudem funktionieren einige Befehle und Funktionen von Siri auch offline. Dadurch wird Siri nicht nur schneller, es ist auch sicherer, da die oftmals sensiblen Daten direkt auf dem iPad verbleiben. Die Offline-Nutzung von Siri erfolgt ohne Ihr Zutun. Unter anderem werden die folgenden Befehle direkt auf Ihrem iPad ausgeführt: Wecker und Uhr stellen, Anrufen, Nachrichten verfassen, Apps starten und Steuerung der *Musik*-App.

Befehle, die zwingend einen Internetzugang benötigen, z. B. das Abrufen und Versenden von E-Mails oder Nachrichten, Wettervorhersage und dergleichen, funktionieren offline selbstverständlich nicht. Die Offline-Nutzung von Siri ist zudem auf aktuellere iPads beschränkt, etwa auf das iPad Pro 11" ab der ersten Generation, das iPad Pro 12,9" ab der dritten Generation, das iPad Air ab der dritten Generation, das iPad mini ab der fünften Generation sowie das iPad ab der achten Generation.

App mit Siri starten

Beliebige Apps können Sie ganz einfach per Sprachbefehl starten:

1. Rufen Sie Siri über die Stand-by-Taste oder mit *„Siri"* bzw. *„Hey Siri"* auf.
2. Damit das funktioniert, müssen Sie unter Umständen die Funktion *Für Siri obere Taste drücken* unter *Apple Intelligence & Siri* sowie *Sprich mit Siri* ändern.
3. Sprechen Sie den Befehl »Öffne Name der App«, wie z. B. »Öffne Safari« oder »Öffne Notizen«. Die gewünschte App wird umgehend gestartet.

Siris Stimme ändern

1. Öffnen Sie die *Einstellungen* und wählen Sie den Eintrag *Apple Intelligence & Siri*.
2. Über den Eintrag *Stimme* legen Sie je nach Wunsch *Stimme 1* bis *Stimme 4* fest.

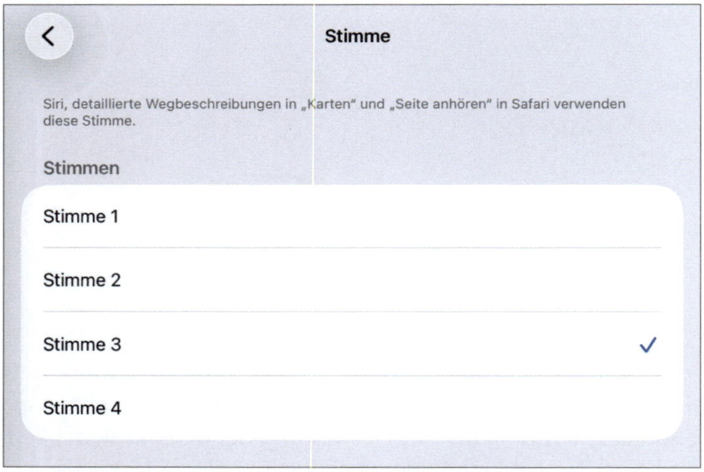

Siris Ansprache ändern

1. Öffnen Sie die *Einstellungen* und wählen Sie den Eintrag *Apple Intelligence & Siri*.
2. Über den Eintrag *Sprich mit Siri* bestimmen Sie, ob Siri nur auf *„Siri"* oder auch auf *„Hey Siri"* hört.

Geben Sie sich einen anderen Namen

Siri spricht Sie normalerweise unter Ihrem eigenen Namen an, den iPadOS 26 bei der Einrichtung übernommen hat. Auf die folgende Weise ändern Sie diesen:

1. Rufen Sie Siri über die Home-Taste, die Stand-by-Taste oder *„Siri"* auf.
2. Sagen Sie Siri nun »Nenne mich ab jetzt Meister«. Nachdem Sie die Nachfrage von Siri zur Namensänderung bestätigt haben, werden Sie nun mit diesem Namen angesprochen.

Text diktieren

Siri können Sie auch zum Diktat rufen. Hierzu müssen Sie zunächst die Diktierfunktion einschalten:

1. Öffnen Sie die *Einstellungen* und dort nacheinander *Allgemein* sowie *Tastatur*.
2. Schalten Sie unten die Diktierfunktion ein. Bei Bedarf lesen Sie die Hinweise zu *Diktierfunktion und Datenschutz* durch. Wählen Sie dann die *Diktiersprache* aus.
3. Zum Diktieren tippen Sie auf die Mikrofon-Taste auf der Bildschirmtastatur und beginnen laut und deutlich mit dem Diktat.
4. Satz- und Sonderzeichen sprechen Sie einfach aus, etwa »Semikolon« oder »Eurosymbol«. Unter Umständen wird die Interpunktion sogar automatisch vorgenommen, sofern Sie unter *Diktieren* die entsprechende Funktion aktiviert haben.
5. Einen neuen Absatz beginnen Sie mit »Neuer Absatz« oder »Neue Zeile«.

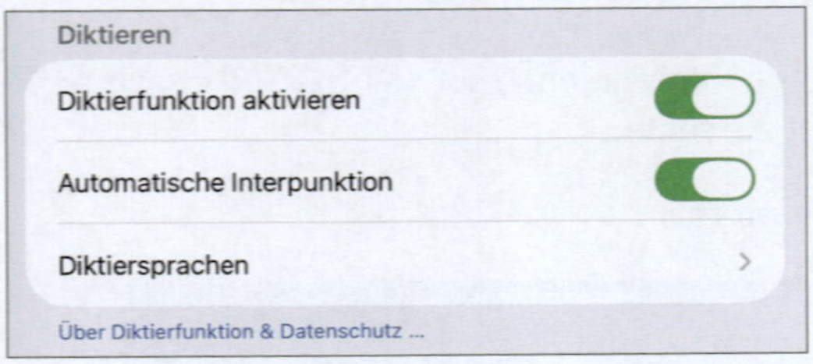

Mit Siri Sprachnachrichten diktieren und versenden

Auch zum Diktieren und Verschicken von Audionachrichten können Sie Siri nutzen. Hierzu gehen Sie folgendermaßen vor:

1. Starten Sie die *Nachrichten*-App und wählen Sie die gewünschten Gesprächspartner aus.
2. Tippen Sie rechts im Texteingabefeld auf das Mikrofon-Symbol.
3. Starten Sie die Sprachaufnahme. Zum Versenden tippen Sie auf das Symbol *Versenden* rechts.

Siri Fragen stellen

Sie können Siri jegliche Art von Fragen stellen und bekommen in den meisten Fällen auch eine sinnvolle Antwort. Sprechen Sie verständlich und nicht zu leise. Zuvor sagen Sie *„Siri"* oder drücken die Home-Taste bzw. die Stand-by-Taste, bis Siri gestartet ist. Die Fragen, die Siri versteht, können z. B. folgender Art sein:

- Was gibt es Neues?
- Wie ist das Wetter in München?
- Wo finde ich die nächste Tankstelle?
- Wann ist die nächste Bundestagswahl?
- Wie heißt der Bundeskanzler?
- Wie weit ist es von Wien nach Berlin?

Siri mit ChatGPT befragen

Noch ist Apple Intelligence nicht vollständig umgesetzt. So hat Apple vor, Siri so zu überarbeiten, dass es mindestens so leistungsfähig wird wie die entsprechenden Funktionen anderer Hersteller. Bis es allerdings so weit ist, arbeitet Siri mit ChatGPT zusammen. Stellen Sie also eine Frage, die Siri nicht beantworten kann, werden Sie unter Umständen zu ChatGPT weitergeleitet. Sie können das aber auch forcieren, indem Sie der Frage »ChatGPT« voranstellen. Allerdings muss dazu ChatGPT installiert und in den *Einstellungen* aktiviert sein. Zudem dürfen Sie Ihr freies Limit für Anfragen bei ChatGPT nicht überschritten haben.

Falls Ihr iPad kompatibel ist und Sie Apple Intelligence sowie ChatGPT installiert haben, können Anfragen an Siri wie folgt aussehen:

ChatGPT Wann sind die Mammuts ausgestorben?

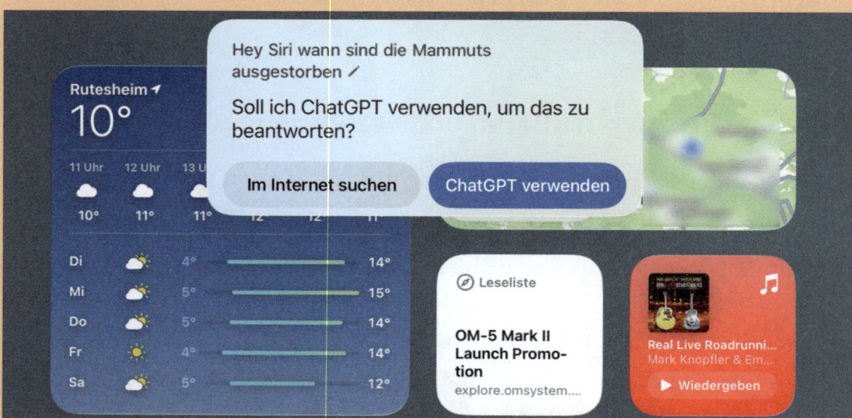

Siri Aufgaben erteilen

Sie können Siri aber nicht nur Fragen stellen, sondern auch Aufgaben erledigen lassen. Allerdings muss die gewünschte App Siri unterstützen und dazu in den *Einstellungen* aktiviert sein:

1. Öffnen Sie die *Einstellungen* und wählen Sie dort den Eintrag *Apple Intelligence & Siri*.
2. Schauen Sie ganz unten über den Eintrag *Apps* nach, ob die gewünschte App aktiviert ist.
3. Bitte beachten Sie Folgendes: Auch wenn die App dort aufgeführt ist, bedeutet das nicht zwangsweise, dass sie mit Siri bedient werden kann, sondern nur, dass sie beim Suchen und Nachschlagen berücksichtigt wird.
4. Aufgaben, die Siri versteht, könnten z. B. sein:
   - Öffne Mail
   - Spiele einen Titel von Adele
   - Schreibe eine E-Mail an »Name des Empfängers«
   - Neuer Termin für Freitag um 19 Uhr
   - Erstelle eine neue Notiz mit dem Titel Einkaufsliste
   - Zeige meine Fotos von diesem Monat

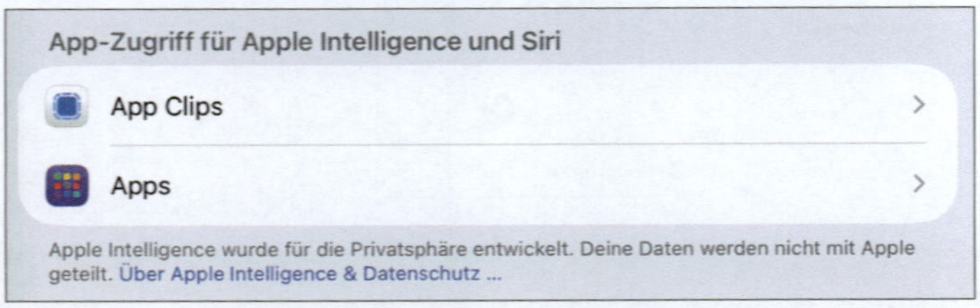

Siri als Dolmetscher

Siri kann bei der Übersetzung von Sprachen behilflich sein. Siri unterstützt momentan die folgenden Sprachen: Englisch, Mandarin, Japanisch, Französisch, Deutsch, Italienisch, Spanisch, Japanisch, Koreanisch, Arabisch, Portugiesisch und Russisch. Zur Übersetzung sprechen Sie beispielsweise die folgenden Befehle – natürlich immer, nachdem Sie Siri mit „Hey Siri" oder per Home- bzw. Stand-by-Taste aufgerufen haben:

1. Fragen Sie nun: »Hey Siri, was heißt Dinosaurier auf Spanisch.«
2. Siri sagt die Antwort und zeigt sie zudem auf dem Bildschirm an.
3. Sie können auch einen Satz übersetzen lassen, und fragen: »Hey Siri, was heißt „Wie teuer ist der Kaffee?" auf Französisch.«

An Siri schreiben

Statt Siri Sprachbefehle zu geben, können Sie diese auch tippen. Das ist etwa dann praktisch, wenn Sie sich in Gesellschaft oder in einer ruhigen Umgebung befinden.

1. Öffnen Sie die *Einstellungen* und wählen Sie die Funktion *Apple Intelligence & Siri*
2. Tippen Sie dort auf den Eintrag *Siri-Anfragen sprechen & tippen*. Hier schalten Sie die Funktion *Siri-Anfragen tippen* ein. Von nun an können Sie Siri auch schreiben und nicht nur Sprachbefehle erteilen. Um wieder ausschließlich Sprachbefehle zu verwenden, deaktivieren Sie diese Einstellung wieder.

Anfragen schneller tippen
Um Siri schnell eine schriftliche Frage zu stellen, tippen Sie unten zweimal auf den Home-Bildschirm. Das Texteingabefeld sowie die Bildschirmtastatur erscheinen und Sie können umgehend Ihre Anfrage formulieren.

App-Vorschläge aktivieren

Auf dem Sperrbildschirm und dem Suchbildschirm von iPadOS 26 finden Sie direkt unter dem Suchfeld die Apps, die Sie zuvor aufgerufen haben oder von denen Siri glaubt, dass Sie sie demnächst nutzen werden. Um die entsprechende App zu starten, genügt ein Fingertipp.

Die dazugehörige Einstellung ändern Sie auf die folgende Weise:

1. Öffnen Sie in den *Einstellungen* den Bereich *Apple Intelligence & Siri*.

2. Um die App-Vorschläge einzuschalten, aktivieren Sie die Einstellung *Apps vor dem Suchen vorschlagen*.

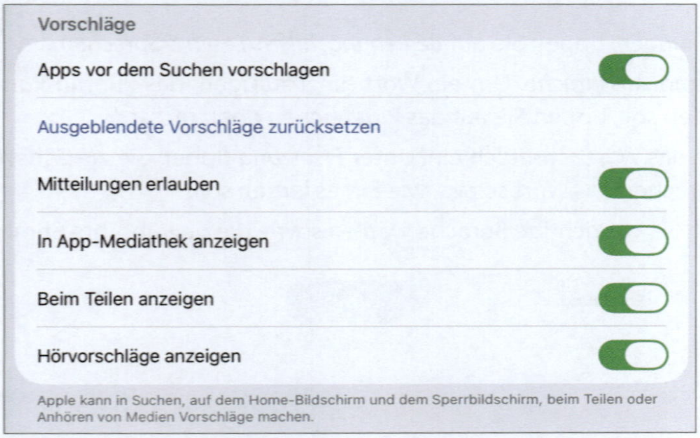

Sprachausgabe einschalten

Auf die folgende Weise können Sie sich Texte auf Webseiten, aus E-Mails oder anderswo von Siri vorlesen lassen. Die Sprachausgabe schalten Sie so ein:

1. Öffnen Sie die *Einstellungen* und tippen Sie auf *Bedienungshilfen* sowie *Lesen & Sprechen*.
2. Soll eine Textauswahl vorgelesen werden, schalten Sie *Auswahl sprechen* ein. In diesem Fall wird nach der Auswahl auch der Befehl *Sprechen* angezeigt.
3. Falls der gesamte Bildschirminhalt vorgelesen werden soll, aktivieren Sie *Bildschirminhalt sprechen*. Zum Vorlesen müssen Sie dann mit zwei Fingern vom oberen Bildschirmrand nach unten streichen.
4. Weiter unten legen Sie über den Schieberegler das *Sprechtempo* fest und entscheiden sich für eine *Stimme* und *Aussprache*.

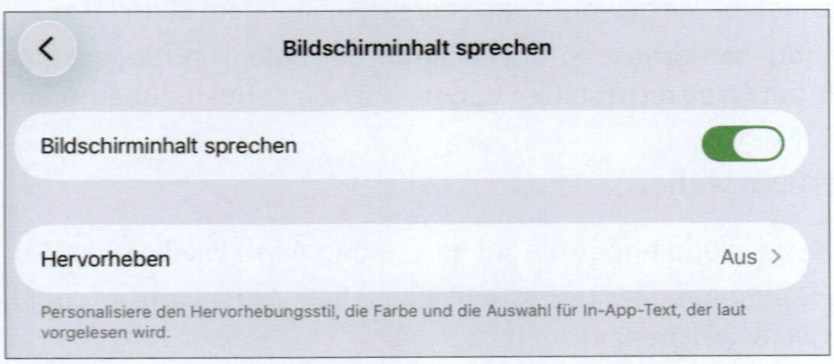

Aussprache der Sprachausgabe ändern

Spricht Siri manche Wörter falsch aus, können Sie dies korrigieren:

1. Öffnen Sie die *Einstellungen*, tippen Sie auf *Bedienungshilfen/Lesen & Sprechen*.
2. Wählen Sie den Eintrag *Aussprache*. Um ein Wort hinzuzufügen, das künftig korrekt ausgesprochen werden soll, tippen Sie auf das Pluszeichen oben rechts.
3. Unter *Text* geben Sie das Wort schriftlich ein. Unter *Ersetzung* tippen Sie zunächst auf das Mikrofon und sprechen das Wort so aus, wie Siri es lernen soll.
4. Des Weiteren können Sie die richtige Sprache wählen sowie die gewünschte Stimme.

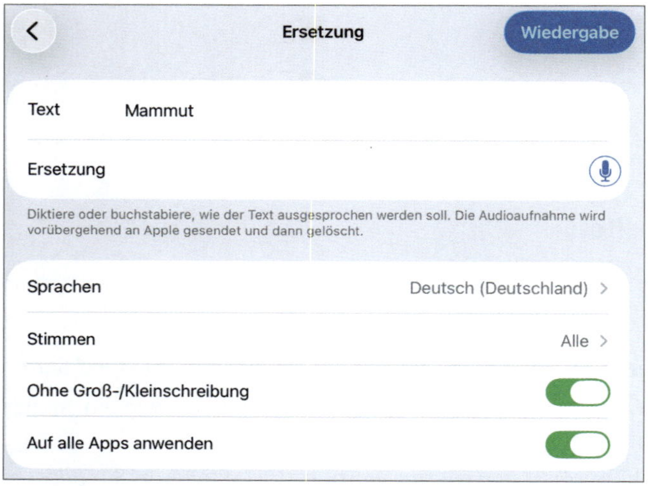

Siri korrigieren

Siri gleich zu korrigieren, geht sogar noch einfacher:

1. Geben Sie den Sprachbefehl wie gewohnt ein. Er erscheint auf dem Bildschirm.
2. Um diesen – sofern nötig – zu korrigieren, tippen Sie auf den Befehl und ändern ihn entsprechend. Indem Sie auf *Fertig* rechts unten tippen, wird die Korrektur übernommen.

Siri die Angehörigen vorstellen

1. Öffnen Sie die *Einstellungen* und tippen Sie auf den Eintrag *Apple Intelligence & Siri*.
2. Dort wählen Sie *Meine Informationen* und anschließend Ihre Visitenkarte aus der *Kontakte*-App, damit Siri weiß, wer Sie sind.
3. Starten Sie Siri über *„Hey Siri"* oder die Home- bzw. Stand-by-Taste. Nun bringen Sie Siri die Namen Ihrer Angehörigen bei wie etwa »Werner ist mein Vater« oder »Eva ist meine Mutter«. Es geht auch »Horst ist mein Chef«.

Siri abschalten

Möchten Sie Siri lieber abschalten, ist auch das möglich:

1. Öffnen Sie die *Einstellungen* und tippen Sie auf den Eintrag *Apple Intelligence & Siri*.
2. Schalten Sie Siri nun ab, indem Sie die Funktionen *Hey Siri*, *Siri* sowie *Für Siri Home-Taste drücken* oder *Für Siri obere Taste drücken* deaktivieren.
3. Nach einer Sicherheitsfrage wird Siri abgeschaltet. Wenn Sie es später erneut aktivieren möchten, müssen Sie die entsprechenden Funktionen einfach wieder einschalten.

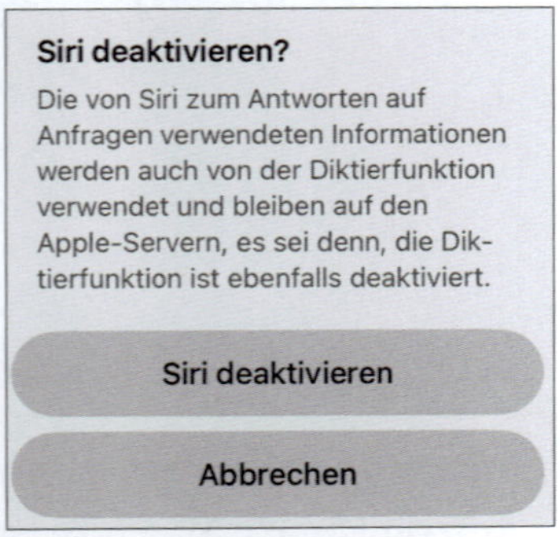

Kurzbefehle mit Siri

Dank der *Kurzbefehle*-App, die in iPadOS 26 enthalten ist, erstellen Sie Befehle für Siri, die beim Aufrufen oder durch bestimmte zuvor angegebene Ereignisse – Trigger genannt – prompt ausgeführt werden. Das Besondere daran ist vor allem, dass sich über einen Kurzbefehl ganze Routinen und Befehlsabläufe automatisieren lassen. Apps von Drittanbietern werden, sofern diese bereits angepasst wurden, ebenfalls unterstützt.

1.5 Schreiben mit der Hand

Unter iPadOS wurden die Möglichkeiten, mit dem Apple Pencil einerseits handschriftlichen Text einzugeben und andererseits Text zu bearbeiten, mittlerweile erheblich ausgebaut. Sie können fast überall mit dem Apple Pencil schreiben – Kritzeln genannt – sowie handgeschriebenen Text bearbeiten und umwandeln. In diesem Abschnitt haben wir einige Tipps dazu zusammengestellt.

Was Sie dazu natürlich benötigen, ist ein kompatibles iPad und ein Apple Pencil oder ein kompatibler Eingabestift wie etwa der Logitech Crayon (siehe dazu auch Kapitel 10.4).

Kritzeln – Text handschriftlich eingeben

Damit das Kritzeln überall möglich ist, wo Sie Text eingeben können, müssen Sie die Funktion zunächst einschalten und können sie auch gleich testen:

1. Öffnen Sie die *Einstellungen* und wählen Sie links den Eintrag *Apple Pencil*.
2. In der rechten Spalte aktivieren Sie die Funktion *Kritzeln*, die für die deutsche und englische Sprache zur Verfügung steht.

3. Über den blauen Eintrag *Kritzeln ausprobieren* testen Sie Ihre Schreibkünste und machen sich mit den Funktionen zur Textbearbeitung vertraut.

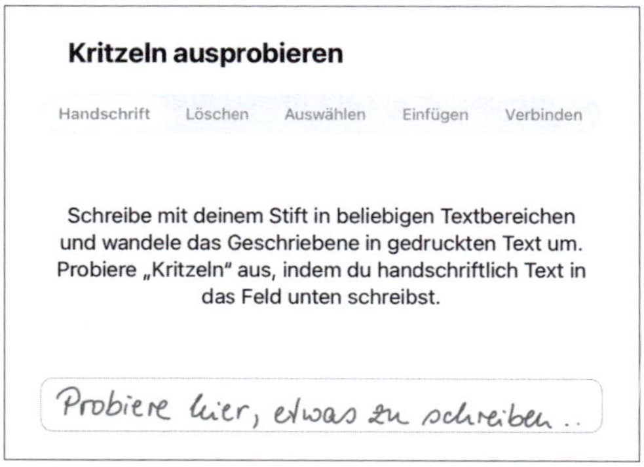

Wo Sie überall kritzeln können

Kritzeln können Sie in der Regel überall dort, wo Sie Text in Texteingabefelder eingeben, beispielsweise bei der Spotlight-Suche, im Adressfeld von Safari oder in der *Mail*-App. In einem Textverarbeitungsprogramm wie Word oder Pages ist dies jedoch nicht möglich. Sofern die App diese Funktion auch unterstützt, genügt es, auf das Texteingabefeld zu tippen und loszuschreiben. Dazu benötigen Sie etwas Übung, und Sie sollten eine einigermaßen leserliche Handschrift haben, auch wenn Apple Intelligence, etwa in der *Notizen*-App, versucht, allzu individuelle Handschriften etwas leserlicher zu gestalten. Wie Sie handschriftliche Notizen eingeben, erfahren Sie in Kapitel 5.3 zur *Notizen*-App.

Text mit dem Apple Pencil bearbeiten

Den eingegebenen Text können Sie über Apple-Pencil-Gesten weiterverarbeiten und auf diese Weise Text auswählen, löschen oder kopieren. So gehen Sie dabei vor:

- **Text löschen:** Schreiben Sie auf den Text schnell Wellenlinien, wird dieser gleich gelöscht.
- **Text auswählen:** Kreisen Sie den Text ein oder ziehen Sie eine Linie darüber.
- **Text einfügen:** Halten Sie den Apple Pencil auf eine leere Stelle zwischen zwei Wörtern und ziehen Sie ihn nach rechts. An der grau unterlegten Stelle können Sie das Wort einfügen.
- **Text verbinden und trennen:** Wörter trennen und verbinden Sie, indem Sie darüber eine vertikale Linie ziehen.
- **Wort auswählen:** Tippen Sie doppelt mit dem Stift auf das Wort.
- **Ganzen Absatz auswählen:** Tippen Sie dreimal auf ein Wort des Absatzes oder ziehen Sie den Apple Pencil über den Absatz.

2. Die Benutzeroberfläche

Das Betriebssystem Ihres iPad ist in erster Linie für die Bedienung per Fingertipp und Gesten über den berührungsempfindlichen und hochauflösenden Multi-Touch-Bildschirm optimiert, auch wenn es zusätzlich mit Maus und Tastatur bedient werden kann. Mit den folgenden Tipps holen Sie alles aus der Benutzeroberfläche Ihres iPad heraus.

2.1 Den Home-Bildschirm gestalten

Der Home-Bildschirm von iPadOS 26 lässt sich, anders als bei den Vorgängerversionen, umfangreicher anpassen. Angefangen von der Symbolgröße über die Anordnung der Symbole und Widgets bis hin zur Farbgebung können Sie ein iPad Ihren Vorstellungen entsprechend gestalten.

Symbole größer anzeigen

Falls Sie Sehschwierigkeiten haben oder aus anderen Gründen größere App-Symbole bevorzugen, erreichen Sie dies auf die folgende Weise:

1. Öffnen Sie die *Einstellungen* und wählen Sie *Home-Bildschirm & App-Mediathek*.
2. Aktivieren Sie dort die Option *Große App-Symbole verwenden*.

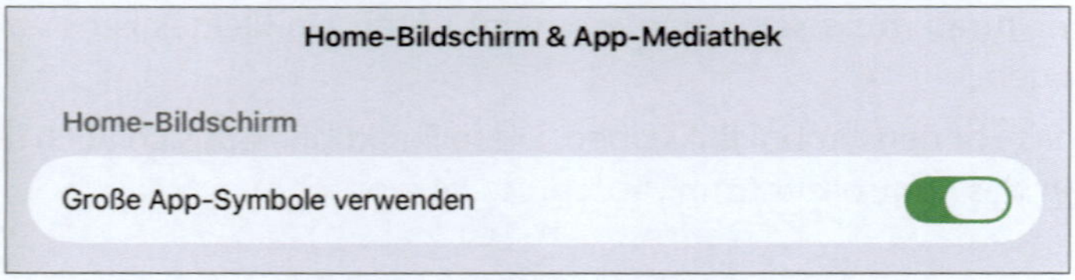

Symbole vergrößern und Namen ausblenden

Wenn Sie Ihr iPad und Ihre Apps schon auswendig kennen, ist es möglich, die Symbole der Apps größer anzuzeigen und stattdessen die Namen der Apps oder Ordner auszublenden.

In diesem Fall erreichen Sie das auf die folgende Weise:

1. Tippen Sie so lange auf ein App-Symbol, bis dessen Kontextmenü erscheint. Dort tippen Sie auf *Home-Bildschirm bearbeiten* und anschließend auf *Bearb.* oben links.
2. Hier wählen Sie den Eintrag *Anpassen*. Anschließend erscheint unten ein kleines Fenster mit verschiedenen Optionen.

3. Wünschen Sie größere App-Symbole ohne Namen, dann tippen Sie rechts oben auf die zwei kleinen Quadrate.

Home-Bildschirm abdunkeln

iPadOS 26 verfügt über einen Dunkelmodus, der, wenn Sie die entsprechende Einstellung vorgenommen haben, bei Sonnenuntergang automatisch aktiviert wird (siehe dazu Kapitel 3.1).

Alternativ können Sie ihn auch gezielt einschalten.

1. Tippen Sie so lange auf ein App-Symbol, bis dessen Kontextmenü erscheint. Dort tippen Sie auf *Home-Bildschirm bearbeiten* und anschließend auf *Bearb.* oben links.
2. Hier wählen Sie den Eintrag *Anpassen*. Dann erscheint unten ein kleines Fenster mit verschiedenen Optionen.
3. Dort tippen Sie auf das Sonnensymbol links oben. Diese Funktion lässt sich auch über die *Einstellungen* oder das Kontrollzentrum (Abschnitt 2.4) vornehmen.

Symbole dunkler darstellen

Im normalen Dunkelmodus werden allerdings nur die Hintergründe des Home-Bildschirms und der Apps abgedunkelt. Sollen die App-Symbole auch dunkel dargestellt werden, nehmen Sie die folgenden Einstellungen vor:

1. Tippen Sie so lange auf ein App-Symbol, bis dessen Kontextmenü erscheint. Dort tippen Sie erneut auf *Home-Bildschirm bearbeiten* und anschließend wieder auf *Bearb.* oben links.
2. Hier wählen Sie wiederum den Eintrag *Anpassen*. Anschließend erscheint unten ein kleines Fenster mit verschiedenen Optionen.
3. Sollen die Symbole analog zum Dunkelmodus automatisch abgedunkelt werden, wählen Sie den Eintrag *Standard*.

4. Wünschen Sie immer abgedunkelte Symbole, tippen Sie stattdessen auf *Dunkel*.

Symbole einfärben

Falls Sie Ihre Symbole auf dem Home-Bildschirm nicht nur hell oder dunkel haben wollen, sondern in einer von Ihnen gewünschten Farbe, dann ist – ab iPadOS 18 – auch das möglich.

1. Tippen Sie, wie schon zuvor, so lange auf ein App-Symbol, bis dessen Kontextmenü erscheint. Dann tippen Sie auf *Home-Bildschirm bearbeiten* und anschließend auf *Bearb.* oben links.
2. Hier wählen Sie den Eintrag *Anpassen*. Unten wird wieder ein kleines Fenster mit verschiedenen Optionen eingeblendet.
3. Sollen die Symbole farbig werden, tippen Sie zunächst auf das Symbol *Eingefärbt* und wählen über die Schieberegler die gewünschte Farbe aus dem Farbspektrum aus und zudem den Grad der Einfärbung.
4. Bestimmen Sie nun, ob der Hintergrund immer *Hell*, immer *Dunkel* oder *Automatisch* dargestellt wird.

5. Eine schnelle Möglichkeit, die Farbe der Symbole anhand des Hintergrunds zu bestimmen, bietet die *Pipette* rechts unten im Fenster. Tippen Sie darauf und wählen Sie aus dem aktuellen Hintergrund die gewünschte Einfärbung aus.

Alle Symbole im Liquid-Glass-Look

Falls Sie der neue weitgehend transparente Liquid-Glass-Look von iPadOS 26 fasziniert, können Sie auch die App-Symbole in diesem Stil anzeigen. In diesem Fall rufen Sie – wie oben beschrieben – das Fenster *Anpassen* auf und wählen dort das Symbol *Transparent*. Schon werden alle Symbole auf dem Home-Bildschirm durchsichtig dargestellt.

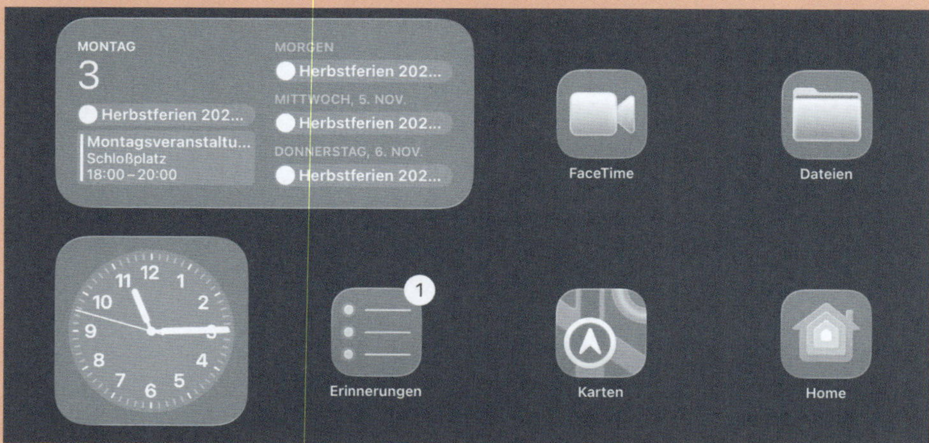

Symbole freier platzieren

Wenn Sie Ihre App-Symbole auf dem Home-Bildschirm nach Belieben anordnen möchten, bietet iPadOS 26 auch dazu eine Möglichkeit:

1. Drücken Sie lange auf ein beliebiges App-Symbol, bis dessen Kontextmenü erscheint. Wählen Sie den Eintrag *Home-Bildschirm bearbeiten*.
2. Nun können Sie die App-Symbole durch Ziehen und Ablegen frei auf dem Bildschirm platzieren.
3. Sofern Sie mit der Anordnung zufrieden sind, tippen Sie auf *Fertig*, um Ihre Änderungen zu speichern.
4. Auf diese Weise können Sie beispielsweise alle wichtigen Apps auf einem Home-Bildschirm vereinen und der besseren Übersichtlichkeit wegen auch Lücken zwischen deren Symbolen lassen.

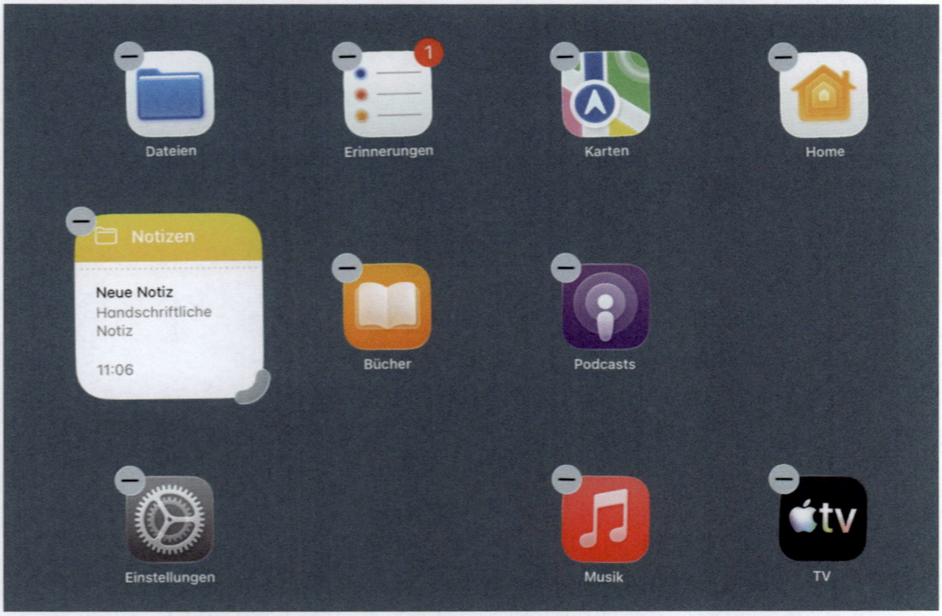

Neuen Home-Bildschirm anlegen

Möchten Sie einen neuen Home-Bildschirm anlegen, gehen Sie wie folgt vor:

1. Drücken Sie so lange auf ein App-Symbol, bis dessen Kontextmenü erscheint.
2. Ziehen Sie das Symbol an den Rand des letzten Home-Bildschirms.
3. Wenn das Symbol den Rand erreicht, wird automatisch ein neuer Home-Bildschirm erstellt, auf dem Sie Symbole ablegen können.

Home-Bildschirme verwalten

Zuvor wurde gezeigt, wie Sie einen neuen Home-Bildschirm anlegen. Wollen Sie Ihre Home-Bildschirme verwalten und beispielsweise deren Reihenfolge verändern, gehen Sie auf diese Weise vor:

1. Tippen Sie etwas länger auf die kleinen grauen Punkte unten am Home-Bildschirm. Diese symbolisieren die verschiedenen Home-Bildschirme.
2. Es wird die verkleinerte Übersicht aller auf Ihrem iPad verfügbaren Home-Bildschirme angezeigt.
3. Bei Bedarf können Sie die Home-Bildschirme nun verschieben oder ausblenden, indem Sie den Haken unten entfernen, und löschen, wenn Sie nach dem Ausblenden auf das kleine Minus-Symbol links oben tippen.
4. Tippen Sie anschließend rechts oben auf *Fertig*, um die neue Anordnung der Home-Bildschirme beizubehalten.

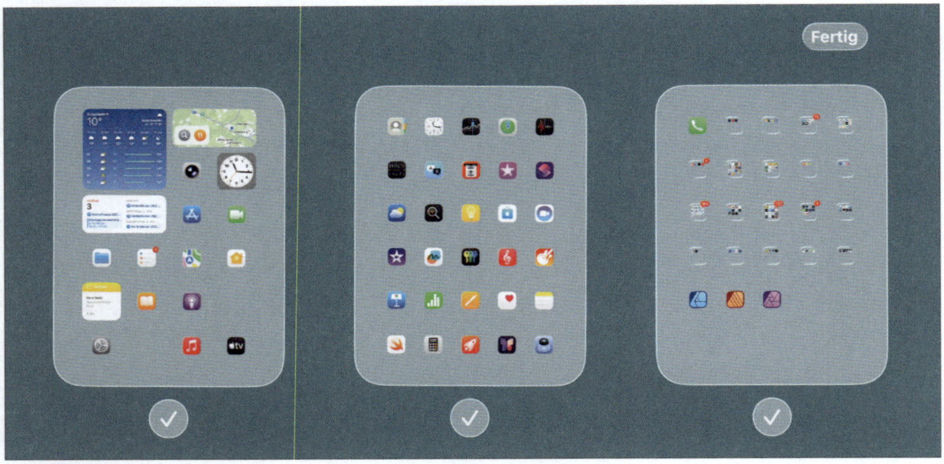

Home-Bildschirm zurücksetzen

Falls Ihr Home-Bildschirm unaufgeräumt ist oder Sie die ursprüngliche Anordnung der Apps wiederherstellen und alle weiteren alphabetisch sortieren möchten, dann ist dieser Tipp etwas für Sie:

1. Öffnen Sie die *Einstellungen*, wählen Sie dort *Allgemein* sowie *iPad übertragen/zurücksetzen*.
2. Nun heißt es aufpassen! Tippen Sie dann zuerst auf den Eintrag *Zurücksetzen* und dann auf *Home-Bildschirmlayout zurücksetzen*, aber auf keinen Fall auf einen der anderen Einträge.
3. Der Home-Bildschirm Ihres iPad wird auf die Werkseinstellungen zurückgesetzt.

Bitte beachten Sie: Es werden dabei zwar keine von Ihnen installierten Apps gelöscht, allerdings werden diese neu sortiert. Hierbei geht Ihr bisheriges *Home-Bildschirmlayout* verloren!

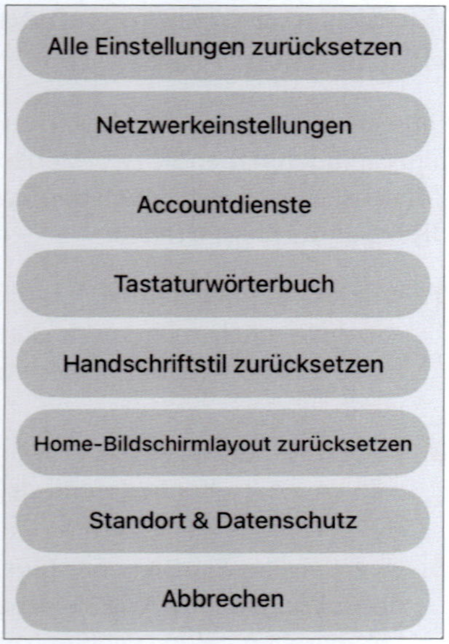

2.2 Widgets im Griff

Neben den Apps sind auf Ihrem iPad auch Widgets mit unterschiedlicher Funktionalität zu finden. Bei Widgets handelt es sich um Kleinstprogramme, die eine eng definierte Aufgabe haben, etwa die Wettervorhersage, die Nachrichten oder den Ladezustand von Akkus anzuzeigen. Zudem können einige Apps, sofern der Entwickler dies vorgesehen hat, auch als Widget dargestellt werden. Auch diese unterstützen dann eine bestimmte prominente Funktion der App.

Widgets in der Ansicht »Heute« einblenden

In der Regel gehören die Widgets zu den jeweiligen auf Ihrem iPad installierten Apps und können bei Bedarf und Interesse aktiviert und angezeigt werden.

1. Entsperren Sie zunächst Ihr iPad. Ihre aktiven Widgets werden in der Ansicht *Heute* aufgelistet. Um diese einzublenden, wischen Sie auf dem Home- oder Sperrbildschirm vom linken Rand nach rechts.
2. Zum Ausblenden der Ansicht *Heute* sowie deren Widgets wischen Sie auf den Widgets von rechts nach links.

Sie können Ihre Widgets auch direkt auf dem Home-Bildschirm ablegen. Wie das geht, erfahren Sie weiter unten.

Widgets in der bekannten Ansicht »Heute« bearbeiten

Um Ihre Widgets zu bearbeiten und neue hinzuzufügen, haben Sie zwei Möglichkeiten. Zunächst zeigen wir Ihnen den Weg über die bekannte Ansicht *Heute*.

1. Wischen Sie auf dem Home-Bildschirm von links nach rechts, um die Ansicht *Heute* einzublenden. Entsperren Sie zuvor Ihr iPad.
2. Tippen Sie nun auf eines der Widgets und wählen Sie im Kontextmenü den Befehl *Home-Bildschirm bearbeiten*.
3. Über den Plus-Schalter oben fügen Sie ein neues Widget hinzu. Wie Sie dabei im Detail vorgehen, zeigen wir Ihnen im nächsten Tipp.
4. Zum Verschieben des Widgets ziehen Sie es an die gewünschte Stelle. Die Größe ändern Sie an den weißen Kreisbogen. Zum Entfernen tippen Sie auf das Minus-Symbol oben links am Widget.

Neue Widgets hinzufügen

Wenn Sie neue Widgets der Ansicht *Heute* hinzufügen möchten, gehen Sie auf die nun beschriebene Weise vor:

1. Wischen Sie auf dem Home-Bildschirm von links nach rechts, um die Ansicht *Heute* einzublenden. Entsperren Sie zuvor Ihr iPad.
2. Alternativ tippen Sie etwas länger auf ein Widget und wählen im Kontextmenü den Befehl *Home-Bildschirm bearbeiten*.
3. Ein neues Widget nehmen Sie auf, indem Sie links oben auf den Plus-Schalter tippen. Es erscheint die Widget-Galerie, der Sie das neue Widget entnehmen können.
4. Wählen Sie das Widget aus. Wischen Sie dann von rechts nach links, um dessen Größe zu bestimmen.

5. Fügen Sie das Widget über den gleichnamigen Schalter hinzu. Das Widget erscheint unter den bereits vorhandenen. Bei Bedarf verschieben Sie es an die gewünschte Stelle und tippen auf *Fertig*.

Widgets bearbeiten

1. Entsperren Sie Ihr iPad. Wischen Sie auf dem Home-Bildschirm von links nach rechts, um Ihre Widgets einzublenden.
2. Tippen Sie nun auf eines der Widgets und wählen Sie im Kontextmenü den Befehl *Home-Bildschirm bearbeiten.*
3. Alle Widgets, die bearbeitet werden können, beginnen zu wackeln. Zum Entfernen eines Widgets tippen Sie auf den Minus-Schalter links oben.
4. Zum Verschieben und Neuanordnen lösen Sie das Widget, indem Sie es an die gewünschte Stelle bewegen.

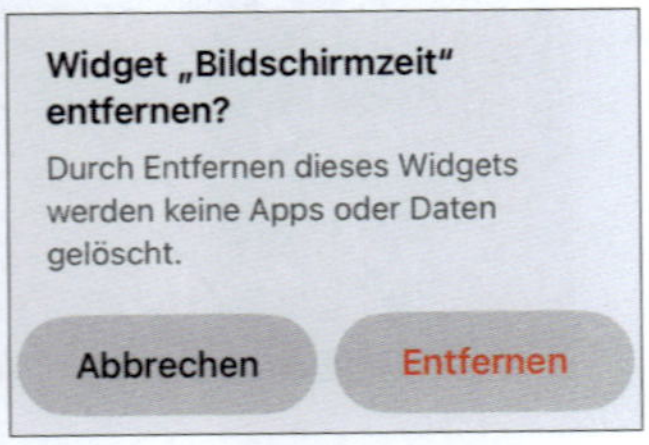

Widgets anpassen

Die meisten Widgets können auch den eigenen Vorstellungen entsprechend angepasst werden, beispielsweise in dem, was sie im Einzelnen anzeigen. Dazu gehen Sie folgendermaßen vor:

1. Nachdem Sie Ihr iPad entsperrt haben, wischen Sie auf dem Home-Bildschirm von links nach rechts, um Ihre Widgets einzublenden.
2. Tippen Sie länger auf ein Widget, bis dessen Kontextmenü erscheint. Lässt sich das Widget anpassen, ist hier der Befehl *Widget bearbeiten* zu finden.
3. Wählen Sie den Befehl aus und nehmen Sie Ihre Einstellungen vor.
4. Um die Größe des Widgets zu ändern, tippen Sie unten auf die bis zu vier Symbole, die die Größe des Widgets symbolisieren.

Widgets auf dem Home-Bildschirm platzieren

Ihre Widgets sind nicht in der Ansicht *Heute* »eingesperrt«. Sie lassen sich auch in den Home-Bildschirm aufnehmen und dort frei platzieren:

1. Tippen Sie so lange auf ein Symbol, bis dessen Kontextmenü erscheint. Entscheiden Sie sich dort für den Befehl *Home-Bildschirm bearbeiten*.
2. Wählen Sie den gewünschten Home-Bildschirm aus, indem Sie nach links oder rechts wischen.
3. Tippen Sie nun auf den Schalter *Bearb.* sowie auf *Widget hinzufügen* links oben und suchen Sie in der Widget-Galerie das gewünschte Widget.
4. Bestimmen Sie die Größe und fügen Sie das Widget über einen Fingertipp auf den gleichnamigen Befehl hinzu.

5. Ziehen Sie das Widget anschließend an die gewünschte Stelle auf dem Home-Bildschirm. Das Bearbeiten und Löschen der Widgets auf dem Home-Bildschirm funktioniert so wie oben beschrieben.

Einen Home-Bildschirm nur für Widgets erstellen

Falls es Ihnen nicht zusagt, Apps und Widgets auf einem gemeinsamen Home-Bildschirm unterzubringen, und Ihnen die Ansicht *Heute* mit den Widgets zu unflexibel ist, können Sie einen Home-Bildschirm allein für Ihre Widgets anlegen.

1. Tippen Sie auf das erste Widget, bis dieses zu wackeln beginnt.
2. Ziehen Sie dieses Widget bis zum letzten Home-Bildschirm an den rechten Rand. Nun wird ein neuer Home-Bildschirm mit dem Widget angelegt.
3. Bewegen Sie alle gewünschten Widgets auf den neuen Home-Bildschirm.
4. Um diesem Home-Bildschirm weitere Widgets hinzuzufügen, gehen Sie vor wie oben im Tipp »Neue Widgets hinzufügen« beschrieben.

So zaubern Sie einer App ein Widget

Manche Apps können auf dem Home-Bildschirm alternativ als Widget abgebildet werden – sofern der Entwickler das vorgesehen hat.

1. Tippen Sie so lange auf ein Symbol, bis dessen Kontextmenü erscheint. Wenn das Symbol als Widget dargestellt werden kann, finden Sie dort die unterschiedlichen Größen-Symbole.
2. Wählen Sie eines dieser Symbole aus und die App verwandelt sich umgehend in ein Widget.

Smart-Stapel mit Widgets anlegen

Für einen noch besseren Überblick sorgen die sogenannten Smart-Stapel. Diese bestehen, wie der Name schon sagt, aus gestapelten, also übereinanderliegenden Widgets, durch die Sie per Fingertipp blättern können. Einen Smart-Stapel legen Sie so an:

1. Tippen Sie so lange auf ein Symbol, bis dessen Kontextmenü erscheint. Wählen Sie dort den Befehl *Home-Bildschirm bearbeiten*.
2. Legen Sie den gewünschten Home-Bildschirm fest, indem Sie nach links oder rechts wischen.
3. Tippen Sie auf den Schalter *Bearb.* links oben und dann auf *Widget hinzufügen*. Wählen Sie in der Widget-Galerie in der linken Spalte den Eintrag *Smart-Stapel*.

4. Bestimmen Sie die Größe und fügen Sie den Smart-Stapel über einen Fingertipp auf den Befehl *Widget hinzufügen* hinzu.
5. Ist der Smart-Stapel angelegt, können Sie die einzelnen Widgets anzeigen, indem Sie auf dem Stapel nach oben oder unten wischen.

Smart-Stapel mit Widgets bearbeiten

Sagt Ihnen die Zusammensetzung eines Smart-Stapels von iPadOS 26 nicht zu, können Sie diesen bearbeiten und damit einen ganz persönlichen Smart-Stapel kreieren.

1. Gehen Sie zunächst genauso vor wie beim Anlegen eines normalen Smart-Stapels.
2. Tippen Sie etwas länger auf den Smart-Stapel, bis dessen Kontextmenü erscheint. Wählen Sie den Befehl *Stapel bearbeiten*.
3. Um ein Widget aus dem Stapel zu löschen, tippen Sie auf den Minus-Schalter oben links am Widget.
4. Wollen Sie ein anderes Widget hinzufügen, tippen Sie links oben auf den Plus-Schalter und wählen Sie das gewünschte Widget in der Widget-Galerie aus.
5. Tippen Sie auf den Schalter *Widget hinzufügen*, um das Widget in den Stapel aufzunehmen, und auf *Fertig*, wenn Ihr Widget-Stapel komplett ist.
6. Des Weiteren können Sie über den Befehl *Smart-Reihenfolge Aus* die Reihenfolge der einzelnen Widgets selbst anpassen, indem Sie diese entsprechend verschieben.

Wichtige Kontakte in einem Widget anzeigen

Ihre wichtigsten Kontakte – ob aus der Familie, von Freunden oder Kollegen – können Sie bei Bedarf in einem Widget anzeigen. Damit entfallen ein paar Arbeitsschritte zur Suche und Auswahl in der *Kontakte*-App.

1. Wischen Sie auf dem Home-Bildschirm von links nach rechts, um die Ansicht *Heute* einzublenden. Entsperren Sie zuvor Ihr iPad, falls erforderlich.
2. Wischen Sie auf den Widgets von unten nach oben und tippen Sie auf den Schalter *Bearbeiten*.
3. Alternativ tippen Sie etwas länger auf ein Widget und wählen im Kontextmenü den Befehl *Home-Bildschirm bearbeiten*.
4. Nehmen Sie das *Kontakte*-Widget auf, indem Sie links oben auf den Plus-Schalter tippen. Es erscheint die Widget-Galerie, in der Sie das *Kontakte*-Widget suchen.
5. Wählen Sie das gewünschte *Kontakte*-Widget aus. Wischen Sie dann von rechts nach links, um dessen Größe festzulegen. Die Größe bestimmt, wie viele Ihrer Kontakte im Widget angezeigt werden.
6. Fügen Sie das Widget über den gleichnamigen Schalter hinzu. Es erscheint nun unter den bereits vorhandenen. Bei Bedarf verschieben Sie es an die gewünschte Stelle und tippen auf *Fertig*.
7. Über die entsprechenden Symbole können Sie dann per Fingertipp einen Anruf tätigen oder eine Nachricht schreiben.

2.3 Der Sperrbildschirm

Der Sperrbildschirm Ihres iPad hat unterschiedliche Aufgaben. Zunächst einmal werden in der »Mitteilungszentrale« alle eingehenden Mitteilungen und Nachrichten angezeigt. Zweitens erlaubt er einen schnellen Zugriff auf die Kamera sowie weitere Funktionen. Und drittens werden in der Ansicht *Heute* über Widgets alle für Sie wichtigen Informationen aufgelistet, sofern Sie diese Widgets aktiviert und eingerichtet haben.

Kamera vom Sperrbildschirm aus bedienen

Die Kamera Ihres iPad lässt sich direkt vom Sperrbildschirm aus bedienen. Wischen Sie dazu nach links, bis die *Kamera*-App erscheint, und nehmen Sie das Foto auf. Alternativ tippen Sie auf das kleine Kamera-Symbol unten – soweit vorhanden.

Mitteilungen auf dem Sperrbildschirm ausblenden

In der Standardeinstellung von iPadOS 26 wird eine Vorschau Ihrer Mitteilungen und Meldungen auch auf dem Sperrbildschirm angezeigt. Damit können sie von anderen gelesen werden, auch wenn das iPad nicht entsperrt sein sollte.

Dies können Sie einfach unterbinden:

1. Öffnen Sie die *Einstellungen* und wählen Sie in der linken Spalte den Eintrag *Mitteilungen*.
2. Tippen Sie rechts auf *Vorschauen zeigen* und entscheiden Sie sich hier für die Option *Wenn entsperrt*.

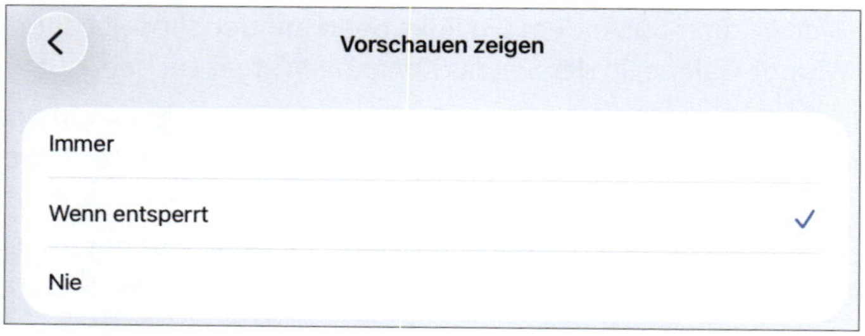

Aktuelle Mitteilungen bearbeiten

Neue Meldungen, Nachrichten oder E-Mails, die auf dem Sperrbildschirm in der Mitteilungszentrale erscheinen, können Sie dort öffnen und anzeigen oder entfernen.

1. Rufen Sie die Mitteilungszentrale auf, indem Sie auf dem Sperrbildschirm von der Mitte des oberen Randes nach unten wischen.
2. Um eine verkleinerte Voransicht der Mitteilung ganz und hervorgehoben anzuzeigen, tippen Sie fest auf diese. Möchten Sie sie in der dazugehörigen App öffnen, genügt ein leichter Fingertipp.
3. Zum Löschen wischen Sie auf der Mitteilung sofort nach links und tippen auf *Alle entfernen*.
4. Weitere Möglichkeiten, wie mit einer Mitteilung verfahren werden soll, erscheinen nach einem Fingertipp auf *Optionen*.

Mitteilungen eines Absenders komplett entfernen

Um die Nachrichten eines bestimmten Absenders zu löschen, tippen Sie auf die entsprechende Mitteilung, anschließend auf das kleine Kreuz rechts oben an der jeweiligen Mitteilung und dann auf den Schalter *Entfernen*.

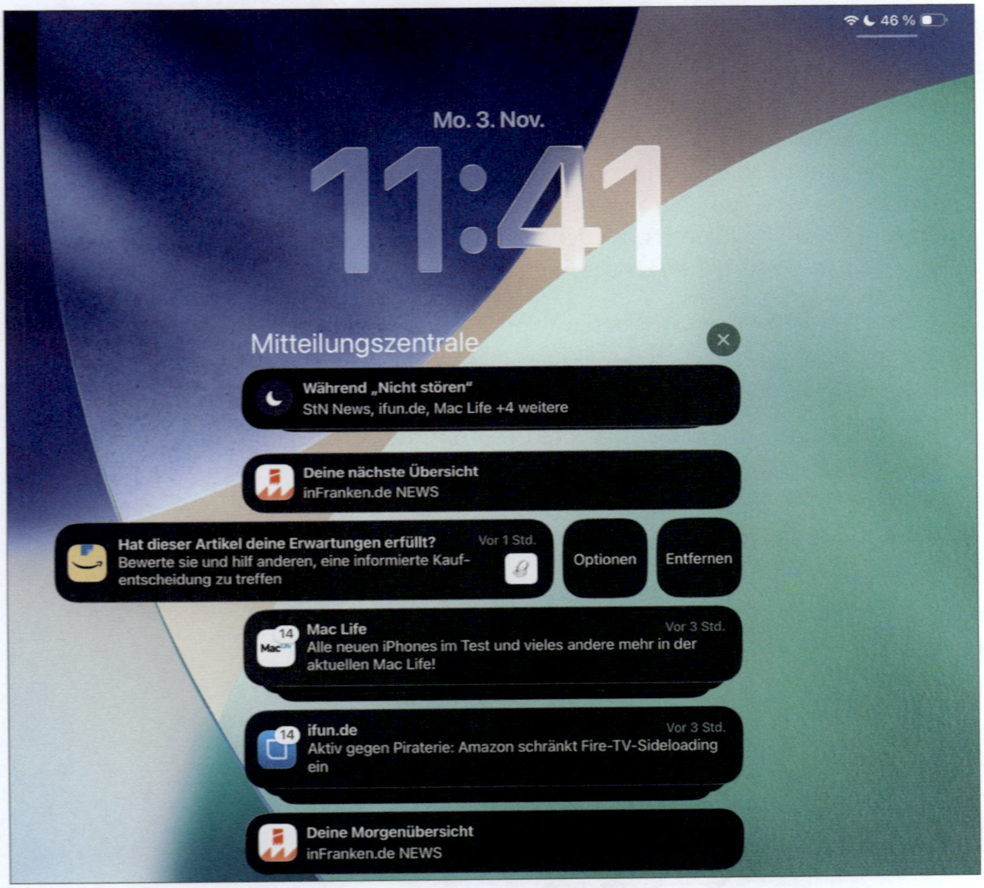

Mitteilungen anpassen

Welche Mitteilungen in der Mitteilungszentrale angezeigt werden, bestimmen Sie selbst. Außerdem können Sie deren Erscheinungsbild im Einzelnen anpassen:

1. Öffnen Sie die *Einstellungen* und wählen Sie in der linken Spalte den Eintrag *Mitteilungen*.
2. In der rechten Spalte unten finden Sie die einzelnen Apps, die Ihnen Mitteilungen senden. Tippen Sie dazu auf den jeweiligen Eintrag.
3. Hier geben Sie an, ob Mitteilungen erlaubt sind, wie diese erscheinen und ob Sie auch Benachrichtigungstöne wünschen.
4. Über *Mitteilungsgruppierung* legen Sie fest, ob die Mitteilungen gruppiert und damit als eine Art Stapel angezeigt werden oder einzeln. Sind die Mitteilungen gruppiert, erscheint nur die aktuelle, für alle anderen müssen Sie zunächst auf die erste Mitteilung tippen, um die weiteren aufzulisten.

Mitteilungen priorisieren

Mit den Mitteilungen ist es wie mit den E-Mails, es gibt zu viele davon und es ist nicht immer einfach, die wichtigen von den unwichtigen zu unterscheiden oder die spannenden von den langweiligen. Mit Apple Intelligence wird dies etwas einfacher, sofern diese Funktionen von Ihrem iPad unterstützt werden. So ist es möglich, dass die KI versucht herauszufinden, welche Mitteilung besonders wichtig erscheint. Es kann vorkommen, dass es nicht sofort wie geplant funktioniert. Mit der Zeit wird die Erkennungsrate aber besser. Um diese Funktion einzusetzen, gehen Sie wie folgt vor:

1. Öffnen Sie die *Einstellungen* und wählen Sie dort links die *Mitteilungen*.
2. Schalten Sie nun rechts in der Kategorie *Apple Intelligence* die Funktion *Mitteilungen priorisieren* ein.
3. Ist die Funktion aktiv, wählen Sie unten die Apps, aus denen Mitteilungen berücksichtigt werden sollen. Seien Sie hier besser wählerisch, ansonsten werden weiterhin zu viele Mitteilungen angezeigt.
4. Die priorisierten Mitteilungen werden von nun an in einer speziellen Gruppe präsentiert.

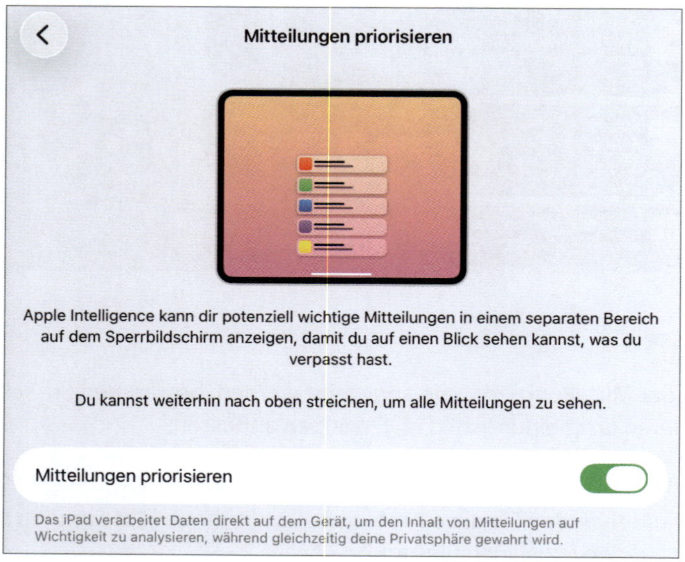

Mitteilungen zusammenfassen

Nicht nur die Priorisierung von Mitteilungen trägt zu einer besseren Übersicht bei, diese lassen sich dank Apple Intelligence auch zusammenfassen, damit sind Sie über deren Inhalte schneller im Bild:

1. Öffnen Sie die *Einstellungen* und wählen Sie dort die *Mitteilungen*.
2. Schalten Sie nun rechts in der Kategorie *Apple Intelligence* die Funktion *Mitteilungen zusammenfassen* ein.
3. Wählen Sie aus, welche Arten von Mitteilungen berücksichtigt werden sollen, und tippen Sie unten auf *Fortfahren*.
4. Wählen Sie ggf. weitere Apps für die Zusammenfassungen aus oder schalten Sie diese ab.

Beachten Sie, dass gegenwärtig bei den Zusammenfassungen noch Fehler auftreten können, da sich Apple Intelligence noch in der Entwicklung befindet.

Eingehende Nachrichten umgehend beantworten

Nachrichten, die auf dem Sperrbildschirm erscheinen, wie z. B. die der *Nachrichten*-App, können Sie sofort beantworten. Tippen Sie auf die Nachricht oder wischen Sie auf der Nachricht nach unten und geben Sie Ihren Antworttext ein. Ein vorheriges Anmelden und Starten der entsprechenden App ist dann nicht mehr erforderlich.

2.4 Das Kontrollzentrum

Das Kontrollzentrum ist neben dem Dock ein bedeutsamer Teil des »Armaturenbretts« Ihres iPad.

Hier aktivieren und deaktivieren Sie wichtige Funktionen wie WLAN- und Bluetooth-Verbindungen, Lautstärke, Helligkeit des Bildschirms und den Fokus-Modus oder greifen auf die Kamera und einiges mehr zu.

Seit den Upgrades auf iPadOS 18 sowie iPadOS 26 können Sie das Kontrollzentrum Ihres iPad genauso im Detail individualisieren wie den Home-Bildschirm.

Kontrollzentrum aufrufen

Das Kontrollzentrum von iPadOS 26 rufen Sie auf, indem Sie vom rechten oberen Bildschirmrand nach unten wischen. Diese Geste funktioniert bei allen iPads unter iPadOS 26 – normalerweise auch, wenn dieses gesperrt ist.

Den Zugriff auf das Kontrollzentrum verhindern
Sofern Sie den Zugriff auf das Kontrollzentrum über den Sperrbildschirm unterbinden möchten, öffnen Sie die *Einstellungen* und dort *Touch ID & Code*. Hier deaktivieren Sie unter *Im Sperrzustand Zugriff erlauben* das Kontrollzentrum.

Kontrollzentrum einrichten

Das Kontrollzentrum Ihres iPad kann im Detail Ihren Wünschen und Bedürfnissen entsprechend angepasst werden:

1. Rufen Sie das Kontrollzentrum wie zuvor beschrieben auf und tippen Sie oben links am Kontrollzentrum auf den Plus-Schalter.
2. Die einzelnen Steuerelemente werden weiß umrandet hervorgehoben. Um ein Steuerelement zu entfernen, tippen Sie auf den Minus-Schalter.
3. Wollen Sie hingegen ein weiteres Element hinzufügen, tippen Sie unten auf *Steuerelement hinzufügen*. Wählen Sie aus einer umfangreichen Liste das gewünschte Steuerelement aus.
4. Dieses wird auf einem der Platzhalter abgelegt. Natürlich können Sie es auch verschieben. Oder in die passende Kategorie aufnehmen.
5. Sie finden im Kontrollzentrum drei Kategorien, die Sie über die entsprechenden Symbole rechts auswählen: *Favoriten* (Herzsymbol), *Medien* (Notensymbol) und *Weitere* (Kreissymbole).

Kontrollzentrum zurücksetzen
Falls Sie sich »verkonfiguriert« haben, können Sie das Kontrollzentrum jederzeit wieder zurücksetzen. Dazu wählen Sie in den *Einstellungen* den Eintrag *Kontrollzentrum* in der linken Spalte. Anschließend tippen Sie rechts auf *Kontrollzentrum zurücksetzen.*

Stromspar- und Dunkelmodus ins Kontrollzentrum aufnehmen

Welche Steuerelemente Sie in das Kontrollzentrum Ihres iPad aufnehmen, ist Ihre Entscheidung und hängt von Ihrer Arbeitsweise ab. Sinnvoll wären etwa der Dunkelmodus sowie der Stromsparmodus. Dann können Sie diese praktischen und wichtigen Funktionen per Fingertipp aktivieren, ohne dass Sie in den Tiefen der *Einstellungen* suchen müssen.

Steuerelemente des Kontrollzentrums vergrößert anzeigen

Die Steuerelemente im Kontrollzentrum, wie etwa Lautstärke, Helligkeit, Flugmodus oder Kamera, lassen sich per Fingertipp vergrößert darstellen. Dadurch können Sie diese besser bedienen und zudem bei einigen Kontrollelementen detaillierte Einstellungen vornehmen.

Rufen Sie das Kontrollzentrum auf, indem Sie vom rechten oberen Bildschirmrand nach unten wischen. Tippen Sie etwas länger etwa auf die Steuerelemente für *Lautstärke* oder *Helligkeit*, um diese vergrößert anzuzeigen und besser einstellen zu können. Das Steuerelement für die *Helligkeit* ermöglicht es zudem, den *Dunkelmodus*, den Nachtmodus (*Night Shift*) und, sofern vom iPad unterstützt, die Funktion *True Tone* einzustellen.

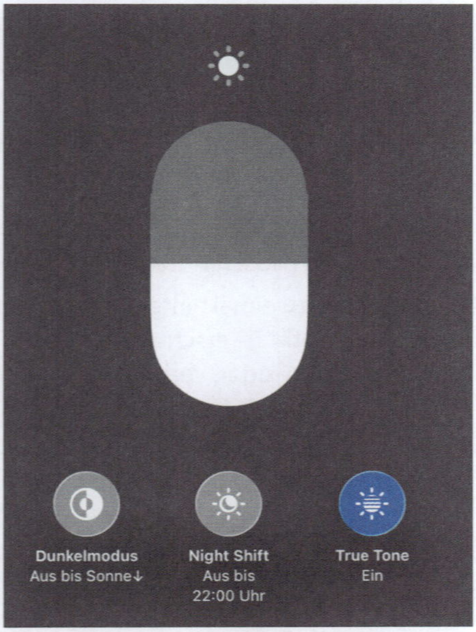

Wenn Sie länger auf die anderen Steuerelemente tippen, erscheinen bei einigen weitere Einstellungen, die Sie dann aktivieren können.

Lautstärkeanzeige gezielt bedienen

Ändern Sie die Lautstärke über das Steuerelement im Kontrollzentrum oder mit den Lautstärketasten an der Seite des iPad, wird dies auf dem Bildschirm dargestellt. Außerdem wird im Steuerelement des Kontrollzentrums das jeweils angesteuerte Audiogerät mit dem passenden Symbol und dem Namen gezeigt. Bluetooth-Kopfhörer werden beispielsweise durch ein Bluetooth-Symbol repräsentiert, AirPods oder HomePods mit einem AirPod- oder HomePod-Symbol. Die Lautstärke des jeweiligen Audiogerätes stellen Sie wie gewohnt mit einer Fingergeste ein.

Schnell ein neues WLAN-Netzwerk wählen

Über das Kontrollzentrum können Sie nicht nur die WLAN-Verbindung ein- und ausschalten, sondern auch gezielt ein WLAN-Netzwerk wählen:

1. Rufen Sie das Kontrollzentrum auf, indem Sie vom rechten oberen Bildschirmrand nach unten wischen.
2. Tippen Sie etwas länger auf das WLAN-Symbol und danach auf das zweite untergeordnete WLAN-Symbol, unter dem der Name des aktuellen WLAN-Netzwerks steht.
3. Nun erscheint nach etwas Wartezeit eine Liste der an Ihrem gegenwärtigen Aufenthaltsort vorhandenen WLAN-Netzwerke.
4. Wählen Sie das gewünschte WLAN-Netzwerk aus und geben Sie, sofern erforderlich, das dazugehörige Kennwort ein.

Bluetooth-Gerät auswählen

Analog zum Vorgehen beim WLAN-Netzwerk können Sie über das Steuerelement der Bluetooth-Verbindung ebenso das gewünschte Bluetooth-Gerät auswählen:

1. Rufen Sie das Kontrollzentrum auf, indem Sie vom rechten oberen Bildschirmrand nach unten wischen.
2. Tippen Sie zweimal hintereinander auf das Steuerelement für Bluetooth. Es erscheint eine Liste aller mit dem iPad gekoppelten oder verbundenen Geräte wie der Apple Pencil, Bluetooth-Lautsprecher oder Kopfhörer.
3. Zum Verbinden eines bereits gekoppelten Gerätes wählen Sie das gewünschte Bluetooth-Gerät aus. Achten Sie darauf, dass das Bluetooth-Gerät eingeschaltet ist und sich in Reichweite befindet.

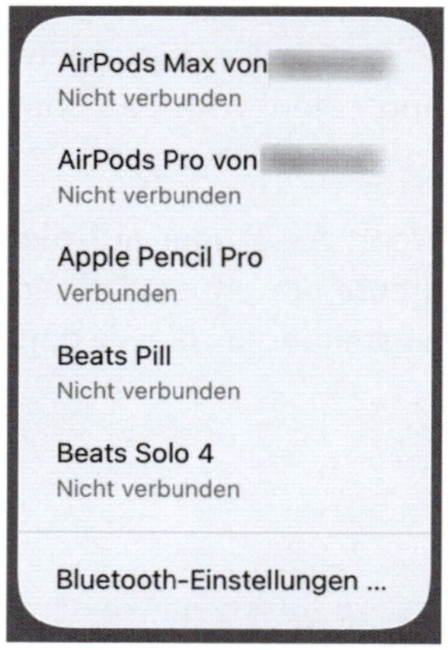

Bitte nicht stören!

Möchten Sie nicht durch Nachrichtentöne und eingehende Meldungen gestört werden, nutzen Sie dazu den Fokus-Modus. Öffnen Sie das Kontrollzentrum und tippen Sie auf das Fokus-Symbol *Nicht stören* (Mondsichel).

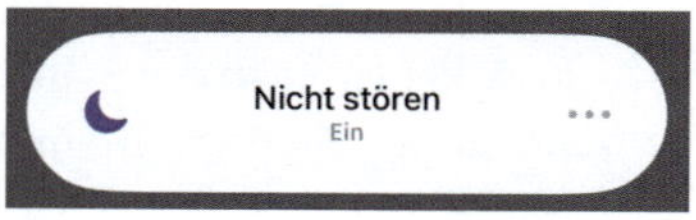

Sofern Sie etwas länger darauf tippen, können Sie eine Liste der vorhandenen Fokus-Modi einsehen und den passenden Fokus-Modus gleich wählen. Wie Sie den Fokus-Modus im Detail einrichten, erfahren Sie in Kapitel 3.7.

Das iPad stummschalten

Falls Sie Ihr iPad stummschalten möchten, öffnen Sie das Kontrollzentrum, indem Sie vom rechten oberen Bildschirmrand nach unten wischen. Anschließend genügt ein Fingertipp auf das Glockensymbol. Dieses wird durchgestrichen und rot eingefärbt. Daran erkennen Sie immer eine aktive Stummschaltung.

Ausgabegerät für AirPlay wählen

Zum Kontrollzentrum Ihres iPad gehören auch die Steuerelemente für Medien. So können Sie das Abspielen steuern, ohne die entsprechende App bemühen zu müssen. Zudem legen Sie hier die Lautstärke sowie das gewünschte Ausgabegerät fest.

1. Rufen Sie das Kontrollzentrum auf, indem Sie vom rechten oberen Bildschirmrand nach unten wischen.
2. Tippen Sie bei den Steuerelementen zur Mediensteuerung rechts oben auf das AirPlay-Symbol.
3. Wählen Sie das gewünschte Gerät aus, das kann das iPad selbst sein, Bluetooth-Kopfhörer, Bluetooth-Lautsprecher bzw. AirPlay-kompatible Geräte wie Apple TV oder HomePods.

2.5 Apps im Einsatz

Zunächst zeigen wir Ihnen alles, was Sie beim Einsatz von Apps beachten müssen, wie Sie diese starten, wie Sie mit mehreren gleichzeitig arbeiten und wie Sie Ihre Apps organisieren und aufräumen.

Das Dock einblenden

Das Dock von iPadOS 26 dient als Dreh- und Angelpunkt für Ihre Apps. Links im Dock finden Sie eine Auswahl der wichtigsten Apps, rechts werden die zuletzt geöffneten Apps sowie die App-Mediathek, in der alle auf Ihrem iPad installierten Apps zu finden sind, angezeigt. Auch App-Vorschläge von Siri und auf anderen kompatiblen iPadOS- und iOS-Geräten und Macs gestartete Apps (Continuity) sind dort zu finden.

Wird das Dock gerade nicht angezeigt, z. B. wenn Sie eine App geöffnet haben, blenden Sie dieses auf die folgende Weise ein:

1. Wischen Sie vom unteren Bildschirmrand – im Hoch- oder Querformat – nach oben, wird das Dock angezeigt.
2. Während eine App gestartet ist, drücken Sie die Tastenkombination [option]+[cmd ⌘]+[D] auf einer kompatiblen Tastaturhülle oder externen Tastatur. Bei Fremdtastaturen ohne iPadOS-, iOS- oder Mac-kompatible Tastenbelegung könnten das aber auch andere Tasten sein. Probieren Sie es einfach aus.

Das Dock konfigurieren

- Viel genutzte Apps lassen sich dem Dock hinzufügen, indem Sie das Symbol vom Home-Bildschirm auf das Dock ziehen.
- Möchten Sie die App aus dem Dock entfernen, ziehen Sie diese einfach wieder auf den Home-Bildschirm.
- Sie können im Dock Ordner unterbringen, in denen dann weitere Apps liegen.
- Außerdem können Sie auch weitere Ordner – über die *Dateien*-App – ins Dock aufnehmen.

Wie viele Symbole passen eigentlich ins Dock?

Ins Dock von iPadOS (iPad Pro 12,9" im Querformat) passen insgesamt bis zu 17 Symbole. Hierzu zählen auch die Symbole von Ordnern.

Der einfache App-Switcher

Zwischen geöffneten Apps wechseln Sie auf die folgende Weise:

1. Wischen Sie schnell vom unteren Bildschirmrand nach oben.

2. Nun erscheinen die verkleinerten Fenster aller geöffneten Apps.
3. Um jetzt eine App auszuwählen, holen Sie diese per Fingertipp in den Vordergrund.

App-Switcher über die Tastatur nutzen

Nutzen Sie eine Tastaturhülle oder eine andere über Bluetooth angeschlossene externe Tastatur, können Sie den App-Switcher auch mit der Tastenkombination [cmd ⌘]+[→|] aufrufen und dann die gewünschte App auswählen.

Noch schneller zwischen den Apps wechseln

Mit einer einfachen Geste können Sie noch schneller zwischen bereits geöffneten Apps wechseln. Wischen Sie dazu über der hellen oder dunklen Linie unten am Bildschirm nach rechts oder nach links, um die nächste oder vorherige App aufzurufen.

Alle Fenster und Dokumente einer App anzeigen

Bei Bedarf können Sie eine Übersicht über alle geöffneten Fenster und Dokumente einer bestimmten App aufrufen, um dann das gewünschte Fenster oder Dokument gezielt auszuwählen:

1. Wischen Sie vom unteren Bildschirmrand nach oben, um das Dock anzuzeigen.
2. Tippen Sie fest auf das entsprechende App-Symbol, z. B. *Safari* oder *Dateien*.

3. Die Schnellaktionen im Kontextmenü werden angezeigt. Tippen Sie dort auf den Eintrag *Alle Fenster anzeigen* und holen Sie das gewünschte Fenster oder Dokument der App in den Vordergrund.
4. Alternativ rufen Sie den App-Umschalter auf, indem Sie vom unteren Bildschirmrand nach oben wischen und in der Mitte kurz innehalten.
5. Die einzelnen Fenster der App werden mit dem dazugehörigen App-Symbol angezeigt. Bei Bedarf holen Sie das gewünschte Fenster mit einem Fingertipp in den Vordergrund.

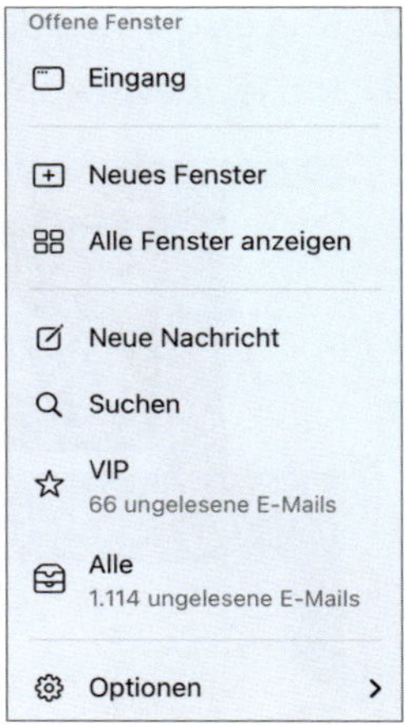

Aktuelle Dateien schneller öffnen

Um die zuletzt genutzten Dateien einer App zu öffnen, tippen Sie länger auf das Symbol der App im Dock, z. B. auf das Symbol der *Vorschau*-App, bis deren Kontextmenü angezeigt wird. Dort wählen Sie die gewünschte Datei aus, die dann mit der dazugehörigen App geöffnet wird.

Mehrere Apps auswählen und bewegen

Es lassen sich auch mehrere Apps auf dem Home-Bildschirm auswählen und bewegen – zu einem weiteren Home-Bildschirm, in einen Ordner oder in die App-Mediathek.

1. Tippen Sie so lange auf eine App, bis sie anfängt zu wackeln. Oder tippen Sie so lange auf die App, bis das Kontextmenü erscheint. Dort wählen Sie den Eintrag *Home-Bildschirm bearbeiten*. Damit aktivieren Sie den Bearbeitungsmodus.
2. Bewegen Sie die App mit dem linken Zeigefinger und halten Sie sie fest. Mit einem Fingertipp des rechten Zeigefingers wählen Sie weitere Apps aus. Wie viele Apps ausgewählt sind, zeigt eine kleine Zahl rechts oben am Symbol der zuerst ausgewählten App.
3. Verschieben Sie nun die Apps an die gewünschte Stelle oder in einen Ordner und lassen Sie sie dort wieder los.

Apps schließen

Falls Sie aufräumen möchten und gestartete Apps beenden, erreichen Sie das auf diese Weise:

1. Öffnen Sie den App-Umschalter, indem Sie vom unteren Rand des Bildschirms in die Mitte wischen und dort innehalten. Alternativ betätigen Sie bei einem iPad mit Home-Button diesen zweimal schnell hintereinander.

2. Es werden alle laufenden Apps angezeigt. Um eine App zu beenden, ziehen Sie diese an den oberen Bildschirmrand. Hierbei wird sie geschlossen.
3. Mehrere Apps schließen Sie, indem Sie diese gleichzeitig mit den anderen Fingern einer Hand nach oben ziehen.
4. Apps können Sie zudem über den roten Schalter links oben in der Fensterleiste schließen. Ist diese nicht zu sehen, weil die App im Vollbildmodus angezeigt wird, wischen Sie ggf. vom oberen Rand des Bildschirms nach unten, bis sie erscheint.

Bitte beachten Sie: Das explizite Schließen von Apps ist in der Regel nicht erforderlich. Es kann beispielsweise dann erfolgen, wenn eine App Probleme bereitet, diese nicht mehr reagiert oder Sie den App-Umschalter aufräumen wollen.

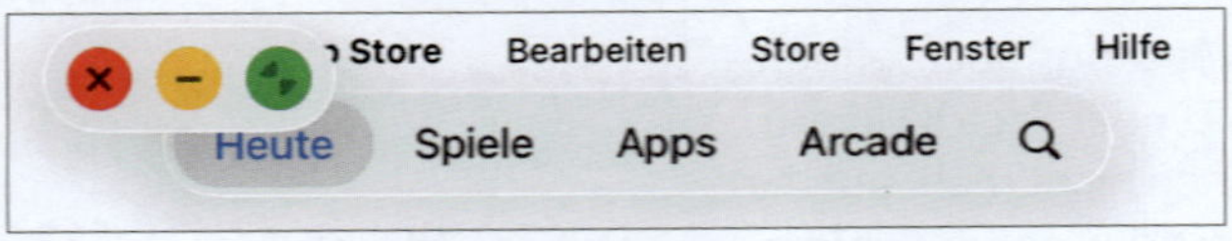

Apps entfernen

Wollen Sie eine von Ihnen installierte App vom iPad löschen, gehen Sie wie folgt vor:

1. Tippen Sie etwas länger auf das Symbol der App, bis alle Symbole anfangen zu wackeln und links oben ein Kreis mit einem Minuszeichen erscheint. Nun haben Sie den Bearbeitungsmodus aktiviert.
2. Um die App zu löschen, tippen Sie auf das Minuszeichen. Wenn Sie die anschließende Sicherheitsfrage mit *App löschen* beantworten, werden die App sowie die dazugehörigen Daten vom iPad entfernt.
3. Alternativ tippen Sie so lange auf eine App, bis deren Kontextmenü erscheint, und wählen den Befehl *App löschen*.
4. Falls Sie die App nur vom Home-Bildschirm entfernen möchten, sie aber in der App-Mediathek weiter zur Verfügung stehen soll, wählen Sie statt *App löschen* den Befehl *Vom Home-Bildschirm entfernen*.

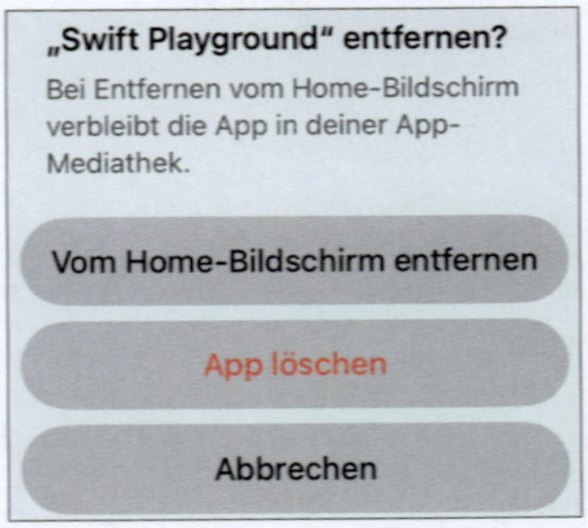

Apps sperren

Sicherlich sind einige Inhalte auf Ihrem iPad nur für Ihre Augen bestimmt. Damit keine anderen Personen darauf zugreifen können, wenn Sie ihnen Ihr iPad an die Hand geben, können Sie die entsprechenden Apps sperren. Diese geben Ihre Geheimnisse nur dann preis, wenn Sie sich per Touch ID oder Face ID identifizieren.

1. Tippen Sie etwas länger auf das Symbol der App, bis deren Kontextmenü erscheint.
2. Wählen Sie den Eintrag *Touch ID/Face ID anfordern*.
3. Zum Sperren wählen Sie den Schalter *Touch ID/Face ID anfordern*.
4. Anschließend lässt sich diese App nur noch öffnen, wenn Sie sich über die Touch ID oder Face ID identifizieren. Andere Personen können nicht mehr auf die in der App enthaltenen Daten oder deren Funktionen zugreifen.

Apps ausblenden

Falls Sie Apps nicht löschen, aber ausblenden möchten, ist auch das möglich.

1. Tippen Sie etwas länger auf das Symbol der App, um deren Kontextmenü zu öffnen, und wählen Sie darin den Eintrag *Touch ID/Face ID anfordern*.
2. Zum Ausblenden der App wählen Sie anschließend den Eintrag *Ausblenden und Touch ID/Face ID anfordern*.
3. Die App verschwindet dann vom Home-Bildschirm und kann nur noch über die Kategorie *Ausgeblendet* in der App-Mediathek aufgerufen werden.

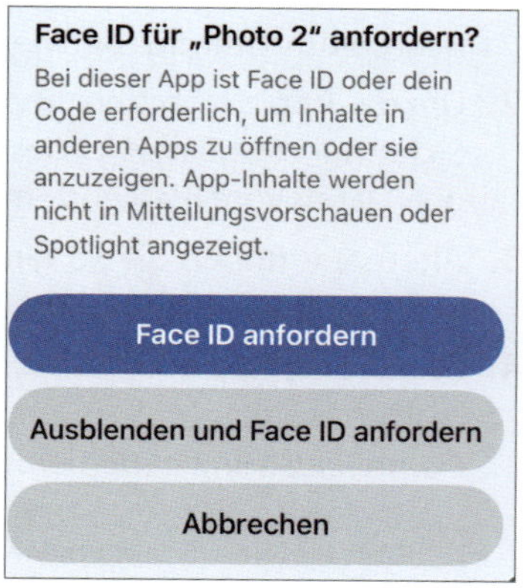

Die Standard-Apps festlegen

Falls Sie es etwa bevorzugen, statt *Mail* eine andere E-Mail-App zu verwenden oder anstelle von *Safari* einen anderen Webbrowser wie *Firefox*, dann können Sie diese Apps von Drittanbietern als entsprechende Standard-Apps festlegen.

1. Rufen Sie dazu die *Einstellungen* auf und tippen Sie in der linken Spalte unten auf *Apps*.
2. Wählen Sie den Eintrag *Standard-Apps*. Hier legen Sie in den einzelnen Einträgen fest, welche App als Standard-App verwendet werden soll.

3. Um etwa einen alternativen Webbrowser zu verwenden, tippen Sie auf *Browser-App* und wählen beispielsweise *Firefox* aus. Natürlich muss die entsprechende App auf dem iPad installiert sein.
4. Weitere Standard-Apps wie die *Karten*-App ändern Sie auf die gleiche Weise.

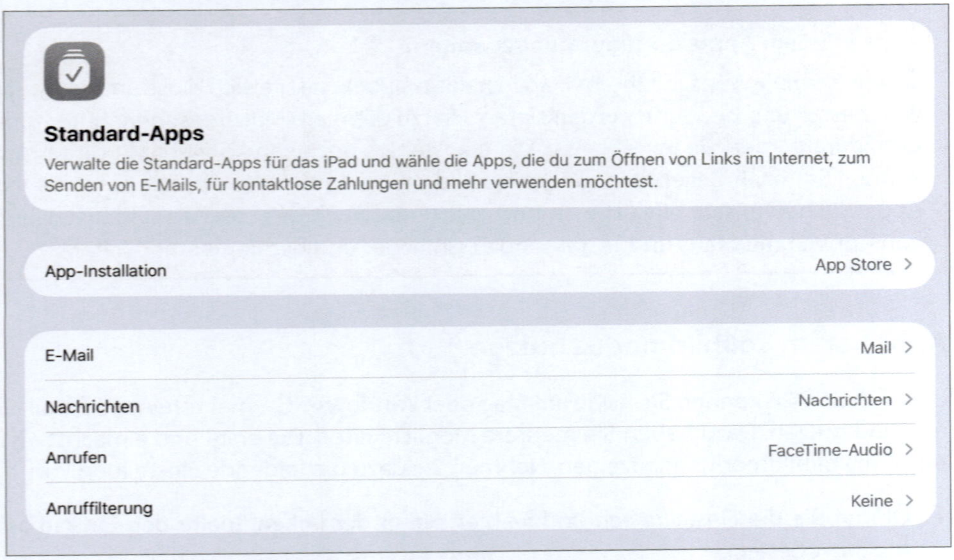

Wie viele Apps passen auf den Home-Bildschirm?

Sofern Sie in den *Einstellungen* Ihres iPad unter *Anzeige & Helligkeit* als Home-Bildschirmlayout *Mehr Fläche* gewählt haben, passen neben dem Dock jeweils bis zu 30 Apps oder Symbole auf Ihren Home-Bildschirm.

Ordner anlegen

Sofern Sie viele Apps auf Ihrem iPad installiert haben, ist es der besseren Übersichtlichkeit wegen sinnvoll, diese in unterschiedlichen Ordnern abzulegen. Dabei legen Sie beispielsweise alle Spiele in einen Ordner, alle Nachrichten-Apps oder die Büro-Apps.

1. Wählen Sie die erste App aus und ziehen Sie sie auf die zweite App, die ebenfalls in den neuen Ordner gelegt werden soll.
2. Nun wird automatisch ein Ordner angelegt, dem Sie nur noch den passenden Namen geben müssen.
3. Im dritten Schritt legen Sie alle weiteren dazugehörigen Apps in den Ordner. Der Ordner kann an die gewünschte Stelle auf einem der Home-Bildschirme verschoben werden.

4. Alternativ können Sie einen Ordner auch rechts im Dock von iPadOS unterbringen, wenn Sie dort noch Platz haben.
5. Natürlich lässt sich auch der Ordner, ebenso wie Apps, auf dem von Ihnen gewünschten Home-Bildschirm frei platzieren.

Apps mit dem Apple Configurator verwalten?
Sofern Sie viele Apps auf Ihrem iPad installiert haben, lassen sich diese am Computer weit besser und bequemer organisieren. Hierzu dient am Mac der sogenannte Apple Configurator, den Sie im Mac App Store kostenlos beziehen können. Mit dieser App können Sie nach Belieben neue Home-Bildschirme und neue Ordner anlegen, Ihre Apps wie gewünscht einsortieren und anordnen. Auch das Löschen und Installieren von Apps ist mit Maus und Tastatur noch einfacher und bequemer möglich.

Apps nur im Vollbildmodus nutzen

Unter iPadOS 26 können Sie – wie am Mac oder Windows-PC – mehrere Apps parallel öffnen und nutzen. Dazu haben Sie mehrere Möglichkeiten. Die erste und einfachste ist es, Apps im Vollbildmodus anzuzeigen. Nehmen Sie dazu die folgende Einstellung vor:

1. Öffnen Sie die *Einstellungen* und wählen Sie in der linken Spalte den Eintrag *Multitasking & Gesten*.
2. Entscheiden Sie sich für die Einstellung *Apps im Vollbildmodus*. Die Apps werden nun immer im Vollbildmodus angezeigt.
3. Um zwischen den Apps zu wechseln, rufen Sie den App-Umschalter auf, indem Sie vom unteren Rand nach oben wischen und auf die entsprechende App oder das Fenster tippen.
4. Alternativ wischen Sie unten auf dem kleinen schwarzen Strich, um die nächste oder vorherige App anzuzeigen.

> **App-Umschalter über Gesten nutzen**
>
> Wenn Sie Apps im Vollbildmodus nutzen, können Sie den App-Umschalter über Gesten besonders bequem bedienen. Aktivieren Sie dazu unten die Funktion *App-Umschalter mit vier oder fünf Fingern*. Dann können Sie den App-Umschalter öffnen, indem Sie auf dem Bildschirm vier oder fünf Finger aufziehen und dann innehalten. Zudem wechseln Sie zwischen geöffneten Apps, indem Sie mit vier oder fünf Fingern nach rechts oder links wischen.

Apps als Fenster

Möchten Sie am iPad ähnlich arbeiten, wie Sie es am Windows-PC oder Mac gewohnt sind, dann nutzen Sie dazu den Modus *Apps als Fenster*. In diesem Fall werden die geöffneten Apps als Fenster angezeigt, die Sie wie gewünscht platzieren, verschieben, vergrößern und verkleinern können. Dazu nehmen Sie zunächst die folgende Einstellung vor:

1. Öffnen Sie die *Einstellungen* und wählen Sie in der linken Spalte den Eintrag *Multitasking & Gesten*.
2. Wählen Sie rechts die Einstellung *Apps als Fenster*. Die Apps werden nun jeweils im Fenster angezeigt.
3. Um zwischen den Apps zu wechseln, tippen Sie auf das entsprechende Fenster. Selbstverständlich können Sie auch den App-Umschalter nutzen.

> **Weitere Tipps zu Fenstern**
>
> **Stufenloses Vergrößern und Verkleinern der Fenster:** Die Fenster lassen sich stufenlos vergrößern, wenn Sie diese rechts unten am schwarzen Viertelkreis in die entsprechende Richtung ziehen – also nach rechts unten, links oben bzw. nach rechts oder links.
>
> **Vollbild per Fingertipp:** Wollen Sie ein Fenster schnell im Vollbild betrachten, dann genügt es, schnell auf die Fensterleiste zu tippen, und es wird umgehend vergrößert. Um wieder zur vorherigen Größe zu gelangen, tippen Sie erneut auf die Fensterleiste.
>
> **Verschieben von Fenstern:** Sie können Fenster auf dem Bildschirm verschieben, indem Sie auf die Fensterleiste tippen und das Fenster dann an die gewünschte Stelle ziehen.

Fenster automatisch anordnen

Die einzelnen Apps und Fenster können Sie stufenlos, aber auch automatisch passend anordnen. In diesem Fall gehen Sie wie folgt vor:

1. Starten Sie eine App, beispielsweise die *Musik*-App. Blenden Sie ggf. die Fensterleiste ein, indem Sie vom oberen Rand nach unten wischen.
2. Tippen Sie etwas länger auf den grünen Schalter, der sich links oben in der Fensterleiste befindet.
3. Im folgenden Menü können Sie das Muster auswählen, in dem die Fenster angeordnet werden (*Bewegen & Skalieren*, *Füllen & Anordnen*). Starten Sie weitere Apps und lassen Sie diese ebenfalls entsprechend automatisch anordnen.

Apps minimieren und schließen

Über den gelben Schalter minimieren Sie die App und über den roten wird sie geschlossen. Beachten Sie, dass die App beim Minimieren nur vom Bildschirm verschwindet, aber immer noch aktiv ist. Sie kann über einen Fingertipp auf ihr Symbol oder die Voransicht im App-Umschalter wieder angezeigt werden.

Slide Over – schwebende Fenster

Möchten Sie das Fenster einer App über den anderen schwebend darstellen, dann erreichen Sie das so:

1. Starten Sie eine App, blenden Sie die Menüleiste ein und tippen Sie etwas länger auf den grünen Schalter.
2. Wählen Sie im Menü den Befehl *Slide Over aufrufen*. Das Fenster wird nun schwebend über den anderen dargestellt.
3. Zum Beenden des Slide-Over-Modus tippen Sie erneut auf den grünen Schalter und wählen dann den Befehl *Slide Over verlassen*.

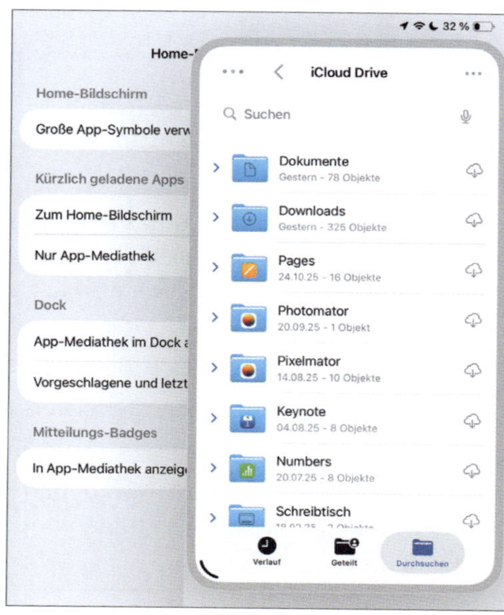

Multitasking mit dem Stage Manager

Mit dem Stage Manager geht die Arbeit mit mehreren Apps und Fenstern am iPad noch professioneller von der Hand und ähnelt der Vorgehensweise am Mac oder Windows-PC. Seit dem Upgrade auf iPadOS 26 ist der Stage Manager auf allen iPads verfügbar, die das aktuelle Betriebssystem unterstützen – auch auf dem iPad mini. Allerdings ist für die Arbeit mit dem Stage Manager ein möglichst großes Display sinnvoll. Am meisten haben Sie vom Stage Manager, wenn Sie ein iPad Air oder iPad Pro mit 13" nutzen und/oder einen kompatiblen externen Bildschirm.

Den Stage Manager einschalten

Um den Stage Manager zu nutzen, müssen Sie diesen zunächst aktivieren:

1. Öffnen Sie die *Einstellungen* und wählen Sie in der linken Spalte den Eintrag *Multitasking & Gesten*.
2. Tippen Sie nun rechts auf *Stage Manager*. Aktivieren Sie zudem die Optionen *Zuletzt benutzte Apps automatisch ein- und ausblenden* sowie *Dock automatisch ein- und ausblenden*. In dem Fall werden die zuletzt verwendeten Apps im Stage Manager angezeigt und das Dock ausgeblendet, um mehr Platz auf dem Bildschirm zu schaffen.

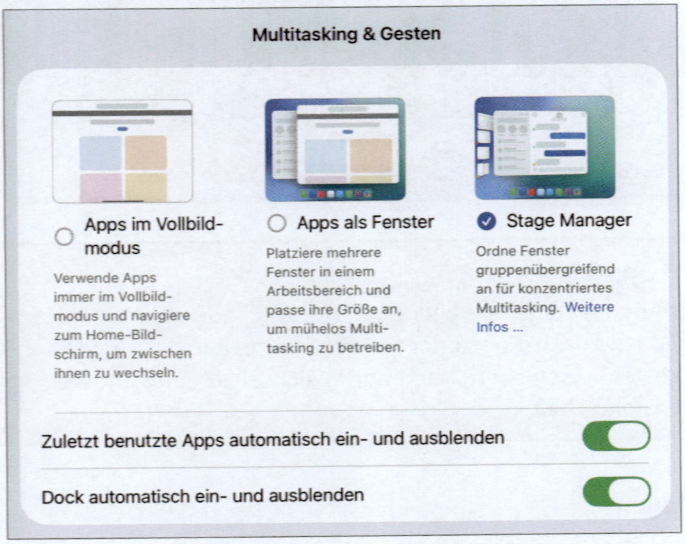

Wie Sie zwischen Apps wechseln

1. Öffnen Sie die erste App, die Sie verwenden möchten, und anschließend die zweite und dritte.
2. Sie haben nun mehrere Möglichkeiten, zwischen den Apps zu wechseln:

- Sie tippen links auf die verkleinerte Ansicht der Apps in der Stage-Manager-Ansicht
- Ist diese nicht zu sehen, weil die App Im Vollbildmodus angezeigt wird, wischen Sie vom linken Rand nach rechts und tippen dann auf die verkleinerte Ansicht.
- Selbstverständlich können Sie den App-Switcher wie gewohnt aufrufen, indem Sie vom unteren Rand nach oben wischen und die App wählen.

Die Fenstergröße einer App ändern

Die Fenstergröße einer App im Stage Manager passen Sie an, indem Sie rechts unten den Viertelkreis entsprechend nach innen oder nach außen bewegen. Zudem können Sie das verkleinerte Fenster verschieben. Nach dem Wechsel zu einer anderen App bleibt die Größe des Fensters erhalten.

Weitere Fenster hinzufügen

Einer im Stage Manager geöffneten und im Vordergrund befindlichen App oder Ansicht können Sie weitere Fenster und damit Apps hinzufügen:

1. Wählen Sie die App aus und bringen Sie diese in den Vordergrund.
2. Wählen Sie die zweite App oder das Fenster links aus dem App-Switcher aus und ziehen Sie es auf die erste App. Alternativ öffnen Sie eine neue App – etwa über das Dock.

3. Gegebenenfalls werden die Fenster der Apps nun überlappend dargestellt. Bei Bedarf passen Sie deren Größe an und wechseln zwischen den Fenstern.
4. Auf diese Weise können Sie verschiedene Arbeitsbereiche einrichten, zwischen denen Sie über den Stage Manager – genauer den App-Switcher – wechseln.

Ziehen und Ablegen zwischen zwei Apps

Haben Sie zwei Apps geöffnet, können Sie zwischen diesen Dateien und Daten wie Fotos und Texte per Ziehen und Ablegen austauschen.

1. Öffnen Sie z. B. die *Fotos*-App und die *Dateien*-App nebeneinander.
2. Nun ziehen Sie ein Foto von der *Fotos*-App auf einen Ordner der *Dateien*-App. Von dort aus können Sie es dann weiterverarbeiten.

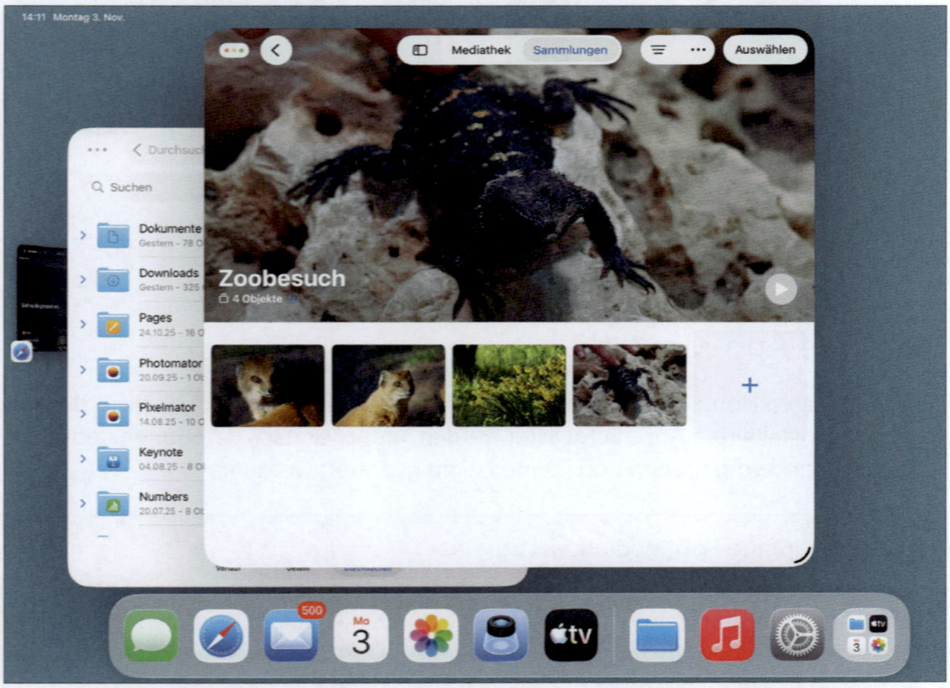

Einen externen Bildschirm nutzen

Mit dem Stage Manager können Sie auch auf einem externen Bildschirm komfortabel arbeiten. Die Voraussetzung ist, dass dieser per USB-C-Kabel an Ihr iPad angeschlossen werden kann. Achten Sie auf die entsprechende Kompatibilität.

1. Nachdem Sie den Bildschirm in der Regel per USB-C-Kabel an das iPad angeschlossen haben, wird der Home-Bildschirm auf dem externen Monitor angezeigt.

2. Wie Ihre Bildschirme angeordnet werden sollen, legen Sie in den *Einstellungen* von iPadOS 26 fest. Dort wählen Sie zunächst den Eintrag *Anzeige & Helligkeit*. Unter *Displays* tippen Sie auf *Erweitertes Display*.
3. Über *Anordnung* geben Sie an, wo der externe Bildschirm und wo das iPad positioniert sind. Des Weiteren können Sie nach einem Fingertipp auf den Namen des Bildschirms dessen Einstellungen vornehmen, etwa die Darstellung in HDR – sofern diese Funktion unterstützt wird.
4. Wenn Sie nun bei aktiviertem Stage Manager Apps starten, können Sie deren Fenster auf den externen Bildschirm ziehen und dort komfortabler damit arbeiten. Das Fenster- oder App-Management entspricht der oben beschriebenen Vorgehensweise.

2.6 Die App-Mediathek

Auf dem letzten Home-Bildschirm des iPad finden Sie die App-Mediathek, in der alle auf Ihrem iPad installierten Apps aufgelistet werden, und zwar nach Kategorien geordnet. Die Kategorien sind vorgegeben und können nicht geändert werden.

Schneller auf die App-Mediathek zugreifen

Die App-Mediathek können Sie auch mit einem Fingertipp auf deren Symbol ganz rechts im Dock aufrufen. Ist es dort nicht zu finden, wählen Sie in den *Einstellungen* den Eintrag *Home-Bildschirm & App-Mediathek*. Dort aktivieren Sie die Option *App-Mediathek im Dock anzeigen*.

Apps in der App-Mediathek finden

Um die gewünschten Apps in der App-Mediathek zu finden, können Sie das Suchfeld oben nutzen, oder Sie tippen einfach auf die verkleinerten Symbole in der jeweiligen Kategorie-Ansicht. Dann öffnet sich der Ordner und Sie sehen, welche Apps in dieser Kategorie zu finden sind.

Selbstverständlich können Sie Apps in der App-Mediathek wie gewohnt starten.

Aktuelle Apps schnell finden

Von Apple vorgeschlagene Apps sowie zuletzt hinzugefügte Apps sind in der App-Mediathek in den Kategorien *Vorschläge* und *Zuletzt hinzugefügt* zu finden.

Apps nur in der App-Mediathek ablegen

Um Ihre Home-Bildschirme aufgeräumt zu lassen, können Sie festlegen, dass neue Apps ausschließlich in der App-Mediathek landen:

1. Öffnen Sie die *Einstellungen* und wählen Sie in der linken Spalte *Home-Bildschirm & App-Mediathek*. Dort tippen Sie auf den Eintrag *Nur App-Mediathek* in der Kategorie *Kürzlich geladene Apps*.

2. Alle neuen Apps finden Sie nun ausschließlich in der App-Mediathek – zusätzlich zur Kategorie auch über *Zuletzt hinzugefügt*.

Apps nur auf dem Home-Bildschirm entfernen

Bereits installierte und auf den Home-Bildschirmen befindliche Apps, die Sie nicht oft benötigen, können Sie ganz einfach in die App-Mediathek »verschieben«.

1. Tippen Sie etwas länger auf das Symbol der App und warten Sie, bis deren Kontextmenü erscheint. Tippen Sie dann auf *App entfernen*.
2. Nun müssen Sie aufpassen: Tippen Sie hier ausschließlich auf den Befehl *Vom Home-Bildschirm entfernen*.
3. Die App wird nun zwar vom Home-Bildschirm entfernt, verbleibt aber in der App-Mediathek und kann dort – bei Bedarf – geöffnet und genutzt werden.

Ausgeblendete Apps anzeigen

Sie finden in der App-Mediathek auch Ihre ausgeblendeten Apps – und zwar ganz unten in der gleichnamigen Kategorie. Wie Sie Apps ausblenden, erfahren Sie im Abschnitt 2.5.

3. Das iPad einrichten

Auch wenn Sie Ihr iPad und iPadOS 26 – im Vergleich mit Android – vielleicht nicht ganz so umfangreich individualisieren können, lassen sich die wirklich wichtigen Einstellungen weitgehend intuitiv vornehmen, ob für den Bildschirm, die Benutzeroberfläche, die Netzwerkverbindungen, den Datenschutz oder auch das Verhalten einzelner Apps.

> **Einstellungen schneller finden**
>
> Die *Einstellungen* von iPadOS 26 sind zwar recht übersichtlich gestaltet, aber dennoch sehr umfangreich. Um schnell eine bestimmte Einstellung zu finden, auch die einer App, geben Sie deren Bezeichnung in das Suchfeld links oben ein. Dieses befindet sich über Ihrem Apple Account.
>
> Suchen Sie Einstellungen von Apps, tippen Sie zunächst in der linken Spalte der *Einstellungen* ganz unten auf *Apps* und dann geben Sie den Namen der App rechts oben in das Suchfeld ein. So gelingt die Suche nach einer Einstellung viel schneller und einfacher.

3.1 Bildschirm und Benutzeroberfläche

Die wichtigsten Tipps und Tricks zur Konfiguration der Benutzeroberfläche und des Bildschirms finden Sie im Folgenden.

Textgröße

Falls Sie die Textgröße ändern möchten, etwa, weil Ihnen der Text bei iPadOS 26 zu klein erscheint oder Sie im Allgemeinen keine Adleraugen mehr haben, dann ist das problemlos möglich.

1. Öffnen Sie die *Einstellungen* und wählen Sie dort die Option *Anzeige & Helligkeit*.
2. Über *Textgröße* können Sie die Schrift vergrößern, indem Sie den Schieberegler entsprechend verschieben.
3. Mit dem Schalter *Fetter Text* wird die Schrift hingegen deutlicher sichtbar, was auf dem hochauflösenden Retina-Display Ihres iPad von Vorteil sein kann, weil die voreingestellte Schrift doch etwas »zierlich« ist.

> **Textgröße in einzelnen Apps ändern**
>
> Die Textgröße einzelner Apps lässt sich ebenfalls anpassen. Dazu benötigen Sie das Kontrollzentrum. Fügen Sie zunächst das erforderliche Kontrollelement hinzu, indem Sie auf den Plus-Schalter links oben tippen, nachdem Sie das Kontrollzentrum aufgerufen haben (von links oben nach unten wischen). Tippen Sie dann auf *Steuerelement hinzufügen* und wählen Sie in der Kategorie *Anzeige & Helligkeit* das Steuerelement *Textgröße* aus. Zum Ändern tippen Sie darauf und passen dann die Textgröße im Allgemeinen oder bei der gerade geöffneten App an.

Automatische Helligkeit abschalten

Je nachdem, in welcher Umgebung Sie sich befinden, ändert sich die Helligkeit des iPad-Bildschirms. Möchten Sie diese Einstellung selbst vornehmen, gehen Sie so vor:

1. Öffnen Sie die *Einstellungen* und tippen Sie dort auf *Anzeige & Helligkeit*. Um die Helligkeit anzupassen, ziehen Sie den Schieberegler in die entsprechende Position.
2. Möchten Sie die automatische Helligkeitsanpassung komplett abschalten, öffnen Sie den Eintrag *Bedienungshilfen* in den *Einstellungen* und dort den Bereich *Anzeige & Textgröße*. Hier deaktivieren Sie ganz unten die *Auto-Helligkeit*.

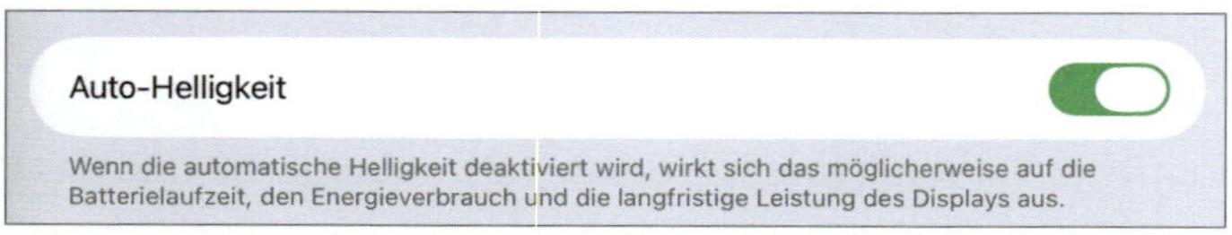

Farbtemperatur automatisch anpassen

Analog zur Helligkeit passt sich auch die Farbtemperatur des iPad an die Umgebung an. Auch diese Funktion können Sie aktivieren.

1. Öffnen Sie die *Einstellungen* und tippen Sie auf *Anzeige & Helligkeit*.
2. Schalten Sie dort die Funktion *True Tone* ein, damit sich die Farbtemperatur des iPad-Bildschirms automatisch an die Umgebung anpasst.

> **Bei welchen iPads lässt sich die Farbtemperatur anpassen**
>
> True Tone ist bei den folgenden iPad-Modellen verfügbar: iPad Pro (12,9", ab der 2. Generation), iPad Pro (11", ab der 1. Generation), iPad Pro (10,5"), iPad Pro (9,7"), iPad Air (ab der 3. Generation), iPad mini (ab der 5. Generation) und iPad (ab der 9. Generation).

Den Dunkelmodus oder Dark Mode nutzen

Der beliebte Dunkelmodus von iPadOS 26 trägt nicht nur zu einem ansprechenden Äußeren der Benutzeroberfläche von iPadOS bei, sondern hat auch weitere Vorteile. Er spart etwas Energie, was sich positiv auf die Akkulaufzeit Ihres iPad auswirkt. Zudem werden Ihre Augen in dunkler Umgebung geschont. Sie schalten den Dunkelmodus wie folgt ein:

1. Öffnen Sie die *Einstellungen* und wählen Sie den Eintrag *Anzeige & Helligkeit*.
2. Rechts unter *Erscheinungsbild* entscheiden Sie sich für *Dunkel*.
3. Alternativ können Sie den Dunkelmodus auch über das Kontrollzentrum aktivieren, indem Sie auf das entsprechende Steuerelement *Modus „Dunkel“* tippen. Dies müssen Sie unter Umständen vorher dem Kontrollzentrum hinzufügen. Wie das geht, erfahren Sie in Kapitel 2.4.
4. Der Dunkelmodus lässt sich zudem bei der Konfiguration des Home-Bildschirms aktivieren. Beachten Sie dazu die Tipps in Kapitel 2.1.

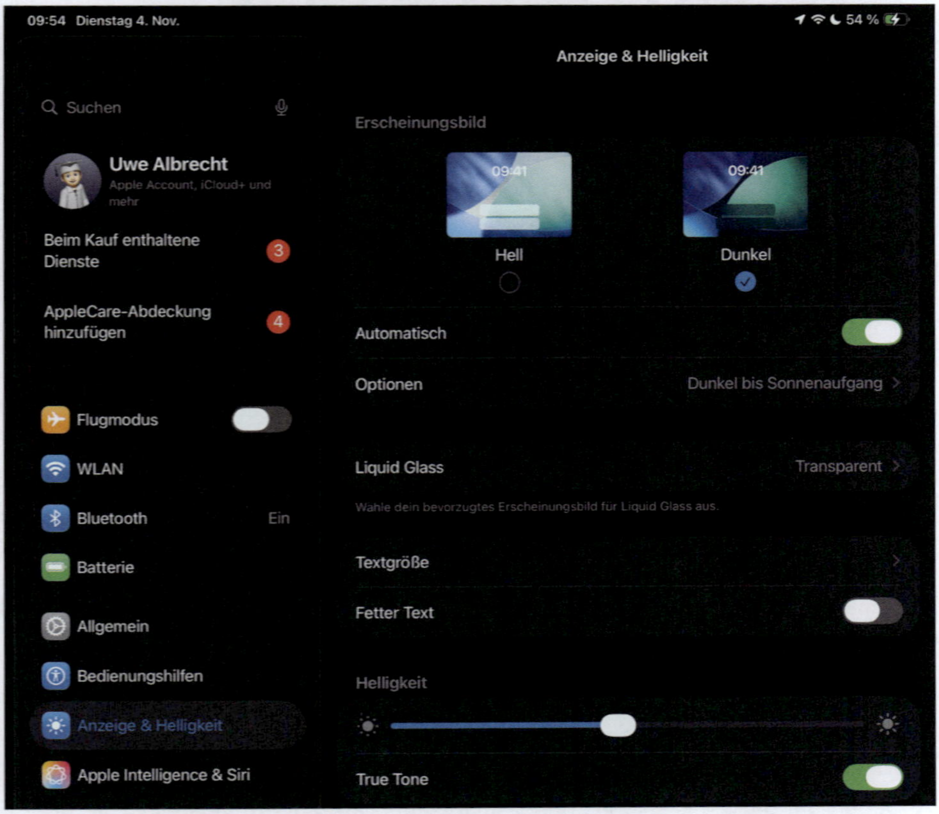

Falls Sie es stattdessen bevorzugen, dass der Dunkelmodus Ihres iPad automatisch aktiviert und wieder abgeschaltet wird, können Sie den automatischen Dunkelmodus verwenden. Hier wird, je nach Tageszeit, entweder das helle oder dunkle Erscheinungsbild gewählt:

1. Öffnen Sie die *Einstellungen* und wählen Sie den Eintrag *Anzeige & Helligkeit*.
2. Aktivieren Sie die Einstellung *Automatisch* sowie als Option *Hell bis Sonnenuntergang*. Bei Bedarf können Sie über *Eigener Zeitplan* auch einen individuellen Zeitraum für den Dunkelmodus definieren.

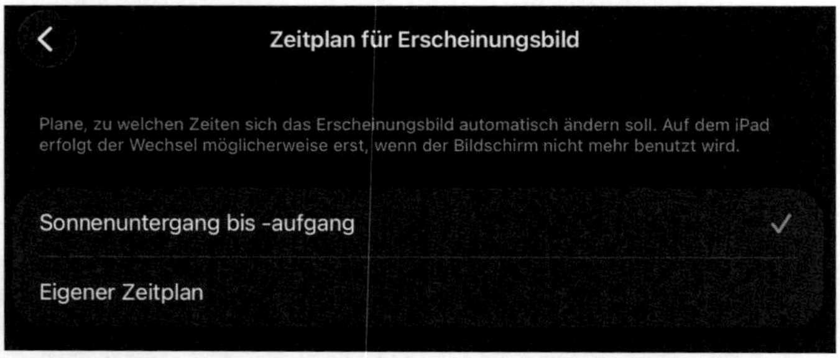

Verhalten der Hintergrundbilder beim Dunkelmodus

In iPadOS 26 sind einige Hintergrundbilder enthalten, die für den Hell- und Dunkelmodus gleichermaßen geeignet sind. Wenn Sie eines dieser Hintergrundbilder verwenden, ändert es sich entsprechend, wenn Sie ein helles oder dunkles Erscheinungsbild wählen. Andere Hintergrundbilder von iPadOS oder Ihre eigenen werden im Dunkelmodus ebenfalls etwas abgedunkelt angezeigt.

Den Nachtmodus einrichten

Bildschirme von Computern, Tablets und Smartphones geben normalerweise »blaues« Licht ab, das denjenigen, der davorsitzt, wach halten kann. Aus diesem Grund wurde in iPadOS neben dem Dunkelmodus auch ein Nachtmodus (*Night Shift*) integriert. Dieser ändert die Farbtemperatur entsprechend der Tageszeit, sodass Sie in der Nacht bei einem kurzen Blick auf das Tablet nicht gleich hellwach bleiben. Der Nachtmodus hat also eine etwas andere Aufgabe als der Dunkelmodus.

1. Öffnen Sie die *Einstellungen* und tippen Sie dort auf *Anzeige & Helligkeit*.
2. Über *Night Shift* legen Sie fest, ab wann der Nachtmodus aktiviert wird und wann er wieder beendet wird.
3. Geben Sie dazu die entsprechenden Uhrzeiten an. Zudem verstellen Sie über den Schieberegler die gewünschte Farbtemperatur in *Wärmer* mit weniger Blauanteil oder *Kälter* mit mehr Blauanteil.

4. Über die Option *Manuell bis morgen aktivieren* können Sie den Nachtmodus auch gezielt einschalten, wenn Sie ihn benötigen.

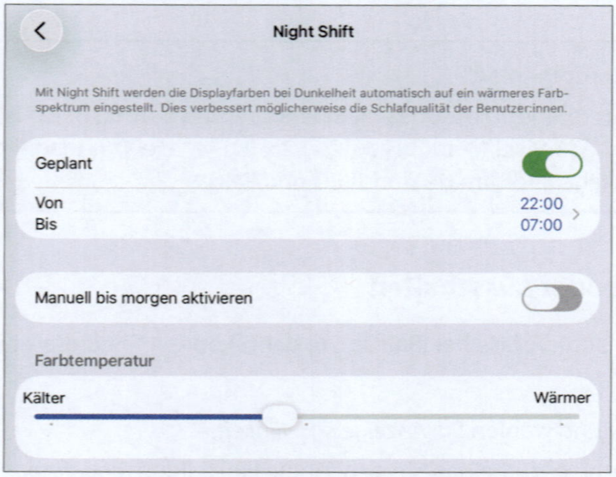

Hintergrundbildpaare anpassen

Über ein Hintergrundbild lässt sich Ihr iPad hervorragend individualisieren. Sie können dazu auf die bereits mitgelieferten Hintergrundbilder zurückgreifen oder eigene verwenden. Zudem können diese selbst umgestaltet werden. Hierzu gehen Sie wie folgt vor:

1. Öffnen Sie die *Einstellungen*. Wählen Sie in der Voransicht das gewünschte *Hintergrundbild* (für Sperr- und Home-Bildschirm) aus. Oder wischen Sie nach ganz rechts, bis die Voransicht *Neu* erscheint.
2. Tippen Sie auf *Neues Hintergrundbild* auswählen. Hier haben Sie die Wahl zwischen zahlreichen Hintergrundbildern der Kategorien *Fotos* bis *Wetter*.
3. Wählen Sie das gewünschte Hintergrundbild aus. Nun können Sie die Farbgebung anpassen, indem Sie unten auf dem Hintergrundbild von rechts nach links oder wieder zurück wischen.
4. Bei Bedarf passen Sie Größe, Schriftart und Schriftfarbe der Zeitangabe per Fingertipp an. Die Größe bestimmen Sie, indem Sie rechts unten den Viertelkreis an der Zeitangabe nach außen oder innen ziehen.
5. Des Weiteren können Sie Widgets hinzufügen. Wie Sie dabei vorgehen, erfahren Sie weiter oben in Kapitel 2.2.
6. Über das Symbol unten legen Sie den Perspektiv-Modus fest, sofern vom Hintergrundbild unterstützt. Hier ändert sich die Darstellung etwas, je nachdem, wie Sie gerade Ihr iPad halten. Über das Symbol rechts geben Sie an, ob der Hintergrund *Hell* oder *Dunkel* dargestellt wird oder dies automatisch bestimmt wird.

7. Alternativ können Sie über die Kategorie *Fotos* sowie *Vorgeschlagene Fotos* auch ein selbst aufgenommenes Hintergrundbild verwenden, das sich in einem Ihrer Alben der *Fotos*-App befindet.

Passende Hintergrundbilder für Ihr iPad

Verwenden Sie am besten ein ruhiges Motiv, das nicht zu bunt und kontrastreich ist. Eine Auflösung von 2.048 x 1.536 Pixel (iPad) bis zu 2.732 x 2.048 Pixel (für iPad Pro 12,9") ist zu empfehlen. Mögliche Bildformate sind JPEG und PNG.

Transparenz entschärfen oder ausschalten

Stört Sie die Transparenz von Liquid Glass bei iPadOS 26, dann können Sie diese etwas entschärfen:

1. Öffnen Sie die *Einstellungen* und wählen Sie *Anzeige & Helligkeit*.
2. Tippen Sie auf *Liquid Glass* und entscheiden Sie sich für die Einstellung *Eingefärbt*.
3. Weitere Einstellungen finden Sie in den Bedienungshilfen zu *Anzeige & Textgröße*. Diese können Sie alternativ verwenden.

   Hier lassen sich die folgenden Änderungen vornehmen:

   - Transparenz reduzieren
   - Kontrast erhöhen

3.2 Netzwerkeinstellungen

An den Netzwerkeinstellungen müssen Sie normalerweise nicht viel ändern, diese werden bei der Einrichtung Ihres iPad in der Regel automatisch vorgenommen. Ein paar Einstellungen sind dennoch für die meisten Anwender und Anwenderinnen von Interesse. Diese finden Sie auf den folgenden Seiten.

Das iPad als WLAN-Hotspot verwenden

Besitzen Sie ein iPad Wi-Fi + Cellular, können Sie damit auch über das Mobilfunknetz online gehen. Voraussetzungen sind ein Mobilfunkvertrag mit entsprechendem Datentarif, wie ihn die meisten Mobilfunk-Provider speziell für Tablets anbieten, oder eine Prepaidkarte mit Datentarif. Haben Sie einen entsprechenden Tarif, können Sie Ihr iPad unterwegs als WLAN-Hotspot für andere WLAN-fähige Geräte verwenden:

1. Öffnen Sie die *Einstellungen* und dort *Persönlicher Hotspot*. Schalten Sie hier ggf. auch die Option *Zugriff für andere erlauben* ein. In diesem Fall können auch andere Geräte, die nicht bei iCloud mit Ihrem Apple Account angemeldet sind, den persönlichen Hotspot nutzen. Notieren Sie sich dann das WLAN-Passwort.
2. An Ihrem anderen WLAN-fähigen Gerät wählen Sie das WLAN-Netzwerk mit dem Namen »iPad« oder einem ähnlichen Namen aus.
3. Geben Sie das notierte WLAN-Passwort ein, können Sie von Ihrem anderen WLAN-Gerät aus unterwegs online gehen, und zwar über den WLAN-Hotspot Ihres iPad (und damit über das Mobilfunknetz).

Automatisch mit dem persönlichen Hotspot verbinden

Alle Ihre Geräte, bei denen Sie mit dem gleichen Apple Account angemeldet sind, also Ihr MacBook oder ein anderes iPad Wi-Fi, können übrigens automatisch verbunden werden. Hier ist die Eingabe des entsprechenden WLAN-Kennworts dann nicht mehr erforderlich.

WLAN-Einstellungen anpassen

In der Regel müssen Sie, wie bereits erwähnt, an den WLAN-Einstellungen nichts ändern. Bei Bedarf können Sie in den *Einstellungen* über *WLAN* und die Wahl des aktiven WLAN-Zugangs unter anderem Folgendes anpassen:

- *Auf Netze hinweisen:* Ihr iPad zeigt an, wann neue WLAN-Netzwerke zu finden sind, und bei bekannten baut es automatisch eine Verbindung auf. Aus Sicherheitsgründen ist es ratsam, zumindest die Einstellung *Fragen* zu verwenden.
- *Autom. mit dem Hotspot verbinden:* Wenn bekannte WLAN-Netzwerke oder Hotspots in der Nähe sind, kann sich Ihr iPad automatisch bei diesen anmelden. Auch hier wählen Sie am besten die Einstellung *Hinweisen*.

Weitere Einstellungen nehmen Sie für das gewählte WLAN-Netzwerk vor, indem Sie neben dem Namen des WLAN-Netzwerks auf das kleine *i* tippen. Hier finden Sie etwa die folgenden Optionen:

- *Autom. verbinden:* Möchten Sie, dass sich Ihr iPad automatisch mit dem WLAN-Netzwerk verbindet, schalten Sie diese Funktion ein.

- *Private WLAN-Adresse statisch/Tracking der IP-Adresse beschränken:* Diese Einstellungen verbergen Ihre IP-Adresse vor anderen Websites. Diese kann damit in der Regel auch nicht getrackt werden. Hierzu ist allerdings erforderlich, dass Sie das kostenpflichtige iCloud+ abonnieren. Beachten Sie dazu auch Kapitel 4.2.
- *IPV4-Adresse:* Hier finden Sie die IP-Adresse Ihres iPad. Lassen Sie die Einstellung *IP konfigurieren* unangetastet. Ihr WLAN-Router teilt die IP-Adressen in der Regel automatisch zu.
- *DNS:* Möchten Sie einen anderen **D**omain **N**ame **S**erver verwenden als den des Routers, nehmen Sie die Einstellung hier vor.

Bitte beachten Sie, dass Sie bei diesen Einstellungen wissen sollten, was Sie tun, und dass Sie beispielsweise die korrekte IP-Adresse eines alternativen DNS-Servers verwenden. DNS-Server sind übrigens dafür zuständig, die im Internet gebräuchlichen IP-Adressen (**I**nternet **P**rotocol) in Internetadressen wie http://www.apple.de zu übersetzen.

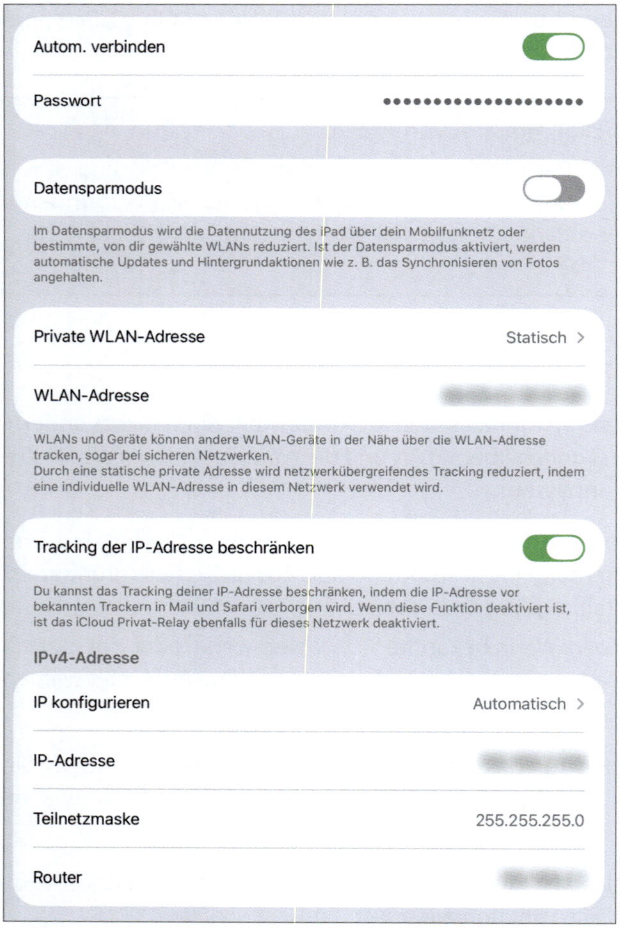

3.3 Mitteilungen einrichten

Welche Mitteilungen Sie von Ihren Apps erhalten und auf welche Weise, hängt davon ab, welche Einstellungen Sie hier vornehmen. Mit den folgenden Tipps können Sie das im Einzelnen bestimmen.

Mitteilungszentrale auf dem Sperrbildschirm abschalten

Normalerweise werden alle aktuellen und früheren Mitteilungen auf dem Sperrbildschirm angezeigt (siehe dazu Kapitel 2.3). Möchten Sie das verhindern, erreichen Sie es auf diese Weise:

1. Öffnen Sie die *Einstellungen* und tippen Sie dort auf *Touch ID & Code* oder auf *Face ID & Code*.
2. Hier schalten Sie in der Kategorie *Im Sperrzustand Zugriff erlauben* die Funktion *Mitteilungszentrale* ab. Damit Sie den Zugriff auf die Einstellungen zu *Touch ID/Face ID & Code* erhalten, müssen Sie zuvor Ihren Zugangscode eingeben.

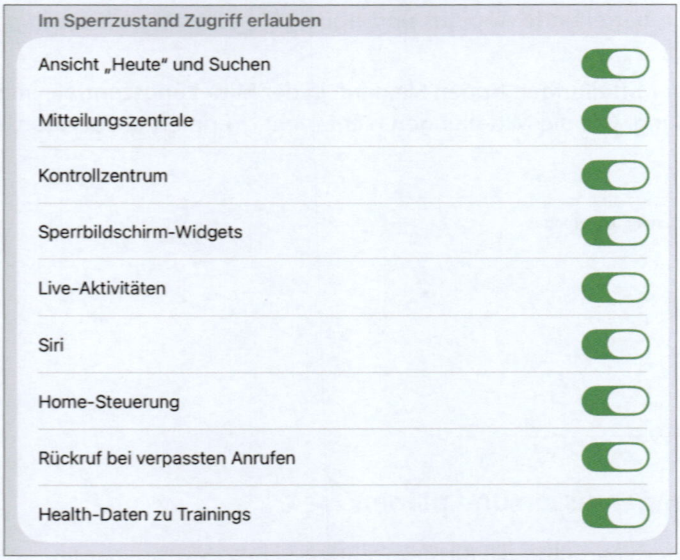

Mitteilungsanzeige bestimmen

Wie die Mitteilungen angezeigt werden, als *Anzahl*, *Stapel* oder *Liste*, legen Sie in den Einstellungen zu den *Mitteilungen* fest. Wählen Sie einfach die gewünschte Darstellungsweise per Fingertipp aus.

Mitteilungen einzelner Apps abschalten

Anstatt die gesamten Mitteilungen abzuschalten und auszublenden, können Sie auch gezielt die Mitteilungen einzelner Apps deaktivieren:

1. Öffnen Sie die *Einstellungen*. Dort wählen Sie in der linken Spalte den Eintrag *Mitteilungen*.
2. Rechts wählen Sie unter *Mitteilungsstil* die gewünschten Apps aus, tippen auf den Namen und schalten die Option *Mitteilungen erlauben* ab.

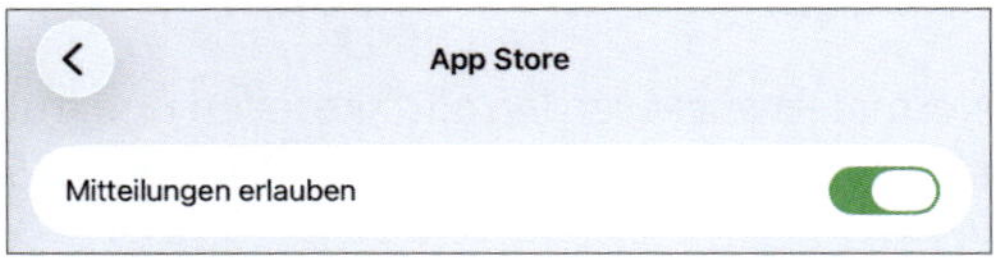

Mitteilungen gruppieren

Damit die Mitteilungen einer App nicht einzeln angezeigt werden, lassen sie sich auch gruppieren.

1. Öffnen Sie die *Einstellungen* und wählen Sie links *Mitteilungen*.
2. Suchen Sie rechts die betreffende App aus und tippen Sie unter *Mitteilungsgruppierung* auf *Automatisch*.
3. Zum Betrachten aller Mitteilungen tippen Sie dann in der Mitteilungszentrale immer auf die letzte Mitteilung. Um die Mitteilungen nicht mehr gruppiert anzuzeigen, tippen Sie auf *Aus*.

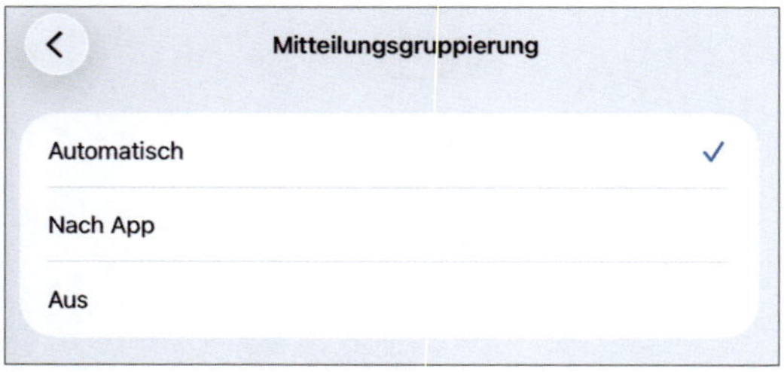

Mitteilungen zusammenfassen und planen

Damit Sie von den zahllosen Mitteilungen nicht »erschlagen« oder gestört werden, lassen sich diese zusammenfassen und zu einem von Ihnen bestimmten Zeitpunkt zustellen.

Im Folgenden zeigen wir Ihnen, wie das geht:

1. Öffnen Sie die *Einstellungen* und wählen Sie in der linken Spalte den Eintrag *Mitteilungen*.
2. Aktivieren Sie rechts den Schalter *Geplante Übersicht*. Studieren Sie zunächst die Hinweise. Wählen Sie unten Apps aus, deren Mitteilungen geplant zugestellt werden sollen.

3. Legen Sie unter *Zeitplan* fest, wann diese Nachrichten zugestellt werden, und tippen Sie auf *Nächste Übersicht anzeigen*. Bei Bedarf können Sie oben zu anderen Tageszeiten weitere Mitteilungsübersichten einrichten.

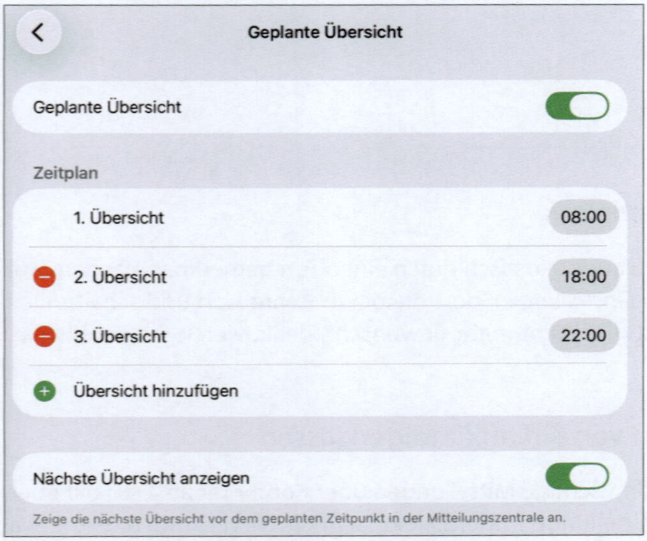

Vorschau der Mitteilungen abschalten

Üblicherweise wird auf dem Sperrbildschirm eine Vorschau der entsprechenden Mitteilung angezeigt. Möchten Sie das, beispielsweise aus Gründen des Datenschutzes, verhindern, öffnen Sie die *Einstellungen* und tippen dort auf *Mitteilungen*. Unter *Vorschauen zeigen* geben Sie an, ob die Vorschau *Immer* angezeigt wird, nur *Wenn entsperrt* oder auch *Nie*. Alternativ können Sie das unten auch für jede App einzeln festlegen.

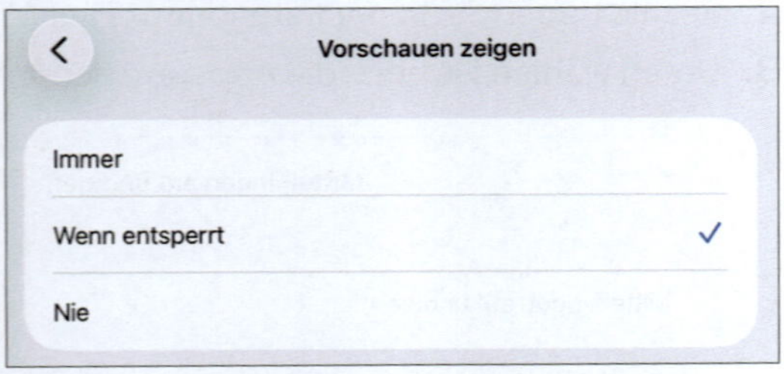

Mitteilungen dauerhaft anzeigen

Möchten Sie, dass die Mitteilungen nicht nur temporär, sondern dauerhaft angezeigt werden und erst dann wieder verschwinden, wenn Sie darauf reagiert und eine entsprechende Reaktion ausgeführt haben, dann erreichen Sie das auf diese Weise:

1. Öffnen Sie die *Einstellungen* und tippen Sie dort auf *Mitteilungen*.
2. Wählen Sie die App aus, deren Mitteilungen dauerhaft angezeigt werden sollen.

3. Hier entscheiden Sie sich bei *Bannerstil* für *Dauerhaft*.

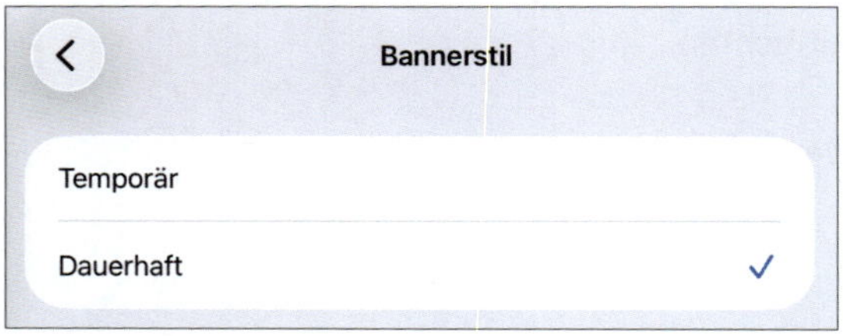

Mitteilungsrufton abspielen

Sollen sich die Mitteilungen auch akustisch durch einen Ton bemerkbar machen, wählen Sie die *Mitteilungen* in den *Einstellungen*, dort die gewünschte App und schalten jeweils die Einstellung *Töne* ein. Ist dies nicht mehr gewünscht, deaktivieren Sie jeweils die Einstellung *Töne*.

Wichtige Mitteilungen von Siri ankündigen lassen

Bei Bedarf kündigt Ihnen Siri wichtige Mitteilungen über Kopfhörer an. Dies gilt aber nur für Apps, die dringliche Mitteilungen oder Direktnachrichten versenden, wie etwa die *Nachrichten*-App.

1. Wählen Sie in der linken Spalte der *Einstellungen* den Eintrag *Mitteilungen*.
2. Rechts tippen Sie in der Kategorie *Siri* auf *Mitteilungen ankündigen* sowie *Kopfhörer*.
3. Unten wählen Sie noch die Apps aus, deren Mitteilungen angekündigt werden dürfen.

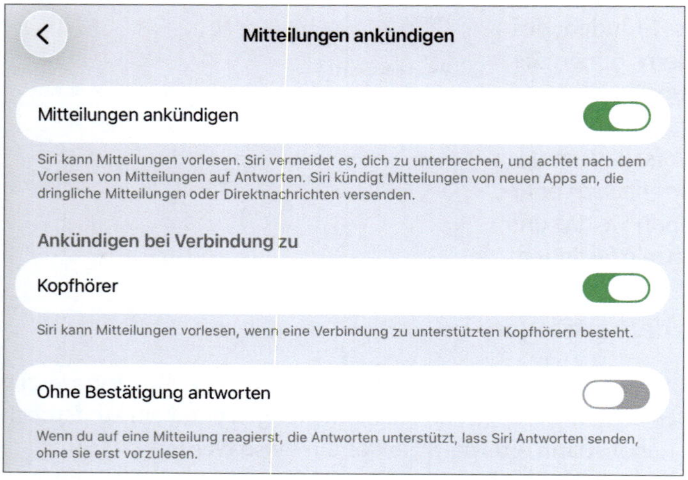

3.4 Töne

Manche Funktionen Ihres iPad werden auf Wunsch akustisch untermalt, wie Nachrichten, E-Mails, Mitteilungen. Diese können Sie temporär oder auch komplett abschalten. Beachten Sie dazu die folgenden Tipps.

Lautstärke der Hinweistöne anpassen

1. Öffnen Sie die *Einstellungen* und tippen Sie dort auf *Töne*.
2. Um die Lautstärke der Hinweistöne anzupassen, bewegen Sie den Schieberegler in die entsprechende Richtung. Möchten Sie die Hinweistöne auch durch die Lautstärketasten am iPad ändern, aktivieren Sie *Mit Tasten ändern*.

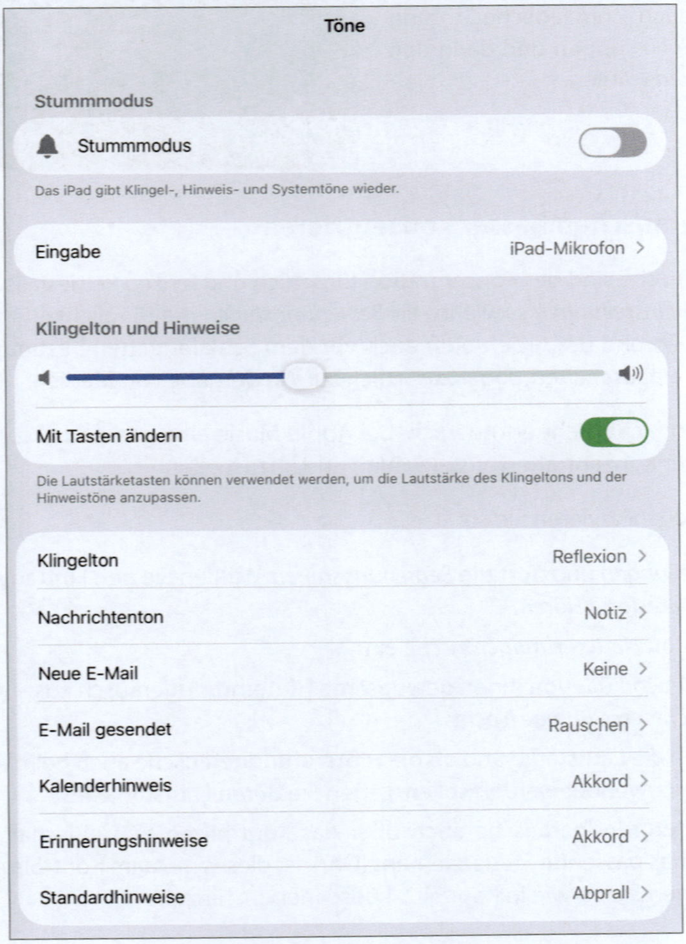

Nachrichten- und Mitteilungstöne wählen

Für die einzelnen Funktionen mit akustischer Untermalung lassen sich individuelle Nachrichtentöne auswählen. Öffnen Sie dazu die *Einstellungen/Töne* und legen Sie die Töne fest, indem Sie jeweils auf den Eintrag tippen. Auf Wunsch können Sie auch bestimmen, dass Tastaturanschläge sowie das Sperren des iPad durch Töne untermalt werden.

Stummmodus

Um das iPad stummzuschalten, sodass Sie und Ihre Umgebung nicht durch Nachrichten- und Mitteilungstöne gestört werden, öffnen Sie das Kontrollzentrum und tippen auf das Glockensymbol. Alternativ können Sie auch – um jegliche Störung zu unterbinden – auf *Fokus* tippen und dann den Fokus-Modus *Nicht stören* wählen.

Mit Hintergrundgeräuschen besser konzentrieren

Manche Töne und Geräusche sind der Konzentration förderlich und lenken keinesfalls ab. Daher hat Apple in die *Einstellungen* sowie in die *Bedienungshilfen* die Möglichkeit integriert, beispielsweise während der Arbeit oder auch vor dem Schlafengehen bestimmte Hintergrundgeräusche einzuschalten, sogar zusätzlich zur Wiedergabe von Medien.

In diesem Fall ist es also nicht mehr erforderlich, bei Apple Music eine passende Playlist zum Einschlafen oder zur Konzentration auszuwählen und abzuspielen.

Die Hintergrundgeräusche aktivieren Sie so:

1. Öffnen Sie die *Einstellungen* und dort die *Bedienungshilfen*. Wählen Sie den Eintrag *Audio/Visuelles* in der Kategorie *Hören*.
2. Schalten Sie die Option *Hintergrundgeräusche* ein.
3. Dort wählen Sie unter *Ton* das von Ihnen gewünschte Hintergrundgeräusch aus – von *Ausgewogenes Rauschen* bis *Ruhige Nacht*.
4. Bestimmen Sie unten die Lautstärke und ob die Hintergrundgeräusche auch beim Abspielen von Medien verwendet werden sollen. Legen Sie deren Lautstärke fest.
5. Sie können die Hintergrundgeräusche auch über das Kontrollzentrum einschalten. Tippen Sie dazu auf das passende Steuerelement (Ohr). Ist dieses nicht im Kontrollzentrum vorhanden, fügen Sie es, wie in Kapitel 2.4 beschrieben, hinzu.

6. Über den *Equalizer* können Sie die Hintergrundgeräusche so anpassen, dass sie für Sie angenehm sind und weniger stören.

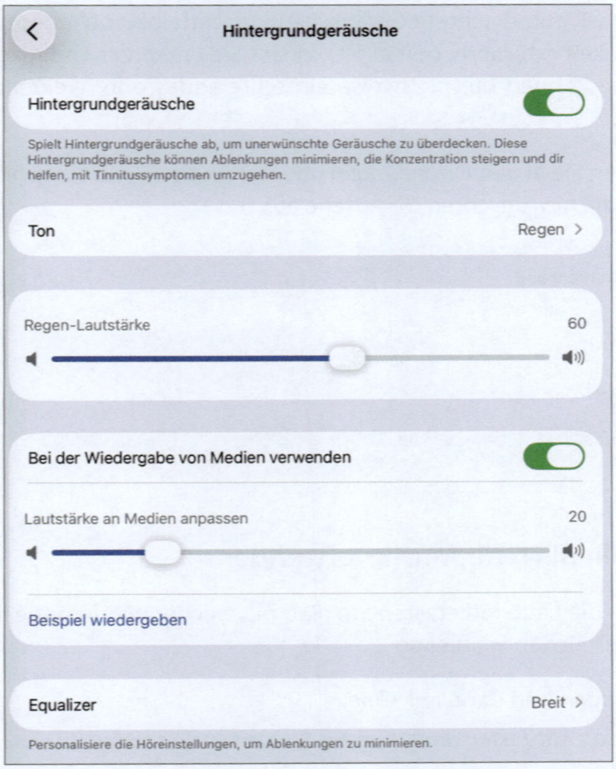

Laute Töne reduzieren

Damit Ihr Gehör nicht durch eine zu hohe Lautstärke beeinträchtigt wird, können Sie die entsprechende Einstellung aktivieren. Öffnen Sie dazu die *Einstellungen* und wählen Sie in der linken Spalte den Eintrag *Töne*. Wählen Sie dort unter *Maximale Lautstärke* den Eintrag *Maximale Lautstärke begrenzen* und stellen Sie mit dem Schieberegler die Lautstärke in Dezibel ein.

Des Weiteren können Sie *Laute Töne reduzieren*. In der Rubrik *Kopfhörer* beachten Sie ebenfalls die Einstellung *Laute Geräusche reduzieren* und passen die Lautstärke in Dezibel an.

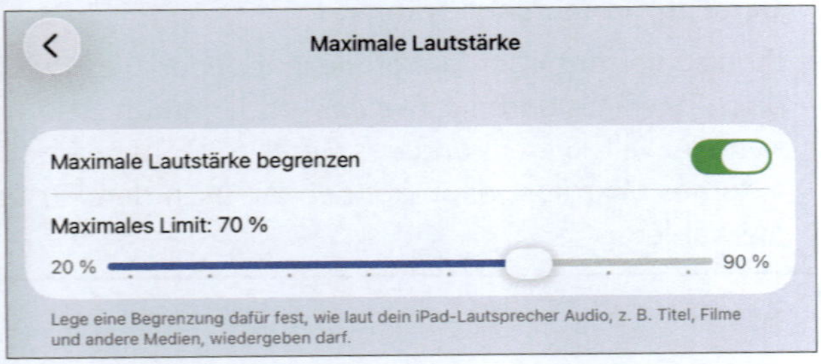

Geräusche vom iPad erkennen lassen

Ihr Pad kann Töne und Geräusche nicht nur abspielen, sondern auch erkennen. Hierbei werden typische vom iPad als wichtig erachtete Geräusche in unmittelbarer Umgebung, die Ihre sofortige Aufmerksamkeit erfordern, gemeldet, sodass Sie entsprechend reagieren können. Solche Geräusche können beispielsweise ein schreiendes oder weinendes Baby, Feuer oder Sirenen sein.

Die *Geräuscherkennung* schalten Sie in den *Einstellungen* und dort in den *Bedienungshilfen* ein. Wählen Sie anschließend die gewünschten Geräusche aus.

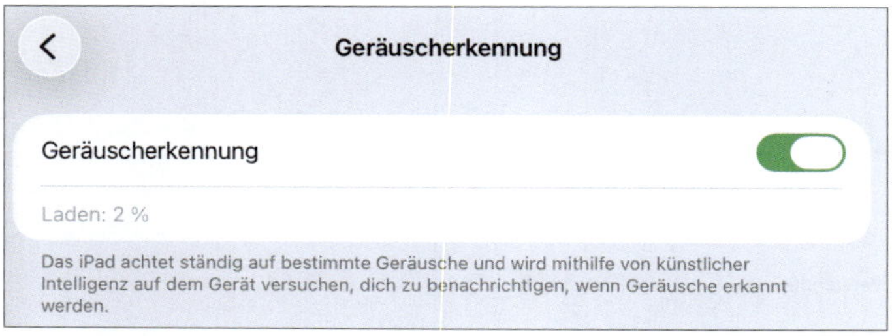

Lautstärketasten ausschließlich für Musik verwenden

Wenn Sie es bevorzugen, dass die Lautstärketasten am iPad nur bei der Wiedergabe von Musik oder Filmen aktiv sind, erreichen Sie dies so:

1. Tippen Sie auf die *Einstellungen* und dann auf *Töne*.
2. Hier schalten Sie die Funktion *Mit Tasten ändern* unter *Klingelton und Hinweise* ab.

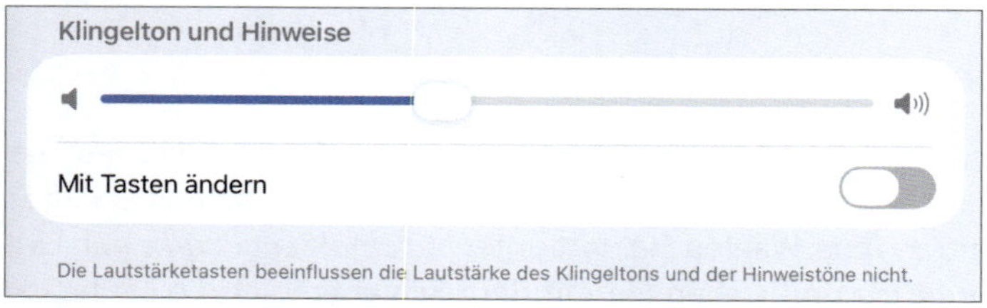

Gerät zur Toneingabe wählen

Ihr iPad verfügt über Mikrofone, mit denen Sie etwa bei Videos den Ton aufnehmen, über FaceTime und die *Telefon*-App kommunizieren oder auch einen Brief diktieren können. Falls Sie ein anderes Gerät zur Toneingabe angeschlossen haben, etwa ein externes Mikrofon, dann können Sie es in den Einstellungen zum *Ton* über *Eingabe* auswählen.

3.5 Weitere Bedienungshilfen

Die Bedienungshilfen von iPadOS 26 sind in erster Linie für Menschen gedacht, die in irgendeiner Weise – vornehmlich – körperlich eingeschränkt sind. Manche Funktionen sind aber auch für andere Anwender von Interesse, da sie die Bedienung des iPad erleichtern.

Text größer anzeigen

Ist Ihnen die Textdarstellung auf dem iPad zu klein und zu schlecht lesbar, können Sie diese auf die folgende Weise verbessern:

1. Öffnen Sie die *Einstellungen* und tippen Sie in der linken Spalte auf *Bedienungshilfen.*
2. Rechts wählen Sie *Anzeige & Textgröße* und schalten *Größerer Text* sowie *Größerer dynamischer Text* ein.
3. Mit dem Schieberegler vergrößern Sie die Textdarstellung wie gewünscht. Bitte beachten Sie, dass nicht alle Apps von Drittherstellern den dynamischen Text unterstützen.
4. Zudem ist es möglich, den Text fetter darzustellen. Tippen Sie dazu auf *Fetter Text.*

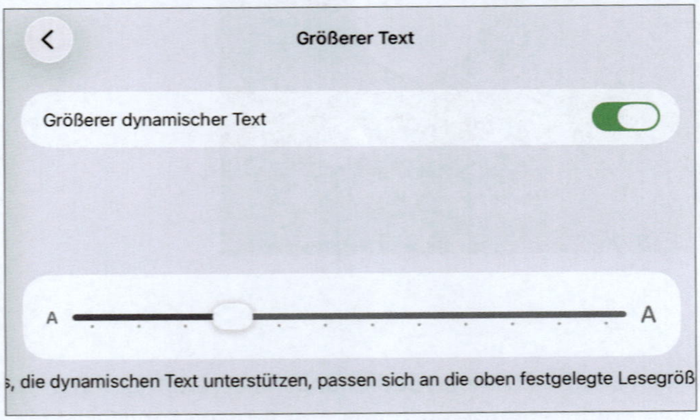

Textgröße bei bestimmten Apps anpassen

Falls der Text nur in bestimmten Apps zu klein dargestellt wird, ändern Sie die Textgröße nur für die jeweilige App:

1. Rufen Sie das Kontrollzentrum auf, indem Sie von links oben nach unten wischen.
2. Tippen Sie oben links am Kontrollzentrum auf den Plus-Schalter. Die einzelnen Steuerelemente werden weiß umrandet hervorgehoben.
3. Tippen Sie nun unten auf *Steuerelement hinzufügen.* Wählen Sie das Steuerelement *Textgröße* aus.
4. Dieses wird auf einem der Platzhalter abgelegt. Natürlich können Sie es auch an die gewünschte Stelle verschieben oder in die passende Kategorie aufnehmen.

5. Passen Sie die Textgröße mit dem Schieberegler an. Wollen Sie die Textgröße nur für die gewählte App ändern, tippen Sie zusätzlich auf *Nur <Name der App>* oder alternativ auf *Alle Apps*.

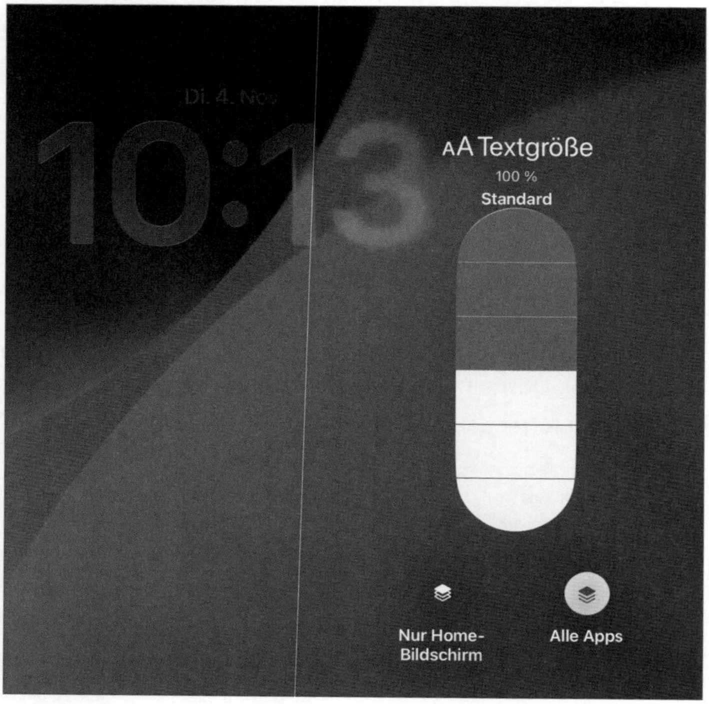

Zoom einstellen

Die spezielle Zoomfunktion von iPadOS 26 in den Bedienungshilfen eröffnet Ihnen weitere Möglichkeiten, die über den normalen Anzeigezoom unter *Anzeige & Helligkeit* hinausgehen:

- Der gesamte Bildschirminhalt wird vergrößert.
- Nur der gewünschte Teil des Bildschirminhalts wird vergrößert.

Die Einstellungen nehmen Sie wie folgt vor:

1. Tippen Sie in den *Einstellungen* links auf *Bedienungshilfen* und rechts auf *Zoom*.
2. Legen Sie zunächst über den Schieberegler unten die Zoomstufe fest, z. B. *2,0x* – also Zweifachzoom.
3. Als Nächstes legen Sie den *Zoombereich* fest: *Angehefteter Zoom*, *Vollbildzoom* oder *Zoomfenster*. Beim *Zoomfenster* wird nur der Teil des Bildschirms vergrößert, den Sie auswählen, z. B. einen Schalter.

4. Mit der Option *Angehefteter Zoom* wird der Bildschirm geteilt. In einem Bereich des Bildschirms wird der Inhalt in normaler Größe dargestellt, in der anderen gezoomt. Sie können die Zoom-Darstellung oben, links, rechts oder unten anzeigen lassen.
5. Als letzten Schritt schalten Sie oben den *Zoom* ein. Bitte prägen Sie sich die darunter genannten Gesten für die Zoomfunktion ein, ansonsten finden Sie sich unter Umständen auf dem Bildschirm mit seiner vergrößerten Darstellung nicht mehr zurecht.
6. Nutzen Sie ein Trackpad beispielsweise mit dem Magic Keyboard für das iPad, dann schalten Sie ganz unten die Funktion *Trackpad-Gesten zum Zoomen verwenden* ein.

Die wichtigsten Gesten sind die folgenden:

- Zoomen: mit drei Fingern tippen.
- Bewegen: drei Finger auf dem Bildschirm bewegen.
- Zoom ändern: mit drei Fingern doppeltippen und bewegen.

Lupenfunktion aktivieren

Ihr iPad kann – über die integrierte Kamera – auch als Lupe und sogar Leuchtlupe genutzt werden:

1. Rufen Sie das Kontrollzentrum auf, indem Sie von links oben nach unten wischen.
2. Tippen Sie oben links am Kontrollzentrum auf den Plus-Schalter. Die einzelnen Steuerelemente werden weiß umrandet hervorgehoben.
3. Tippen Sie nun unten auf *Steuerelement hinzufügen*. Wählen Sie das Steuerelement *Lupe* aus.
4. Dieses wird auf einem der Platzhalter abgelegt. Verschieben Sie es ggf. an die von Ihnen gewünschte Stelle oder nehmen Sie es in die passende Kategorie auf.
5. Zum Einschalten der Lupe öffnen Sie das Kontrollzentrum und tippen auf das Steuerelement *Lupe*.
6. Über den Schalter *Aufnahme* können Sie die Szene im Standbild festhalten. Enthält diese Text, kann er über den integrierten Reader-Modus erkannt werden.
7. In den *Einstellungen* können Sie zudem den Erkennen-Modus aktivieren. Anschließend ist es möglich, Textpassagen unter der Lupe nicht nur zu erkennen, sondern auch vorlesen zu lassen.
8. Zum Aktivieren der Lupenfunktion per Taste betätigen Sie dreimal hintereinander die Seitentaste oder die obere Taste.

Weitere Lupenfunktionen nutzen

Die Lupenfunktion hat zahlreiche Einstellungen, die Sie je nach Bedarf anpassen können:

1. Schalten Sie die Lupenfunktion ein, indem Sie dreimal die Home- bzw. die Seitentaste oder obere Taste drücken. Alternativ wählen Sie das Steuerelement *Lupe* im Kontrollzentrum.

2. Sind die Zusatzfunktionen nicht zu sehen, ziehen Sie den Rahmen um die Funktionen nach oben, bis sie erscheinen.
3. Über den Schieberegler vergrößern/zoomen Sie die Darstellung, und über das Sonnensymbol aktivieren Sie die Leuchtfunktion.
4. Tippen Sie auf das kleine Filter-Symbol mit den drei Kreisen. Anschließend können Sie die Farbdarstellung aktivieren, beispielsweise Graustufen oder Rot/Schwarz.
5. Des Weiteren ist es möglich, die Helligkeit oder den Kontrast anzupassen. Wenn Sie auf den Auslöser tippen, machen Sie zudem ein Foto.

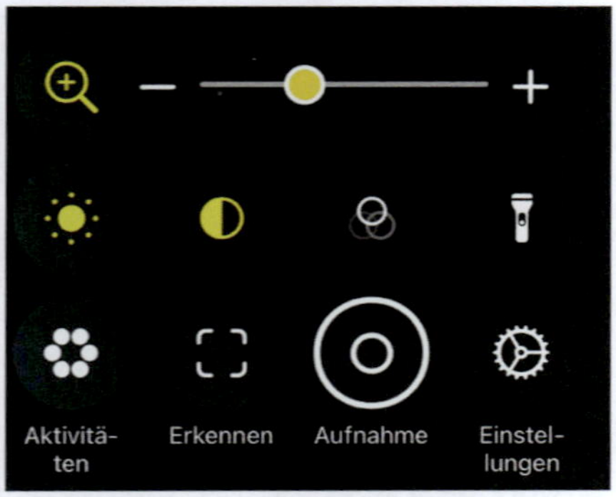

6. Über das Zahnradsymbol fügen Sie der Lupe weitere Funktionen hinzu.

Farbfilter für Farbenblindheit einschalten

Falls Sie farbenblind sind, was umgangssprachlich für Rot-Grün-Sehschwäche verwendet wird, können Sie das iPad entsprechend konfigurieren.

1. Tippen Sie in den *Einstellungen* links auf *Bedienungshilfen*.
2. Schalten Sie dann rechts in *Anzeige & Textgröße* den *Farbfilter* ein. Hier wählen Sie den passenden Filter für Ihre eigene Farben-Sehschwäche aus.

Bedienung mit Maus und Trackpad

Ihr iPad können Sie auch bequem mit Maus und Trackpad bedienen. Deren Konfiguration nehmen Sie zum Teil in den Bedienungshilfen vor.

Das hat folgenden Grund: Der Einsatz dieser beiden von Laptop und Schreibtisch-Computer vertrauten Eingabegeräte war von Apple ursprünglich als Bedienungshilfen für körperlich eingeschränkte Personen gedacht. Mittlerweile ist ihr Einsatz aber für alle Anwenderinnen und Anwender interessant, die das iPad als Ersatz für einen herkömmlichen Laptop verwenden.

Eine Bluetooth-Maus koppeln

Das Koppeln einer herkömmlichen Bluetooth-Maus oder eines externen Trackpad mit dem iPad erfolgt auf die folgende Weise:

1. Aktivieren Sie am iPad in den *Einstellungen* die Option *Bluetooth*. Schalten Sie die Maus oder das Trackpad ebenfalls ein und entkoppeln Sie diese vorher, falls noch nicht geschehen, von einem anderen Gerät.

2. Aktivieren Sie an Ihrer Bluetooth-Maus den Kopplungsmodus. Dies geschieht meist über eine Taste an der Unterseite.
3. In der Regel erscheint der Name des Eingabegerätes in der Einstellung *Bluetooth* unter *Andere Geräte*.
4. Tippen Sie auf den Gerätenamen und dann auf *Koppeln*. Das Gerät taucht nun unter *Meine Geräte* auf. Klappt das nicht auf Anhieb, schalten Sie am iPad Bluetooth aus und wieder ein.

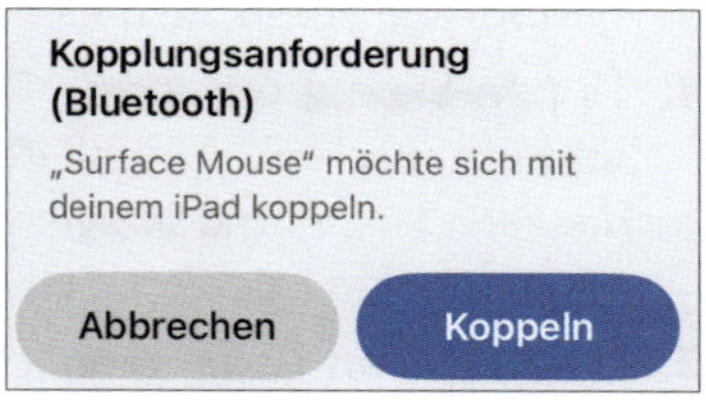

5. Ist das Eingabegerät gekoppelt, erscheint dessen Cursor in der Mitte des Bildschirms, und Sie können Ihr iPad mit der Maus bedienen und steuern.

Trackpad und Maus in den Einstellungen anpassen

Grundlegende Einstellungen für Maus und Trackpad nehmen Sie in den *Einstellungen* unter *Allgemein* vor. Dort wählen Sie den Eintrag *Trackpad & Maus* aus. Legen Sie die Geschwindigkeit der Zeigerbewegung fest, die Tastaturbelegung des Zeigegerätes und anderes mehr.

Die Einstellungen der Maus im Detail anpassen

Falls Ihnen die Einstellungen der Maus noch nicht ganz zusagen, können Sie diese in den Bedienungshilfen ändern:

1. Wechseln Sie in die *Einstellungen* und gehen Sie auf *Bedienungshilfen/Tippen/AssistiveTouch*.
2. Zum Anpassen der Zeigergeschwindigkeit nutzen Sie unten den Schieberegler unter *Zeigerempfindlichkeit*.
3. Die Deckkraft des Mauszeigers ändern Sie über den Eintrag *Deckkraft*.
4. Des Weiteren können Sie den vorhandenen Maustasten Funktionen zuordnen. Dazu tippen Sie in den *Einstellungen* unter *Allgemein* auf *Trackpad & Maus* sowie auf den Namen Ihrer Maus.

Eine USB-Maus anschließen

Bei Bedarf können Sie auch eine herkömmliche USB-Maus an Ihr iPad anschließen. Hierzu benötigen Sie allerdings bei allen aktuellen iPads einen USB-C-auf-USB-Adapter.

Das iPad mit der Maus bedienen

Die Bedienung des iPad mit der Maus unterscheidet sich ein klein wenig von der eines herkömmlichen Computers. Mit den Standardeinstellungen für Zeigegeräte können Sie Folgendes erledigen:

- Objekte auswählen, starten oder ausführen: Klicken Sie einmal auf die primäre Maustaste.
- Scrollen und Blättern: Scrollrad auf und ab bewegen.
- Das AssistiveTouch-Menü und dessen Funktionen nutzen: Klicken Sie auf die sekundäre Maustaste (*Assistive Touch* muss eingeschaltet sein).
- Das Kontextmenü öffnen: Klicken Sie mit der sekundären Maustaste auf den Text oder das Symbol einer App oder Datei.
- Auf der Bildschirmtastatur tippen: Klicken Sie mit der primären Maustaste auf das Zeichen der Bildschirmtastatur

Blickerfassung

Ihr iPad lässt sich auch mit Ihrem Blick steuern. Reibungslos funktioniert es aber leider noch nicht. Die Einstellungen nehmen Sie ebenfalls in den *Bedienungshilfen* vor. Dort schalten Sie die *Blickerfassung* ein und folgen den Anweisungen. Ähnlich wie beim Sehtest beim Augenarzt müssen Sie auf dem Bildschirm einen Punkt verfolgen, um die Funktion zu kalibrieren. Weitere Einstellungen wie etwa *Am Objekt einrasten* oder *Auf Tastaturtasten zoomen* nehmen Sie weiter unten vor.

Geführter Zugriff

Ebenfalls interessant für alle Anwenderinnen und Anwender ist die Funktion *Geführter Zugriff* in den *Bedienungshilfen*. Damit können Sie das iPad so einrichten, dass nur eine App genutzt werden kann. Das kann etwa eine App für die Kinder sein oder eine, die als »Kiosk-App« dient.

Den *Geführten Zugriff* aktivieren Sie so:

1. Öffnen Sie die *Einstellungen* und wählen Sie die *Bedienungshilfen* aus.
2. Dort finden Sie in der Kategorie *Allgemein* die Option *Geführter Zugriff*. Die anderen Einstellungen können Sie zunächst einmal unangetastet lassen.
3. Starten Sie nun die gewünschte App. Anschließend betätigen Sie bei der gewählten App im Vordergrund die obere Taste, die Seitentaste oder auch die Stand-by-Taste Ihres iPad.

4. Es erscheint ein kleines Fenster, in dem Sie auf den Befehl *Geführter Zugriff* tippen. Nun kann nur diese App genutzt werden, sofern sich der Anwender nicht über Face ID, Touch ID oder den Code als der Besitzer des iPad identifizieren kann.

3.6 Bildschirmzeit und Kindersicherung

Wird Ihr iPad auch von Ihren Kindern verwendet oder besitzen diese ein eigenes, dann sollten Sie dort die Funktion *Bildschirmzeit* nutzen. Sie dient zwar in erster Linie der Selbstdisziplinierung im Umgang mit Smartphone, Tablet und sozialen Medien, kann aber auch als Kindersicherung hilfreich sein.

Die *Bildschirmzeit* erlaubt es etwa, den Zugriff auf bestimmte Funktionen und Inhalte zu unterbinden oder einzuschränken.

Bildschirmzeit aktivieren

1. Um die Bildschirmzeit zu aktivieren, öffnen Sie die *Einstellungen* und tippen in der linken Spalte auf *Bildschirmzeit*.
2. Die Einstellungen zur Bildschirmzeit sind strukturiert in drei Kategorien: *Nutzung einschränken*, *Kommunikation* und *Beschränkungen*.

3. Tippen Sie auf die gewünschten Einstellungen, dann auf *Fortfahren* und folgen Sie den jeweiligen Anweisungen der Einrichtungsassistenten.

Nutzung einschränken

Hier können Sie etwa die folgenden Einschränkungen vornehmen. Um sie zu aktivieren, tippen Sie auf den entsprechenden Eintrag.

App- & Websiteaktivität

Wählen Sie den Eintrag und tippen Sie anschließend auf *App- & Websiteaktivität*.

- *Auszeit:* Legen Sie einen Zeitraum fest, in dem nur bestimmte Apps genutzt werden dürfen, die von Ihnen festgelegt werden.
- *App-Limits:* Legen Sie Zeitlimits für einzelne Apps fest.
- *Immer erlauben:* Geben Sie hier alle Apps an, die immer genutzt werden dürfen – trotz definierter Auszeit oder App-Limits.

Kommunikation

- *Kommunikationslimits:* Hier bestimmen Sie, dass nur Ihnen bekannte Kontakte über FaceTime, Nachrichten oder Telefon mit Ihnen kommunizieren können. Das gilt zudem für bekannte Notrufnummern, die weiter angerufen werden dürfen. Die Einstellungen gelten für die *Bildschirmzeit* sowie die *Auszeit*.
- *Kommunikationssicherheit:* Mit dieser Einstellung können Sie nicht jugendfreie Inhalte sperren. Dies gilt auch für Fotos und Filme.

Beschränkungen

- *Beschränkungen:* Hier geben Sie an, welche Funktionen des iPad genutzt werden dürfen und welche Käufe, Apps und Inhalte erlaubt oder verboten sind.

> **Die Bildschirmzeit teilen**
>
> Sollen Ihre Einstellungen zur Bildschirmzeit mit Ihren anderen Geräten wie iPhone oder Mac geteilt werden, schalten Sie unten bei *Bildschirmzeit* die Option *Geräteübergreifend teilen* ein. Bitte beachten Sie, dass dies nur bei Geräten funktioniert, bei denen Sie mit dem eigenen Apple Account angemeldet sind.

Geführter Zugriff als Kinderschutz

Geben Sie Ihr iPad regelmäßig jemand anderem in die Hand, beispielsweise Ihren Kindern, dann ist zudem die Funktion *Geführter Zugriff* von Bedeutung. Hier können Sie den Zugriff des- oder derjenigen auf eine bestimmte App beschränken.

1. Tippen Sie in den *Einstellungen* auf *Bedienungshilfen* und anschließend ganz unten auf *Geführter Zugriff*.
2. Aktivieren Sie den *Geführten Zugriff* und geben Sie ggf. über *Codeeinstellungen* einen Zugangscode ein.
3. Nun starten Sie die App, auf die die Person oder das Kind Zugriff haben soll. Dann drücken Sie dreimal schnell hintereinander auf die obere Taste oder die Seitentaste (Stand-by-Taste). Der Zugriff ist nun auf die aktuelle App beschränkt.

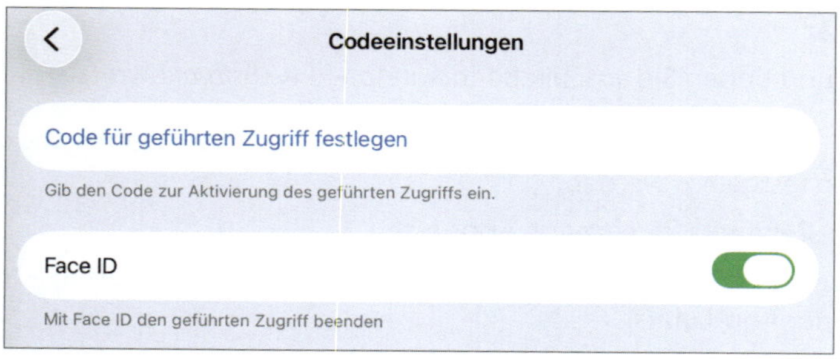

3.7 Bitte nicht stören – den Fokus-Modus nutzen

Computer, Smartphone und Tablet sind nicht nur nützliche Werkzeuge, die bei der Arbeit, beim Studium und in der Schule gute Dienste leisten, sie sind leider auch Aufmerksamkeitsräuber und der Konzentration bisweilen abträglich. Aus diesem Grund hat Apple in iOS und iPadOS den Fokus-Modus integriert.

Er soll Sie beim »digitalen Fasten« unterstützen. So können Sie unterschiedliche Fokus-Modi aktivieren, ob fürs Schlafen, Autofahren, Lernen oder Arbeiten. Sind diese Fokus-Modi aktiviert, werden Sie bei der jeweiligen Tätigkeit nicht durch irgendwelche Mitteilungen oder Nachrichten gestört – außer bei wirklich wichtigen. Natürlich können Sie die Fokus-Modi Ihren Vorstellungen entsprechend anpassen oder auch neue definieren.

Fokus-Modi auswählen

Einen der zahlreichen vorgegebenen Fokus-Modi können Sie sehr schnell auswählen:

1. Rufen Sie das Kontrollzentrum auf, indem Sie vom oberen linken Rand des Bildschirms nach unten wischen. Tippen Sie etwas länger auf das Steuerelement *Fokus*.
2. Wählen Sie einen der Fokus-Modi aus, etwa *Nicht stören*, und schalten Sie diesen ein. Sie werden von nun an in der vordefinierten Zeit nicht mehr mit Mitteilungen behelligt.
3. Über die drei kleinen Punkte rechts können Sie einen Zeitraum festlegen, beispielsweise *1 Stunde* oder *Bis heute Abend* oder *Bis ich diesen Ort verlasse*.
4. Selbstverständlich können Sie den gewünschten Fokus-Modus auch in den *Einstellungen* auswählen. Tippen Sie in der linken Spalte auf *Fokus*.
5. Wählen Sie rechts den gewünschten Fokus-Modus aus und nehmen Sie bei Bedarf die Einstellungen wie unten beschrieben vor.

Fokus-Modus bearbeiten

Die vordefinierten Fokus-Modi können Sie Ihren Vorgaben und Vorstellungen entsprechend anpassen.

1. Wählen Sie beispielsweise über *Einstellungen/Fokus* den Fokus-Modus *Arbeiten* aus und schalten Sie diesen ein.
2. Legen Sie zunächst fest, welche *Personen* und *Apps* Ihnen *Erlaubte Mitteilungen* zustellen dürfen. Bestimmen Sie diese über den Schalter *Hinzufügen*.

3. Über *Bildschirme anpassen* wählen Sie den gewünschten *Sperrbildschirm* sowie *Home-Bildschirm* für den Fokus-Modus aus. Hier können Sie beispielsweise einen Home-Bildschirm mit den Apps gestalten, die Sie für die Arbeit brauchen. In diesem Fall tippen Sie nach der Auswahl unten auf den Schalter *Apps bearbeiten*.
4. Geben Sie zum Schluss auf der vorherigen Seite an, ob Ihr gegenwärtiger Fokusstatus anderen Personen mitgeteilt wird. Tippen Sie auf *Fokusstatus* und schalten Sie *Fokusstatus teilen* ein.
5. Zu guter Letzt bestimmen Sie, ob Sie den Fokus-Modus *Geräteübergreifend teilen*. Das bedeutet, dass er genauso auf iPhone und Mac, sofern Sie diese Geräte besitzen, aktiv ist wie auf Ihrem iPad.

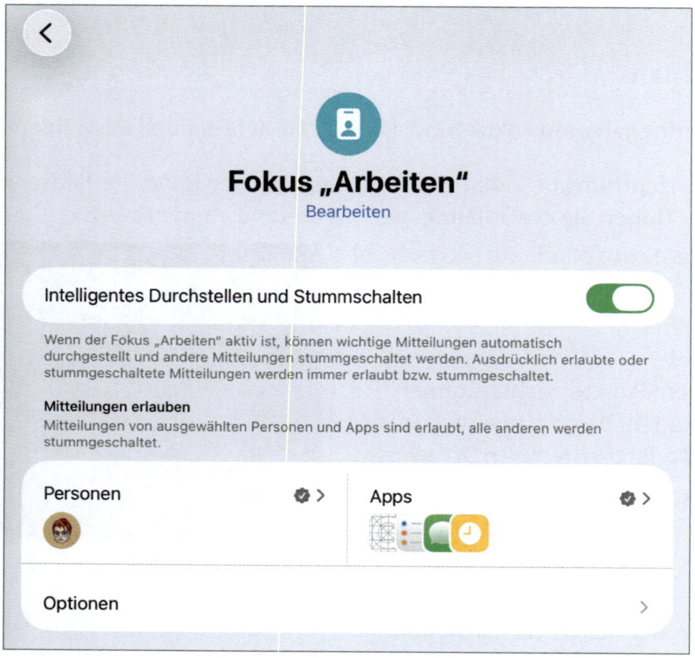

Fokus-Modus automatisch aktivieren

Alle Fokus-Modi lassen sich bei Bedarf auch automatisch aktivieren – zu einer bestimmten Zeit oder an einem bestimmten Ort.

1. Öffnen Sie die *Einstellungen* und tippen Sie in der linken Spalte auf *Fokus*. Wählen Sie den gewünschten Fokus-Modus aus.
2. Tippen Sie auf *Intelligente Aktivierung* oder *Automation hinzufügen* in der Kategorie *Zeitplan festlegen*
3. Über *Zeit* können Sie die Zeiten bestimmen, in denen der Fokus-Modus gelten soll.

4. Über *Ort* ist es möglich, einen Ort für den Start des Fokus-Modus festzulegen. Wählen Sie hier Ihre Heimatadresse aus oder suchen Sie eine andere.
5. Unter *App* suchen Sie eine App aus, für die der gewählte Fokus-Modus automatisch aktiviert wird.
6. Um den Fokus-Modus automatisch einzuschalten, kann das iPad Ihr Verhalten quasi lernen. Schalten Sie dazu die Option *Intelligente Aktivierung* ein.

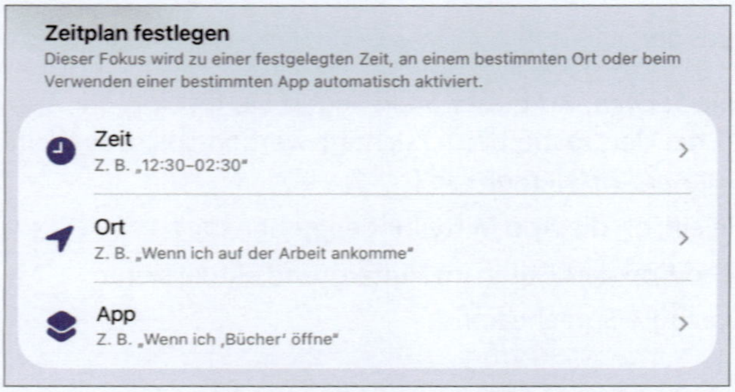

Fokusfilter nutzen

Die einzelnen Fokus-Modi können über Fokusfilter weiter verfeinert werden. Beispielsweise haben Sie den Fokus-Modus *Arbeiten* aktiviert, wollen aber die E-Mails Ihres E-Mail-Accounts für die Arbeit auf jeden Fall angezeigt bekommen. Wählen Sie in diesem Fall in den *Einstellungen* links den Eintrag *Fokus* und dann rechts den gewünschten Fokus-Modus. Hier finden Sie weiter unten die Kategorie *Fokusfilter*. Tippen Sie auf *Filter hinzufügen*, wählen Sie die App aus, etwa *Mail*, und dann das entsprechende E-Mail-Konto, das trotz des Fokus-Modus angezeigt wird.

3.8 Einstellungen für Apps

Über die *Einstellungen* von iPadOS 26 konfigurieren Sie auch die meisten der auf Ihrem iPad installierten Apps von Apple sowie von Drittanbietern. Je nachdem, wie viele Apps auf dem iPad installiert sind, erscheint dort über einen Fingertipp auf den Eintrag *Apps* eine mehr oder minder lange Liste. Die Einstellungen, die Sie vornehmen können, sind je nach App unterschiedlich.

In der Regel geben Sie Folgendes an:

- *Apple Intelligence & Siri* sowie *Suchen*: An dieser Stelle legen Sie fest, ob die App bei Apple Intelligence, Siri und bei der Suche berücksichtigt werden soll. Des Weiteren bestimmen Sie, ob Siri von dieser App »lernen« soll.
- *Mitteilungen:* Hier stellen Sie ein, ob die App Mitteilungen geben darf.
- *Hintergrundaktualisierung:* Die App darf Daten im Hintergrund aktualisieren.
- *Sprache:* Geben Sie die bevorzugte Sprache an.

Einstellung einer App ändern

Wollen Sie die Einstellungen einer App ändern, gehen Sie folgendermaßen vor:

1. Öffnen Sie die *Einstellungen* und blättern Sie so lange nach unten, bis Sie den Eintrag *Apps* finden.
2. Tippen Sie auf diesen und dann auf den Namen der App, um die Einstellungen zu öffnen.
3. Ändern Sie die Einstellungen, indem Sie diese aktivieren oder abschalten. Beachten Sie die Hinweise für die jeweilige App.

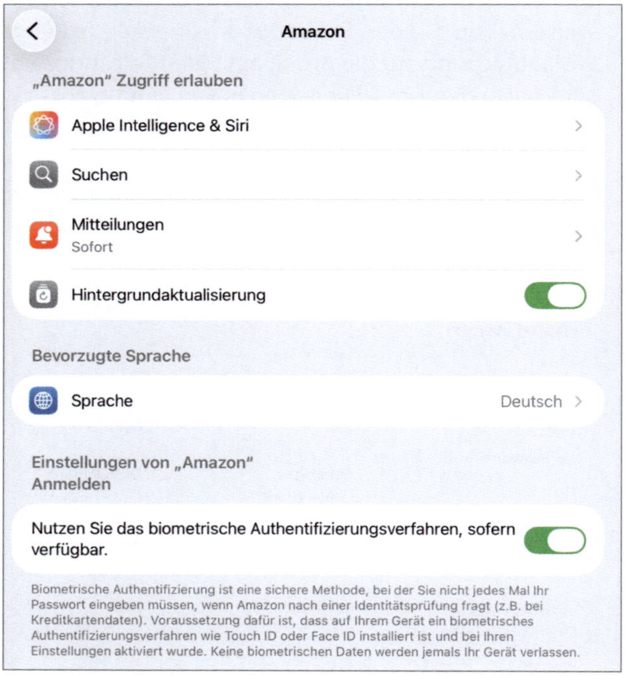

Standortberechtigung bei Bedarf vergeben

Wollen Sie verhindern, dass eine App immer Zugriff auf Ihren gegenwärtigen Standort erhält, ändern Sie einfach die entsprechende Einstellung.

1. Öffnen Sie die *Einstellungen* und wählen Sie links den Eintrag *Datenschutz & Sicherheit*.
2. Tippen Sie dann auf *Ortungsdienste* und auf den Namen der gewünschten App.
3. Stellen Sie die gewünschte Option ein. Sie haben drei oder vier Optionen:
   - *Nie:* Der Zugriff auf den Standort wird nie erteilt.
   - *Nächstes Mal oder beim Teilen fragen:* Der Zugriff auf Ihren Standort wird nur nach Ihrer ausdrücklichen Zustimmung erteilt.
   - *Beim Verwenden der App:* Dem Zugriff auf den Standort wird nur während des Verwendens der App zugestimmt.
   - *Genauer Standort:* Ziehen Sie es vor, dass jeweils nicht der genaue, sondern nur ein ungefährer Standort übermittelt wird, schalten Sie diese Option noch ein.

Sprache einer App ändern

Nicht alle Apps sind korrekt ins Deutsche übersetzt oder haben aufgrund der Übersetzung gewisse Darstellungsfehler, z. B. wenn der Platz in Menüs nicht für die deutschsprachige Bezeichnung ausreicht. In diesen Fällen ist es ratsam, die App in ihrer Originalsprache – meistens in Englisch – zu nutzen.

1. Öffnen Sie die *Einstellungen*, blättern Sie nach unten zum Eintrag *Apps* und dann zu den Einstellungen der auf Ihrem iPad installierten Apps.
2. Tippen Sie auf den Namen der App. Wählen Sie dann rechts den Eintrag *Sprache* aus, sofern dieser vorhanden ist.

3. Tippen Sie auf *Sprache*, werden alle verfügbaren Sprachen für diese App angezeigt. iPadOS schlägt Ihnen in der Regel *Deutsch* und *English* vor, allerdings können Sie unten auch eine andere Sprache verwenden.
4. Wählen Sie die neue Sprache aus und starten Sie die App neu. Sie wird nun in der von Ihnen gewählten Sprache angezeigt.

3.9 Einstellungen von iCloud

Die Einstellungen für iCloud befinden sich etwas versteckt in den Einstellungen Ihres Apple Accounts bzw. Benutzernamens. Im Folgenden finden Sie die Tipps zur Verwaltung von iCloud. Die Tipps zu den einzelnen Funktionen von iCloud finden Sie in den entsprechenden Kapiteln.

Funktionen abschalten

Unter Umständen möchten Sie auf einzelne Funktionen von iCloud verzichten. In diesem Fall gehen Sie so vor:

1. Öffnen Sie die *Einstellungen* und tippen Sie nacheinander auf Ihren Apple Account und dann auf *iCloud*.
2. Um eine Funktion abzuschalten, tippen Sie auf den gewünschten Eintrag und schalten dann die entsprechende Funktion ab. In der Regel heißt sie *Dieses iPad synchronisieren*.
3. Bitte beachten Sie, dass dann von Ihrem iPad ggf. kein Datenabgleich mit iCloud sowie Ihren anderen Geräten mehr stattfindet.

Speicherplatz von iCloud verwalten

Wollen Sie herausfinden, welche App oder Funktion wie viel von Ihrem iCloud-Speicher belegt, finden Sie dies ebenfalls über die Einstellungen von iCloud heraus.

1. Öffnen Sie die *Einstellungen* und tippen Sie nacheinander auf Ihren Apple Account und dann auf *iCloud*.
2. Die Grafik in der Kategorie *Speicher* zeigt Ihnen die Speicherauslastung in unterschiedlichen Farbtönen. Details finden Sie über einen Fingertipp auf *Speicher* heraus.
3. Wie viel Speicher eine App oder Funktion belegt, steht rechts neben dem Namen der App. Wollen Sie herausfinden, welche Daten zu der App gehören und was diese an Speicher belegen, tippen Sie auf den Namen der App.
4. Um die Daten einer App zu löschen – nur die Daten, nicht die App –, tippen Sie auf deren Namen und dann meist auf *Daten aus iCloud löschen* oder einen ähnlich lautenden Eintrag. Bitte beachten Sie, dass diese Daten nicht wiederhergestellt werden können, wenn Sie zuvor kein aktuelles Backup erstellt haben.

Ihre Geräte verwalten

Falls Sie wissen möchten, auf welchen Geräten Sie mit Ihrem iCloud-Konto angemeldet sind, tippen Sie in den *Einstellungen* auf Ihren Apple Account. Die Liste der angemeldeten Geräte befindet sich unten. Mit einem Fingertipp auf das jeweilige Gerät erfahren Sie, um welches Gerät es sich genau handelt und unter welchem Betriebssystem es läuft. Im Fall des Verkaufs oder wenn Sie es weggeben oder entsorgen, sollten Sie es *Aus dem Account entfernen*.

3.10 Integration und Handoff – geräteübergreifend arbeiten

Bei Handoff handelt es sich um eine ebenfalls über iCloud verwaltete Funktion, die es möglich macht, die begonnene Arbeit an einem Gerät – wie dem Mac – an einem anderen Gerät – etwa dem iPad – fortzusetzen. Die Voraussetzung ist, dass Sie auf beiden Geräten mit dem gleichen Apple Account angemeldet sind. Zudem muss die entsprechende App auf beiden Geräten gestartet sein und sich im Dock befinden. Um die Handoff-Funktion einzuschalten, öffnen Sie die *Einstellungen* und tippen dort nacheinander auf die Einträge *Allgemein* sowie *AirPlay & Integration*.

1. Dort aktivieren Sie zunächst die Funktion *Handoff*, damit die übergreifende Arbeit mit Apps funktioniert.

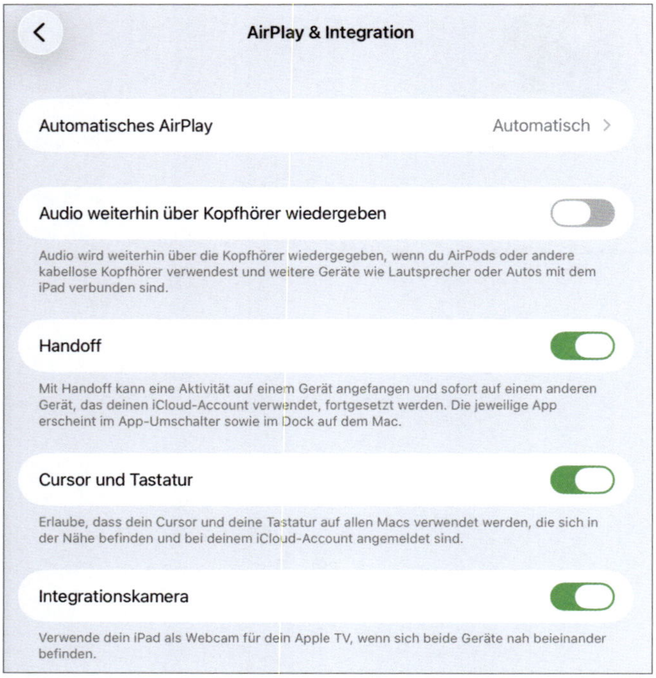

2. Schalten Sie die Funktion *Cursor und Tastatur* ein, ist es möglich, mit derselben Tastatur und Maus an iPad und Mac zu arbeiten. Natürlich muss diese Funktion auch auf dem anderen Gerät aktiviert sein. WLAN und Bluetooth müssen dazu ebenfalls aktiviert sein.

3.11 Apple Intelligence einrichten

Damit Apple Intelligence auf Ihrem kompatiblen iPad läuft (siehe den Infokasten unten), müssen Sie es erst einmal aktivieren und einrichten. Hierzu gehen Sie auf die folgende Weise vor:

1. Öffnen Sie die *Einstellungen* und tippen Sie in der linken Spalte auf den Eintrag *Apple Intelligence & Siri*.
2. Schalten Sie rechts *Apple Intelligence* ein. Nun werden einige Daten übertragen, an die 8 GB, bis alle Funktionen zur Verfügung stehen. Ist der dazugehörige Hinweis verschwunden, ist *Apple Intelligence* bereit.
3. Tippen Sie anschließend unten auf *ChatGPT*, um diese Erweiterung einzuschalten, und dann auf *ChatGPT verwenden*.

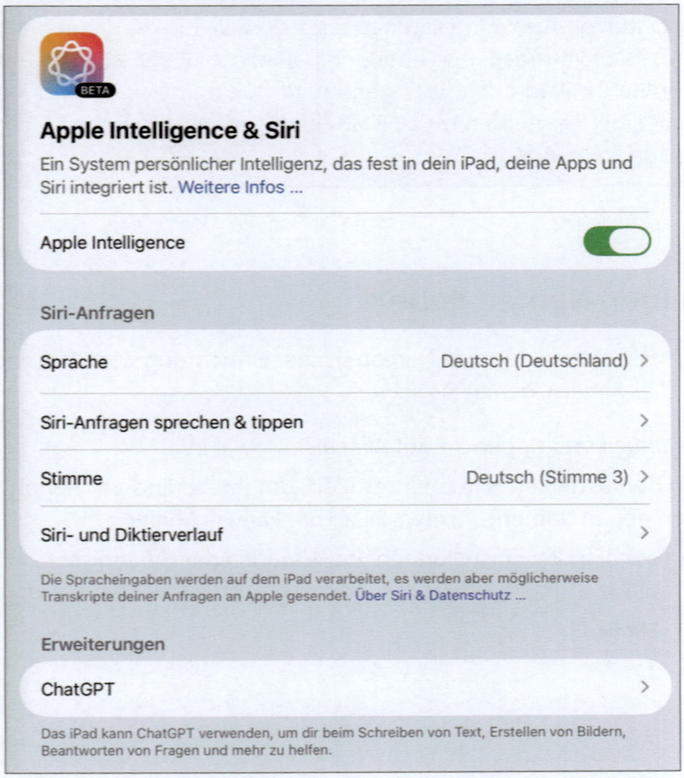

4. Falls die ChatGPT-App noch nicht auf Ihrem iPad installiert ist, müssen Sie das nachholen. Suchen Sie im App Store nach *ChatGPT* und installieren Sie es.
5. Damit Siri mit ChatGPT zusammenarbeitet, aktivieren Sie die Einstellung *ChatGPT-Anfragen bestätigen*.
6. Nutzen Sie einen ChatGPT-Account, können Sie sich dort ebenfalls anmelden. Das ist aber nicht unbedingt erforderlich. Allerdings bleiben Ihre Anfragen an ChatGPT nur dann erhalten, wenn Sie einen ChatGPT-Account besitzen und sich damit angemeldet haben.

Apple Intelligence wieder abschalten

Sie können Apple Intelligence natürlich über den entsprechenden Schalter auch wieder deaktivieren, wenn Sie es nicht (mehr) benötigen. Beachten Sie aber, dass es einige Zeit dauern kann, bis die heruntergeladenen Daten wieder vom iPad gelöscht werden. Beschleunigen lässt sich dies leider nicht.

Welche iPads unterstützen Apple Intelligence?

Nur aktuelle iPads unterstützen Apple Intelligence. Dies sind alle iPads, die mindestens über einen M1-Prozessor verfügen, und bislang das iPad mini 7 mit A17-Pro-Prozessor. Des Weiteren sollte Ihr iPad auch über genügend freien Speicher verfügen. Aktivieren Sie Apple Intelligence, werden bis zu 8 GB für die unterschiedlichen Funktionen von Apple Intelligence benötigt.

3.12 Dem iPad einen Namen geben

Normalerweise erhält Ihr iPad einen neutralen Namen bei der Einrichtung wie »iPad« oder »iPad Pro«. Möchten Sie dies ändern, gehen Sie so vor:

1. Öffnen Sie die *Einstellungen* und tippen Sie auf *Allgemein* sowie *Info*.
2. Dort finden Sie oben den aktuellen Namen Ihres iPad. Um ihn zu ändern, tippen Sie darauf und geben den neuen Namen ein, etwa »iPad der Familie Müller«.
3. Dieser erscheint dann auch in den Einstellungen von iCloud in der Geräteliste.

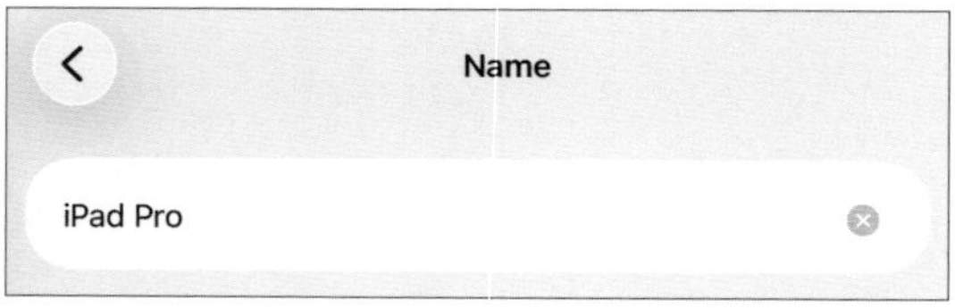

4. Mit dem iPad ins Internet

Natürlich lässt sich Ihr iPad auch ohne Internetzugang nutzen, etwa um Musik zu hören, einen Film anzuschauen, zu spielen oder einen Text zu verfassen. Allerdings müssen Sie dann auf viele Funktionen verzichten bzw. funktionieren zahlreiche Apps schlichtweg nicht oder nicht vollständig. Sie können das gern einmal ausprobieren, indem Sie im Kontrollzentrum sowohl *WLAN* als auch *Mobile Daten* (falls Sie ein iPad Wi-Fi + Cellular besitzen) abschalten. Sie werden bemerken, dass viele Apps nur noch eingeschränkt funktionieren oder ihren Dienst gar ganz verweigern.

Daher ist ein Internetzugang für das iPad unverzichtbar geworden. Apples Tablet wird – ebenso wie das iPhone oder die Mobilgeräte anderer Hersteller – von den meisten Anwendern ohnehin viel fürs Surfen im Internet, Film- und Musikstreaming, soziale Netzwerke oder zur Kommunikation genutzt. In diesem Kapitel erfahren Sie Tipps und Tricks, mit denen Sie die zahlreichen Netzwerkfunktionen Ihres iPad noch besser beherrschen und einsetzen.

4.1 Safari

Auf Ihrem iPad mit iPadOS surfen Sie in der Regel mit Apples Webbrowser Safari durchs Internet. Safari hat nahezu den gesamten Funktionsumfang seines Pendants für den Mac oder anderer am Windows-PC gebräuchlichen Webbrowser. Selbstverständlich ist es auf Multi-Touch-Bedienung ausgelegt. Ansonsten bietet Safari alles, was das »Surferherz« begehrt. Neu sind ab iPadOS 26 unter anderem eine neu gestaltete Reader-Funktion sowie bereits seit iPadOS 18 die Möglichkeit, Elemente von Webseiten verschwinden zu lassen, um diese ablenkungsfrei studieren zu können.

Startseite von Safari konfigurieren

Die Startseite von Safari, also die Seite, die Sie zu Gesicht bekommen, sobald Safari startet, Sie aber noch keine Webseite aufgerufen haben, können Sie nach Ihren Vorstellungen anpassen:

1. Öffnen Sie Safari ohne eine Webseite und wischen Sie auf der Startseite ganz nach unten, bis Sie den Schalter *Bearbeiten* sehen. Tippen Sie darauf, können Sie Ihre Einstellungen vornehmen.
2. Legen Sie zunächst fest, ob Sie die *Startseite auf all deinen Geräten verwenden* möchten oder nicht.
3. Wählen Sie ganz unten das *Hintergrundbild* aus. Über den Plus-Schalter können Sie ein eigenes *Hintergrundbild* wählen.

4. Zudem legen Sie fest, welche Webadressen auf Ihrer Startseite zu sehen sein sollen – von den *Favoriten* über *iCloud-Tabs* bis *Zuletzt geschlossene Tabs*.

Profile einrichten und nutzen

Unter iPadOS 26 haben Sie die Möglichkeit, in Safari Benutzer-Profile zu erstellen und zu nutzen, um das Surfen weiter zu individualisieren. So können Sie etwa verschiedene Profile für Arbeit und Freizeit verwenden:

1. Öffnen Sie die *Einstellungen* und tippen Sie dort in der linken Spalte auf die Einträge *Apps* und *Safari*.
2. Wählen Sie unten die Kategorie *Profile*. Tippen Sie auf *Neues Profil*.

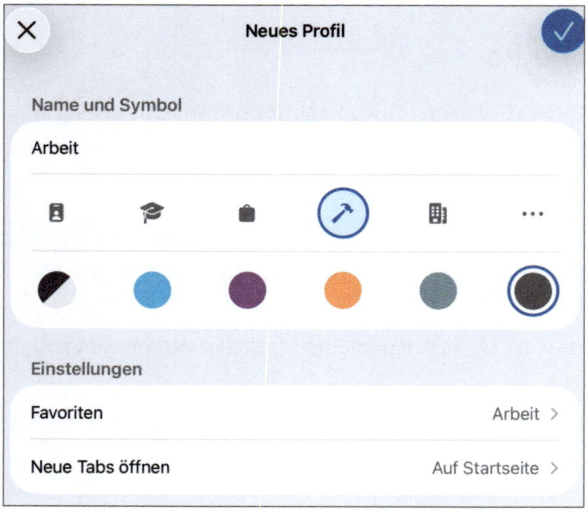

3. Geben Sie Ihrem Profil einen Namen und wählen Sie ein Symbol sowie eine Farbe aus.
4. Geben Sie an, wo die Favoriten Ihres Profils gespeichert werden sollen, in welchem Ordner und welche Seite bei einem neuen Tab erscheint.
5. Speichern Sie Ihr Profil. Um zwischen verschiedenen Profilen zu wechseln, öffnen Sie einfach das Menü *Profile* und wählen das gewünschte Profil aus.

Suchmaschine ändern

Als Standardsuchmaschine von Safari dient Google. Falls Sie eine andere Suchmaschine bevorzugen, können Sie dies in den Einstellungen von Safari entsprechend anpassen:

1. Öffnen Sie die *Einstellungen* und tippen Sie dort in der linken Spalte auf die Einträge *Apps* und *Safari*.
2. Über den Eintrag *Suchmaschine* rechts wählen Sie die neue Suchmaschine aus. Sie haben – neben *Google* – die Wahl zwischen *Yahoo*, *Bing*, *DuckDuckGo* und *Ecosia*.

Darstellung einer Webseite anpassen

In Safari passen Sie bei Bedarf die Darstellung einer Webseite wie folgt an:

1. Starten Sie Safari und öffnen Sie die gewünschte Webseite. Tippen Sie links in der Adresszeile auf das kleine Rechteck mit den zwei Strichen.
2. Im folgenden Menü stellen Sie über das Doppel-A-Symbol die Schriftgröße ein. Über einen Fingertipp auf die drei kleinen Punkte können Sie beispielsweise die *Desktop-Website anfordern* oder weitere *Seiten-Aktionen* oder *Tab-Aktionen* vornehmen.
3. Dort geben Sie beispielsweise an, ob die *Desktop-Website* oder die *Reader*-Funktion automatisch aktiviert werden soll. Zudem können Sie den Zugriff auf die *Kamera*, das *Mikrofon* oder den *Standort* unterbinden – sofern Sie das wünschen.

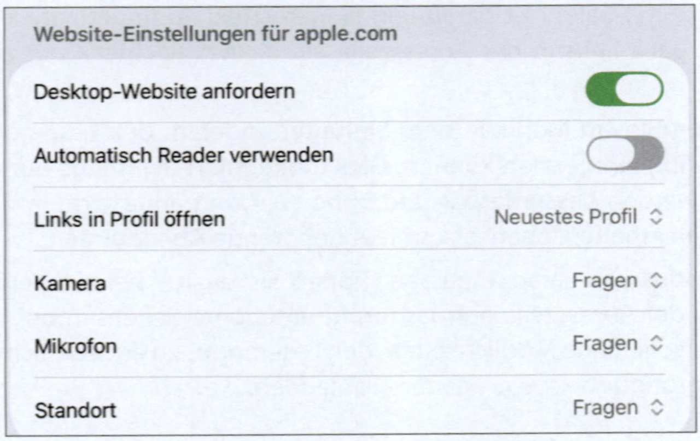

Ablenkungen ausblenden

Die meisten Webseiten sind voll mit Werbung und anderen oftmals störenden Elementen, die sich nun gezielt ausblenden lassen:

1. Starten Sie Safari und öffnen Sie die gewünschte Webseite. Tippen Sie links in der Adresszeile auf das kleine Rechteck mit den zwei Strichen.
2. Entscheiden Sie sich dort für den Eintrag *Ablenkende Objekte ausblenden*.
3. Tippen Sie nun nacheinander auf alle Elemente, die ausgeblendet werden sollen. Oben links in der Adressleiste wird angezeigt, wie viele Sie ausgeblendet haben. Tippen Sie dann auf *Fertig* (Haken).
4. Sollen diese Elemente wieder angezeigt werden, tippen Sie erneut auf das kleine Rechteck mit den zwei Strichen und dann auf *Ausgeblendete Objekte anzeigen*.

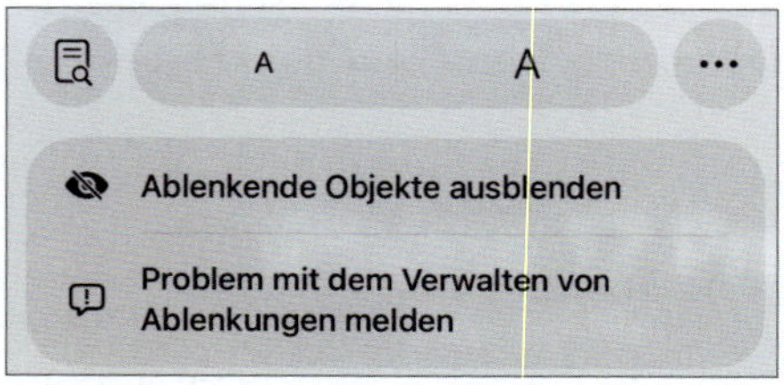

Den Reader verwenden

Mit dem Webbrowser einen längeren Text zu studieren, kann mühsam und unkomfortabel sein. Während sich die Textgröße in der Regel ändern lässt, stören Werbeanzeigen und anderes Beiwerk den Lesefluss.

Daher gibt es in Safari den Reader, den Sie wie folgt nutzen:

1. Öffnen Sie eine Webseite mit Safari. Ist darauf ein längerer Text zu finden, etwa ein Onlineartikel, erscheint ganz links in der Adresszeile ein kleines Rechteck mit zwei Strichen.
2. Tippen Sie darauf, öffnen Sie ein Menü, in dem Sie unter anderem den Lesemodus von Safari, *Reader* genannt, einblenden können. Dies funktioniert allerdings nur mit textlastigen Seiten, sie werden besser lesbar und ohne Werbung angezeigt. Im Text vorhandene Links bleiben erhalten, ebenso zum Text gehörende Abbildungen.
3. Sie können den Lesemodus von Safari anpassen. Tippen Sie dazu – bei aktiviertem *Reader* – erneut links in der Adresszeile auf das farbig unterlegte Seitensymbol. Anschließend haben Sie verschiedene Möglichkeiten, den Lesemodus zu ändern: Schriftgröße/Schriftart, Hintergrundfarbe sowie Reader ausblenden.

4. Falls Sie es wünschen, können Sie sich den Text auch von Siri vorlesen lassen. Tippen Sie dazu auf *Seite anhören*

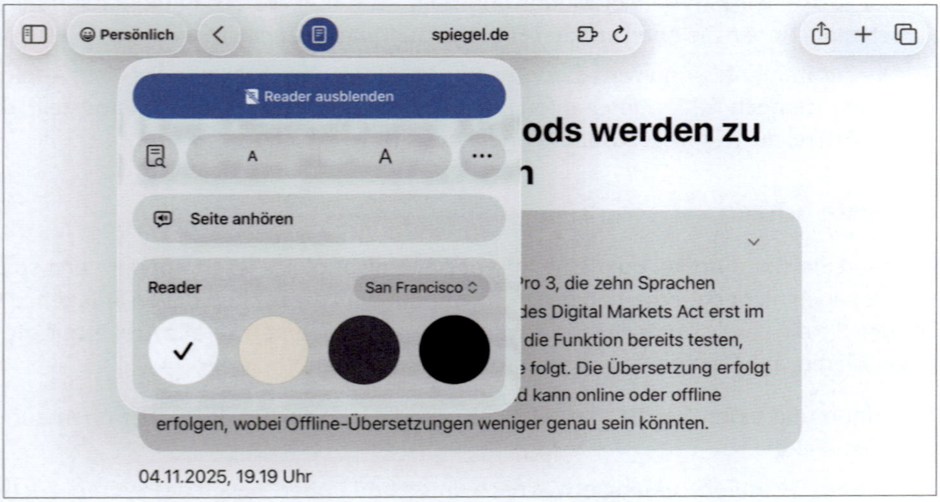

Webseiten zusammenfassen mit Apple Intelligence

Falls Sie es eilig haben und schnell erfahren wollen, worum es in einem Artikel geht, können Sie auf die Zusammenfassung von Apple Intelligence vertrauen. Ein kompatibles iPad vorausgesetzt, zeigen Sie die Zusammenfassung eines Artikels auf die folgenden Weise an:

1. Öffnen Sie eine Webseite mit einem längeren textlastigen Artikel. Ganz links in der Adresszeile erscheint ein kleines Rechteck mit zwei Strichen.

2. Tippen Sie darauf, öffnen Sie ein Menü, in dem Sie den Lesemodus von Safari, *Reader* genannt, einblenden können. Tippen Sie dort auf *Reader einblenden*.
3. Der Artikel wird im Reader-Modus angezeigt. Um nun die Zusammenfassung anzuschauen, tippen Sie oben auf den Eintrag *Zusammenfassen*.
4. Die Zusammenfassung wird darunter eingeblendet. Bitte beachten Sie, dass Apple Intelligence noch Fehler unterlaufen können, daher ist nicht immer sichergestellt, dass der Artikel auch korrekt zusammengefasst wird.

Leseliste nutzen

Möchten Sie einen Artikel oder eine Internetseite nicht gleich lesen, sondern erst später, sie aber auch nicht dauerhaft archivieren oder nur ein Lesezeichen davon anlegen, dann können Sie die Leseliste von Safari verwenden. In diese nehmen Sie alle Artikel auf, die Sie interessieren, aber erst nach und nach studieren möchten.

1. Öffnen und laden Sie die Webseite mit Safari. Dann tippen Sie rechts oben auf das Teilen-Feld.
2. Blättern Sie im Teilen-Menü etwas nach unten und tippen Sie auf das Symbol *Zur Leseliste hinzufügen*.
3. Um auf die Leseliste zuzugreifen, tippen Sie links oben in Safari auf das Lesezeichen-Symbol, um die Seitenleiste einzublenden, und wählen dort den Eintrag *Leseliste*. Nun können Sie die darin aufgelisteten Webseiten lesen.
4. Sie löschen einen Eintrag in der Leseliste, indem Sie auf dem Eintrag von links nach rechts wischen und dann auf *Löschen* tippen.
5. Studierte Artikel der Leseliste werden übrigens anschließend ausgeblendet. Wünschen Sie das nicht, tippen Sie rechts auf die kleinen Punkte und wählen dort den Eintrag *Ungelesene anzeigen*.

Privatmodus

Beim Surfen im Internet hinterlassen Sie auf Ihrem Gerät – egal ob auf iPad, Computer oder Smartphone – immer Spuren. Jeder, der Zugriff auf Ihr iPad oder eines Ihrer anderen Geräte hat, auf denen Sie mit Ihrem Apple Account angemeldet sind, kann dadurch Ihr Surfverhalten nachvollziehen. Wollen Sie das lieber verhindern, nutzen Sie den Privatmodus von Safari.

Beachten Sie bitte: Der Modus heißt Privatmodus und nicht anonymer Modus, Sie sind auch damit nicht vollständig anonym im Internet unterwegs. Auf Ihrem iPad lässt sich nun aber nicht mehr ohne Weiteres nachverfolgen, welche Seiten Sie besucht haben.

1. Starten Sie Safari und tippen Sie links oben auf das entsprechende Symbol von Safari, um die Seitenleiste einzublenden.

2. Tippen Sie anschließend auf *Privat*. Die Startseite *Privates Surfen* wird angezeigt. Fügen Sie über den Plus-Schalter oben rechts einen neuen Tab hinzu.
3. In das im Privatmodus dunkel unterlegte Adressfeld geben Sie eine Webadresse ein, oder Sie wählen auf der Startseite bzw. im Lesezeichen-Menü das gewünschte Lesezeichen aus.
4. Die entsprechende Webseite wird nun im Privatmodus geöffnet. Der Verlauf wird dabei von Safari ebenso wenig gespeichert wie andere Daten, beispielsweise die, mit denen Sie sich auf Webseiten anmelden und identifizieren.
5. Um den Privatmodus wieder zu verlassen, tippen Sie auf die zwei kleinen Quadrate rechts. Dort wählen Sie ggf. die anderen nicht privaten Tabs aus.

Direkt auf einer Webseite suchen

Möchten Sie nicht gleich das ganze Internet durchsuchen, sondern nur die aktuell geöffnete Webseite, ist das mit Safari unter iPadOS 26 ebenso möglich.

1. Starten Sie Safari und öffnen Sie die gewünschte Webseite. Tippen Sie links in der Adresszeile auf das kleine Rechteck mit den zwei Strichen.
2. Tippen Sie dort auf das Seitensymbol mit der Lupe. Nun erscheint ganz unten ein Suchfeld. Darin geben Sie den Suchbegriff ein und drücken die ⏎-Taste.
3. Rechts im Suchfeld wird die Anzahl der Fundstellen angezeigt. Über die Pfeiltasten wechseln Sie von Fundstelle zu Fundstelle. Diese werden auf der Webseite hervorgehoben.

Favoriten festlegen

Ihre wichtigsten und oft aufgerufenen Lesezeichen legen Sie in den Favoriten ab. Sie finden diese, indem Sie links oben über das Seitenleisten-Symbol Ihre Lesezeichen anzeigen und dann auf die Einträge *Lesezeichen* sowie *Favoriten* tippen.

1. Möchten Sie den Favoriten-Ordner festlegen oder ändern, welche Ordner in den Favoriten erscheinen, öffnen Sie die *Einstellungen*, tippen dort auf *Apps* und dann auf *Safari*.

2. Unter der Kategorie *Allgemein* wählen Sie über *Startseitenfavoriten* den gewünschten Ordner aus.
3. Zeigen Sie bei Bedarf die *Favoritenleiste* an, indem Sie ebenfalls in der Kategorie *Allgemein* die gleichnamige Option aktivieren.

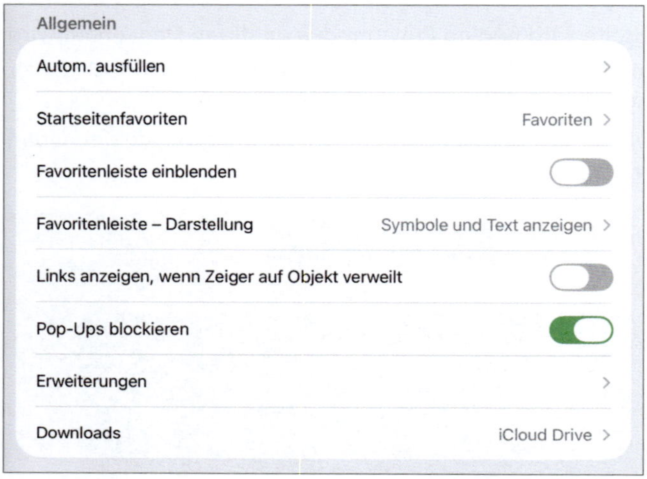

Favoriten bearbeiten

Ihre bevorzugten Websites – Favoriten – lassen sich sortieren, bearbeiten und löschen.

1. Starten Sie Safari. Tippen Sie links auf das Seitenleisten-Symbol von Safari und anschließend auf *Lesezeichen*, um die Lesezeichen anzuzeigen.
2. Wählen Sie hier *Favoriten* und tippen Sie rechts oben auf die drei kleinen Punkte. Hier können Sie Ihre Favoriten sortieren oder größer anzeigen.
3. Zum Bearbeiten tippen Sie etwas länger auf den Ordner oder den einzelnen Favoriten.
4. Tippen Sie auf *Bearbeiten* und nehmen Sie dann die gewünschten Änderungen vor.
5. Möchten Sie einen der Favoriten löschen, wischen Sie auf dem Favoriten von rechts nach links und tippen dann auf das *Löschen*-Symbol.

Webseite als Lesezeichen oder Favoriten speichern

Wichtige Webseiten können Sie auf unterschiedliche Weise in Ihre Lesezeichen oder Favoriten aufnehmen.

1. Tippen Sie so lange auf die Webadresse in der Adresszeile, bis sie sich aus der Adresszeile löst.
2. Ziehen Sie die Webadresse auf die Favoriten- oder Lesezeichen-Ordner links in der Seitenleiste.

3. Andernfalls tippen Sie, nachdem die Website aufgerufen wurde, auf das Teilen-Feld rechts oben und dann auf *Lesezeichen hinzufügen*.
4. Wählen Sie den gewünschten Lesezeichen- oder Favoriten-Ordner aus und tippen Sie auf *Sichern*.

Verlauf anzeigen

Alle Webseiten, die Sie besucht haben, finden Sie im Verlauf wieder. Dort können Sie nachschauen, wenn Sie die Adresse einer bereits besuchten Webseite wissen möchten, die Sie nicht in die Leseliste, die Lesezeichen oder Favoriten aufgenommen haben.

Den Verlauf zeigen Sie auf diese Weise an:

1. Tippen Sie auf das Seitenleisten-Symbol links oben, um die Lesezeichen einzublenden.
2. Als Nächstes tippen Sie auf das Uhrsymbol mit der Bezeichnung *Verlauf*. Nun wird der gesamte Verlauf angezeigt, und zwar chronologisch sortiert.
3. Hierbei erscheint der geräteübergreifende *Verlauf*, und damit erscheinen auch die Webseiten, die Sie auf Ihren anderen Geräten als Letztes aufgerufen haben, sofern Sie dort mit dem gleichen Apple Account angemeldet sind.

Verlauf löschen

Zum Löschen des gesamten Verlaufs gehen Sie wie folgt vor:

1. Tippen Sie wiederum auf das Seitenleisten-Symbol, um die Lesezeichen einzublenden, und auf *Verlauf*, um diesen anzuzeigen.
2. Zum Löschen des Verlaufs tippen Sie rechts oben auf *Mehr* und anschließend auf *Löschen* und wählen dann aus, bis zu welchem Zeitpunkt der Verlauf gelöscht werden soll – von *Gesamter Verlauf* bis *Letzte Stunde*.

3. Einzelne Einträge lassen sich aus dem Verlauf entfernen, indem Sie über den gewünschten Eintrag im Verlauf von rechts nach links wischen und dann auf *Löschen* tippen.

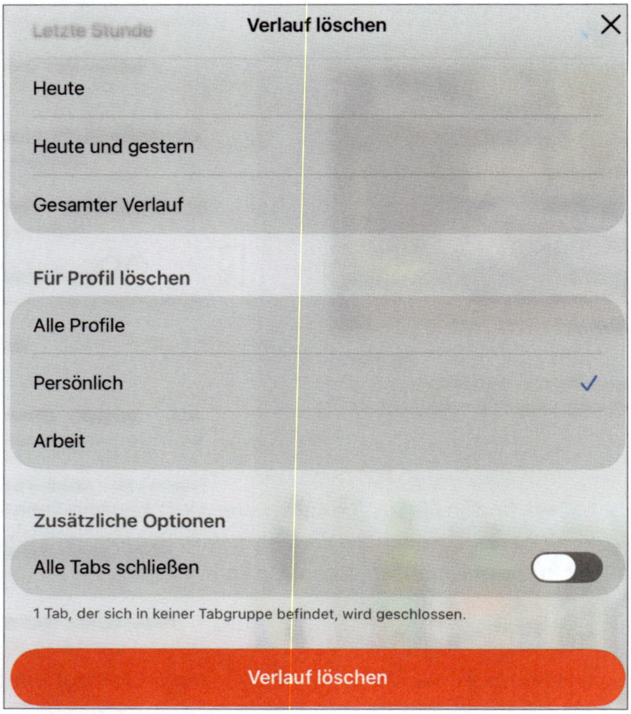

Verlauf über die Einstellungen löschen

Alternativ können Sie den Verlauf auch über die Einstellungen Ihres iPad löschen:

1. Öffnen Sie die *Einstellungen* und tippen Sie dort in der linken Spalte nacheinander auf die Einträge *Apps* sowie *Safari*.
2. Nun blättern Sie nach unten bis zum Eintrag *Verlauf und Websitedaten löschen* in blauer Schrift.
3. Tippen Sie darauf, erscheint eine Sicherheitsabfrage, die Sie bestätigen müssen, bevor der Verlauf auf allen Ihren Geräten, auf denen Sie mit Ihrem Apple Account angemeldet sind, gelöscht wird.

Tabgruppen erstellen

Safari unterstützt auch die von den bekannten Webbrowsern für den Mac oder Windows-PC bekannten Tabs. Über Tabs können Sie beispielsweise in einem Webbrowser-Fenster mehrere Webseiten parallel öffnen. Bei Safari ist es zudem möglich, Tabgruppen anzulegen, Tabs von Tabgruppe zu Tabgruppe zu verschieben oder sie nebeneinander anzuzeigen.

Eine leere Tabgruppe erstellen Sie auf die folgende Weise:

1. Starten Sie Safari und tippen Sie auf das Seitenleisten-Symbol links. Dort tippen Sie oben auf das Symbol mit den zwei Quadraten und dem Pluszeichen.
2. Tippen Sie anschließend auf *Neue leere Tabgruppe*. Geben Sie der Tabgruppe einen aussagekräftigen Namen wie etwa *Aktuelle Nachrichten*.
3. In der leeren Tabgruppe, die unter ihrem Namen im Menü zu finden ist, befindet sich zunächst nur die Startseite von Safari.
4. Nehmen Sie neue passende Tabs in die Tabgruppe auf, indem Sie auf den Plus-Schalter tippen und die Webadresse eingeben oder ein Lesezeichen aufrufen.
5. Später rufen Sie dann die neue Tabgruppe auf, indem Sie auf das Tab-Symbol und auf den Namen der Tabgruppe tippen.

Tabgruppe aus vorhandenen Tabs erstellen

Den umgekehrten Weg können Sie auch gehen und aus vorhandenen Tabs eine neue Tabgruppe erstellen:

1. Starten Sie Safari und öffnen Sie die gewünschten Tabs, indem Sie auf den Plus-Schalter rechts oben tippen und das Lesezeichen auswählen oder die Webadresse ins Adressfeld eingeben.
2. Tippen Sie zuerst auf das Tab-Symbol rechts oben (zwei Quadrate).
3. Um aus den geöffneten Tabs eine neue Tabgruppe anzulegen, wählen Sie den Befehl *Tabs auswählen* und markieren die gewünschten Tabs.
4. Tippen Sie dann auf *Bewegen* links oben sowie *Neue Tabgruppe*. Geben Sie der Tabgruppe einen aussagekräftigen Namen.
5. Die neue Tabgruppe finden Sie anschließend ebenfalls im Tabgruppen-Menü in der Seitenleiste.

Tabgruppen bearbeiten

Bestehende Tabgruppen lassen sich bearbeiten. Sie können diese löschen, umbenennen oder einzelne Tabs entfernen und neue hinzufügen:

1. Öffnen Sie Safari und tippen Sie auf das Symbol für die Seitenleiste links oben. Tippen Sie dann auf den Eintrag *Gruppen Persönlich*, um die Tabgruppe auszuwählen.

2. Sie entfernen einzelne Tabs aus der Tabgruppe, indem Sie auf dem Namen von rechts nach links wischen und anschließend *Löschen* wählen.
3. Neue Tabs fügen Sie der ausgewählten Tabgruppe hinzu, indem Sie auf den Plus-Schalter rechts oben tippen und dann ins Adressfeld die Webadresse eingeben oder ein Lesezeichen auswählen.
4. Wollen Sie Tabgruppen löschen oder umbenennen, tippen Sie etwas länger auf den Namen und dann auf den entsprechenden Befehl.
5. Auf das Papierkorbsymbol tippen Sie, um die Tabgruppe zu löschen, und auf das Stiftsymbol, um dieser einen anderen Namen zu geben.

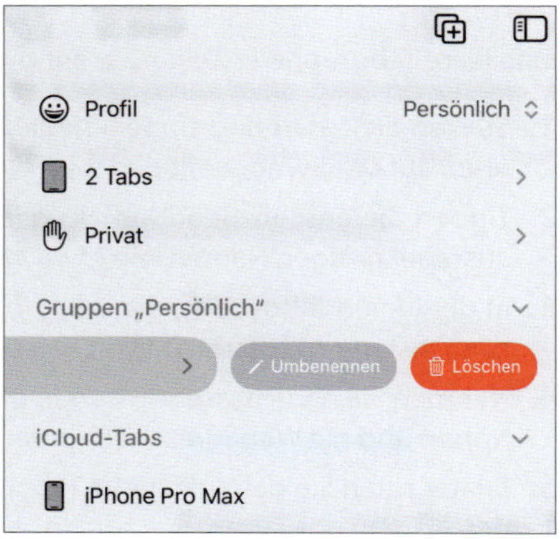

Alle Tabs auf einmal schließen

Im Laufe der Zeit sammeln sich viele Tabs und Fenster in Safari an. Meist vergisst man, diese wieder zu schließen. Damit Sie nicht jeden einzelnen Tab per Fingertipp oder Wischgeste beenden müssen, gibt es einen Trick:

Tippen Sie so lange auf das Tab-Menü (zwei kleine Quadrate) rechts oben, über die Sie normalerweise einen neuen Tab erstellen, bis das Menü erscheint. Hier wählen Sie *Alle x Tabs schließen*.

Alle Tabs anzeigen

Um alle Tabs anzuzeigen, die Sie aktuell geöffnet haben, gibt es zwei Möglichkeiten:

- Tippen Sie auf das Tab-Menü (zwei kleine Quadrate) oben rechts, werden alle geöffneten Tabs von Safari angezeigt.
- Sie ziehen auf dem im Vollbild geöffneten Tab Daumen und Zeigefinger schnell zusammen.

Tabs sortieren

Möchten Sie die geöffneten Tabs in eine andere Reihenfolge bringen und sortieren, tippen Sie länger auf die verkleinerte Voransicht und ziehen den jeweiligen Tab an die gewünschte Position.

Zuletzt geschlossene Tabs erneut öffnen

Um die zuletzt geschlossenen Tabs zu öffnen, müssen Sie nicht den Verlauf bemühen. Tippen Sie dazu einfach etwas länger auf das kleine Plus-Symbol rechts oben, bis die Liste der zuletzt geschlossenen Tabs erscheint. Wählen Sie dann den gewünschten Tab aus, um ihn erneut zu öffnen.

Tabs automatisch schließen

Normalerweise erstellt Safari für jede neu geöffnete Seite einen Tab. Surfen Sie viel auf dem iPad – auch über einen längeren Zeitraum –, häufen sich eine Menge Tabs an mit den unterschiedlichsten Webseiten, von denen Sie die allermeisten wohl gar nicht mehr brauchen.

In diesem Fall ist es nicht nötig, sie einzeln zu schließen, das kann Safari alles für Sie erledigen:

1. Öffnen Sie die *Einstellungen* und wählen Sie in der linken Spalte nacheinander die Einträge *Apps* sowie *Safari*.
2. Suchen Sie rechts in der Kategorie *Tabs* den Befehl *Tabs schließen*. Dort können Sie festlegen, dass alle Ihre Tabs nach einem gewissen Zeitraum – von *Nach einem Tag* bis *Nach einem Monat* – automatisch geschlossen werden.

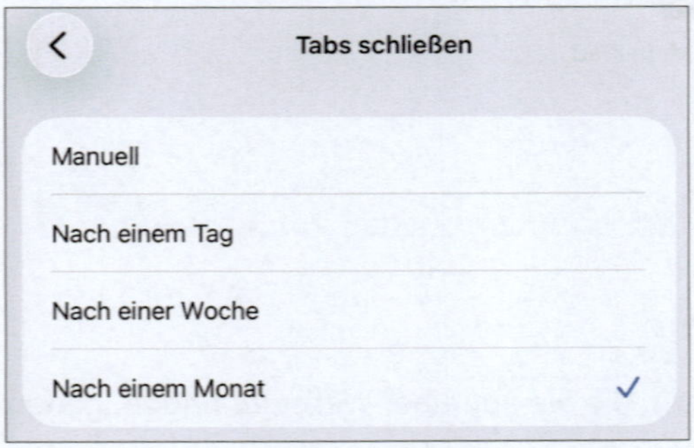

Webseiten vergrößert anzeigen

Wollen Sie eine Webseite vergrößert anzeigen, haben Sie folgende Möglichkeiten:

- Tippen Sie doppelt auf die Seite, wird sie ein wenig größer angezeigt (das funktioniert leider nicht bei allen Webseiten).
- Bewegen Sie auf dem Bildschirm Daumen und Zeigefinger auseinander – und zwar so weit, bis die Webseite in der gewünschten Größe angezeigt wird. Zum Verschieben ziehen Sie diese mit einem Finger an die entsprechende Position.

Webadresse teilen

Möchten Sie eine Webadresse (Link) versenden, haben Sie dazu bei Safari mehrere Möglichkeiten. Der einfachste Weg ist der folgende:

1. Öffnen Sie die gewünschte Webseite in Safari.
2. Tippen Sie rechts oben auf das Teilen-Feld und wählen Sie dort die *Nachrichten-* oder *Mail*-App aus, je nachdem, welche App Sie zum Versenden nutzen wollen.
3. Geben Sie nun den Empfänger ein, ggf. einen kurzen Begleittext und schicken Sie die E-Mail oder Nachricht auf die Reise.

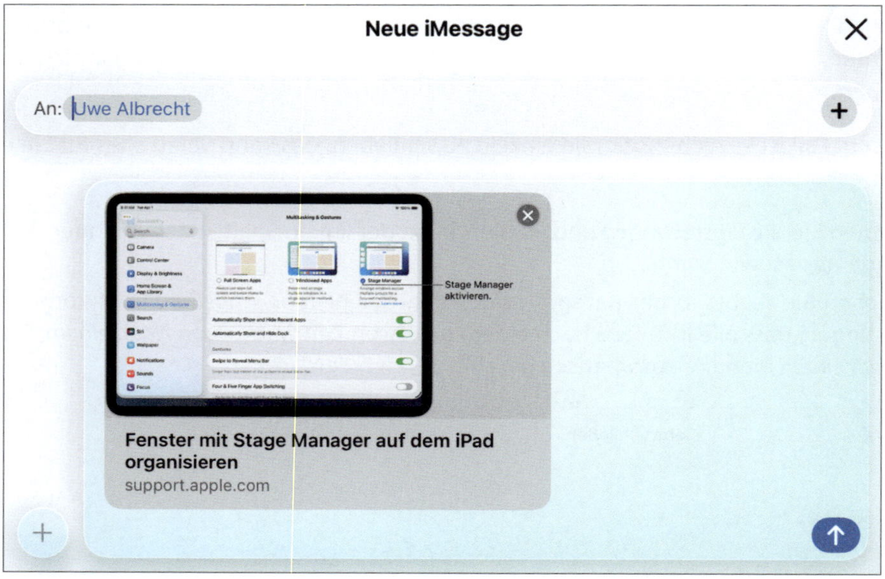

Abbildungen kopieren und sichern

Um Abbildungen oder Fotos zu speichern, die Sie auf einer Webseite finden, gehen Sie so vor:

1. Tippen Sie so lange auf das Bild, bis das Kontextmenü erscheint. Zum Sichern wählen Sie *In „Fotos" sichern*. In diesem Fall wird es in einem Album der *Fotos*-App abgelegt.
2. Zweitens können Sie es über *Kopieren* in die Zwischenablage kopieren und dann in einem Dokument oder einer kompatiblen App einfügen. Dort bearbeiten Sie es dann bei Bedarf weiter.
3. Drittens können Sie es über *Teilen* versenden oder veröffentlichen. Bitte beachten Sie in jedem Fall das Urheberrecht!

Text einer Webseite übernehmen

Falls Sie vorhaben, die Textpassage einer Website in ein eigenes Dokument zu übernehmen, gibt es auch dafür einen Tipp. In diesem Fall ist es nämlich nicht erforderlich, den gesamten Artikel oder die Webseite als PDF-Datei zu sichern.

1. Vergrößern Sie die Textstelle, indem Sie auf dem Bildschirm Zeigefinger und Daumen auseinanderziehen.
2. Nun tippen Sie so lange auf den Text, bis das Kontextmenü erscheint. Ziehen Sie jetzt die linke und rechte Textbegrenzung an die Stelle, wo Sie sie haben möchten, um den gewünschten Text auszuwählen.
3. Über einen Fingertipp auf *Kopieren* übernehmen Sie diesen in die Zwischenablage. Um ihn direkt an eine andere App weiterzugeben, tippen Sie auf *Teilen* und dann auf den Namen der App.

Text einer Webseite übersetzen

Fremdsprachige Texte, z. B. in Englisch, lassen sich schnell ins Deutsche übersetzen:

1. Vergrößern Sie die Textstelle, ggf. indem Sie auf dem Bildschirm Zeigefinger und Daumen auseinanderziehen.
2. Nun tippen Sie so lange auf den Text, bis das Kontextmenü erscheint. Ziehen Sie dann die linke und rechte Textbegrenzung an die Stelle, an der Sie sie haben möchten, um den gewünschten Text auszuwählen.
3. Über einen Fingertipp auf *Übersetzen* öffnen Sie das Übersetzungsmenü. Wählen Sie dort die Zielsprache aus oder lassen Sie sich über den Abspielen-Schalter den übersetzten Text vorlesen.
4. Alternativ können Sie den Text auch in eine andere App übernehmen. Tippen Sie dazu auf *Übersetzung kopieren*.

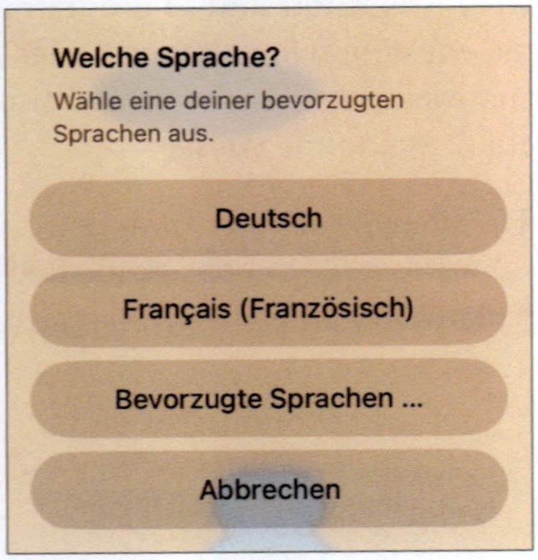

Web-App auf dem Home-Bildschirm ablegen

Eine wichtige Webseite können Sie ganz einfach auf dem Home-Bildschirm ablegen – genauer ihr Symbol mit der dazugehörigen Webadresse. Klicken Sie dann auf dieses, startet Safari und die Webseite wird geöffnet. Praktisch ist das beispielsweise bei Nachrichten-Webseiten. Das entsprechende Symbol können Sie auch ins Dock aufnehmen.

1. Starten Sie Safari und rufen Sie die entsprechende Webseite auf.
2. Tippen Sie auf das Teilen-Feld und suchen Sie in der unteren Reihe nach dem Eintrag *Zum Home-Bildschirm*. Um diesen anzuzeigen, müssen Sie in der Regel zuvor auf *Mehr* tippen.
3. Tippen Sie auf den Eintrag *Zum Home-Bildschirm*, wird ein Symbol der Webseite auf dem Home-Bildschirm abgelegt, dessen Namen Sie bei Bedarf noch kürzen können.
4. Aktivieren Sie zudem die Funktion *Als Web-App öffnen*, dann zaubern Sie aus der Webseite eine Web-App, also eine App, die nur bei Verbindung ins Internet reibungslos funktioniert.

Desktop-Version einer Webseite anzeigen

Viele Webseiten sind so programmiert, dass sie es »erkennen«, ob sie auf einem Mobilgerät, wie einem Smartphone oder Tablet, aufgerufen werden. Möchten Sie stattdessen die »normale« Version für Schreibtisch-Computer und Laptop betrachten, erreichen Sie das auf die folgende Weise:

1. Rufen Sie zunächst wie gewohnt die Webseite mit Safari auf und tippen Sie links in der Adresszeile auf das kleine Rechteck sowie auf *Mehr* (drei kleine Punkte).
2. Nun tippen Sie auf *Desktop-Website anfordern*. Die Website wird nun in der für Schreibtisch-Computer und Laptops angepassten Version angezeigt.
3. Falls diese bereits aufgerufen wurde, tippen Sie stattdessen auf *Mobile Website anfordern*.

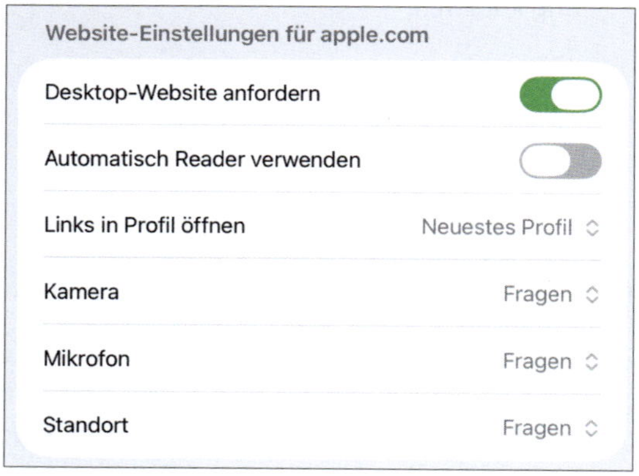

Webseiten immer als Desktop-Version oder im Lesemodus öffnen

Sie können bei einzelnen Webseiten bestimmen, in welchem Modus sie immer angezeigt werden: als mobile Website, Desktop-Website oder gleich im Lesemodus.

1. Öffnen Sie die gewünschte Website und tippen Sie auf das kleine Rechteck mit den zwei Strichen links in der Adresszeile. Tippen Sie auf *Mehr* (drei kleine Punkte). Dort blättern Sie nach unten zu den *Website-Einstellungen*.
2. Hier schalten Sie die gewünschte Option ein, also etwas *Desktop-Website anfordern* oder auch *Automatisch Reader verwenden*.

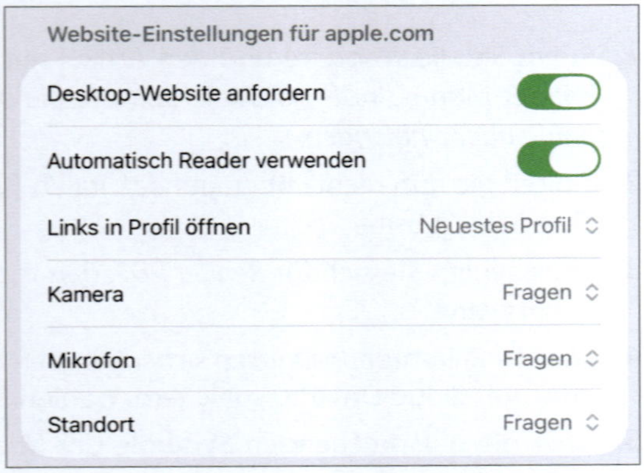

Webformulare schneller ausfüllen

Das Ausfüllen von Webformularen, z. B. wenn Sie sich in einem Onlineshop anmelden oder bei einem E-Mail-Dienst registrieren, kann schnell lästig werden. Aus diesem Grund besitzt Safari eine Funktion, die das für Sie erledigt. Sie übernimmt Ihre Kontaktdaten aus der *Kontakte*-App. Damit das funktioniert, nehmen Sie bei Bedarf die folgenden Einstellungen vor:

1. Öffnen Sie die *Einstellungen* und wählen Sie in der linken Spalte nacheinander die Einträge *Apps* sowie *Safari*.
2. Nun tippen Sie rechts auf den Eintrag *Autom. ausfüllen*. Hier aktivieren Sie folgende Optionen: *Kontaktinfo benutzen*, *Meine Infos* (Ihr Name) und ggf. *Kreditkarten*.

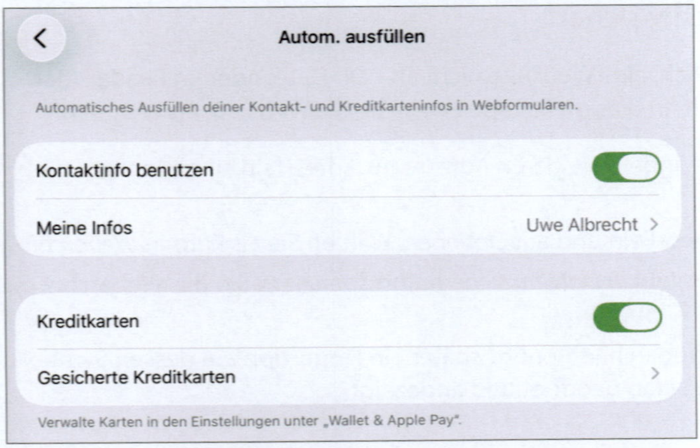

PDF-Dateien aus Webseiten erstellen

Möchten Sie Webseiten oder genauer Artikel von Webseiten auf Dauer archivieren, empfiehlt es sich, diese als PDF-Datei zu speichern. Unter iPadOS 26 ist das natürlich auch möglich.

1. Rufen Sie die Webseite und den Artikel mit Safari auf. Aktivieren Sie am besten den Reader-Modus, indem Sie links im Adressfeld auf das kleine Rechteck tippen und dann auf *Reader einblenden*.
2. Tippen Sie nun rechts oben auf das Teilen-Feld und dann auf *Optionen* unterhalb des Titels der Website.
3. Entscheiden Sie sich für *Reader PDF*, damit die PDF-Datei auch im Reader-Modus gesichert wird.
4. Wählen Sie unten *In Dateien sichern*, haben Sie die Wahl, die PDF-Datei auf dem iPad oder auf iCloud Drive zu speichern. Wählen Sie dann den Ordner Ihrer Wahl aus.
5. Über die entsprechenden Symbole der *Nachrichten*- oder *Mail*-App können Sie die PDF-Datei auch versenden.

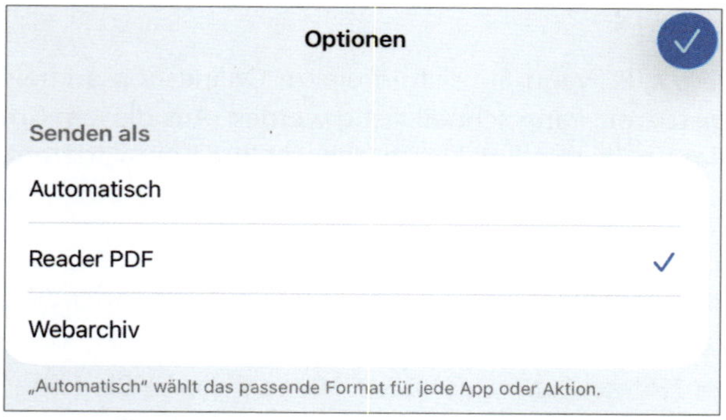

Webseite als Webarchiv sichern

Manchmal ist es erforderlich, eine Webseite nicht als PDF-Datei oder im Reader-Modus zu sichern, sondern komplett. In diesem Fall speichern Sie die Webseite als Webarchiv.

1. Öffnen Sie die Website, indem Sie deren Adresse ins Adressfeld eingeben und die [⏎]-Taste drücken.
2. Tippen Sie auf das Teilen-Feld und auf *Optionen*. Wählen Sie als Format *Webarchiv* aus.
3. Wählen Sie nun den Befehl *In Dateien sichern* und speichern Sie das Webarchiv direkt auf dem iPad oder auf iCloud Drive.
4. Zum Betrachten des Webarchivs genügt später ein Fingertipp auf dessen Symbol und das Webarchiv wird in Safari geöffnet und angezeigt.

Komplette Webseite als PDF-Datei sichern

Wenn Sie eine komplette Webseite nicht als Webarchiv, sondern als PDF-Datei speichern wollen, müssen Sie etwas anders vorgehen als im vorherigen Tipp:

1. Starten Sie Safari und rufen Sie die Webseite auf. Nun erstellen Sie zunächst ein Bildschirmfoto.
2. Dazu drücken Sie gleichzeitig die Seiten-/Stand-by-Taste sowie die Lauter-Taste.
3. Nachdem das Bildschirmfoto erstellt ist und angezeigt wird, tippen Sie oben auf das Register *Ganze Seite* und nehmen etwaige Markierungen vor (siehe den folgenden Tipp).
4. Zum Speichern tippen Sie auf das Teilen-Feld und auf *Optionen*, um dann das Format *PDF-Dokument* auszuwählen, und anschließend auf den Befehl *In Dateien sichern*. Wählen Sie nun den gewünschten Ordner bei iCloud Drive oder direkt auf Ihrem iPad aus.

Webseiten markieren und beschriften

Bevor Sie eine Webseite als PDF-Datei sichern und versenden, können Sie diese markieren und beschriften, um dem Empfänger bestimmte Sachverhalte zu verdeutlichen. Hierbei leistet unter Umständen der Apple Pencil gute Dienste.

1. Öffnen Sie die Website, indem Sie deren Adresse ins Adressfeld eingeben und die [↩]-Taste drücken.
2. Tippen Sie auf das Teilen-Feld und wählen Sie dort den Befehl *Markierung*.
3. Zum Markieren tippen Sie mit dem Apple Pencil auf das kleine Bleistiftsymbol oben rechts. Unten wird die Zeichenpalette angezeigt.
4. Markieren und beschriften Sie das Dokument wie gewünscht. Tippen Sie dann links oben auf den Haken und speichern Sie das markierte PDF in der *Fotos*-App oder in der *Dateien*-App

Dateien herunterladen

Mit Safari unter iPadOS 26 ist es wie beim Mac möglich, Dateien herunterzuladen und direkt auf dem iPad oder iCloud Drive zu sichern. Dies können PDF-Dateien sein, Archivdateien oder auch Dateien anderer Art.

1. Öffnen Sie die gewünschte Website und suchen Sie die Daten zum Download heraus.
2. Tippen Sie auf den Dateinamen, wird der Download gestartet. Das erkennen Sie an einem entsprechenden Download-Symbol rechts oben in der Symbolleiste von Safari.
3. Wie weit der Download fortgeschritten ist, erkennen Sie ebenfalls am Download-Symbol. Den Namen der heruntergeladenen Datei finden Sie, wenn Sie auf das Download-Symbol und dann auf den Befehl *Download* tippen.
4. Um die Datei zu suchen, tippen Sie auf das Lupensymbol rechts. Normalerweise wird die Datei im Ordner *Downloads* von iCloud Drive abgelegt.

Download-Ordner ändern

In der Standardeinstellung werden Ihre Downloads mit Safari im Ordner *Downloads* auf iCloud abgelegt. Den Speicherort können Sie allerdings ändern.

1. Öffnen Sie die *Einstellungen* und wählen Sie links nacheinander die Einträge *Apps* sowie *Safari*.
2. Tippen Sie in der rechten Spalte auf *Downloads* und wählen Sie den gewünschten Ort oder einen neuen Ordner für die Downloads aus, z. B. *iCloud Drive* (Standardeinstellung), *Auf meinem iPad* oder *Andere*.
3. Alle zukünftigen Downloads werden ab jetzt an diesem Ort oder in diesem Ordner abgelegt.

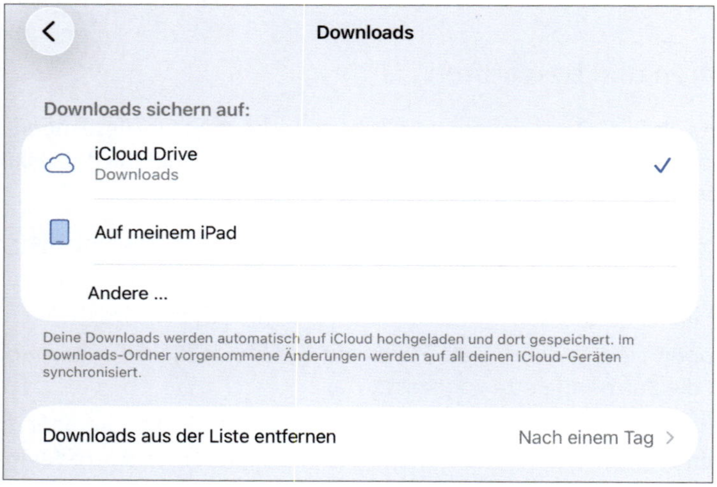

Kennwörter automatisch sichern

Wenn Sie sich neu auf einer Website oder bei einem Internetdienst anmelden, bietet Safari Ihnen an, sofern noch nicht geschehen, Benutzernamen und Kennwort zu sichern, damit Sie es bei der nächsten Anmeldung nicht erneut eingeben müssen.

Die Vorgehensweise ist dabei folgende:

1. Rufen Sie die Webseite auf und starten Sie die Anmeldung. Geben Sie alle erforderlichen Daten und den Benutzernamen ein. Unter Umständen können Sie dabei Namen und Adresse automatisch aus der *Kontakte*-App übernehmen. Die entsprechenden Funktionen finden Sie direkt über der Bildschirmtastatur.
2. Geben Sie das Kennwort ein, fragt Safari nach, ob Sie die Benutzerdaten speichern wollen. Stimmen Sie in diesem Fall der Frage zu.

3. Die Benutzerdaten werden unter dem Namen der Website in der *Passwörter*-App abgelegt. Außerdem werden diese in der Regel in iCloud gesichert, sodass Sie jederzeit auf sie zugreifen können, auch von einem anderen Gerät aus.

Kennwörter automatisch abrufen

Wenn Sie eine Webseite aufrufen, bei der Sie sich zuvor angemeldet haben (und bei der Sie es Safari erlaubt haben, das Kennwort zu sichern), müssen Sie es beim erneuten Besuch nicht wieder selbst eingeben – und es sich vor allem nicht merken. Safari unterstützt Sie dabei:

1. Rufen Sie die Webseite auf und geben Sie – falls erforderlich – den Benutzernamen ein.
2. Unten erscheint ein Schalter zur Verwendung des angemeldeten Benutzernamens und zum Einfügen des dazugehörigen Kennworts.
3. Tippen Sie auf diesen Schalter, werden die Daten übernommen und Sie können sich anmelden.

Die Passwörter-App

Unter iPadOS 26 (sowie iOS 26 oder macOS Tahoe) werden alle Ihre Kennwörter mit der *Passwörter*-App verwaltet und – sofern gewünscht – über iCloud synchronisiert. Näheres über die Bedienung der *Passwörter*-App erfahren Sie in Kapitel 9.5.

Safari erweitern

Wie Safari für macOS oder andere Webbrowser kann auch Safari von iPadOS 26 über Plug-ins mit weiteren praktischen Funktionen erweitert werden. Die Plug-ins können Sie im App Store herunterladen und installieren – direkt über das Puzzle-Symbol rechts in der Adressleiste von Safari sowie über einen Umweg in den *Einstellungen*.

1. Tippen Sie rechts in der Adressleiste von Safari auf das Puzzle-Symbol. Alternativ öffnen Sie die *Einstellungen* und wählen die Einträge *Apps* sowie *Safari*.
2. In der Kategorie *Allgemein* tippen Sie auf *Erweiterungen*, *Empfehlungen* sowie *Weitere Erweiterungen*.
3. Anschließend können Sie im App Store unter *Safari-Erweiterungen* nach Plug-ins suchen. Nutzen Sie dazu die verschiedenen Kategorien oder das Suchfeld rechts unten.
4. Zur Installation tippen Sie bei kostenlosen Plug-ins auf *Laden* oder bei kostenpflichtigen auf das Preisschild.
5. Die Erweiterung wird heruntergeladen und installiert. Zusätzlich landet meist eine dazugehörige App auf Ihrem iPad, die gesondert gestartet und genutzt werden kann.

6. Die Erweiterung finden Sie ebenfalls über den Eintrag *Safari/Erweiterungen* in den Einstellungen von iPadOS 26.

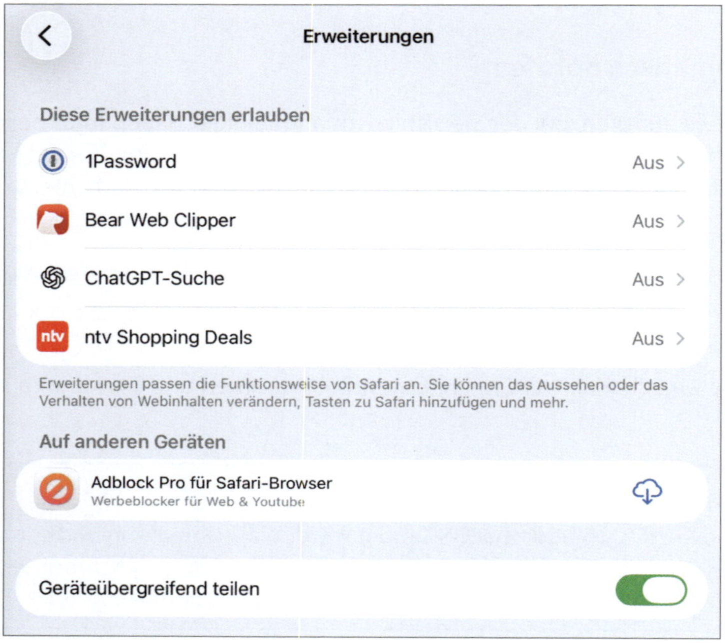

Erweiterungen verwalten

1. Um die installierten Erweiterungen einzusehen, ein- oder abzuschalten, tippen Sie in Safari auf das Puzzle-Symbol rechts in der Adressleiste.
2. Hier nehmen Sie über einen Fingertipp auf die Erweiterung deren Einstellungen vor – sofern vorhanden.
3. Zum Abschalten oder Aktivieren tippen Sie auf *Erweiterungen verwalten* und dann auf den gewünschten Eintrag.
4. Über *Empfehlungen* sowie *Weitere Erweiterungen* finden Sie mehr interessante Erweiterungen für Safari.

Datenschutzeinstellungen für Safari

Falls Sie an dieser Stelle die Einstellungen von Safari zum Datenschutz und sicheren Surfen vermissen: Diese finden Sie in Kapitel 9.

4.2 iCloud und iCloud+

Die Konfiguration eines iPad ist ohne Apple Account und damit auch ein iCloud-Konto nicht möglich. Über den Apple Account und das iCloud-Konto werden nicht nur Ihre Einkäufe im iTunes Store, Book Store und App Store abgewickelt, iCloud beinhaltet auch ein E-Mail-Konto und es ist für die Synchronisierung der Daten zwischen Ihren Macs, Windows-PCs und iOS-/iPadOS-Geräten zuständig. Des Weiteren können Sie ein Backup Ihres iPad über iCloud erstellen und sonstige Dateien jeglicher Art auf iCloud Drive sichern und mit anderen Geräten austauschen. In diesem Kapitel finden Sie die besten Tipps zu iCloud und iCloud+.

Was ist iCloud+

Während Ihnen iCloud mit 5 GB Speicherplatz für Ihre Daten, Fotos und Backups kostenlos von Apple zur Verfügung gestellt wird, können Sie, um mehr Speicherplatz zu erhalten, iCloud+ abonnieren. Hier können Sie von 50 GB bis 12 TB den gewünschten Speicherplatz wählen. Neben dem größeren Speicherplatz besitzt iCloud+ zudem einige weitere praktische Funktionen wie iCloud Privat Relay, mit dem Sie online Ihre Internetadresse verschleiern können. Auch lässt sich bei iCloud+ Ihre eigentliche E-Mail-Adresse verbergen und einiges mehr. Der Speicherplatz kann zudem mit bis zu fünf Familienmitgliedern geteilt werden. Näheres zu iCloud+ finden Sie auf der Webseite https://www.apple.com/de/icloud/.

iCloud + konfigurieren

Haben Sie das iCloud-Abonnement abgeschlossen, nehmen Sie dessen Einstellungen in der gleichnamigen Kategorie der Einstellungen von iCloud vor.

Diese beinhaltet unter anderem diese wichtigen Einstellungen:

- *Familie:* Teilen Sie Ihr Abonnement mit Familienmitgliedern und erlauben Sie diesen ebenfalls, Käufe zu tätigen – etwa im App Store. Des Weiteren können Sie die Standorte aller Familienmitglieder teilen.
- *Privat-Relay:* Über *Private-Relay* ist es möglich, bei nicht verschlüsselten Verbindungen im Internet Ihre Internetadresse (IP) sowie Ihre Aktivitäten mit dem Webbrowser zu verbergen, sodass Sie weitgehend anonym unterwegs sind.
- *E-Mail-Adresse verbergen:* Es ist aus Sicherheitsgründen und um Ihre Identität zu schützen, nicht immer ratsam, bei Anmeldungen die private oder geschäftliche E-Mail-Adresse anzugeben. In diesem Fall können Sie von iCloud+ eine zufällige E-Mail-Adresse generieren, die intern für andere unsichtbar mit Ihrer eigentlichen E-Mail-Adresse verknüpft wird. Diese nutzen Sie dann zur Anmeldung.

- *Eigene E-Mail:* Über diese Funktion erstellen Sie weitere E-Mail-Adressen für iCloud. Diese können den eigenen Domain-Namen erhalten, der Empfang und das Versenden wird ebenfalls über iCloud bzw. iCloud-Mail abgewickelt.

Die entsprechenden Funktionen nutzen Sie auf die folgende Weise:

1. Öffnen Sie die *Einstellungen* und tippen Sie nacheinander auf Ihren Apple Account und dann auf *iCloud*.
2. Unten finden Sie die Kategorie *iCloud+-Funktionen*. Tippen Sie dort auf die Funktion, die Sie einrichten möchten. Schalten Sie diese ein oder nehmen Sie die gewünschten Einstellungen vor. Die Bedienung ist weitgehend selbsterklärend.

Erweiterten Datenschutz einschalten

Damit Ihre Daten in iCloud besonders sicher und verschlüsselt sind, können Sie den *Erweiterten Datenschutz* aktivieren. Der hat aber nicht nur Vorteile. In diesem Fall können Sie Ihre Daten nur auf »verifizierten« Geräten – also Ihren Apple-Geräten – wiederherstellen. Dazu wird ein Schlüssel erstellt, den Sie sich unbedingt merken müssen. Ohne den korrekten Schlüssel sind die Daten verloren. Aktivieren Sie diese Funktion also mit Bedacht und nur, wenn Sie genau wissen, was Sie tun. Studieren Sie zudem alle dazugehörigen Hinweise von Apple.

Was kostet mehr Speicherplatz bei iCloud?

Je intensiver Sie iCloud nutzen, vor allem als Backup-Speicher oder auch, um dort Dokumente und Fotos abzulegen, desto schneller ist der kostenlose Speicherplatz von 5 GB belegt. Besitzen Sie also ein iPad und vielleicht noch ein iPhone, dann reicht der Speicherplatz dort in der Regel nicht aus, um Backups von beiden Geräten auf iCloud zu erstellen. In diesem Fall benötigen Sie ebenso mehr Speicher, als wenn Sie dort Ihre Foto-Mediathek ablegen.

Bei Apple können Sie zusätzlichen Speicher erwerben (inklusive sind jeweils die weiteren Funktionen von iCloud+):

- 50 GB kosten 0,99 Euro/Monat
- 200 GB kosten 2,99 Euro/Monat
- 2 TB kosten 9,99 Euro/Monat
- 6 TB kosten 29,99 Euro/Monat
- 12 TB kosten 59,90 Euro/Monat

Mehr Speicherplatz erwerben

Möchten Sie mehr Speicherplatz für iCloud erwerben und damit auf iCloud+ upgraden, gehen Sie so vor:

1. Öffnen Sie die *Einstellungen* und tippen Sie dort auf Ihren Apple Account sowie in der zweiten Spalte auf *iCloud*.
2. Hier finden Sie ganz oben den Eintrag *Speicher*. Tippen Sie darauf.
3. Benötigen Sie mehr Speicher, tippen Sie auf *Speicherplan ändern* und wählen die gewünschte Größe aus. Die Bezahlung wird über die von Ihnen hinterlegte Bezahlmethode abgewickelt. Den erweiterten Speicher sowie die weiteren Funktionen von iCloud+ können Sie ab sofort nutzen.

Welche Ihrer Apps nutzen iCloud?

Neben den in iPadOS 26 integrierten Apps nutzen auch andere Anwendungen iCloud, um dort ihre Daten abzulegen oder diese mit Ihren weiteren Geräten abzugleichen. Welche dies sind, finden Sie leicht heraus:

1. Öffnen Sie die *Einstellungen* und tippen Sie dort auf Ihren Apple Account sowie anschließend in der zweiten Spalte auf *iCloud*.
2. Dort tippen Sie ebenfalls auf *Speicher* und wischen dann nach unten. Dort finden Sie die Liste aller Apps, die iCloud verwenden. Falls Sie das einer bestimmten App untersagen wollen, schalten Sie diese ab. Allerdings werden dann deren Daten nicht mehr mit iCloud und Ihren anderen Geräten abgeglichen.

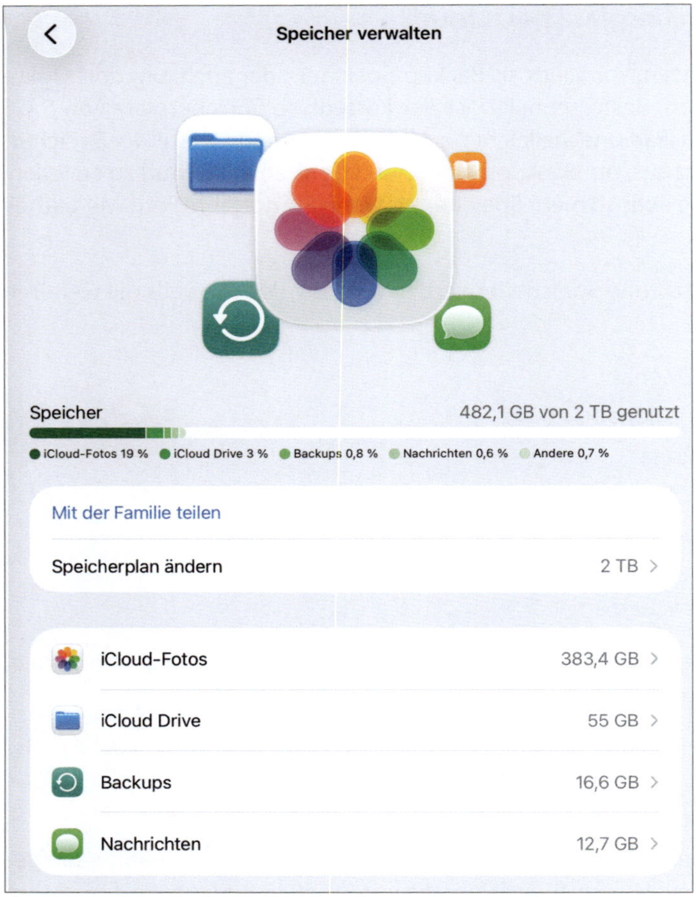

Wie viel Speicher von iCloud benötigen meine Apps?

1. Öffnen Sie die *Einstellungen*, tippen Sie dort auf Ihren Apple Account sowie anschließend in der zweiten Spalte auf *iCloud*.
2. Hier finden Sie ganz oben den Eintrag *Speicher*. Tippen Sie darauf.
3. Nun werden Ihre Apps aufgelistet und wie viel an iCloud-Speicher sie momentan nutzen. Die App mit dem höchsten Speicherverbrauch befindet sich in der Regel oben.

Dateien auf iCloud Drive speichern

Viele Apps wie die *Notizen*-App, *Pages* oder auch *Keynote* speichern die Dokumente automatisch auf iCloud Drive. Apps anderer Hersteller nutzen ihre eigene Cloud und man muss ihnen erst »beibringen«, stattdessen iCloud Drive zu verwenden. Die entsprechenden Einstellungen sind von App zu App verschieden.

Besitzt die App ein Teilen-Feld, können Sie dieses nutzen. Tippen Sie auf das Teilen-Feld und wählen Sie dort den Eintrag *iCloud* oder *Auf iCloud speichern*. Dessen Bezeichnung kann allerdings variieren.

Weitere Speicherorte neben iCloud nutzen

Neben iCloud gibt es weitere Cloud-Dienste wie OneDrive von Microsoft, Google Drive oder Dropbox, die Sie ebenfalls nutzen können. Allerdings müssen Sie diese erst aktivieren – und zwar in der *Dateien*-App.

1. Starten Sie die *Dateien*-App und tippen Sie bei Bedarf links oben auf den Eintrag *Speicherorte*.
2. Ebenfalls links oben tippen Sie zuerst auf die drei kleinen Punkte und dann auf *Seitenleiste bearbeiten*. Aktivieren Sie hier die weiteren Speicherorte.
3. Möchten Sie deren Reihenfolge verschieben, ziehen Sie sie mit den drei kleinen Strichen rechts an die gewünschte Position.
4. Wollen Sie auf den jeweiligen Dienst zugreifen, müssen Sie sich selbstverständlich mit den dazugehörigen Benutzerdaten anmelden.

4.3 Die Mail-App

Ebenso wie Safari steht die *Mail*-App seinen Pendants unter macOS oder Windows kaum nach. Ihre E-Mail-Korrespondenz können Sie damit fast ebenso gut bewältigen oder verwalten. Einerlei, ob es um das Schreiben oder Verwalten von E-Mails geht, um das Versenden und Empfangen von Anhängen und Abbildungen, das Programm lässt nichts zu wünschen übrig. Zudem ist die *Mail*-App eng mit anderen Apps verzahnt, Sie können aus vielen Apps heraus auf diese zugreifen und Dokumente oder Daten versenden. Besitzen Sie einen Apple Pencil für Ihr damit kompatibles iPad, lassen sich Ihre E-Mails zudem handschriftlich markieren und Sie können darin kleine Skizzen erstellen. Des Weiteren lassen sich Ihre E-Mails formatieren.

E-Mail-Standardkonto festlegen

Falls Sie auf Ihrem iPad mehrere E-Mail-Konten nutzen und verwalten, können Sie eines davon als Standardkonto festlegen. Dieses findet immer dann Verwendung, wenn Sie beispielsweise aus einer anderen App heraus eine E-Mail versenden wollen oder an eine auf einer Webseite befindliche E-Mail-Adresse antworten:

1. Öffnen Sie die *Einstellungen* und wählen Sie dort in der linken Spalte nacheinander die Einträge *Apps* sowie *Mail*.
2. Blättern Sie in der rechten Spalte ganz nach unten zum Eintrag *Standardaccount*. Tippen Sie darauf, können Sie anschließend das gewünschte Standardkonto festlegen. In der Regel steht hier der Eintrag *iCloud*.

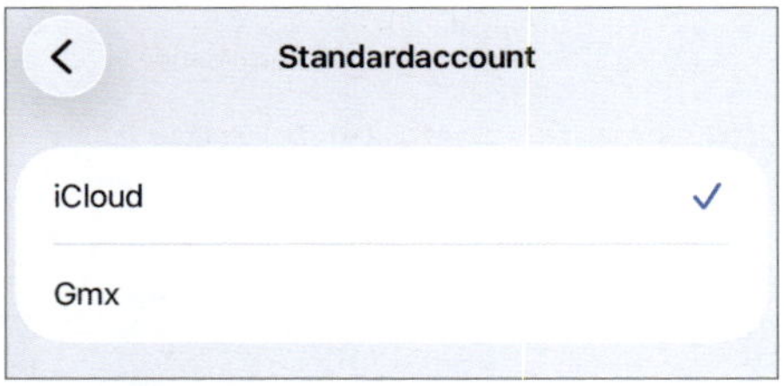

Drei Spalten für die Mail-App

Nutzen Sie Ihr iPad im Querformat, können Sie den Dreispaltenmodus der App *Mail* – mit einer zusätzlichen Spalte – für Ihre Postfächer nutzen.

1. Drehen Sie Ihr iPad ins Querformat. Tippen Sie nun links oben auf das Symbol für die Seitenleiste, werden die Postfächer in der ersten Spalte angezeigt.
2. Von nun an können Sie einfach und schnell per Fingertipp zwischen Ihren Postfächern wechseln.

Weitere Fenster in der Mail-App öffnen

In der *Mail*-App können Sie mit mehreren geöffneten Fenstern arbeiten. Tippen Sie dazu oben auf das Multitasking-Menü und dann ganz unten auf den großen Plus-Schalter, um weitere Fenster zu öffnen. Die Fenster können unterschiedliche Inhalte haben. Möchten Sie wissen, wie viele Fenster Sie geöffnet haben, oder zwischen den Fenstern wechseln, tippen Sie etwas länger auf das Symbol der *Mail*-App im Dock und dann auf *Alle Fenster anzeigen*. Wählen Sie nun das gewünschte Fenster aus.

Signatur erstellen

Ihre E-Mails können Sie – bei Bedarf – durch eine sogenannte Signatur ergänzen. Dies könnten z. B. Ihre Kontaktdaten ein, ein Zitat, das Ihnen gefällt, oder einfach ein kleiner Werbetext. Sobald Sie eine neue E-Mail erstellen, wird diese Signatur am Ende der E-Mail angefügt. Eine Signatur ist Ihnen sicher schon einmal aufgefallen. So handelt es sich bei dem in manchen E-Mails enthaltenen Satz *Von meinem iPad/iPhone gesendet* um eine Signatur.

Sie können Ihre Signatur ganz einfach ändern:

1. Öffnen Sie die *Einstellungen* und tippen Sie in der linken Spalte auf die Einträge *Apps* sowie *Mail*.
2. In der rechten Spalte finden Sie unten die Option *Signatur*. Tippen Sie darauf.
3. Nun entscheiden Sie, ob Sie für alle E-Mail-Konten dieselbe Signatur verwenden möchten (*Alle Accounts*) oder für jedes Konto eine andere (*Pro Account*).
4. Tippen Sie unten die Signatur oder Signaturen für die E-Mail-Konten ein. Erstellen Sie eine neue E-Mail, wird dann die jeweils dazugehörige Signatur hinzugefügt.

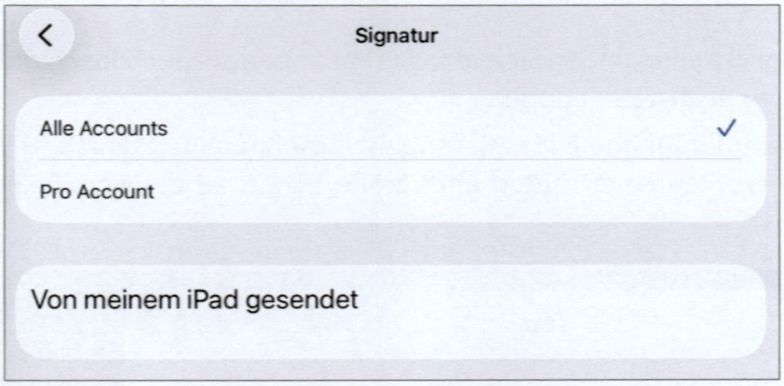

Absender auf die Schnelle wechseln

Vor dem Versenden einer E-Mail können Sie bei Bedarf noch schnell die E-Mail-Adresse ändern, die dem Empfänger angezeigt wird.

1. Verfassen Sie die E-Mail und tippen Sie vor dem Versenden zunächst auf die Zeile *Kopie/Blindkopie, Von*.
2. Nun erscheint eine neue Zeile mit der Bezeichnung *Account*. Dort tippen Sie etwas länger auf den Absender und wählen aus dem Menü die gewünschte andere E-Mail-Adresse aus. Versenden Sie dann die E-Mail wie gewohnt.

Blindkopie nutzen

Manchmal ist es erforderlich, dieselbe E-Mail nicht nur an den eigentlichen Adressaten, sondern noch an weitere Empfänger zu schicken, die aber nichts voneinander wissen sollen. In diesem Fall versenden Sie die Kopien als »Blindkopie« oder »Bcc«. Das heißt, der Adressat findet in der E-Mail nur seine E-Mail-Adresse und die des Absenders, aber nicht die der anderen Empfänger.

Hierzu gehen Sie wie folgt vor:

1. Wählen Sie den Empfänger aus und verfassen Sie die E-Mail. Tippen Sie vor dem Versenden zunächst auf die Zeile *Kopie/Blindkopie, Von*.

2. Geben Sie nun in das Feld *Blindkopie* alle anderen Empfänger ein. Oder wählen Sie diese über den Plus-Schalter rechts aus der *Kontakte*-App aus.
3. Haben Sie alle Empfänger hinzugefügt, tippen Sie auf *Senden*.

E-Mails formatieren

Wollen Sie mit *Mail* eine ansprechend gestaltete Einladung versenden oder einen formvollendeten Brief, können Sie Ihre E-Mail entsprechend formatieren:

1. Erstellen Sie eine neue E-Mail über das Symbol rechts oben. Geben Sie den oder die Empfänger und den Betreff ein.
2. Alle Formatierungsmöglichkeiten finden Sie, wenn Sie links oben auf der Bildschirmtastatur auf die zwei kleinen Buchstaben tippen.
3. Sie können unter anderem folgende Formatierungen vornehmen: fett, kursiv, unterstrichen, durchgestrichen, Standardschriftart und -größe, Schriftfarbe, Listen, Textausrichtung, Einrückungen.

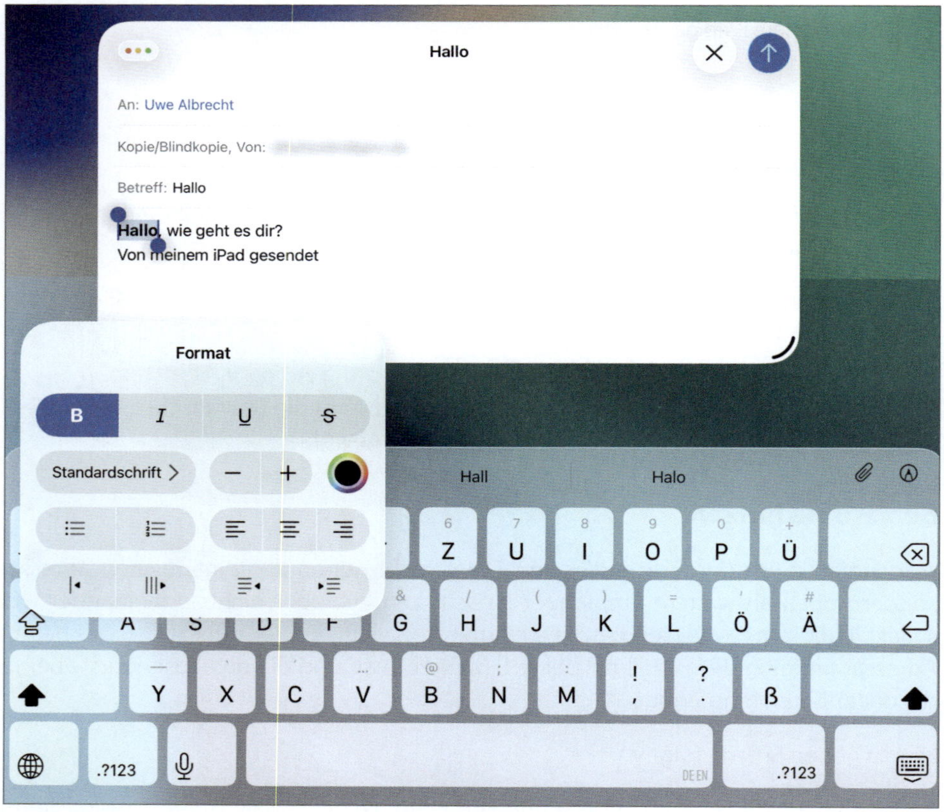

Zu weiteren E-Mail-Entwürfen wechseln

E-Mails, die Sie bearbeitet und gespeichert, aber noch nicht versandt haben, sind normalerweise im Postfach *Entwürfe* des verwendeten E-Mail-Kontos zu finden. Möchten Sie schnell zu einem dieser Entwürfe wechseln, genügt ein längerer Fingertipp auf das Symbol *Neue E-Mail* und die Liste *Vorherige Entwürfe* wird angezeigt. Wählen Sie den gewünschten Entwurf aus und bearbeiten Sie ihn.

E-Mail nur teilweise zitieren

Beantworten Sie eine E-Mail, dann ist es nicht immer erforderlich, diese im Ganzen zu zitieren. Der besseren Übersichtlichkeit wegen beschränken Sie sich auf die relevanten Textpassagen:

1. Öffnen Sie die E-Mail und tippen Sie auf die gewünschte Textpassage, bis das Kontextmenü erscheint.
2. Ziehen Sie den linken und rechten Textbegrenzer an die gewünschte Stelle, bis die Textpassage markiert ist.
3. Tippen Sie als Nächstes zweimal hintereinander in der Symbolleiste auf das Symbol *Beantworten* (links geschwungener Pfeil). Anschließend wird als Antwort eine neue E-Mail erstellt, die den markierten Text als Zitat enthält. Geben Sie Ihren eigenen E-Mail-Text ein und tippen Sie auf *Senden*.

E-Mail intelligent beantworten

Ist Apple Intelligence mit Ihrem iPad kompatibel und aktiviert, können Sie bei bestimmten E-Mails passende vorgefertigte Antworten auswählen und diese versenden.

1. Wählen Sie die E-Mail aus und tippen Sie auf den Linkspfeil, um die E-Mail zu beantworten.
2. Oberhalb der Bildschirmtastatur erscheinen nun in der Mitte unter Umständen dazu passende Antworten, die Sie per Fingertipp auswählen.
3. Diese Antworten werden in die E-Mail eingefügt. Überprüfen Sie sie und ergänzen Sie ggf. die Anrede und die Grußformel, bevor Sie die Antwort versenden.

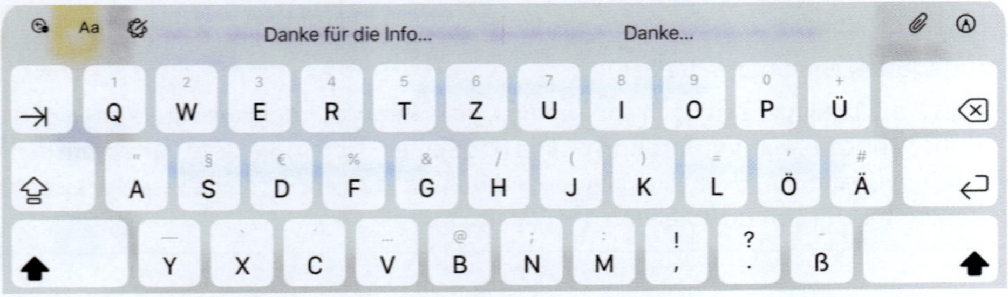

Längere E-Mails zusammenfassen

Nicht immer haben Sie die Zeit, lange E-Mails gleich vollständig zu lesen. In diesem Fall kann Ihnen auch Apple Intelligence helfen. Wenn Sie eine E-Mail mit einem umfangreicheren Textanteil erhalten, tippen Sie rechts oben auf den farbigen Eintrag *Zusammenfassen*. Die Zusammenfassung des E-Mail-Textes wird Ihnen dann oben vor der Original-E-Mail angezeigt.

E-Mails kategorisieren

Die Flut an E-Mails, die tagtäglich ins Postfach flattern, wird immer umfangreicher. Hier den Überblick zu behalten und das Wichtige von Unwichtigem zu trennen, kann eine große Herausforderung sein und benötigt viel Zeit. Hier kann Ihnen die künstliche Intelligenz auf dem iPad, Apple Intelligence, einige Arbeit abnehmen. Ist sie auf Ihrem iPad verfügbar und aktiviert, ist die Vorgehensweise die folgende:

1. Starten Sie die *Mail*-App, erscheint oben in der zweiten Spalte ein Hinweis, ob Sie die Kategorien überhaupt nutzen wollen. Bestätigen Sie dies.
2. Anschließend erscheinen ebenfalls oben in der zweiten Spalte fünf verschiedenfarbige Kategorien: *Wichtiges*, *Transaktionen*, *Neuigkeiten*, *Werbung* sowie *Alle E-Mails*.
3. Tippen Sie auf die einzelnen Kategorien, werden in der Regel die passenden E-Mails aufgelistet. Apple Intelligence leistet diesbezüglich meist gute Arbeit.
4. Dennoch kann es vorkommen, dass die Einordnung nicht stimmt. In diesem Fall können Sie etwas nachhelfen. Wischen Sie auf der E-Mail von rechts nach links, bis das Symbol *Mehr* erscheint.
5. Tippen Sie darauf und wählen Sie dann den Eintrag *Absender:in kategorisieren*. Dort wählen Sie die Ihrer Ansicht nach korrekte Kategorie. Apple Intelligence ist lernfähig und wird diese Einordnung mit der Zeit richtig vornehmen.

Kategorien wieder abschalten

Falls Sie sich mit der Zeit doch entscheiden, die Kategorisierung von Apple Intelligence nicht zu nutzen, können Sie diese wieder abschalten. Tippen Sie dazu ganz oben in der zweiten Spalte auf *Mehr* (drei kleine Punkte) und wählen Sie stattdessen wieder die herkömmliche Listendarstellung der E-Mails.

E-Mails suchen

Wollen Sie in *Mail* Ihre E-Mails durchsuchen, vermissen Sie unter Umständen ein Suchfeld, in das Sie die Suchbegriffe eingeben. Natürlich hat Apple das nicht vergessen, es ist nur etwas versteckt. Zur Suche gehen Sie auf die folgende Weise vor:

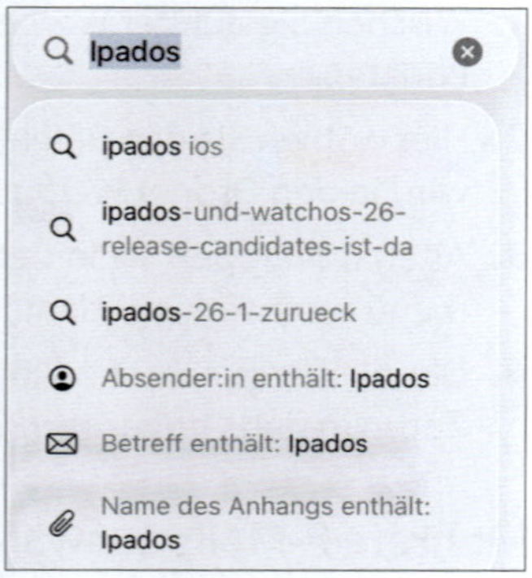

1. Nach dem Start von *Mail* wählen Sie zunächst das gewünschte Postfach aus.
2. Tippen Sie dann auf das Suchfeld rechts oben (Lupe) und geben Sie den oder die Suchbegriffe ein.
3. Bereits während der Eingabe werden die Suchergebnisse farblich unterlegt angezeigt. Soll die Suche genauer sein, wählen Sie einen zusätzlichen Suchbegriff aus wie *Absender*, *Betreff*, *Name des Anhangs*. Links oben tippen Sie auf *Alle Postfächer*, um in allen Postfächern zu suchen, oder auf *Aktuelles Postfach*, um nur im gewählten Postfach eine Suche durchzuführen.

E-Mails verschieben

Ab und zu kann es erforderlich sein, E-Mails von einem Postfach in ein anderes zu bewegen, etwa weil Sie eine E-Mail aus Versehen gelöscht haben und diese wieder zurück in das alte Postfach gelegt werden soll. Zum Verschieben von E-Mails gehen Sie in der App *Mail* auf diese Art und Weise vor:

1. Wählen Sie die E-Mail aus und tippen Sie so lange darauf, bis sie sich von der Liste löst.
2. Nun ziehen Sie diese E-Mail in das gewünschte Postfach.
3. Eine weitere Möglichkeit eröffnet sich, wenn Sie etwas länger auf die E-Mail tippen und damit deren Kontextmenü öffnen. Hier können Sie über die Option *E-Mail bewegen* die E-Mail verschieben.
4. Alternativ wischen Sie in der E-Mail-Liste auf der besagten E-Mail langsam von rechts nach links und tippen dann auf die drei Punkte.
5. Hier wählen Sie den Befehl *E-Mail bewegen* und anschließend den Zielordner. Umgehend wird die E-Mail in den Zielordner verschoben.
6. Natürlich ist es auch möglich, zwei Fenster der *Mail*-App anzuzeigen und die E-Mail von einem Postfach in das andere zu verschieben.

E-Mails als Werbung kennzeichnen

Die *Mail*-App besitzt einen eingebauten und lernfähigen Spamfilter zum Erkennen von Werbe-E-Mails. Sie können diesem »beibringen«, zunächst nicht erkannte Werbe-E-Mails später ins entsprechende Postfach einzusortieren:

1. Wischen Sie auf der Werbe-E-Mail von rechts nach links und tippen Sie auf *Mehr* (drei Punkte).
2. Hier wählen Sie den Befehl *Markieren* und anschließend *In „Spam" bewegen*. Die E-Mail wird in den Ordner *Werbung* des jeweiligen Postfachs verschoben.
3. Alternativ tippen Sie in der E-Mail-Liste etwas länger auf die E-Mail, bis deren Kontextmenü erscheint, aus dem Sie die Befehle *Markieren* und *In „Spam" bewegen* wählen.
4. Die *Mail*-App achtet zukünftig auf ähnliche E-Mails und ordnet diese dann ohne Ihr Zutun in den Ordner *Werbung* ein.

Mehrere E-Mails auswählen

Wollen Sie E-Mails auswählen, um sie weiterzubearbeiten, gibt es dazu verschiedene Wege.

- Um mehrere E-Mails auszuwählen, tippen Sie rechts oben an der E-Mail-Liste des entsprechenden Postfachs auf *Mehr* (drei Punkte) und dann auf *Auswählen*. Nun können Sie per Fingertipp die E-Mails auswählen.
- Bei einzelnen E-Mails wischen Sie auf der E-Mail-Liste von rechts nach links, tippen auf die drei kleinen Punkte und wählen den gewünschten Befehl aus. Zum *Markieren* tippen Sie auf den entsprechenden Befehl.
- Alternativ tippen Sie in der E-Mail-Liste etwas länger auf die E-Mail, bis deren Kontextmenü erscheint. Wählen Sie anschließend den gewünschten Befehl aus.

Mehrere E-Mails mit einer Geste auswählen

Um mehrere E-Mails noch schneller auszuwählen, als im vorherigen Tipp beschrieben, können Sie bei iPadOS auch eine Geste einsetzen.

1. Starten Sie die App *Mail* und wählen Sie das gewünschte Postfach aus.
2. Nun wischen Sie auf den E-Mails – langsam – mit zwei Fingern von oben nach unten. Auf diese Weise können Sie E-Mails auswählen, die hintereinander aufgelistet sind. Diese werden dann blau hervorgehoben und markiert.
3. Wollen Sie E-Mails auslassen, heben Sie die zwei Finger über diesen E-Mails kurz an.
4. Nachdem Sie die E-Mails markiert haben, können Sie verfahren wie oben beschrieben und die E-Mails entsprechend weiterverarbeiten.

E-Mails als wichtig kennzeichnen

Bei den vielen E-Mails, die tagtäglich eintreffen, ist es nicht immer einfach, den Überblick zu bewahren. Daher ist es praktisch, dass Sie besonders wichtige E-Mails entsprechend kennzeichnen.

Bei *Mail* ist das auf die folgende Weise möglich:

1. Wischen Sie in der E-Mail-Liste auf der E-Mail von rechts nach links und tippen Sie dann auf das Fahnensymbol. Die E-Mail wird durch eine orange unterlegte Fahne farblich markiert.
2. Alle auf diese Weise markierten E-Mails sind anschließend im Postfach *Markiert* zu finden.

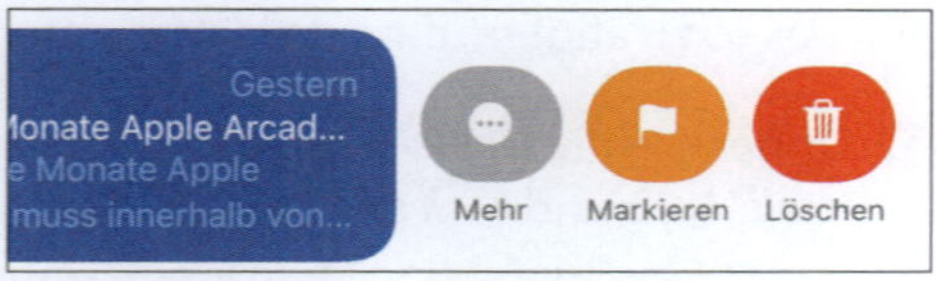

E-Mail-Absender als VIP markieren

Möchten Sie E-Mails bestimmter Absender immer im Blick haben, weisen Sie diesen einen besonderen Status, den VIP-Status, zu.

1. Wählen Sie eine E-Mail des Absenders aus. Tippen Sie etwas länger auf die E-Mail-Adresse.
2. Nun erscheint ein Fenster, in dem Sie nach unten blättern und dort auf *Kontaktkarte anzeigen* gehen.
3. Tippen Sie dort auf den Befehl *Zu VIP hinzufügen*. Anschließend wird – sofern noch nicht geschehen – ein VIP-Postfach angelegt, in dem Sie auf die E-Mails aller VIP-Adressen zugreifen können.
4. Zudem wird der E-Mail-Adresse künftig ein gelber VIP-Stern vorangestellt.

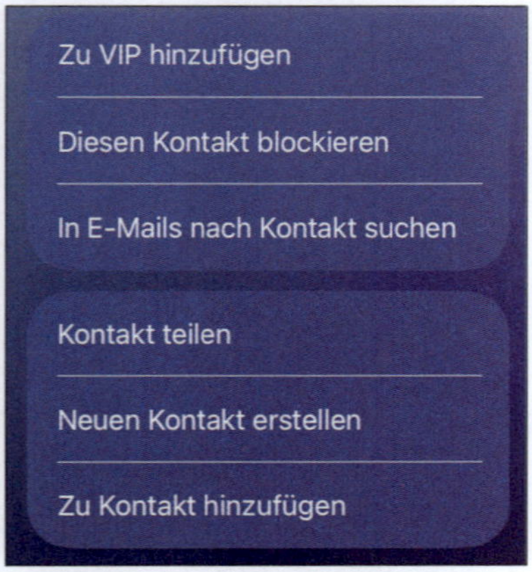

E-Mail löschen oder archivieren?

Bevor Sie eine E-Mail löschen, haben Sie die Möglichkeit, sie stattdessen zu archivieren.

1. Wählen Sie die E-Mail aus und tippen Sie rechts oben im Fenster etwas länger auf das Papierkorbsymbol.
2. Im folgenden Menü wählen Sie den Befehl *E-Mail archivieren*. Archivierte E-Mails finden Sie später im Unterordner *Archiv* des jeweiligen E-Mail-Kontos.

Konversation schnell anzeigen

Um eine gesamte Konversation anzuzeigen, tippen Sie rechts oben in der E-Mail auf den blauen Pfeil. Umgehend wird die Konversation unterhalb dieser E-Mail eingeblendet und Sie können sie noch einmal nachvollziehen.

Konversationen mit der neuesten Nachricht oben anzeigen

Lassen Sie in der *Mail*-App eine Konversation anzeigen, findet sich normalerweise die aktuelle E-Mail immer unten.

Um das so zu ändern, dass sie künftig oben angezeigt wird, gehen Sie wie folgt vor:

1. Öffnen Sie die *Einstellungen* und wählen Sie in der linken Spalte nacheinander die Einträge *Apps* und *Mail* aus.
2. Um die aktuelle E-Mail einer Konversation oben anzuzeigen, aktivieren Sie in der Kategorie *Konversationen* die Einstellung *Neueste Nachricht ganz oben*.

Vollständige Konversationen auflisten

Wollen Sie in der App *Mail* die vollständige Konversation mit einem Empfänger anzeigen lassen, ist auch das möglich:

1. Öffnen Sie die *Einstellungen* und wählen Sie links die Einträge *Apps* sowie *Mail*.
2. In der rechten Spalte schalten Sie in der Kategorie *Konversationen* die Optionen *Nach Konversation* sowie *Vollständige Konversationen* ein. Dann werden in der Konversation auch E-Mails angezeigt, die ggf. in einen anderen Ordner verschoben wurden.

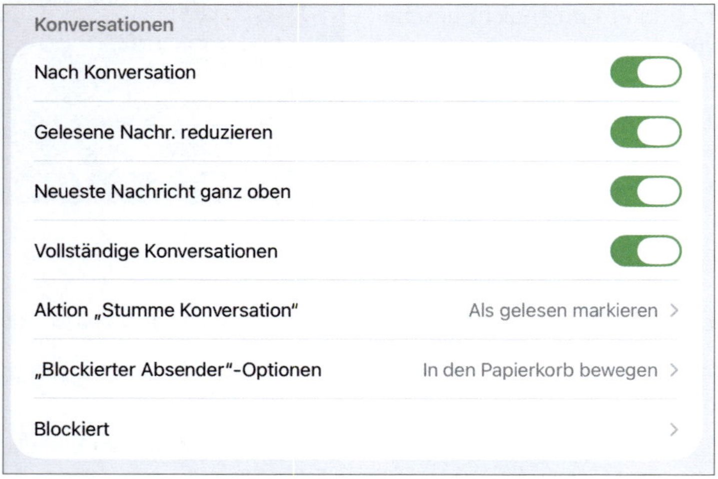

> **Gesprächsverlauf einer Konversation zeigen**
> Wenn Sie auf die aktuelle E-Mail einer Konversation tippen, werden die dazugehörigen E-Mails darunter aufgelistet. Um diese auch zu lesen, blättern Sie einfach nach unten und tippen auf die entsprechende E-Mail.

E-Mails filtern und sortieren

Sie können die E-Mails in Ihren Postfächern sortieren oder filtern – nach unterschiedlichen Kriterien wie etwa *Ungelesen*, *Markiert* oder auch *Nur E-Mails mit Anhängen*:

1. Wählen Sie mit einem Fingertipp das gewünschte Postfach aus oder gleich das Postfach *Alle*.
2. Oben an der E-Mail-Liste finden Sie ein kleines Symbol mit drei Strichen. Tippen Sie darauf. Nun werden die E-Mails nach dem gewählten Kriterium sortiert – dies ist normalerweise *Ungelesen*.
3. Um die E-Mails auf andere Weise zu sortieren oder zu filtern, tippen Sie links oben auf *Gefiltert* und wählen im Menü einen anderen oder mehrere Filter aus, etwa *Markiert*, *Adressiert an* oder *Nur E-Mails mit Anhängen*, *Nur von VIP* oder *Nur heute gesendete E-Mails*.

Abbildungen nicht automatisch laden

Enthält eine E-Mail zahlreiche Abbildungen, meist ist das ohnehin nur Werbung, dauert die Ladezeit entsprechend länger und es besteht auch die Gefahr, Datenmüll oder Malware auf das iPad zu laden. Daher lässt sich deren Anzeige in E-Mails – und damit auch der Download – sicher gestalten oder ganz unterbinden.

1. Öffnen Sie die *Einstellungen* und wählen Sie nacheinander die Einträge *Apps* sowie *Mail*.
2. In der rechten Spalte wählen Sie den Eintrag *Datenschutz*. Dort aktivieren Sie die Funktion *Mail-Aktivität schützen*. Damit werden »Ferninhalte« im Hintergrund sicher geladen.

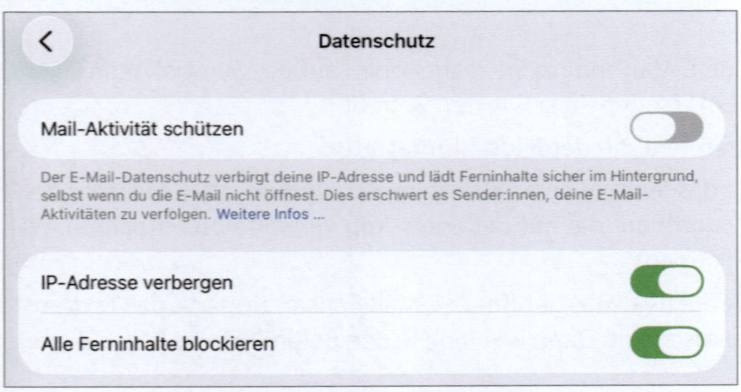

3. Möchten Sie den Download ganz unterbinden, schalten Sie die Funktion *Datenschutz* zunächst ab und aktivieren dann die Option *Alle Ferninhalte blockieren*.
4. Um die Abbildungen dennoch zu laden, tippen Sie nach Empfang der E-Mail oben auf den Eintrag *Alle Bilder laden*.

Dokument oder Foto scannen und gleich versenden

Sofern Sie jemandem ein vorliegendes Dokument oder Foto zukommen lassen möchten, das leider nur in Papierform vorliegt, unterstützt Sie *Mail* auch hierbei, indem Sie es scannen können:

1. Erstellen Sie über das bekannte Symbol oben rechts eine neue E-Mail.
2. Geben Sie zunächst Empfänger und Betreff an und verfassen Sie den Text.
3. Tippen Sie oben an der Bildschirmtastatur auf das zweite Symbol von rechts (Büroklammer).
4. Tippen Sie auf *Dokument scannen* und scannen Sie mit der Kamera Ihres iPad das Dokument oder das Foto ein und versenden Sie es.
5. Möchten Sie gleich den Text auf einem Foto oder in einem Dokument erkennen lassen und diesen dann über die Zwischenablage in ein anderes Dokument übernehmen, wählen Sie die Option *Text scannen*.
6. Folgen Sie bei beiden Schritten jeweils den Anweisungen der *Fotos*-App.

Foto oder Video versenden

Mit Ihrem iPad lassen sich Fotos und Videos verschicken – direkt über *Mail* oder aus anderen Apps heraus.

1. Erstellen Sie eine neue E-Mail, indem Sie rechts oben auf das Symbol *Neue E-Mail* tippen. Geben Sie den Empfänger ein sowie den Betreff.
2. Verfassen Sie nun Ihren Text mit der Bildschirmtastatur.
3. Tippen Sie rechts auf das Symbol einer Büroklammer. Dort erhalten Sie über den Eintrag *Fotomediathek* Zugriff auf die mit der *Fotos*-App verwalteten Fotoalben. Wählen Sie das gewünschte Foto aus.
4. Alternativ können Sie auch auf das geöffnete E-Mail-Fenster tippen – das Textfenster –, bis das Kontextmenü erscheint. Dann wählen Sie den Befehl *Foto od. Video einfügen*.

5. Das Foto wird als Vorschau angezeigt. Um es in die E-Mail zu übernehmen, tippen Sie auf *Verwenden*. Anschließend verschicken Sie es über einen Fingertipp auf *Senden*.

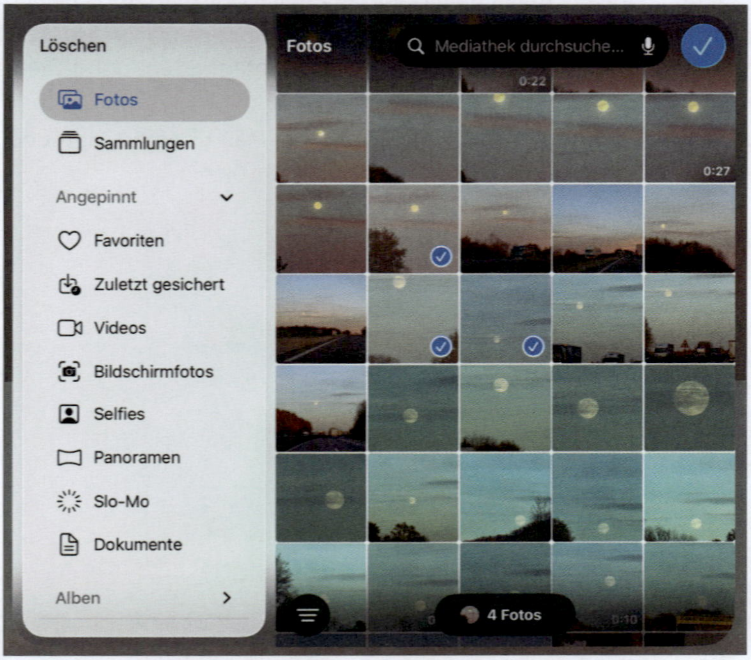

Dateigröße vor dem Versenden reduzieren

Fotos (und Videos) sind oftmals zu groß zum Versenden per E-Mail. In diesem Fall können Sie die Bildgröße selbst verringern.

1. Erstellen Sie eine E-Mail und fügen Sie, wie im vorherigen Tipp beschrieben, die Fotos hinzu.
2. Tippen Sie rechts oben in der Zeile für den Empfänger auf *Bilder: xxx KB*.
3. Nun können Sie die Bildgröße bestimmen – von *Klein* bis *Originalgröße*. Tippen Sie auf die für Sie passende Bildgröße. Anschließend können Sie die Fotos versenden.

Weitere Dateien versenden

Selbstverständlich können Sie mit *Mail* auch andere Dateien, etwa Text-, Tabellenkalkulations- oder PDF-Dokumente, verschicken. Hierbei ist die Vorgehensweise eine etwas andere:

1. Erstellen Sie eine neue E-Mail, indem Sie rechts oben auf das Symbol *Neue E-Mail* tippen. Geben Sie den Empfänger ein sowie den Betreff.

2. Verfassen Sie nun den Text mit der Bildschirmtastatur. Auf dieser befindet sich rechts das Symbol einer Büroklammer.
3. Tippen Sie darauf und dann auf den Befehl *Datei anhängen*. Nun wird die *Dateien*-App geöffnet. Dort wählen Sie über *Verlauf* eine Datei aus oder tippen auf *Durchsuchen*, um sie in den unterschiedlichen Ordnern oder auch bei den integrierten Cloud-Diensten zu suchen.
4. Tippen Sie auf das Dateisymbol, wird die Datei in die E-Mail übernommen und Sie können die E-Mail über einen Fingertipp auf *Senden* verschicken.

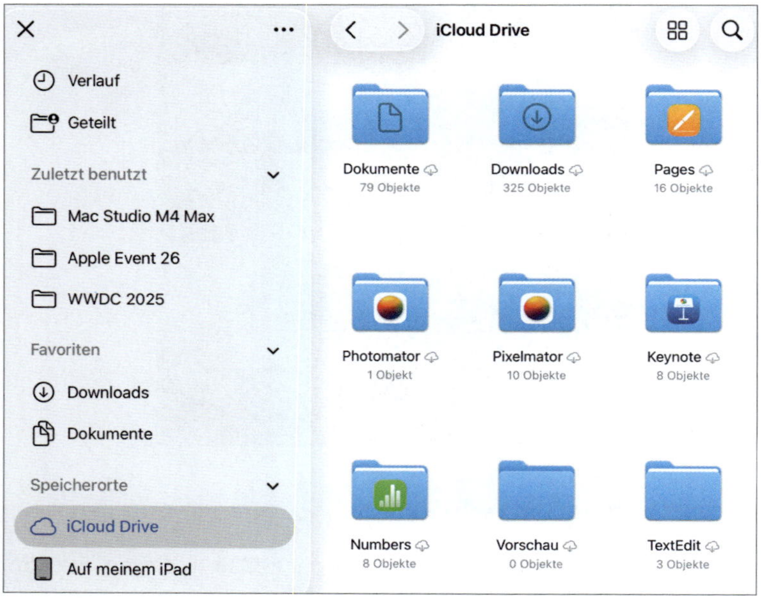

Dateianhang betrachten und weitergeben

Haben Sie eine E-Mail mit einem Dateianhang erhalten, können Sie diesen nicht nur auf dem iPad betrachten, sondern auch sichern und ablegen sowie – eine kompatible App vorausgesetzt – weiterbearbeiten.

1. Möchten Sie den Anhang – etwa eine PDF-Datei – betrachten, tippen Sie, sofern die Datei noch nicht heruntergeladen wurde, ggf. doppelt auf das Symbol *Zum Laden tippen*. Warten Sie dann, bis das Dokument geladen ist.
2. Zum Anzeigen tippen Sie auf das in der E-Mail eingebettete Symbol.
3. Soll der Anhang mit einer anderen App angezeigt oder bearbeitet werden, tippen Sie etwas länger auf das Symbol, bis das Kontextmenü der Datei erscheint.
4. Tippen Sie im Kontextmenü auf das *Teilen*-Symbol und wählen Sie die gewünschte App aus, mit der die Datei geöffnet werden soll.

Dateianhang per Ziehen und Ablegen sichern

Möchten Sie den erhaltenen Dateianhang sichern und aufbewahren, kopieren Sie ihn auf Ihr iPad oder auf iCloud Drive.

1. Starten Sie die App *Mail*, öffnen Sie die E-Mail mit dem Anhang und warten Sie ggf., bis der Anhang vollständig geladen ist.
2. Starten Sie parallel die *Dateien*-App, indem Sie auf deren Symbol im Dock oder auf dem Home-Bildschirm tippen. Die *Dateien*-App wird neben der *Mail*-App angezeigt – sofern Sie den Modus *Apps als Fenster* aktiviert haben (siehe Kapitel 2.5).
3. Ziehen Sie den Anhang von der geöffneten E-Mail auf den passenden Ordner der *Dateien*-App.

Dateianhang markieren und beschriften

Ein Dateianhang, der Ihnen zugesandt wurde, z. B. ein Foto oder ein PDF-Dokument, kann in *Mail* auch markiert und beschriftet werden. Hierfür sind der Apple Pencil sowie ein kompatibles iPad erforderlich.

1. Tippen Sie etwas länger auf das Symbol des Dateianhangs, um dessen Voransicht sowie Kontextmenü zu öffnen. Dort tippen Sie auf *Markieren und Antworten* (Bleistiftsymbol).
2. Die Datei wird im Bearbeiten-Modus geöffnet. Zum Markieren tippen Sie auf das entsprechende Zeichenwerkzeug sowie auf die Farbe und nehmen die gewünschten Markierungen vor. Dies können auch handschriftliche Kommentare sein.
3. Soll ein Textkommentar hinzugefügt werden, tippen Sie rechts auf das Plus-Symbol und wählen dort *Text* aus.
4. Über das Pfeilsymbol weisen Sie auf Textstellen hin. Über *Unterschrift* können Sie bei Bedarf sogar ein Dokument unterschreiben.
5. Mit *Fertig* schließen Sie das Dokument. Über das Teilen-Feld können Sie den Dateianhang speichern oder an eine andere App weitergeben.

Archivdatei betrachten

Viele Dateianhänge werden – um Zeit und Datenvolumen zu sparen – als komprimiertes ZIP-Archiv versandt. Erhalten Sie eine derartige Datei, können Sie diese auch am iPad öffnen und ggf. weitergeben.

1. Öffnen Sie die E-Mail und warten Sie, bis der Anhang vollständig geladen wurde, oder tippen Sie auf den Eintrag *Zum Laden tippen*, um das ZIP-Archiv zu laden.
2. Tippen Sie auf das Symbol des ZIP-Archivs, wird dessen Größe angezeigt und wie viele Dateien enthalten sind.

3. Über einen Fingertipp auf *Inhaltsvorschau* öffnen Sie das ZIP-Archiv. Es wird die erste darin befindliche Datei angezeigt.
4. Über das Teilen-Feld lassen sich alle Dateien des ZIP-Archivs sichern oder an andere Apps weitergeben. Tippen Sie dazu auf die entsprechenden Symbole.

Mailing-Listen abbestellen

Mit der Zeit verstopfen unter Umständen die zahlreichen E-Mails der von Ihnen abonnierten Mailing-Listen Ihr Postfach. Um die nicht mehr erwünschten Abonnements von Mailing-Listen abzumelden, müssten Sie normalerweise die dazugehörige Webseite besuchen sowie unter Umständen einige Fragen beantworten, weshalb Sie das Abonnement beenden möchten.

Doch es geht auch schneller:

1. Wählen Sie die entsprechende E-Mail einer Mailing-Liste im Postfach aus und öffnen Sie diese.
2. Oberhalb der E-Mail finden Sie den Eintrag *Diese E-Mail ist von einer Mailing-Liste* und daneben *Abo beenden*.
3. Zum Abmelden tippen Sie auf *Abo beenden* und bestätigen anschließend die Sicherheitsfrage.

4.4 Nachrichten

Die *Nachrichten*-App dient dazu, mit anderen Mac- oder iPhone-/iPad-Anwendern schnell und kostenlos (Kurz-)Nachrichten über eine Datenverbindung (WLAN oder Mobilfunk) auszutauschen. Wie Sie diese Funktionen nutzen und alles aus der *Nachrichten*-App herausholen, erfahren Sie auf den folgenden Seiten.

Bitte beachten Sie, dass Sie mit der *Nachrichten*-App keine Kurznachrichten an Smartphones oder Tablets versenden können, die unter Android laufen. In dem Fall werden diese immer als SMS oder MMS versandt! Je nachdem, ob Ihr Mobilfunk-Provider dies unterstützt, ist das auch im neuen RCS-Format (**R**ich **C**ommunication **S**ervices) möglich. Um SMS, MMS oder RCS-Nachrichten zu versenden, müssen Sie zudem über ein iPad Wi-Fi + Cellular oder neben einem iPad Wi-Fi über ein kompatibles iPhone verfügen, das sich im gleichen WLAN-Netz befindet und auf dem Sie mit dem gleichen Apple Account angemeldet sind.

RCS-Nachrichten versenden

Wenn Sie RCS-Nachrichten mit Ihrem iPad versenden möchten, müssen die folgenden Bedingungen erfüllt sein.

1. Stellen Sie sicher, dass Sie ein iPad Wi-Fi + Cellular haben oder ein iPad Wi-Fi in Verbindung mit einem iPhone nutzen, das sich im gleichen WLAN-Netzwerk befindet und auf dem Sie mit dem gleichen Apple Account angemeldet sind.
2. Informieren Sie sich, ob Ihr Mobilfunkanbieter RCS unterstützt. Diese Information erhalten Sie bei Ihrem Anbieter.
3. Schalten Sie die entsprechende Funktion ein. Dies geschieht in den *Einstellungen/Apps/Nachrichten*, bei einem iPad Wi-Fi aber auf Ihrem iPhone. Dort tippen Sie auf *RCS-Nachrichten* und aktivieren die entsprechende Funktion.
4. Sofern die Voraussetzungen erfüllt sind, können Sie die *Nachrichten*-App auf Ihrem iPad verwenden, um Nachrichten zu versenden. Diese werden aber nur dann über das RCS-Protokoll gesendet, wenn der Empfänger ebenfalls RCS unterstützt.

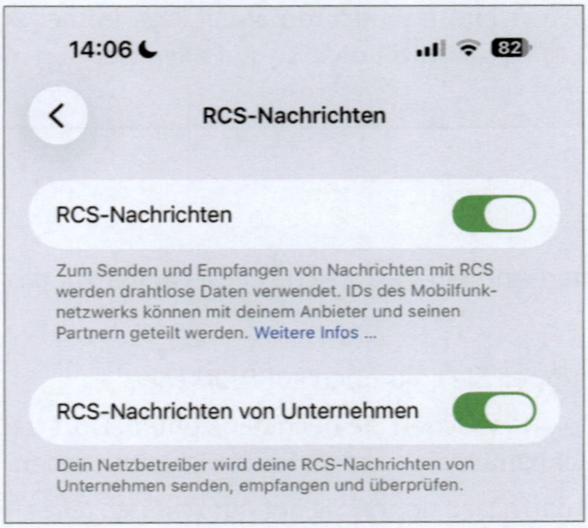

iMessage aktivieren

Um Nachrichten zwischen Apple-Geräten wie Mac, iPad und iPhone austauschen zu können, müssen Sie die Funktion *iMessage* aktivieren. Ist iMessage nicht aktiviert, werden die Nachrichten immer als – kostenpflichtige – SMS oder MMS versandt – sofern die oben erwähnten Voraussetzungen zutreffen.

iMessage schalten Sie so ein:

1. Öffnen Sie die *Einstellungen* und tippen Sie dort in der linken Spalte nacheinander auf *Apps* und dann auf *Nachrichten*.

2. Schalten Sie in der rechten Spalte *iMessage* ein. Als Adresse dient – sofern vorhanden – die Mobilfunknummer oder Ihre für den Apple Account angegebene E-Mail-Adresse.
3. Das Versenden von Nachrichten über iMessage selbst ist kostenlos, allerdings benötigen Sie einen Internetzugang über WLAN oder unterwegs über das Mobilfunknetz, der meist kostenpflichtig ist.

> **Nachrichten in iCloud**
>
> Nutzen Sie mehrere Geräte von Apple, etwa einen Mac, ein iPhone und iPad, dann werden die Nachrichtenverläufe zwischen diesen Geräten automatisch über iCloud abgeglichen. Damit bleiben Sie, auch was Ihre Nachrichten anbelangt, immer auf dem aktuellen Stand. Die Voraussetzung ist natürlich, dass Sie auf allen Geräten mit dem gleichen Apple Account angemeldet sind.

Persönliches Profil aktivieren

Auf Wunsch können Sie in der *Nachrichten*-App ein persönliches Profil erstellen, das Sie mit Ihren Kontakten teilen können:

1. Starten Sie die *Nachrichten*-App und tippen Sie links oben auf *Bearbeiten*.
2. Wählen Sie den Befehl *Name und Foto* und wischen Sie nach ganz unten. Dort tragen Sie zunächst Ihren Vornamen und Nachnamen ein – sofern noch nicht vorhanden.
3. Geben Sie an, wer dieses Profil sehen darf. Dazu tippen Sie auf *Automatisch teilen*. Hier haben Sie die Wahl zwischen *Nur für Kontakte* oder *Immer fragen*.
4. Bestimmen Sie nun, ob Sie ein *Foto*, ein *Memoji*, ein *Monogramm* oder ein einfaches *Emoji* als Profilbild haben möchten. Haben Sie bereits Memojis erstellt, finden Sie diese dort ebenfalls zur Auswahl.
5. Bei Bedarf können Sie das Memoji bearbeiten und neben dem Profilbild auch ein *Kontaktposter* (eine digitale Visitenkarte) erstellen.
6. Anschließend tippen Sie auf *Wählen*, legen ggf. noch eine Hintergrundfarbe fest und tippen erneut auf *Weiter*.
7. Tippen Sie dann rechts oben auf *Fertig* (kleiner Haken), wird das Profil angelegt.

Hintergründe für Chats ändern

Damit Sie die unterschiedlichen Chat-Partner und -Partnerinnen besser identifizieren können, ist es möglich, jeweils einen anderen Hintergrund für die Chats einzurichten. Dazu gehen Sie auf die folgende Weise vor:

1. Starten Sie die *Nachrichten*-App und wählen Sie die gewünschte Korrespondenz aus.
2. Tippen Sie auf den Namen und anschließend auf das Register *Hintergründe*.
3. Wählen Sie den gewünschten Hintergrund aus. Dies kann ein *Foto* sein, eine *Farbe* oder ein Motiv wie *Himmel*, *Wasser* oder *Polarlicht*.
4. Über *Image Playground* erstellt Apple Intelligence einen individuellen Hintergrund nach Ihren Vorgaben.
5. Passen Sie ggf. noch das Erscheinungsbild des Hintergrunds an und übernehmen Sie diesen über einen Fingertipp auf *Fertig* (Haken).

Wichtige Konversationen oben anheften

Wichtige Konversationen mit bestimmten Adressaten und Absendern können Sie in der *Nachrichten*-App oben anheften:

1. Starten Sie die *Nachrichten*-App und tippen Sie links oben auf *Bearbeiten*.
2. Wählen Sie den Befehl *Stecknadeln bearbeiten* und tippen Sie rechts neben der Konversation auf das gelb unterlegte Stecknadelsymbol.
3. Nach einem Fingertipp auf *Fertig* wird das Symbol der jeweiligen Konversation und damit das Symbol des Adressaten und Absenders oben in der *Nachrichten*-App angezeigt.
4. Um auf die jeweilige Konversation zuzugreifen, tippen Sie auf das Symbol. Die entsprechenden Einstellungen werden über iCloud mit Ihren anderen Geräten abgeglichen.
5. Auf die beschriebene Weise lassen sich oben bis zu neun Konversationen anheften.

Gesamte Konversationen löschen

Sicherlich wollen Sie nicht alle Ihre Konversationen auf ewig behalten. Bei Bedarf können Sie sie selbstverständlich löschen:

1. Wechseln Sie – falls erforderlich – in die Nachrichten-Liste, um einen Überblick über alle Konversationen zu erhalten.
2. Wischen Sie in der zu löschenden Konversation von rechts nach links. Es erscheint ein rot unterlegtes Papierkorbsymbol zum *Löschen*.
3. Tippen Sie auf *Löschen*, wird die Konversation umgehend entfernt, und zwar auf allen Ihren Geräten, auf denen Sie mit Ihrem Apple Account angemeldet sind.

Nur einzelne Nachrichten löschen

Einzelne Nachrichten können Sie ebenfalls löschen, auch wenn dies auf den ersten Blick nicht möglich scheint:

1. Drücken Sie so lange auf die Nachricht, die Sie löschen wollen, bis deren Kontextmenü erscheint.
2. Dort tippen Sie auf *Mehr*. Nun taucht links an den Nachrichten ein Kreis zum Abhaken auf, sodass Sie einzelne Nachrichten zum Löschen markieren können.
3. Haben Sie die gewünschten Nachrichten markiert, tippen Sie links unten auf das Papierkorbsymbol, um sie zu löschen.
4. Bitte beachten Sie, dass diese Nachrichten auf Ihren Geräten sowie in iCloud gelöscht werden, aber nicht beim jeweiligen Empfänger.
5. Nachrichten, die Sie versehentlich versandt haben, können auf diese Weise aber nicht »zurückgeholt« oder entfernt werden. Dazu beachten Sie bitte den Tipp »Nachrichten zurückholen« weiter unten.

Nachrichten zusammenfassen lassen
Neue Nachrichten, die etwa in den Mitteilungen erscheinen und auf dem Sperrbildschirm angezeigt werden – sofern Sie dies erlauben –, können von Apple Intelligence kurz zusammengefasst werden. Dazu öffnen Sie die *Einstellungen*, tippen auf *Apps* und wählen die App *Nachrichten* aus. Hier aktivieren Sie die Option *Nachrichten zusammenfassen*.

Nachrichten intelligent beantworten lassen

Einige Nachrichten können Sie mit der Hilfe von Apple Intelligence, sofern dieses von Ihrem iPad unterstützt wird, »intelligent« beantworten lassen.

1. Antworten Sie auf die erhaltene Nachricht. Dazu wird die Bildschirmtastatur eingeblendet.
2. Oberhalb der Bildschirmtastatur erscheinen in der Mitte Vorschläge für Antworten. Wählen Sie den gewünschten Vorschlag aus, prüfen Sie die Antwort und versenden Sie diese über das Pfeilsymbol rechts.

> **Teile von Nachrichten auswählen**
>
> Erhalten Sie eine längere Nachricht, wollen aber nur einen Teil davon kopieren und weiterverarbeiten, gehen Sie auf die folgende Weise vor. Tippen Sie auf die Nachricht, bis das Kontextmenü erscheint. Wählen Sie den Befehl *Auswählen*. Markieren Sie den gewünschten Text der Nachricht und verarbeiten Sie diesen weiter, etwa indem Sie ihn in die Zwischenablage übernehmen und in ein Dokument einfügen.

Nachrichten später senden

Es kann viele Gründe geben, warum man eine Nachricht nicht sofort, sondern erst später versenden möchte, etwa damit ein Geburtstagsgruß oder eine Einladung fristgerecht ankommt. Hierzu gehen Sie auf die folgende Weise vor:

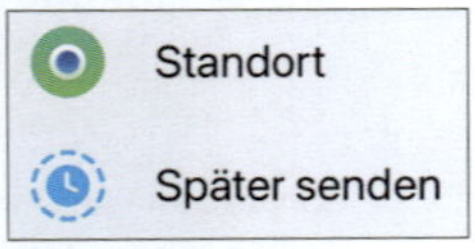

1. Starten Sie die *Nachrichten*-App und verfassen Sie zuerst die Nachricht.
2. Tippen Sie links auf das Plus-Symbol und wählen Sie dann den Eintrag *Später senden*.
3. Nun erscheint oberhalb des Texteingabefeldes eine neue Zeile mit einer voreingestellten Sendezeit. Um diese zu ändern, tippen Sie darauf und wählen dann die gewünschte Zeit aus. Die Nachricht wird genau zu dieser Zeit zugestellt.

Nachrichten zurückholen

Wie bei E-Mails können auch in der *Nachrichten*-App Irrläufer für einige Verwirrung sorgen, etwa wenn Empfänger Nachrichten erhalten, die gar nicht für sie bestimmt sind. Bemerken Sie dies noch rechtzeitig, können Sie solche Nachrichten für einen kurzen Zeitraum zurückholen.

1. Starten Sie die *Nachrichten*-App und verfassen Sie die Nachricht.
2. Senden Sie die Nachricht ab, indem Sie auf den entsprechenden Schalter tippen.

3. Nun wird die Nachricht als versendet angezeigt. Tippen Sie innerhalb von zwei Minuten auf die Nachricht, um deren Kontextmenü anzuzeigen.
4. Wählen Sie dann den Befehl *Senden widerrufen*, wird die Nachricht nicht versandt.

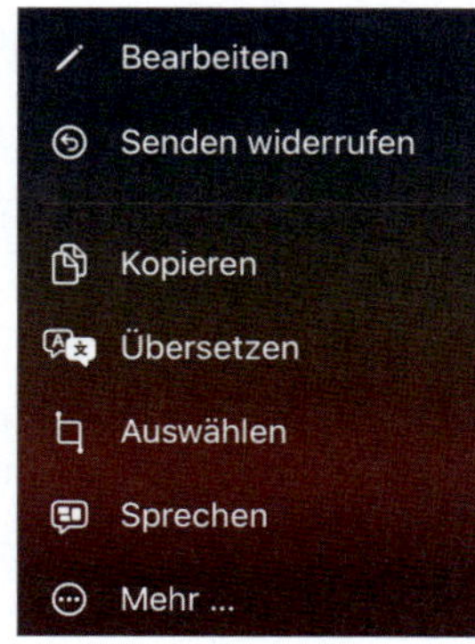

Werbe- und Spam-Nachrichten herausfiltern

Auch in der *Nachrichten*-App sind Sie gegen Werbung und Spam nicht gefeit. Unter iPadOS 26 ist es aber möglich, unbekannte sowie unerwünschte Nachrichten zu identifizieren und herauszufiltern. Diese werden dann im Fall der Fälle in gesonderte Listen verschoben:

1. Öffnen Sie die *Einstellungen* und tippen Sie auf *Apps* sowie auf *Nachrichten*.
2. In der Kategorie *Unbekannte Absender* schalten Sie die folgenden Optionen ein:
   - *Unbekannte Absender überprüfen*
   - *Spam filtern*
3. Sind diese Funktionen aktiviert, werden die Nachrichten unbekannter Absender sowie Spam-Nachrichten in die gleichnamigen Ordner der *Nachrichten*-App verschoben.

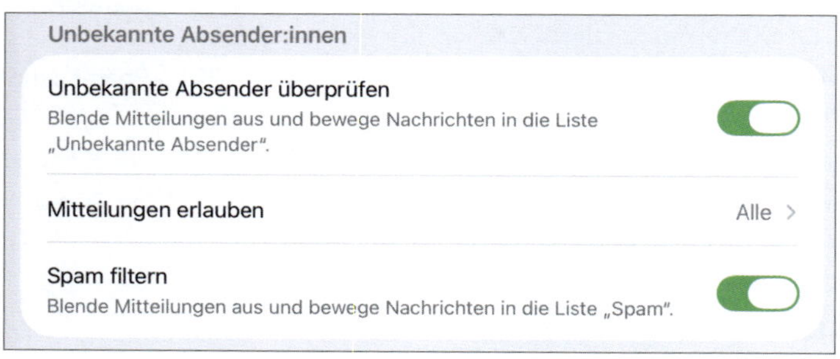

Akustische Hinweise abschalten

In der Regel werden Sie über neu eintreffende Nachrichten sofort akustisch informiert. Sie können dies für einzelne Absender abschalten.

1. Wählen Sie die gewünschte Konversation aus, tippen Sie rechts oben erst auf den Namen des Empfängers.

2. Um die akustischen Hinweise über neue Nachrichten dieses Absenders abzuschalten, aktivieren Sie den Schalter *Hinweise ausblenden*.

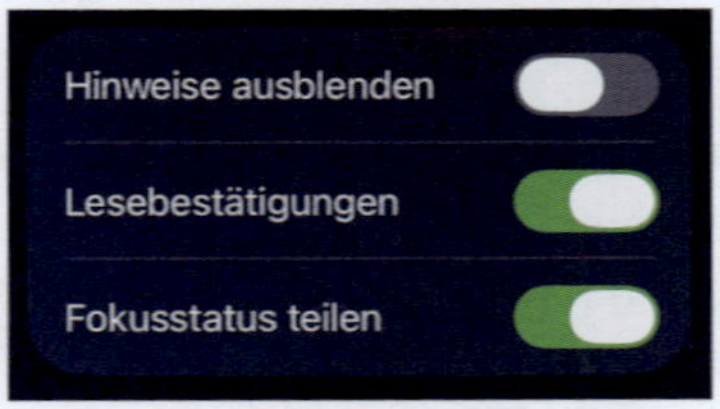

Abbildungen oder Anhänge aus den Nachrichten löschen

Abbildungen, die Sie mit der *Nachrichten*-App versenden oder empfangen, werden nicht automatisch gelöscht, sondern bleiben in der Konversation erhalten. Um diese später zu löschen, gehen Sie so vor:

1. Wählen Sie die gewünschte Konversation aus, tippen Sie oben auf den Namen des Empfängers und tippen Sie dann auf das Register *Fotos*.
2. Dort werden alle Anhänge wie *Fotos*, *Links* sowie *Dokumente* aufgelistet.
3. Um einen Anhang zu löschen, tippen Sie etwas länger darauf, bis eine Voransicht und das Kontextmenü erscheinen. Dort wählen Sie den Befehl *Löschen* und bei der Sicherheitsabfrage *Foto/Anhang löschen*.
4. Alternativ tippen Sie auf *Bearbeiten* und *Auswählen*, um dann mehrere Anhänge oder Fotos zu löschen.

Geteilte Inhalte überall anzeigen

Sie können zudem entscheiden, ob in der *Nachrichten*-App geteilte Inhalte wie Abbildungen und Links auch in der entsprechenden App auf Ihrem iPad, soweit diese vorhanden und kompatibel ist, angezeigt werden. Sie sind dort in der Regel in der Kategorie *Mit dir geteilt* zu sehen.

1. Tippen Sie in den *Einstellungen* nacheinander auf *Apps* sowie *Nachrichten*.
2. Blättern Sie nach unten. Dort schalten Sie in der Kategorie *Mit dir geteilt* die Funktion *Automatisch teilen* ein.

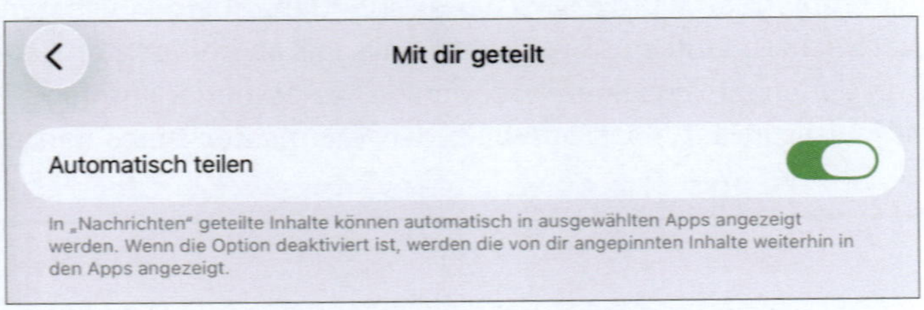

Nachricht auf dem Sperrbildschirm beantworten

Eingehende Nachrichten lassen sich auf dem Sperrbildschirm beantworten. So können Sie schnell auf eine Nachricht reagieren.

1. Tippen Sie etwas fester auf die eingegangene Nachricht. Diese wird angezeigt, und unter der Nachricht erscheint ein kleines Texteingabefeld.
2. Geben Sie in dieses Texteingabefeld Ihre Nachricht ein und versenden Sie sie. In diesem Fall ist es ratsam, dass nur Sie selbst Zugriff auf das iPad haben.
3. Wenn das nicht der Fall ist, schalten Sie in den Einstellungen zur *Nachrichten*-App die Funktion *Mitteilungen erlauben* unter *Mitteilungen* ab. Diese finden Sie nach einem Fingertipp auf *Apps* sowie *Nachrichten*.

Den Fokusstatus teilen

Wenn der Empfänger Ihrer Nachrichten erfahren soll, ob Sie gerade verfügbar sind, arbeiten oder Ihre Ruhe haben wollen, dann wählen Sie die gewünschte Konversation aus und tippen rechts oben erst auf den Namen des Empfängers. Dort aktivieren Sie die Funktion *Fokusstatus teilen*.

Lesebestätigung abschalten

Falls Sie nicht möchten, dass bestimmte Absender nachvollziehen können, ob eine Nachricht von Ihnen gelesen wurde oder nicht, ist auch das möglich.

1. Wählen Sie die gewünschte Konversation aus, tippen Sie oben auf den Namen des Empfängers und blättern Sie im folgenden Fenster nach unten.
2. Schalten Sie die Option *Lesebestätigungen* mit einem Fingertipp ab.

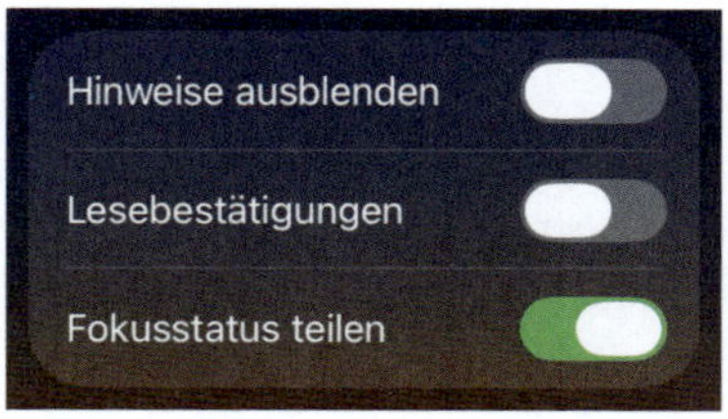

Genaues Nachrichtendatum herausfinden

Auf den ersten Blick ist nicht ersichtlich, an welchem Datum und zu welcher Zeit eine Nachricht versandt oder empfangen wurde. Dies herauszufinden, ist eigentlich ganz leicht. Ziehen Sie die Nachrichten einfach so weit nach links, bis an der rechten Seite die Zeiten erscheinen, an denen die einzelnen Nachrichten verfasst oder empfangen wurden. Das Datum ist jeweils in der Mitte oberhalb der Nachrichten eines ganzen Tages zu finden.

Nachrichten suchen

Die Suche nach Nachrichten in der *Nachrichten*-App gestaltete sich bislang etwas zäh. Waren viele Nachrichten vorhanden, dauerte die Suche oftmals länger. Diese Probleme wurden mit den letzten Updates von iPadOS weitgehend behoben. Zudem erstreckt sich die Suche nun auch auf die Anhänge wie Abbildungen, Links und Dokumente.

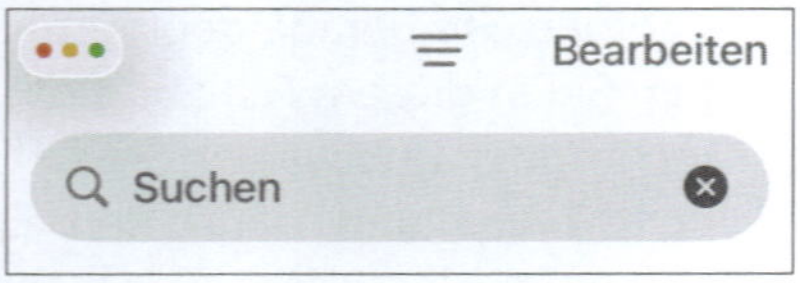

1. Starten Sie die *Nachrichten*-App und wischen Sie ggf. über dem Titel *Nachrichten* nach unten, um das Suchfeld anzuzeigen.
2. Geben Sie den Suchbegriff ein. Ihnen werden bereits bei der Eingabe des Suchbegriffs die ersten Treffer in den vorhandenen Konversationen sowie in den Anhängen angezeigt.
3. Um alle Treffer zu sehen, tippen Sie neben *Nachrichten* sowie *Links* und *Fotos* auf *Alle anzeigen*.

Standort teilen und versenden

Falls Sie Ihren Freunden und Bekannten mitteilen wollen, wo Sie sich während einer Konversation über die *Nachrichten*-App gerade befinden, erreichen Sie dies auf die folgende Weise:

1. Starten Sie die *Nachrichten*-App und wählen Sie den gewünschten Empfänger aus. Tippen Sie links unten vom Texteingabefeld auf das Pluszeichen.
2. Um den Standort mit diesem Empfänger zu teilen, tippen Sie auf den Eintrag *Standort*. Nun können Sie sich für eine der folgenden Optionen entscheiden: *Einmal erlauben*, *Beim Verwenden der App erlauben*, *Nicht erlauben*.

3. Tippen Sie dann auf *Teilen*. Beachten Sie, dass dazu die Ortungsfunktion in den *Einstellungen* aktiviert sein muss.

Internetadresse versenden

Um eine Internetadresse zu versenden, müssen Sie nicht immer die App *Mail* bemühen. Dies geht auch mit der *Nachrichten*-App ganz hervorragend. Der Empfänger erhält sogar eine kleine Seitenvorschau. Bei Internetadressen aus dem iTunes Store ist zudem das Cover enthalten und der entsprechende Titel lässt sich gleich anspielen.

1. Kopieren Sie zunächst die Internetadresse in die Zwischenablage. Tippen Sie dazu auf die Adresse im Adressfeld, bis das Kontextmenü erscheint. Dort tippen Sie auf *Kopieren*.

2. Wählen Sie in der *Nachrichten*-App den gewünschten Empfänger aus und tippen Sie auf das Texteingabefeld, bis dort das Kontextmenü erscheint.
3. Fügen Sie über den Befehl *Einsetzen* die Internetadresse in das Texteingabefeld ein und versenden Sie die Nachricht.
4. Noch einfacher funktioniert es über das Teilen-Feld, sofern Sie die entsprechende Internetseite gerade geöffnet haben. Tippen Sie in diesem Fall auf das Teilen-Feld rechts oben und wählen Sie erst die *Nachrichten*-App und dann den Empfänger aus, um die Nachricht zu versenden.
5. Im iTunes Store oder in der *Musik*-App finden Sie das Teilen-Feld ebenso. Im iTunes Store rechts neben dem Cover und in der *Musik*-App, wenn Sie rechts auf die drei kleinen Punkte tippen. Dort befindet sich das Teilen-Feld im Menü.

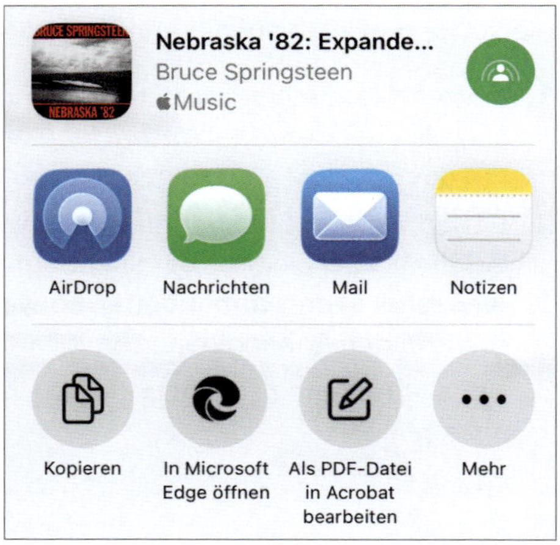

Internetadresse per Ziehen und Ablegen verschicken

Eine Internetadresse können Sie sogar noch einfacher versenden.

1. Starten Sie zuerst die *Nachrichten*-App und anschließend *Safari* über das Dock – im Modus *Apps als Fenster*. Geben Sie die Webadresse in das Adressfeld von Safari ein oder wählen Sie einen der Favoriten bzw. eines der Lesezeichen aus. Rufen Sie die dazugehörige Webseite auf.
2. Wählen Sie im Adressfeld die Webadresse aus, indem Sie länger darauf tippen, und ziehen Sie diese einfach auf das Texteingabefeld der *Nachrichten*-App. Versenden Sie die Nachricht.

Fotos und Videos versenden

Um einem Empfänger Fotos und Videos zukommen zu lassen, benötigen Sie nicht in jedem Fall die *Mail*-App. Auch über die *Nachrichten*-App können Sie Abbildungen und Filme verschicken.

Hier ist es jedoch ratsam, die Dateien möglichst nicht in der höchsten Auflösung zu verschicken, da Ihr Gegenüber unter Umständen nicht über WLAN, sondern über das Mobilfunknetz mit dem Internet verbunden ist und das Herunterladen und Betrachten entsprechend viel Zeit benötigt.

1. Starten Sie die *Nachrichten*-App und wählen Sie eine bestehende Konversation aus oder erstellen Sie über das bekannte Symbol oben eine neue Nachricht.
2. Tippen Sie auf das Plus-Symbol unten und wählen Sie im Menü die *Kamera* aus.
3. Sie können anschließend ein Foto oder Video aufnehmen und verschicken, indem Sie erst auf *Fertig* und dann auf den blauen Pfeil zum Versenden tippen.
4. Um ein vorhandenes Foto zu versenden, tippen Sie statt auf *Kamera* auf *Fotos*.
5. Nun können Sie eines Ihrer Fotos wählen und ebenfalls über einen Fingertipp auf den blauen Pfeil versenden.
6. Per Ziehen und Ablegen geht es noch komfortabler. Starten Sie die *Nachrichten*-App und danach die *Fotos*-App im Modus *Apps als Fenster*.
7. Öffnen Sie die *Fotos*-App. Jetzt befinden sich beide Programmfenster nebeneinander. Passen Sie ggf. die Größe wie gewünscht an. Wählen Sie das Foto oder Video aus, indem Sie länger darauf tippen, und ziehen Sie es auf das Texteingabefeld der *Nachrichten*-App. Versenden Sie anschließend die Nachricht.

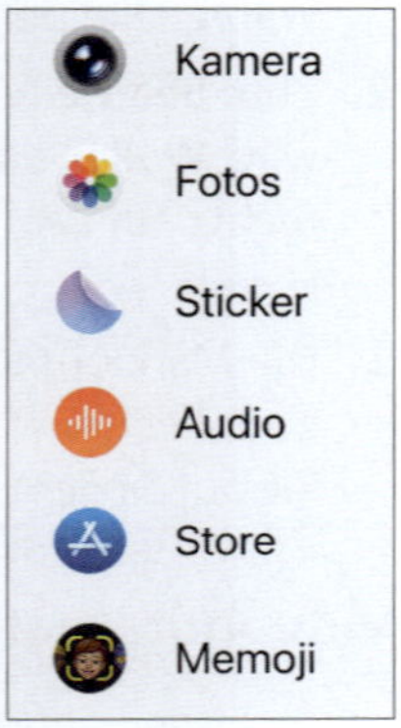

Ganze Foto-Stapel verschicken

Sie können aber nicht nur einzelne Fotos versenden, sondern gleich mehrere als Foto-Stapel.

1. Starten Sie die *Nachrichten*-App und wählen Sie eine bestehende Konversation aus oder erstellen Sie über das bekannte Symbol oben eine neue Nachricht.
2. Um vorhandene Fotos auszuwählen, tippen Sie erst auf das Plus-Symbol unten und dann auf das Symbol der *Fotos*-App.
3. Wählen Sie durch einen Fingertipp mehrere Fotos aus und versenden Sie diese über einen Fingertipp auf den blauen Pfeil.
4. Der Empfänger erhält die gewählten Fotos als Foto-Stapel und kann diesen komfortabel durchblättern.

Fotos vor dem Versenden markieren und bearbeiten

Auf Wunsch können Sie ein Foto, das Sie versenden wollen, vorher noch bearbeiten und markieren:

1. Tippen Sie in der *Nachrichten*-App auf das Plus-Symbol unten links und dann auf *Fotos*. Wählen Sie per Fingertipp ein Foto aus. Es erscheint im Texteingabefeld.
2. Zum Bearbeiten tippen Sie etwas länger auf das Foto, sodass es vergrößert angezeigt wird. Wollen Sie das Foto markieren, tippen Sie links auf *Markieren* und zum Bearbeiten rechts auf *Bearbeiten*. Zum Bestätigen tippen Sie zuerst auf *Sichern* und dann auf den Haken.
3. Die Markierungen führen Sie mit dem Apple Pencil durch, indem Sie auf die Schreib- und Zeichenwerkzeuge tippen sowie auf die Farbpalette. Sind Sie damit fertig, tippen Sie auf *Sichern* und dann auf den Haken. Versenden Sie anschließend das Foto.

Videobotschaft versenden

In manchen Fällen kann auch eine kurze Videonachricht – beispielsweise aus dem Urlaub – eindrucksvoll sein. Auch hierfür können Sie Ihr iPad sowie die *Nachrichten*-App verwenden.

1. Starten Sie die *Nachrichten*-App und wählen Sie die entsprechende Konversation aus oder erstellen Sie eine neue Nachricht.
2. Tippen Sie auf das Plus-Symbol und dann auf *Kamera*. Um die Videobotschaft mit der Frontkamera aufzunehmen, tippen Sie auf das entsprechende Symbol. Tippen Sie dann auf *Video*.
3. Zur Aufnahme und zum Beenden des Videos tippen Sie auf den Auslöser. Falls Sie das Video schneiden möchten (jeweils am Anfang oder am Ende), tippen Sie auf das Symbol mit den drei Reglern.
4. Nehmen Sie über die Symbole links die gewünschten Bearbeitungsschritte vor wie *Anpassen*, *Filter* oder *Zuschneiden*.
5. Zum Abschluss tippen Sie zweimal hintereinander auf *Fertig*, schreiben eventuell einen kurzen Kommentar dazu und versenden die Videobotschaft. Bitte beachten Sie, dass das Video nicht zu lang wird, da Sie es unter Umständen über die Mobilfunkverbindung versenden – und das vielleicht noch aus dem Ausland.

Nachricht diktieren

Nachrichten können nicht nur geschrieben, sondern Siri auch diktiert werden. Starten Sie dazu die *Nachrichten*-App und tippen Sie rechts auf das Mikrofon-Symbol zum Diktieren. Sprechen Sie Ihre Nachricht, sie wird dann im Texteingabefeld angezeigt. Bearbeiten Sie bei Bedarf das Diktat und versenden Sie die Nachricht.

Videos und Fotos in einfacher Qualität versenden

Um Ihre Fotos in etwas geringerer Auflösung und Qualität zu versenden, müssen Sie die *Nachrichten*-App entsprechend konfigurieren. Tippen Sie dazu auf die *Einstellungen*, dort in der linken Spalte auf *Apps* und dann rechts auf *Nachrichten*. Hier aktivieren Sie ganz unten in der rechten Spalte *Fotovorschauen in niedriger Qualität senden*.

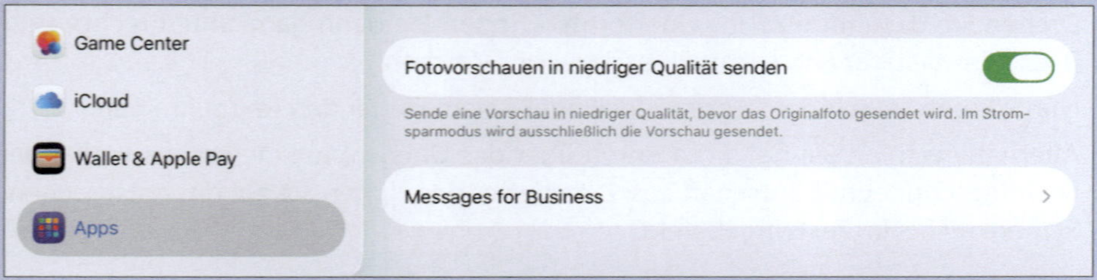

Sprachnachrichten versenden

Als Alternative zur Videobotschaft bietet sich der Versand einer Audionachricht an.

In diesem Fall gehen Sie so vor:

1. Starten Sie die *Nachrichten*-App und wählen Sie die entsprechende Konversation aus oder erstellen Sie eine neue Nachricht.
2. Tippen Sie links auf das Plus-Symbol und im Menü auf *Audio*. Sprechen Sie nun Ihre Nachricht. Die laufende Aufnahme wird im Texteingabefeld angezeigt.
3. Zum Beenden der Audionachricht tippen Sie auf das rote Quadrat rechts. Wollen Sie sie noch einmal anhören, tippen Sie links auf das Abspielen-Symbol.
4. Zum Verschicken tippen Sie auf den *Senden*-Pfeil. Haben Sie es sich doch anders überlegt, können Sie über das Kreuzsymbol links die Audionachricht auch wieder löschen.

Audionachricht behalten statt löschen

Normalerweise werden Ihre Audionachrichten nach dem Versenden nach kurzer Zeit gelöscht. Möchten Sie das verhindern, tippen Sie auf *Einstellungen*, dort zunächst auf *Apps* und dann rechts auf *Nachrichten*. Danach schalten Sie in der rechten Spalte die Option *Audionachrichten löschen: Nie* ein.

Handschriftliche Nachricht als Abbildung versenden

Um eine Konversation persönlicher zu gestalten, können Sie mit der *Nachrichten*-App handschriftliche Nachrichten (als Abbildungen) versenden.

1. Starten Sie die *Nachrichten*-App und verfassen Sie eine neue Nachricht. Am unteren Rand des Bildschirms erscheint die Bildschirmtastatur.
2. Drehen Sie dazu Ihr iPad ins Querformat. Tippen Sie dann ganz unten rechts an der Bildschirmtastatur auf das handgeschriebene Zeichen.
3. Nun können Sie mit dem Apple Pencil oder einem Finger den Text schreiben.
4. Alternativ wählen Sie ggf. links unten über das Uhrsymbol eine bereits vorhandene »handgeschriebene« Botschaft aus. Zum Versenden tippen Sie auf das entsprechende Symbol rechts im Texteingabefeld.

Nachricht mit dem Apple Pencil schreiben

Nutzen Sie einen Apple Pencil, können Sie auch damit eine Nachricht verfassen:

1. Starten Sie die *Nachrichten*-App und verfassen Sie eine neue Nachricht. Tippen Sie mit dem Apple Pencil in das Texteingabefeld.
2. Schreiben Sie Ihre Nachricht mit der Hand. Diese wird in maschinenlesbaren Text transferiert. Je nachdem, wie leserlich Ihre Handschrift ist, müssen Sie diese mehr oder weniger korrigieren.
3. Tippen Sie auf *Senden*, um die Nachricht zu verschicken.

Nachrichten formatieren

Ihr Nachrichtentext kann ansprechend formatiert werden:

1. Starten Sie die *Nachrichten*-App und verfassen Sie eine neue Nachricht.
2. Tippen Sie auf den Text, bis das Kontextmenü erscheint. Wählen Sie den Eintrag *Texteffekte*.
3. Über die vier oberen Symbole formatieren Sie den Text wie gewohnt. Über die unteren Einträge wählen Sie verschiedene Texteffekte von *Groß* bis *Zittern* aus.

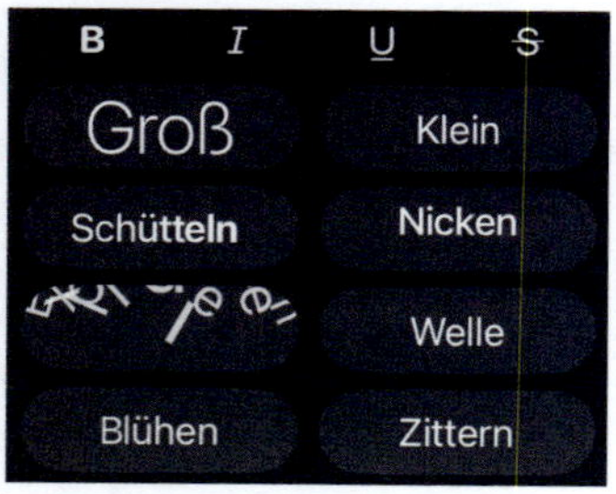

Nachricht mit einer Animation ergänzen

Falls Sie Ihren Nachrichten eine besondere Note verleihen möchten, versenden Sie diese mit einer Animation – in Form einer Sprechblase oder auch mit einem animierten Hintergrund:

1. Geben Sie Ihre Nachricht in das Texteingabefeld der *Nachrichten*-App ein. Tippen Sie nun rechts etwas länger auf *Senden*.
2. Wollen Sie Ihre Nachricht als animierte Sprechblase verschicken, tippen Sie oben auf das Register *Sprechblase* und wählen rechts die passende Form der animierten Sprechblase aus. Eine Vorschau wird angezeigt.
3. Soll hingegen der Hintergrund Ihrer Nachricht animiert dargestellt werden, tippen Sie auf das Register *Hintergrund* und suchen per Wischgeste die gewünschte Animation.
4. Möchten Sie die Wahl rückgängig machen, tippen Sie rechts unten auf das kleine Kreuz. Ansonsten tippen Sie auf *Senden*.

Mit Symbolen und Emojis auf Nachrichten reagieren

Auch empfangene Nachrichten können Sie mit Symbolen in einer Sprechblase kommentieren, indem Sie sich etwa erfreut, überrascht, erheitert oder eher ablehnend zeigen:

1. Tippen Sie etwas länger auf die empfangene Nachricht, bis deren Kontextmenü und eine Sprechblase mit den Symbolen erscheint.
2. Wischen Sie auf der Sprechblase von rechts nach links, um die gängigsten Symbole und Emojis anzuzeigen.
3. Ein Tipp auf das farblose Emoji führt Sie zur gesamten Emoji-Palette.
4. Wählen Sie in der Sprechblase das gewünschte Symbol oder Emoji aus. Das Symbol wird der Nachricht hinzugefügt und erscheint sowohl beim Absender als auch beim Empfänger der Nachricht.
5. Zudem können Sie die Nachricht mit anderen Stickern für die *Nachrichten*-App versehen. Den entsprechenden Eintrag finden Sie ebenfalls im Kontextmenü.
6. Tippen Sie auf diesen und wählen Sie den gewünschten Sticker aus. Der wird ebenfalls an die empfangene Nachricht angeheftet.

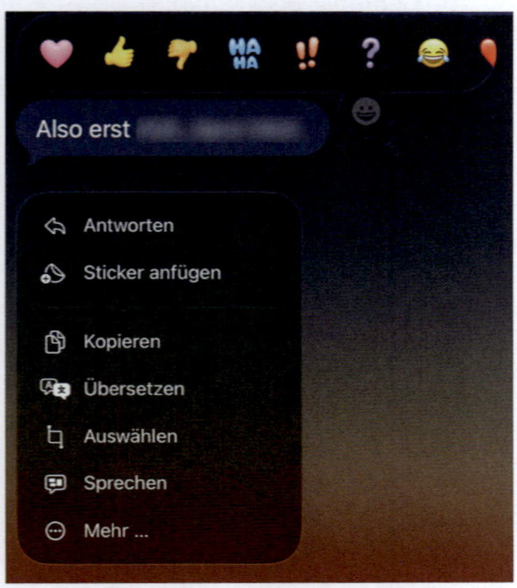

> **Emojis als Wortvorschläge**
>
> Verfassen Sie Nachrichten mit bestimmten Wörtern, z. B. »Löwe«, »Elefant« oder auch »iPhone«, können diese Wörter auf Wunsch durch Emojis ersetzt werden. Das passende Emoji erscheint neben den Wortvorschlägen oberhalb der Bildschirmtastatur. Von dort aus übernehmen Sie es mit einem Fingertipp in das Texteingabefeld.

Genmojis – neue Emojis erstellen mit Apple Intelligence

Sie würden gern individuellere Emojis versenden? Mit Apple Intelligence und einem kompatiblen iPad ist auch das kein Problem.

Emojis lassen sich einfach erstellen und später auch wiederverwenden:

1. Starten Sie die *Nachrichten*-App und rufen Sie über die Globustaste links unten die Emoji-Palette auf.
2. Rechts oben an der Bildschirmtastatur finden Sie den bunten Eintrag *Genmoji*. Tippen Sie darauf und lesen Sie die Hinweise, die erscheinen, wenn Sie die Funktion zum ersten Mal nutzen.
3. Tippen Sie im folgenden Fenster ein, wie das Genmoji aussehen soll, etwa »Mammut in der Wüste«. Warten Sie, bis im Fenster entsprechende Vorschläge von Genmojis erscheinen.
4. Wählen Sie aus den Vorschlägen das Genmoji aus, das Ihnen am besten zusagt, und übernehmen Sie es mit der [⏎]-Taste. Sie können es versenden, es wird aber auch neben Ihren anderen verwendeten Emojis abgelegt.

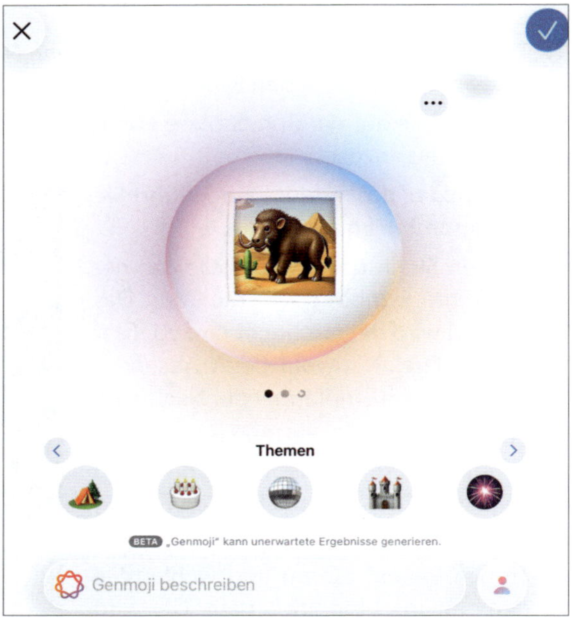

Live-Zeichnungen versenden

Einerlei, ob es Strichmännchen sind, Herzen oder komplexe Zeichnungen, mit *Digital Touch* können Sie nicht nur irgendwelche Zeichnungen versenden, sondern auch Zeichnungen, bei denen der Empfänger live verfolgen kann, wie sie entstanden sind:

1. Erstellen Sie eine neue Nachricht. Tippen Sie links vom Texteingabefeld auf das Plus-Symbol. Dort wählen Sie den Eintrag *Digital Touch*.
2. Anschließend erscheint die Oberfläche von *Digital Touch*. Oben wählen Sie die Farben aus, in der Mitte ist die Zeichenfläche, und links können Sie die Zeichnung noch mit einem Video unterlegen.
3. Erstellen Sie also Ihre Zeichnung mit dem Finger oder mit dem Apple Pencil und versenden Sie sie anschließend.
4. Einen kurzen Hinweis zur Vorgehensweise finden Sie über einen Fingertipp auf das kleine *i* rechts.

Apps und Sticker herunterladen

Neben Animationen und Zeichnungen können Sie Ihre Nachrichten auch mit Stickern verschönern. Sie laden diese entweder kostenlos oder kostenpflichtig über die *Nachrichten*-App im App Store herunter:

1. Tippen Sie dazu links neben dem Texteingabefeld auf das Plus-Symbol und wählen Sie anschließend den Eintrag *Store* aus.
2. Hier können Sie nun nach Stickern unterschiedlicher Genres suchen. In der Kategorie *Charts (gratis)* finden Sie alle kostenlosen Sticker.
3. Bei einem kostenlosen Sticker tippen Sie auf *Laden*, bei einem kostenpflichtigen Sticker auf den Preis. Die Bezahlung erfolgt über die im App Store angegebene Bezahlmethode.
4. Mit einem Fingertipp auf das Symbol erhalten Sie zudem eine Vorschau des Inhalts der Sticker-Sammlung.
5. Nachdem Sie die Sticker heruntergeladen oder erworben haben, finden Sie diese in Ihrer Sammlung und können später über die App- und Sticker-Leiste darauf zugreifen.

Was geschieht mit Stickern auf Android- oder Windows-Geräten?

Senden Sie an Benutzer anderer Geräte mit Android- oder Windows-Betriebssystem eine Nachricht mit Sticker, wird diese – ggf. als kostenpflichtige – MMS (Multimedia-Message) versendet, sofern Ihr Mobilfunk-Provider die noch unterstützt. Wollen Sie dies unterbinden, müssen Sie die entsprechende Funktion in den Einstellungen der *Nachrichten*-App deaktivieren.

Sticker versenden

Möchten Sie Ihre Nachrichten mit Stickern aufpeppen, gehen Sie wie folgt vor:

1. Wählen Sie die Konversation aus oder erstellen Sie eine neue Nachricht.
2. Tippen Sie erst auf das Plus-Symbol links und dann auf den Eintrag *Sticker*.
3. Wählen Sie in der App- und Sticker-Leiste die gewünschte Sticker-Sammlung aus.
4. Nachdem Sie sich für eine Sticker-Sammlung entschieden haben, erscheinen unterhalb der Sticker-Leiste alle enthaltenen Sticker.
5. Tippen Sie auf einen Sticker, wird dieser ins Texteingabefeld eingefügt. Über das kleine Kreuz rechts am Sticker entfernen Sie ihn wieder. Andernfalls geben Sie noch den Nachrichtentext ein und versenden diesen.

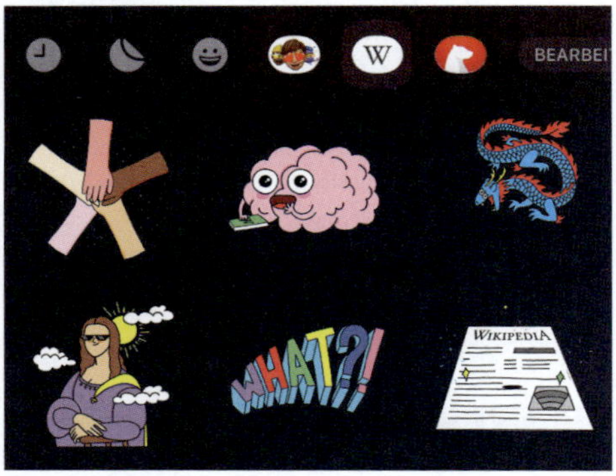

Apps für die Nachrichten-App

Neben Stickern gibt es für die *Nachrichten*-App auch kleine Apps, mit denen Sie beispielsweise mitteilen können, welche Musik Sie gerade hören, wo Sie sich aufhalten oder welche Filme in einem Kino in Ihrer Nähe laufen. Oft gehören diese kleinen Apps zu den auf Ihrem iPad vorinstallierten Anwendungen oder Sie laden sie separat aus dem App Store der *Nachrichten*-App herunter. Die Apps befinden sich ebenfalls in der Sticker-Leiste, die Sie mit einem Fingertipp auf das App-Store-Symbol aufrufen. Neben Apps gibt es auch kleine Spiele, die Sie dort ebenfalls beziehen können.

Stickerauswahl anpassen

Je mehr Sticker Sie installieren, desto unübersichtlicher wird die Sticker-Leiste. Daher können Sie selbst beeinflussen, welche Sticker (und Apps) dort erscheinen und welche Ihre Favoriten sind.

1. Um Ihre gesamten Sticker und Apps zu sehen, tippen Sie links von der Texteingabeleiste auf das Plus-Symbol. Wählen Sie dort den Eintrag *Sticker*.
2. Um die Zusammensetzung der Favoriten und der Sticker-Leiste zu ändern, tippen Sie rechts oben auf *Bearbeiten*.
3. Die Reihenfolge der Sticker legen Sie fest, indem Sie die Einträge an den drei Strichen rechts in die gewünschte Reihenfolge bringen.

4. Möchten Sie Sticker und Apps ausblenden, tippen Sie erst links noch einmal auf *Bearbeiten* und dann rechts auf den dazugehörigen Schalter.
5. Weitere Sticker für die *Nachrichten*-App finden Sie über den Eintrag *Sticker-Apps aus dem App Store laden*.

4.5 FaceTime

Mit Ihrem iPad ist – über FaceTime – Videotelefonie möglich, wenn Sie und Ihr Gegenüber bestimmte Voraussetzungen erfüllen. Zusätzliche Kosten fallen dafür in der Regel keine an. Damit Sie jemanden per FaceTime erreichen, sollte dieser ebenfalls über ein iPad, ein iPhone oder einen Mac mit einer FaceTime-Kamera und Mikrofon verfügen. Anwender und Anwenderinnen mit Computer, Tablets oder Smartphones anderer Anbieter können Sie aber auch per Link zu einem FaceTime-Gespräch einladen. Selbstverständlich benötigen auch diese Geräte Kamera und Mikrofon. Des Weiteren ist auch eine Internetverbindung per WLAN oder Mobilfunk obligatorisch.

Telefonieren mit dem iPad über FaceTime

Besitzen Sie neben dem iPad ein iPhone, können Sie auch normale Telefongespräche über Ihr iPad führen. Hierfür wird zusätzlich noch Folgendes vorausgesetzt:

- Auf dem iPhone und dem iPad sind Sie mit demselben Apple Account angemeldet.
- Ihr iPhone läuft mindestens unter iOS 8.
- Ihr iPad und Ihr iPhone befinden sich im selben WLAN-Netzwerk.
- In den FaceTime-Einstellungen auf Ihrem iPad schalten Sie die Funktion *Anrufe vom iPhone* ein. Diese finden Sie in der linken Spalte über den Eintrag *Apps* sowie *FaceTime* rechts.

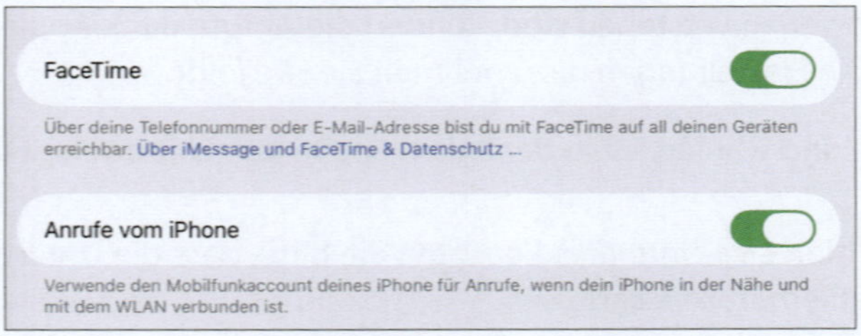

Live Photos über FaceTime

Verfügt Ihr FaceTime-Gesprächspartner ebenfalls über ein iPad oder iPhone (ab iPadOS 13 bzw. iOS 13), können Sie von ihm ein Live Photo erstellen. Tippen Sie dazu während des Gesprächs auf den Auslöser links unten auf dem Bildschirm. Der Ton wird dabei nicht mitgeschnitten. Die Live Photos werden in der Foto-Mediathek gespeichert.

FaceTime-Anrufe zu Windows- und Android-Geräten

Bislang blieben Android- oder Windows-Anwender und -Anwenderinnen außen vor, was die Kommunikation über FaceTime betrifft. Das hat sich seit iPadOS 18 und iOS 18 geändert. Um mit ihnen kommunizieren zu können, schicken Sie ihnen einfach einen Link zu. Den entsprechenden Schalter *Link erstellen* finden Sie in der *FaceTime*-App links unten, nachdem Sie das Fenster für einen neuen FaceTime-Anruf geöffnet haben. Wird dieser Link vom Adressaten aufgerufen, kann die Kommunikation über FaceTime im Webbrowser erfolgen.

Schnappschüsse verboten

Wollen Sie verhindern, dass jemand über FaceTime ein Live Photo von Ihnen macht, nehmen Sie folgende Einstellung vor:

1. Öffnen Sie die *Einstellungen* und wählen Sie in der linken Spalte den Eintrag *Apps* sowie dann rechts *FaceTime*.
2. Nun deaktivieren Sie in der rechten Spalte die Einstellung *FaceTime Live Photos*.

FaceTime-Anrufe mit Untertiteln

Falls Ihre Gesprächspartner schwer zu verstehen sind, können die Anrufe dank Apple Intelligence untertitelt werden. Die Einstellungen dazu nehmen Sie wie folgt vor:

1. Öffnen Sie die *Einstellungen* und wählen Sie in der linken Spalte den Eintrag *Apps* und rechts dann *FaceTime*.
2. Dort aktivieren Sie die Funktion *Live-Untertitel*. Beachten Sie bitte, dass die Untertitelung nicht perfekt ist und fehlerhaft sein kann.

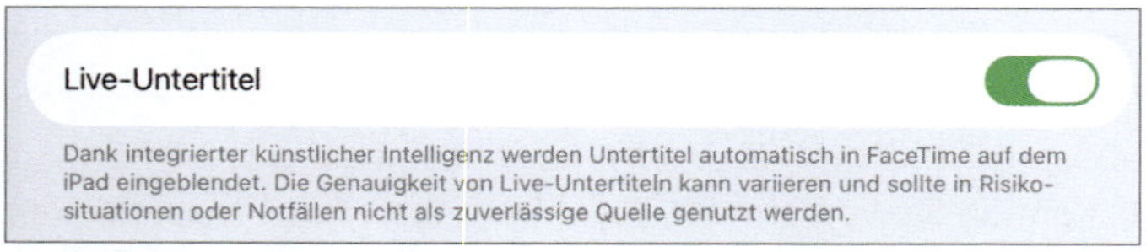

Augenkontakt beim FaceTime-Anruf

Bei einem FaceTime-Anruf kann es passieren, dass beide Gesprächspartner oder Gesprächspartnerinnen sozusagen aneinander vorbeischauen. Damit dies nicht passiert, aktivieren Sie die folgende Funktion:

1. Öffnen Sie die *Einstellungen*, wählen Sie in der linken Spalte den Eintrag *Apps* und rechts *FaceTime*.
2. Schalten Sie die Funktion *Augenkontakt* ein, dann schauen die Gesprächsteilnehmer nicht mehr aneinander vorbei, da die FaceTime-Kamera sie quasi immer verfolgt.

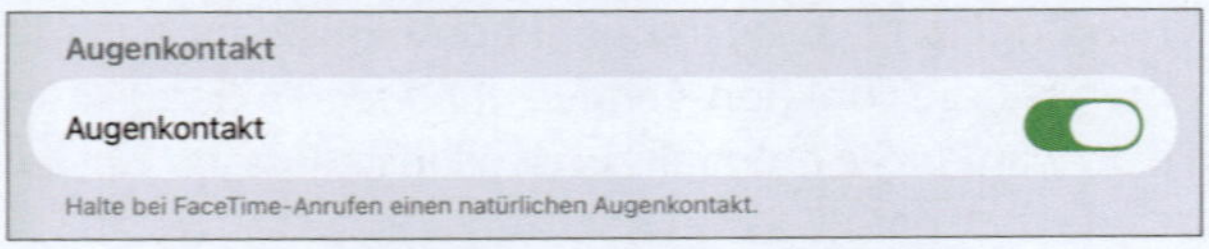

Unbekannte Anrufer und Nummern filtern

Spam-E-Mails sind ein nie enden wollendes Ärgernis. Mit der *Mail*-App und den Sicherheitseinstellungen von iPadOS 26 bekommen Sie diese mit der Zeit aber gut in den Griff. Treffen Spam-FaceTime-Anrufe ein, ist das noch ärgerlicher, denn hier müssen die Anwenderinnen und Anwender sofort reagieren und den Anruf annehmen oder ablehnen. Bei iPadOS 26 und der *FaceTime*-App erhalten Sie aber Unterstützung. Sie können unbekannte Nummern stummschalten oder herausfiltern und offensichtliche Spam-Nummern gleich in die Liste *Spam* verschieben lassen.

1. Gehen Sie in die *Einstellungen*, wählen Sie in der linken Spalte den Eintrag *Apps* sowie dann rechts *FaceTime*.
2. Rechts schalten Sie die Funktion *Unbekannte Anrufer stumm* ein und schon werden diese an die Voicemail verwiesen, wo Sie die Nachrichten später abrufen und ggf. darauf reagieren.
3. Haben Sie Anrufe und Voicemails von unbekannten Nummern nicht mitbekommen, werden diese mit der entsprechenden Einstellung *Unbekannte Nummern* in der gleichnamigen Liste abgelegt. Aktivieren Sie dazu die Funktion.
4. Mit der Einstellung *FaceTime-Spam* darunter werden von iPadOS 26 als Spam-Anrufe erkannte Nummern sofort in die Liste *Spam* gelegt.

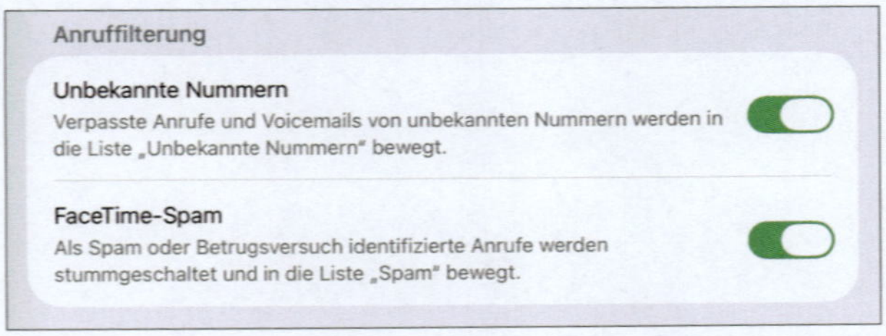

Unbekannte Nummern und Anrufer in der Nachrichten- und Telefon-App filtern

Ähnlich funktionierende Einstellungen können Sie auch in der *Nachricten-* und *Telefon-*App aktivieren, damit Sie auch dort von Spam weitgehend unbehelligt bleiben. Rufen Sie dazu die Einstellungen der entsprechenden Apps auf.

Die Telefon-App

Auf Ihrem iPad ist nun auch die vom iPhone bekannte *Telefon-*App installiert. Diese bedienen Sie genauso wie auf Ihrem iPhone. Damit das möglich ist, müssen Sie einige Einstellungen kontrollieren und ggf. anpassen. In den iPhone-Einstellungen (*Einstellungen/Apps/Telefon*) aktivieren Sie die Funktion *Anrufen auf anderen Geräten* und wählen dort das iPad aus. Am iPad wählen Sie ebenfalls in den Einstellungen zur *Telefon-*App *Anrufe vom iPhone* aus.

5. Mit dem iPad arbeiten

Die meisten Anwender nutzen ihr iPad nach wie vor in erster Linie zum Surfen, Chatten, Spielen und um Musik zu hören oder Filme zu schauen. Mittlerweile können Sie bereits das einfachste iPad und vor allem das iPad Pro mit nur noch wenigen Einschränkungen als Ersatz für einen herkömmlichen Laptop verwenden. Vor allem das iPad Pro 11" oder das iPad Pro 12,9" wurden von Apple vorwiegend für professionelle Anwender konzipiert, und iPadOS 26 erhielt mittlerweile für lange Zeit vermisste Funktionen, wie etwa die parallele Arbeit mit mehreren Apps oder Fenstern sowie eine Menüleiste.

Außerdem sind neben den bereits vorinstallierten Apps auch viele bei Profianwendern beliebte Anwendungen bekannter Hersteller, etwa Microsoft 365, Adobe Lightroom oder Adobe Photoshop verfügbar. Die in diesem Kapitel zusammengestellten Tipps unterstützen Sie bei der Arbeit mit dem iPad.

5.1 Kalender

Dank der *Kalender*-App vergessen Sie nie wieder einen Termin, sie hilft Ihnen bei der Planung ebenso wie bei der Erinnerung an wichtige Termine. Zudem bleiben Sie – dank iCloud – auf allen Ihren Apple-Geräten, ja sogar mit einem Windows-PC immer auf dem aktuellen Stand.

Kalender importieren

Bei Bedarf können Sie mit der *Kalender*-App auf dem iPad bestehende Kalender importieren, etwa die Kalender für die Schulferien in allen Bundesländern.

In diesem Fall gehen Sie – beispielhaft – wie folgt vor:

1. Öffnen Sie die Webseite http://www.schulferien.org/deutschland/ical/ mit Safari. Wählen Sie das passende Bundesland aus und das Jahr.
2. Tippen Sie doppelt auf den Eintrag und nach der Sicherheitsabfrage auf *Downloadlink anfordern*.
3. Im nächsten Fenster tippen Sie auf *Download*, und der Kalender wird auf das iPad heruntergeladen.
4. Nachdem Sie per Fingertipp entschieden haben, welche Ferientermine und in welchen bereits bestehenden Kalender sie übernommen werden sollen, fügen Sie diese über *Fertig* der *Kalender*-App hinzu.

Kalender abonnieren

Im Gegensatz zum Import eines Kalenders, der direkt auf Ihr iPad kopiert wird und nur von Ihnen selbst bearbeitet und geändert werden darf, können Sie Kalender auch abonnieren. Dies hat den Vorteil, dass etwaige Termine automatisch – ohne Ihr Zutun – angepasst und aktualisiert werden.

1. Öffnen Sie die *Einstellungen* und wählen Sie dort in der linken Spalte nacheinander die Einträge *Apps* und dann rechts *Kalender*.
2. Wählen Sie in der rechten Spalte *Kalender-Account/Account hinzufügen/Anderen Account hinzufügen*.
3. Dort tippen Sie unten auf *Kalenderabo* und geben die dazugehörige Internetadresse des Kalenders an oder fügen sie aus der Zwischenablage ein.

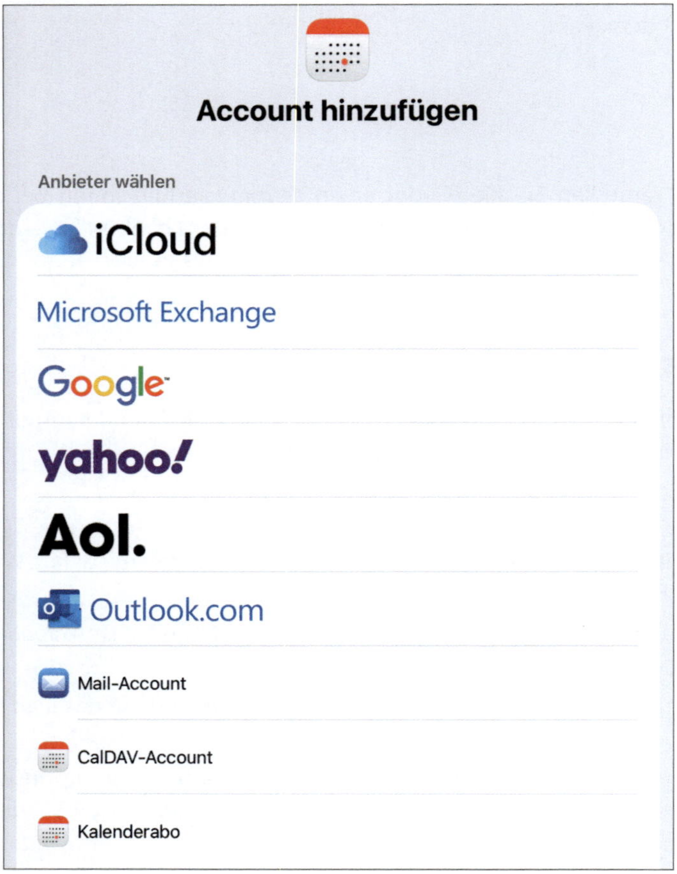

Kalenderwochen anzeigen

Üblicherweise werden in der *Kalender*-App die praktischen Kalenderwochen nicht angezeigt. Dies können Sie ändern:

1. Öffnen Sie die *Einstellungen* und tippen Sie in der linken Spalte erst auf *Apps* und dann rechts auf *Kalender*.
2. In der rechten Spalte aktivieren Sie die Einstellung *Kalenderwochen*. Nun werden oben links die Kalenderwochen angezeigt.

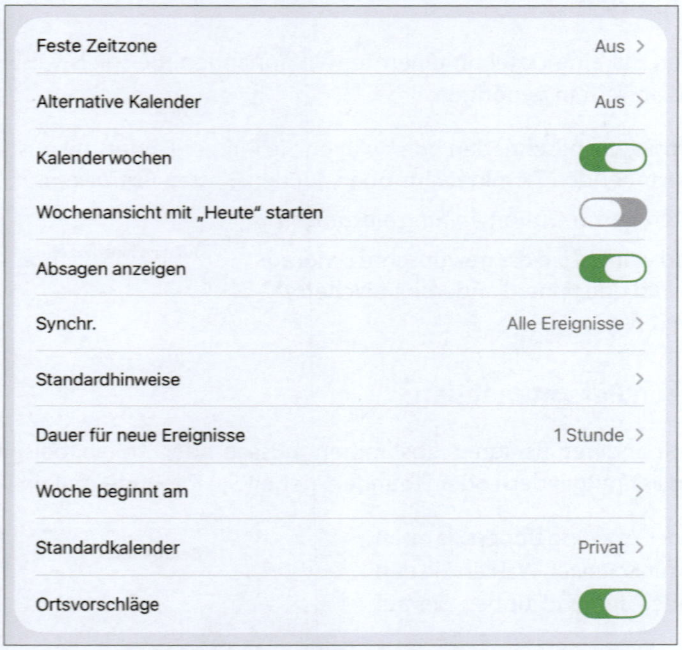

Alle Termine anzeigen

Benötigen Sie einen schnellen und kompletten Überblick über alle vor Ihnen liegenden Termine, dann hilft auch hier die *Kalender*-App weiter. Tippen Sie links oben auf die drei kleinen Striche, wird in der Seitenleiste der *Kalender*-App eine Liste mit allen Terminen angezeigt.

Alternative Kalender

Falls Sie einen anderen Kalender benötigen, z. B. den chinesischen, hebräischen oder islamischen, wählen Sie ihn in den Einstellungen der *Kalender*-App über den Eintrag *Alternative Kalender* aus.

Schnell einen Termin anlegen

Wenn Sie in der Tages-, Wochen- oder Monatsansicht schnell einen neuen Termin eingeben möchten, genügt es, fest auf die Uhrzeit oder den Tag zu tippen und dann im folgenden Fenster die notwendigen Angaben und Einstellungen vorzunehmen. Der »offizielle« Weg zum Eintragen eines Termins über den Plus-Schalter links oben ist nicht immer notwendig. Haben Sie einen Termin irrtümlich eingetragen, wählen Sie ihn aus, blättern im erschienenen Fenster nach ganz unten zum Befehl *Ereignis löschen* und tippen darauf.

Datei an Termin anhängen

Falls erforderlich, können Sie eine Datei an einen Termin anhängen, beispielsweise ein Dokument, das Sie bei dem Termin benötigen.

1. Erstellen Sie den Termin wie beschrieben oder wählen Sie ihn per Fingertipp aus. Tippen Sie bei einem bestehenden Termin rechts oben auf den Eintrag *Bearbeiten*.
2. Blättern Sie nach unten bis zur Option *Anhang hinzufügen ...*

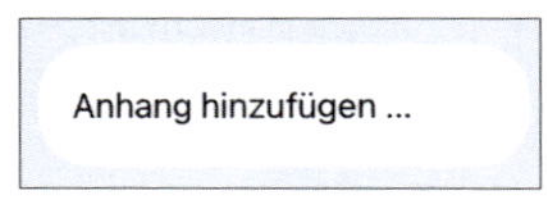

3. Tippen Sie darauf und wählen Sie die gewünschte Datei aus – von iCloud, Ihrem iPad oder einem anderen Speicherort – und bestätigen Sie mit *Fertig*.

Kalender mit weiteren Personen teilen

Falls Sie Ihre Termine mit anderen Personen abstimmen müssen oder wollen, beispielsweise mit Kollegen, Familienmitgliedern oder Freunden, gehen Sie folgendermaßen vor:

1. Starten Sie die *Kalender*-App und tippen Sie oben links auf das Symbol für *Kalender*. Wählen Sie den gewünschten Kalender aus und tippen Sie auf das *i*-Symbol rechts.
2. Um eine Person hinzuzufügen, tippen Sie unter *Geteilt mit* auf *Neue Person* und wählen über das Plus-Symbol eine Person aus Ihrer *Kontakte*-App aus.
3. Wiederholen Sie dies mit allen Personen, mit denen der Kalender geteilt wird. Tippen Sie jeweils auf *Fertig*, um die Einrichtung abzuschließen.
4. Jede angegebene Person bekommt eine entsprechende Einladung, um auf den Kalender zugreifen und ihn seinen Kalendern hinzufügen zu können. Selbstverständlich muss diejenige Person auch über einen Mac, ein Phone oder ein iPad mit *Kalender*-App verfügen.
5. Die Einladung befindet sich dann in dem Ablagesymbol links oben in der *Kalender*-App des jeweiligen Empfängers.

Bearbeitung des Kalenders zulassen

Sollen andere Personen den mit Ihnen geteilten Kalender auch bearbeiten können, müssen Sie das jeweils erlauben.

1. Tippen Sie oben ganz links auf *Kalender*. Wählen Sie den gewünschten Kalender aus und tippen Sie auf das *i*-Symbol rechts.
2. Wählen Sie die entsprechende Person aus und aktivieren Sie die Einstellung *Bearbeitung zulassen*. Nun kann die entsprechende Person Eintragungen in dem Kalender vornehmen.
3. Wollen Sie die Bearbeitung durch die entsprechende Person wieder beenden, schalten Sie *Bearbeitung zulassen* aus.
4. Soll der Kalender nicht mehr mit anderen Personen geteilt werden, tippen Sie zudem auf *Nicht mehr teilen*.

Kalender veröffentlichen

Wollen Sie einen Kalender nicht nur ausgewählten Personen verfügbar machen, sondern online veröffentlichen, sodass jeder einen Blick darauf werfen kann, erreichen Sie das auf die folgende Weise:

1. Tippen Sie oben ganz links auf *Kalender*. Wählen Sie den gewünschten Kalender aus und tippen Sie auf das kleine *i*-Symbol rechts.
2. Blättern Sie nach unten, bis der Eintrag *Öffentlicher Kalender* erscheint. Diesen aktivieren Sie.
3. Um den Kalender öffentlich zu machen, tippen Sie nach einer kurzen Wartezeit auf *Link teilen*.
4. Anschließend können Sie die Webadresse Ihres Kalenders in einem sozialen Netzwerk veröffentlichen, per E-Mail und *Nachrichten*-App verschicken oder über die Zwischenablage einem anderen Dokument hinzufügen.

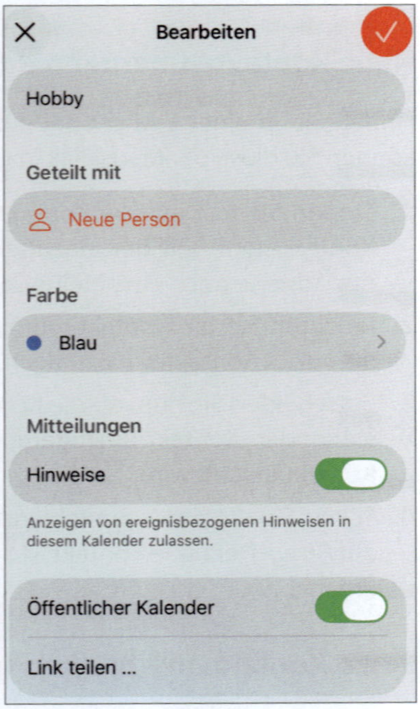

Fremde Kalender- und Kontaktdaten hinzufügen

Falls Sie Ihre Kontakte anderweitig verwalten, z. B. mit Ihrem Google-Benutzerkonto, können Sie auch diese Daten in die *Kalender*-App und übrigens auch in die *Kontakte*- sowie *Notizen*-App aufnehmen.

Öffnen Sie dazu über den Eintrag *Apps* die *Einstellungen* zu *Kalender*, *Kontakte* oder *Notizen*. Tippen Sie dann in der rechten Spalte auf *xxxxxxx-Accounts*. Hier aktivieren Sie nach einem Fingertipp auf den Namen des Accounts den entsprechenden Eintrag. Anschließend finden Sie die Daten in der jeweiligen App. Dort werden sie neben den bereits vorhandenen angezeigt.

5.2 Kontakte

Mit der *Kontakte*-App verwalten Sie Ihr persönliches Adress- und Telefonbuch. Es ist ratsam, dieses zu pflegen und immer auf dem aktuellen Stand zu halten. Zahlreiche Apps greifen auf die *Kontakte*-App zu, um dort beispielsweise Telefonnummern, Adressen oder E-Mail-Adressen zu übernehmen oder zu ergänzen. Selbstverständlich müssen Sie dies auch zulassen.

Neue Kontakte übernehmen

Finden Sie in einer E-Mail oder auf einer Webseite Adress- oder Kontaktinformationen, können Sie diese per Mausklick in Ihre *Kontakte*-App übernehmen.

1. Tippen Sie fest auf die Kontaktinformationen, erscheint ein Kontextmenü mit den dazugehörigen Befehlen und bei einer Adresse auch eine kleine Landkarte.
2. Möchten Sie die Kontaktinformationen übernehmen, tippen Sie auf *Zu Kontakten hinzufügen*.
3. Entscheiden Sie nun, ob die Kontaktinformation zu einem bestehenden Kontakt hinzugefügt werden soll oder ein neuer Kontakt erstellt wird.
4. Füllen Sie die etwaigen fehlenden Daten aus und tippen Sie auf *Fertig*. Der neue Kontakt ist angelegt oder ein bestehender ergänzt.

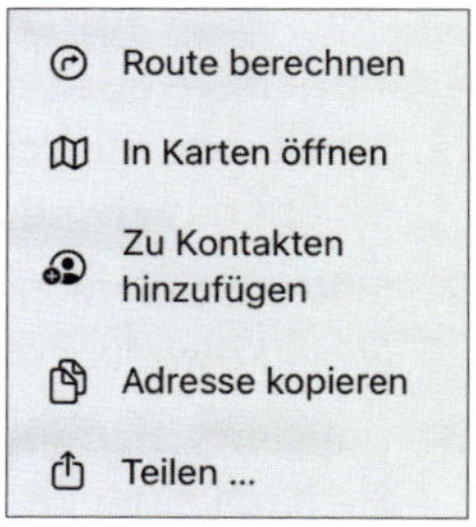

Einen Kontakt anschreiben und anrufen

Falls Sie jemanden anrufen oder ihm eine Nachricht bzw. E-Mail schreiben möchten, können Sie das auch direkt aus der *Kontakte*-App heraus.

1. Starten Sie die *Kontakte*-App und wählen Sie den gewünschten Kontakt aus.
2. Unterhalb des Namens finden Sie mehrere Symbole, die Ihnen zeigen, auf welche Weise diejenige Person oder Firma kontaktiert werden kann:
   - *Nachricht:* eine Nachricht über die *Nachrichten*-App senden
   - *Anrufen/Mobil:* telefonieren

- *Video:* über FaceTime anrufen
- *E-Mail:* eine E-Mail schreiben

3. Wählen Sie die Kontaktmöglichkeit, die Ihnen zusagt, und tippen Sie auf das entsprechende Symbol. Die dazugehörige App wird gestartet und die Person auf die von Ihnen gewählte Weise kontaktiert.

Adresse aus einem anderen Land eingeben

Falls Sie eine Adresse aus einem anderen Land eingeben müssen, beispielsweise aus den USA, haben Sie ein kleines Problem. Die Adressfelder der *Kontakte*-App entsprechen bei der deutschen Version von iPadOS den hiesigen Gepflogenheiten. In diesem Fall geben Sie bei der Eingabe der Daten einfach zuerst das Land, hier USA, ein. Dann passen sich die anderen Adressfelder automatisch an und Sie können die Adressdaten wie dort üblich angeben.

Wichtige Kontakte immer erlauben

Über den Fokus-Modus *Nicht stören*, den Sie im Kontrollzentrum aktivieren, lässt Sie Ihr iPad weitgehend in Ruhe. Das heißt, Sie hören keine Nachrichten- und Klingeltöne, und zwar von niemandem, der Sie kontaktieren möchte.

Um zu ermöglichen, dass Sie wenigstens die Nachrichten und Anrufe Ihnen wichtiger Personen erreichen, gehen Sie so vor:

1. Öffnen Sie die *Kontakte*-App und wählen Sie den gewünschten Kontakt aus.
2. Tippen Sie auf *Bearbeiten* und suchen Sie die Einträge *Klingelton* und *Nachrichtenton*.
3. Dort schalten Sie jeweils die *Notfallumgehung* ein. In diesem Fall werden Sie über den Anruf bzw. die Nachricht der entsprechenden Person auch dann informiert, wenn der Fokus-Modus *Nicht stören* aktiviert ist.

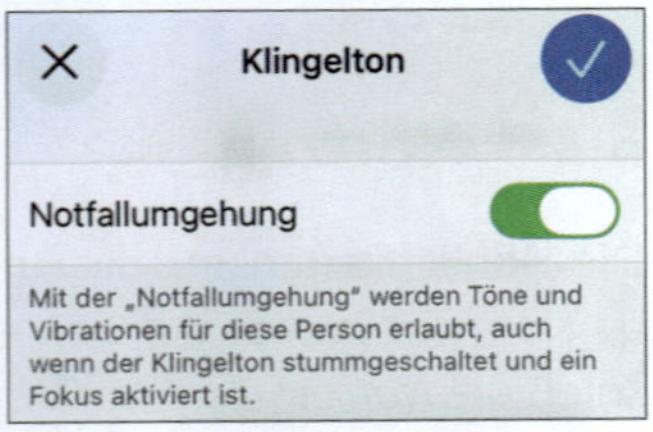

Spitznamen ergänzen

Familienmitgliedern, Freunden und Bekannten können Sie in der *Kontakte*-App einen Spitznamen geben:

1. Öffnen Sie die *Kontakte*-App und wählen Sie den gewünschten Kontakt aus.
2. Tippen Sie auf *Bearbeiten* und blättern Sie bis ganz nach unten. Dort tippen Sie auf *Feld hinzufügen*.

3. Wählen Sie als neues Feld *Spitzname* aus und fügen Sie dieses per Fingertipp hinzu. Das Feld erscheint dann ganz oben unter dem richtigen Namen.
4. Geben Sie den Spitznamen ein und tippen Sie auf *Fertig*. Er erscheint nun in Anführungszeichen unterhalb des richtigen Namens.

Geburtstag ergänzen

Den Geburtstag von Familienmitgliedern, Freunden, Bekannten oder Geschäftspartnern und Kollegen zu vergessen, kommt in der Regel bei den entsprechenden Personen nicht so gut an. Damit dies nicht passiert, können Sie die *Kontakte*- und *Kalender*-App anweisen, Sie darüber auf dem Laufenden zu halten:

1. Öffnen Sie die *Kontakte*-App und wählen Sie den gewünschten Kontakt aus.
2. Tippen Sie auf *Bearbeiten* und blättern Sie ganz nach unten, bis der Eintrag *Geburtstag hinzufügen* erscheint. Geben Sie den Geburtstag ein, indem Sie Tag, Monat und Jahr auswählen.
3. Falls das Feld *Geburtstag* nicht zu finden sein sollte, ergänzen Sie es zuerst über den Befehl *Feld hinzufügen*.
4. Der Geburtstag erscheint nun automatisch auch in der *Kalender*-App in dem von Ihnen verwendeten Standardkalender.

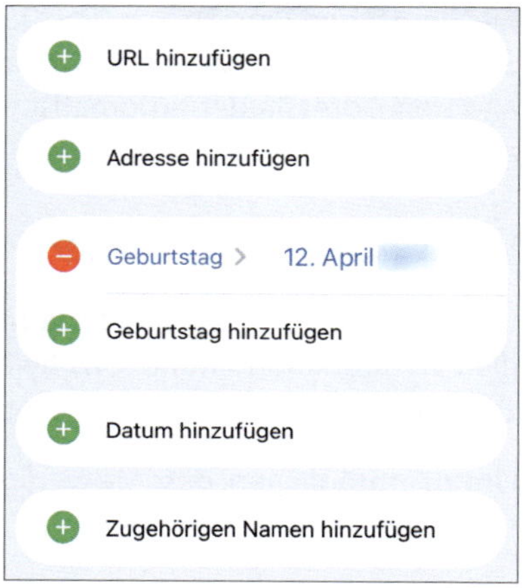

5.3 Notizen

Die Möglichkeiten und die Funktionsvielfalt der *Notizen*-App werden oftmals unterschätzt, da sie nicht immer auf den ersten Blick ersichtlich sind. Auf dem iPad unter iPadOS 26 spielt die *Notizen*-App mit dem Apple Pencil sowie einer externen Tastatur oder Tastaturhülle ihre Stärken aus. Sie können mit der *Notizen*-App Dokumente scannen und umwandeln, Schnellnotizen und Checklisten schreiben sowie handschriftliche Notizen erstellen. Die Texte lassen sich auf verschiedene Weise gestalten und strukturieren. Zudem können Sie Ihren Notizen Abbildungen, PDF-Dokumente und Internetadressen hinzufügen. Sogar Audioaufnahmen können erstellt und transkribiert werden.

Notizen in Ordnern organisieren

Falls Sie viele Notizen unterschiedlicher Art erstellt haben, wird die *Notizen*-App schnell unübersichtlich. Daher können Sie Ordner anlegen und Ihre Notizen dort einordnen:

1. Starten Sie die *Notizen*-App und blenden Sie, soweit an Ihrem iPad im Querformat verfügbar, über das Symbol links oben die Seitenleiste und damit die dreispaltige Ansicht ein.
2. Um zunächst einen neuen Ordner anzulegen, tippen Sie links oben auf das Symbol *Neuen Ordner erstellen* und geben dem Ordner einen Namen wie z. B. *Privat*.
3. Nachdem der Ordner erstellt wurde, taucht er in der linken Spalte auf. Tippen Sie nun auf die gewünschte Notiz in der zweiten Spalte, und zwar so lange, bis sie sich herauslöst, und ziehen Sie sie in den neuen Ordner.
4. Alternativ wischen Sie auf dem Titel der Notiz von rechts nach links und anschließend auf *Bewegen* (Ordner-Symbol). Wählen Sie den neuen Ordner für die Notiz aus, wird diese dorthin verschoben.

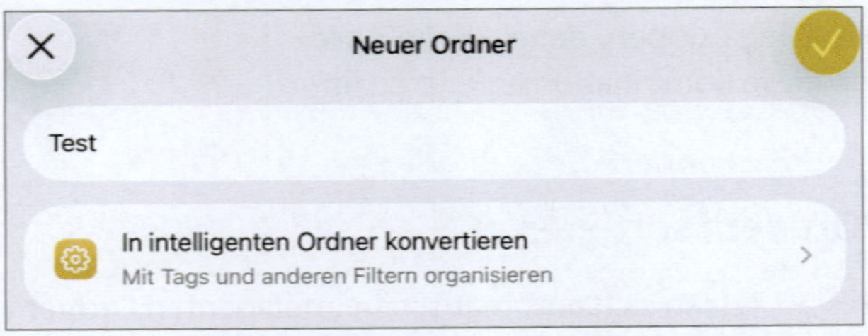

Notiz in einem neuen Fenster öffnen

Die Arbeit mit der *Notizen*-App ist nicht nur mit einem Fenster möglich, Sie können einzelne Notizen auch in einem neuen Fenster öffnen. Tippen Sie in der linken Spalte etwas länger auf die gewünschte Notiz – bis das Kontextmenü erscheint. Dort wählen Sie den Eintrag *In neuem Fenster öffnen*. Die Notiz wird nun in einem separaten Fenster angezeigt, Sie können das Fenster zudem beliebig vergrößern, verkleinern oder verschieben.

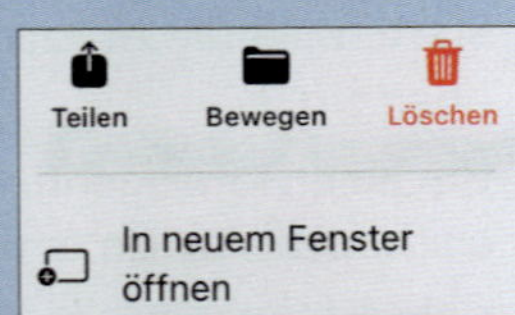

Notizen mit Etiketten versehen

Damit Sie Ihre Notizen nicht »händisch« sortieren müssen, können Sie die *Notizen*-App dazu bringen, diese automatisch richtig einzuordnen. Das geschieht mithilfe von »Tags« – quasi Etiketten. Diese müssen Sie zunächst selbst erstellen.

Die Namen der Tags können Sie frei wählen. Allerdings müssen Sie folgende Schreibweise einhalten:

#Name_des_Tags

Um die Tags zu erstellen, gehen Sie folgendermaßen vor:

1. Starten Sie die *Notizen*-App und blenden Sie über das Symbol links oben die Seitenleiste ein.
2. Wählen Sie zunächst eine Notiz aus, etwa eine Einkaufsliste, die mit dem Tag versehen werden soll.
3. Geben Sie am Ende der Notiz den Namen des Tags ein, etwa *#Einkauf*. Dabei ist es wichtig, das Tag gleich nach dem Sonderzeichen zu platzieren, und zwar ohne Leerzeichen dazwischen.
4. Alle erstellten Tags finden Sie in der Seitenleiste unterhalb der Ordner. Sobald Sie auf ein Tag tippen, werden rechts alle dazugehörigen Notizen aufgelistet.
5. Sie können auch auf mehrere Tags tippen, dann werden alle Notizen aufgelistet, in denen diese Kombination an Tags zu finden ist.

Notizen in intelligenten Ordnern sortieren

Notizen, die mit Tags versehen sind, lassen sich automatisch in intelligenten Ordnern organisieren. Damit sparen Sie sich den Arbeitsschritt, die Notizen in die einzelnen Ordner zu sortieren:

1. Starten Sie die *Notizen*-App und blenden Sie die Seitenleiste über das Symbol links oben ein.
2. Um einen intelligenten Ordner anzulegen, tippen Sie links unten auf das Symbol *Neuen Ordner erstellen* und dann auf den Befehl *In intelligenten Ordner konvertieren*.
3. Geben Sie zuvor dem Ordner einen Namen und wählen Sie dann unten die passenden *Tags* aus. Der Ordner mit den passenden Notizen wird erstellt. Sie erkennen einen intelligenten Ordner am Zahnradsymbol.

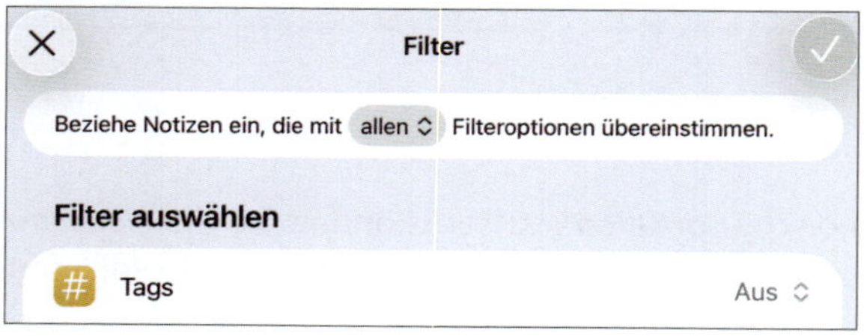

Texte mit den Schreibtools bearbeiten lassen

Ihre Texte können Sie auch in der *Notizen*-App mithilfe der *Schreibtools* korrigieren, umformulieren oder komplett verfassen lassen. Beachten Sie dazu Kapitel 1.3. Ihr iPad muss dazu allerdings mit Apple Intelligence kompatibel sein.

Texte formatieren

Der besseren Übersichtlichkeit und Lesbarkeit wegen ist es sinnvoll, Ihre Notizen zu formatieren. Einfache Formatierungen nehmen Sie auf die folgende Weise vor:

1. Legen Sie über das Symbol *Neue Notiz* erst eine neue Notiz an. Geben Sie Ihren Text wie gewohnt ein.
2. Tippen Sie auf den Text, um dessen Kontextmenü anzuzeigen. Dort wählen Sie den Text aus, der formatiert werden soll, indem Sie die Textbegrenzer links und rechts entsprechend verschieben.
3. Um den gewählten Text zu formatieren, tippen Sie in der Symbolleiste oben auf *Aa* und wählen die gewünschte Formatierung aus. Sie können auch bereits vorhandene Formate auswählen, von *Titel* bis *Proportional*.
4. Über die entsprechenden Symbole sind auch Einrückungen des Textes möglich oder Aufzählungen. Des Weiteren können Sie den Text farblich kennzeichnen. Beachten Sie dazu die Tipps im Folgenden.

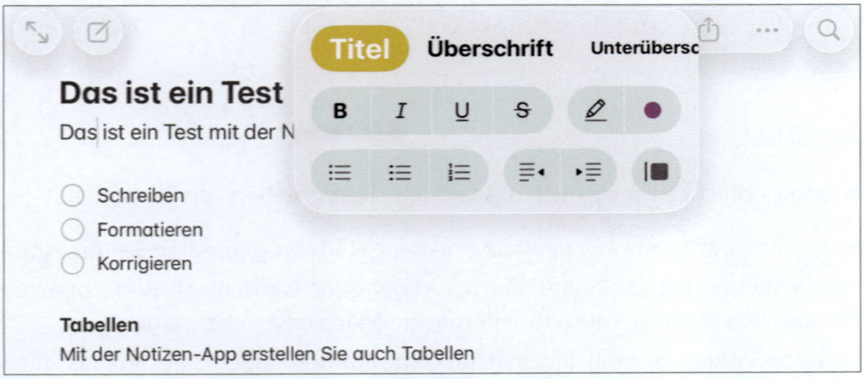

> **Andere Schriften verwenden**
> Auf Ihrem iPad können Sie in Apps wie *Pages*, *Keynote* oder auch *Word* andere Schriftarten als die mitgelieferten verwenden. Diese laden Sie aus dem App Store herunter. Anschließend wählen Sie die Schrift in der App wie gewohnt aus.

Texte strukturieren

Längere Texte können Sie durch Unterüberschriften recht einfach strukturieren:

1. Legen Sie über das Symbol *Neue Notiz* eine neue Notiz an. Tippen Sie den Titel der Notiz ein. Schreiben Sie dann die nächste Zeile, die als Überschrift dienen soll, und darunter verfassen Sie den eigentlichen Absatz.

2. Geben Sie nun die nächste Überschrift ein und darunter ebenfalls einen Absatz.
3. Markieren Sie die beiden Überschriften und tippen Sie in der Menüleiste auf *Aa*, im Menü wählen Sie oben die Formatvorlage *Unterüberschrift* aus.
4. Links neben der formatierten Unterüberschrift erscheint ein kleiner Rechtspfeil. Über diesen Rechtspfeil blenden Sie den Absatz, der unterhalb der Unterüberschrift steht, ein oder aus. Durch diese Strukturierung verbessert sich die Übersichtlichkeit vor allem längerer Notizen erheblich.

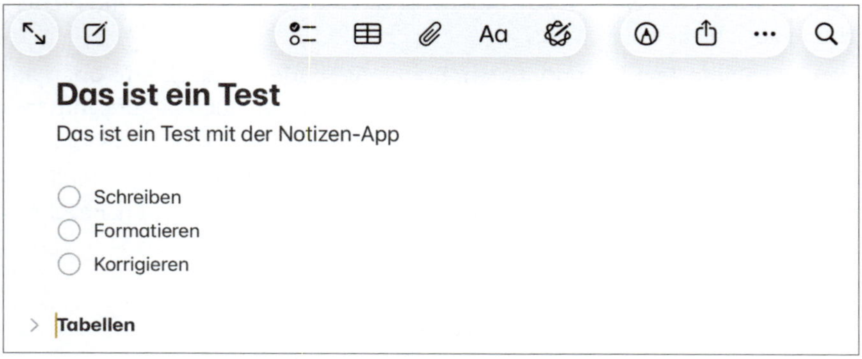

Text hervorheben

Für mehr Übersichtlichkeit sorgt auch das farbliche Hervorheben von Textstellen.

1. Legen Sie über das Symbol *Neue Notiz* eine neue Notiz an. Schreiben Sie Ihre Notizen.
2. Markieren Sie den Teil des Textes, der hervorgehoben werden soll, und tippen Sie in der Menüleiste auf *Aa*, um die Formatierungsmöglichkeiten anzuzeigen.
3. Dort wählen Sie zunächst die gewünschte Farbe aus und tippen dann auf das Stiftsymbol daneben. Der markierte Text wird entsprechend farblich hervorgehoben.

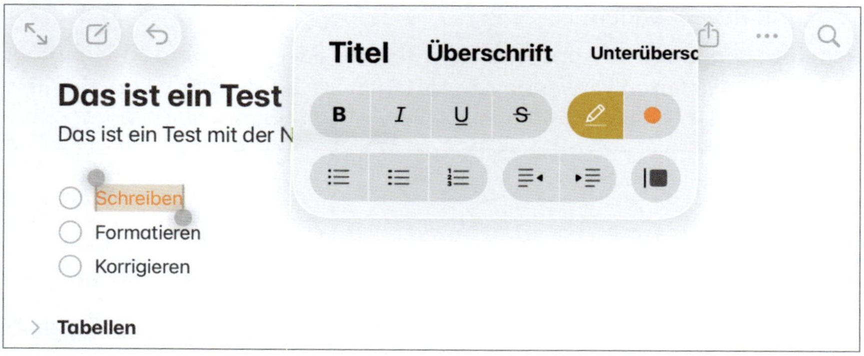

Checklisten erstellen

Die *Notizen*-App ist für Einkaufslisten und andere Checklisten sehr gut geeignet.

So können Sie diese schnell passend gestalten:

1. Legen Sie über das Symbol *Neue Notiz* eine neue Notiz an. Geben Sie die Liste ein und beenden Sie jeden Eintrag mit der ↵-Taste auf Ihrer Bildschirmtastatur.
2. Um eine Checkliste zu erstellen, bewegen Sie die Einfügemarke vor oder auf den Eintrag und tippen oben auf das Symbol für die Checkliste.
3. Ist eine Aufgabe in Ihrer Checkliste erledigt, haken Sie sie ab, indem Sie auf das Checklistensymbol tippen.
4. Eine erledigte Aufgabe wird automatisch an das Ende der Checkliste verschoben, sofern Sie die entsprechende Nachfrage der *Notizen*-App bestätigen.

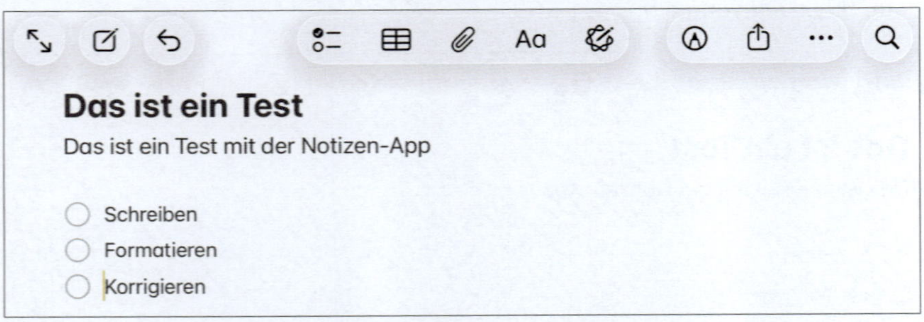

Nummerierte Listen erstellen

Über die Textformatierungen können Sie weitere Listen, z. B. nummerierte, erstellen.

1. Legen Sie die Notiz an und wählen Sie gleich über das Symbol *Aa* rechts oben an der Bildschirmtastatur die gewünschte Formatierung, etwa die *nummerierte Liste*.
2. Beginnen Sie mit dem ersten Punkt der Liste und drücken Sie dann die ↵-Taste. Der zweite sowie die weiteren Punkte der Liste werden automatisch erstellt.
3. Sie haben zudem die Wahl zwischen einer Liste mit vorangestellten Sonderzeichen oder Nummern.

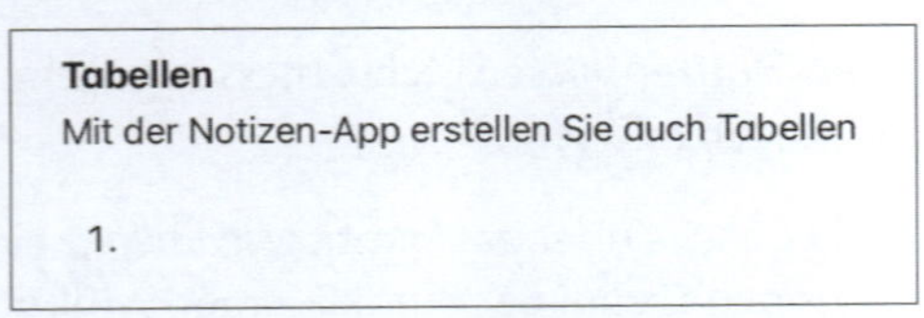

Tabellen anlegen

Mit der *Notizen*-App können Sie einfache Tabellen erstellen. Spalten und Zeilen lassen sich später ergänzen, und den enthaltenen Text können Sie formatieren.

1. Legen Sie über das Symbol *Neue Notiz* eine neue Notiz an. Um eine neue Tabelle zu erstellen, tippen Sie oben auf das Tabellensymbol.
2. Es wird eine einfache Tabelle mit zwei Spalten und zwei Zeilen angelegt. Diese können Sie erweitern.
3. Tippen Sie zum Hinzufügen einer weiteren Spalte auf die drei kleinen Punkte links und zum Hinzufügen einer weiteren Linie auf die drei kleinen Punkte oben.
4. Geben Sie nun den Text in die Tabelle ein. Diesen können Sie über das Kontextmenü formatieren.
5. Zum Löschen einzelner Spalten oder Linien wählen Sie die Tabelle aus und tippen auf die drei kleinen Punkte links oder oben. Dort tippen Sie auf *Spalte löschen* oder *Zeile löschen*.
6. Möchten Sie die gesamte Tabelle löschen, tippen Sie oben etwas länger auf das Tabellensymbol und dann auf *Tabelle löschen*. Soll der darin enthaltene Text erhalten bleiben, auf *In Text konvertieren*.

Medien einfügen

Ihren Notizen lassen sich unterschiedliche Medien wie etwa Abbildungen, Fotos oder Videos hinzufügen.

1. Legen Sie über das Symbol *Neue Notiz* eine neue Notiz an. Um ein Medium einzufügen, tippen Sie auf das Büroklammer-Symbol oben. Wählen Sie nun *Foto oder Video aufnehmen* bzw. *Foto oder Video auswählen*.
2. Dort wählen Sie aus der Foto-Mediathek ein Foto bzw. Video aus oder nehmen es mit der Kamera auf.
3. Übernehmen Sie das Foto über einen Fingertipp auf *Hinzufügen* in Ihre Notiz.

Weitere Dateien hinzufügen

Ihren Notizen können Sie auch andere – kompatible – Dateien hinzufügen, beispielsweise PDF-Dateien oder Pages-Dokumente.

1. Starten Sie zuerst die *Notizen*-App im Modus *Apps als Fenster*.
2. Öffnen Sie die *Dateien*-App, sodass die *Notizen*-App und die *Dateien*-App nebeneinander zu sehen sind. Passen Sie die Fenstergröße entsprechend an.
3. Suchen Sie in der *Dateien*-App die gewünschte Datei, beispielsweise im Ordner *Vorschau* oder *Pages*.
4. Tippen Sie auf diese Datei und ziehen Sie sie auf die Notiz. Die Datei wird eingefügt. Durch Doppeltippen kann sie geöffnet und ggf. markiert werden.
5. Selbstverständlich können Sie die weiteren Dateien auch über das Büroklammer-Symbol hinzufügen. Wählen Sie hier einfach den Eintrag *Datei anhängen*.

Webseiten oder Links einfügen

Webseiten können Sie auf unterschiedliche Weise einer Notiz hinzufügen, als reine URL oder als URL mit Voransicht.

1. Öffnen Sie Safari und rufen Sie die gewünschte Website auf. Tippen Sie auf das Teilen-Feld und wählen Sie die *Notizen*-App aus.
2. Für die Webseite wird eine neue Notiz erstellt. Ergänzen Sie ggf. Text sowie Titel und tippen Sie auf *Sichern*.

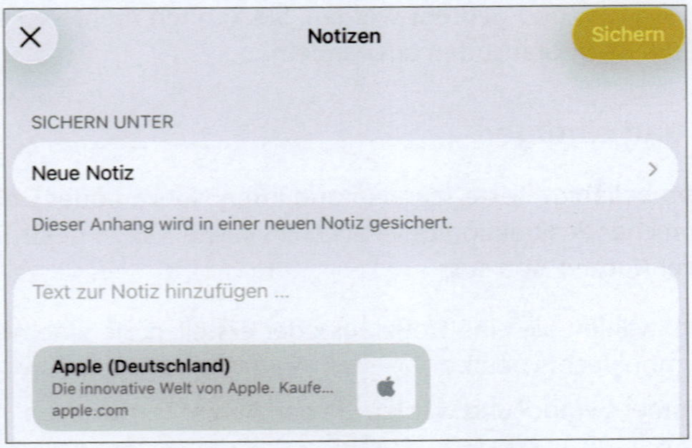

3. Alternativ starten Sie Safari und die *Notizen*-App im Modus *Apps als Fenster*. Ordnen Sie die Fenster so an, dass die *Notizen*-App und *Safari* nebeneinander zu sehen sind.
4. Tippen Sie in der Adressleiste auf die Webadresse oder auf einen Link auf der Webseite, bis sich das jeweilige Element etwas herauslöst.

5. Ziehen Sie diesen Link auf die Notiz. Er wird mit einer kleinen Vorschau eingefügt und damit gespeichert. Tippen Sie später darauf, wird Safari gestartet und die entsprechende Seite aufgerufen.

Dokumente scannen

Sie können direkt in der *Notizen*-App Dokumente scannen und einfügen – über die integrierte Kamera Ihres iPad.

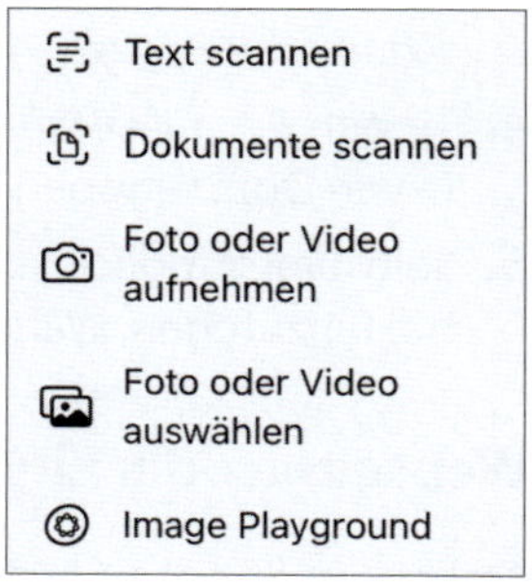

1. Legen Sie über das Symbol *Neue Notiz* eine neue Notiz an. Um ein Dokument zu scannen, tippen Sie oben auf das Büroklammer-Symbol.
2. Wählen Sie den Befehl *Dokumente scannen*. Positionieren Sie das iPad und damit auch die Kamera so, dass das Dokument wie gewünscht erfasst wird.
3. Wählen Sie *Automatisch*, versucht die *Notizen*-App den Text automatisch zu erkennen, und unterlegt ihn mit einem gelben Rahmen.
4. Tippen Sie auf den Auslöser. Anschließend können Sie, soweit erforderlich, den Rahmen so positionieren, dass das Dokument oder der gewünschte Teil des Dokuments vollständig erfasst ist.
5. Über einen Fingertipp auf die Befehle *Scan behalten* und *Sichern* rechts unten wird der Scan gespeichert und in die Notiz übernommen. Dort kann er per Doppeltipp geöffnet und weiterbearbeitet werden.
6. Der Scan kann noch zugeschnitten und gedreht werden. Sie können mehrere Filter anwenden und ihn beispielsweise in Graustufen umwandeln.

Beliebige Texte scannen und einfügen

Sie können mit der *Notizen*-App beliebige Texte scannen und Ihren Notizen oder Dokumenten hinzufügen. Die entsprechende Funktion bei iPadOS 26 sowie iOS 26 heißt *Text scannen*. Probieren Sie es mit der *Notizen*-App aus:

1. Starten Sie die *Notizen*-App, wählen Sie eine Notiz aus oder erstellen Sie eine neue Notiz über das bekannte Symbol rechts oben.
2. Tippen Sie auf das Büroklammer-Symbol und wählen Sie den Befehl *Text scannen*.
3. Positionieren Sie das kleine Fenster auf der Textstelle und befolgen Sie die etwaigen Hinweise.
4. Erkennt die Kamera des iPad Text, wird dieser gelb umrandet und hell hervorgehoben. Zum Einfügen tippen Sie auf den entsprechenden Schalter. Der Text erscheint in der Notiz oder auch in einer anderen unterstützten App.

Den gescannten Text können Sie überall nutzen

Gescannte Texte können Sie nicht nur in der *Notizen*-App nutzen, sondern auch in anderen Apps, in denen Sie Text einfügen können, z. B. *Mail*. Tippen Sie jeweils auf das Büroklammer-Symbol und wählen Sie den Befehl *Text scannen*. Dann gehen Sie wie oben beschrieben vor.

Kleine oder große Vorschau?

Alle Dokumente, Abbildungen und Zeichnungen, die Sie eingefügt haben, können Sie als *Groß* oder *Klein* anzeigen lassen. Drücken Sie dazu auf die Vorschau der Datei in der *Notizen*-App, bis das Kontextmenü erscheint. Hier wählen Sie die gewünschte Größe.

Notizen freigeben

Sie können andere Personen einladen, um – ausgewählte – Notizen ebenfalls zu bearbeiten.

1. Wählen Sie in der linken Spalte die betreffende Notiz aus und zeigen Sie diese an.
2. Tippen Sie rechts oben auf das *Teilen*-Symbol und wählen Sie den Befehl *Zusammenarbeiten*.
3. Bestimmen Sie zuerst die App, über die die Einladung gesandt werden soll – z. B. die *Nachrichten*- oder die *Mail*-App.

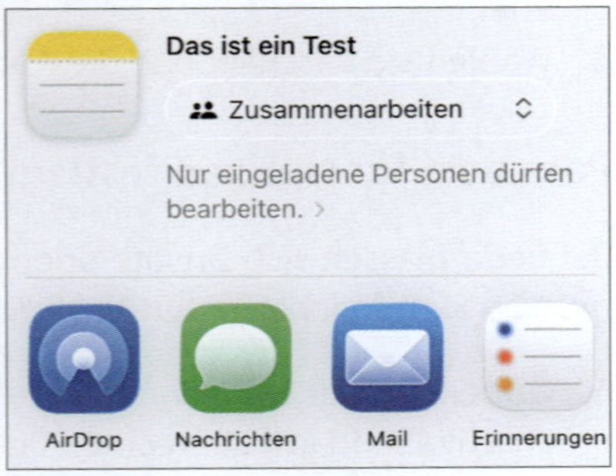

4. Geben Sie den Empfänger ein oder suchen Sie ihn in der *Kontakte*-App. Versenden Sie nun die Nachricht oder die E-Mail.
5. Anschließend kann der Empfänger oder die Empfängerin auf die freigegebene Notiz zugreifen und sie bearbeiten.
6. Freigegebenen Notizen wird jeweils ein Personensymbol vorangestellt.

Notizen versenden

Auf Wunsch können Sie die Notizen nur versenden, ohne dass sie von anderen mitbearbeitet werden können.

1. Wählen Sie in der linken Spalte die Notiz aus und zeigen Sie diese an.
2. Tippen Sie rechts oben auf das *Teilen*-Symbol und wählen Sie den Befehl *Kopie senden*.

3. Wählen Sie unten die App oder die Methode aus, über die Sie diese versenden wollen. Dann geben Sie den Empfänger ein und versenden die Notiz.

Ordner freigeben

Auch ganze Ordner mit den enthaltenen Notizen können freigegeben werden. In diesem Fall gehen Sie auf die folgende Weise vor:

1. Wählen Sie in der linken Spalte den Ordner aus und wischen Sie auf dessen Eintrag langsam von rechts nach links.
2. Tippen Sie auf das blaue *Teilen*-Symbol und im folgenden Fenster oben auf *Zusammenarbeit* statt *Kopie senden*. Falls erforderlich, wählen Sie die gewünschten Personen aus und bestimmen die Freigabeoptionen.

3. Wählen Sie anschließend die App aus, mit der Sie die Einladung versenden möchten.

Passwort für Notizen festlegen

Bei Bedarf lassen sich private oder »geheime« Notizen verschlüsseln oder sperren. Dazu müssen Sie zunächst in den *Einstellungen* ein Passwort festlegen:

1. Öffnen Sie die *Einstellungen*, wählen Sie in der linken Spalte den Eintrag *Apps* sowie anschließend auf der rechten Seite *Notizen* aus.
2. Tippen Sie in der rechten Spalte auf *Passwort*. Schalten Sie *Touch ID* oder *Face ID* sowie *Gerätecode verwenden* ein. Erstellen Sie nun bei Bedarf ein gesondertes Passwort für Ihre Notizen über *Eigenes Passwort verwenden*.

3. Identifizieren Sie sich per Touch ID oder Face ID bzw. über Ihren Gerätecode. Geben Sie bei Bedarf Ihr Passwort für den Apple Account ein und dann das neue für die Notizen. Vergessen Sie die Merkhilfe nicht.
4. Nun können Sie Ihre Notizen verschlüsseln und mit Touch ID, Face ID oder dem gesonderten Notizen-Passwort wieder anzeigen.

Notizen verschlüsseln

Nachdem Sie Touch ID, Face ID, den Gerätecode oder ein gesondertes Passwort für Ihre Notizen festgelegt haben, können Sie diese verschlüsseln.

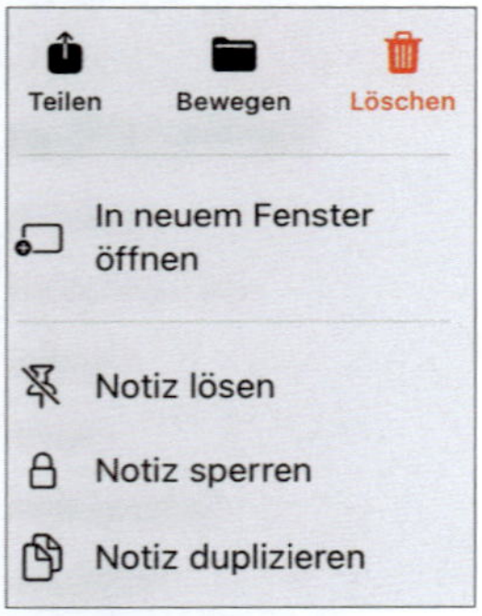

1. Wählen Sie die Notiz aus und tippen Sie etwas länger darauf, bis das Kontextmenü erscheint.
2. Tippen Sie rechts auf das Symbol eines Schlosses mit dem Befehl *Notiz sperren*.
3. Geben Sie das Passwort ein oder melden Sie sich per Touch ID oder Face ID an, um die Notiz zu verschlüsseln.
4. Soll die Notiz gesperrt werden, tippen Sie unten auf *Jetzt sperren*. Nun erscheint ein kleines Schloss vor der Notiz.
5. Wird diese Notiz später ausgewählt, wird statt der Notiz ein kleines Schloss eingeblendet.
6. Zum Öffnen der Notiz tippen Sie auf *Notiz anzeigen* und schalten die Notiz per Touch ID, Face ID, Ihren Gerätecode oder das gesonderte Passwort frei.
7. Soll die Verschlüsselung der Notiz wieder entfernt werden, tippen Sie auf diese, bis das Kontextmenü erscheint, und wählen Sie den Befehl *Schutz entfernen*.

Notizen oben anheften

Nicht immer ist es auf den ersten Blick ersichtlich, welche Ihrer Notizen wichtig sind und welche weniger wichtig. Die *Notizen*-App sortiert Ihre Aufzeichnungen nämlich nach dem Erstellungs- und Bearbeitungsdatum. Besonders wichtige Notizen lassen sich aber oberhalb der Liste in einem gesonderten Bereich anheften.

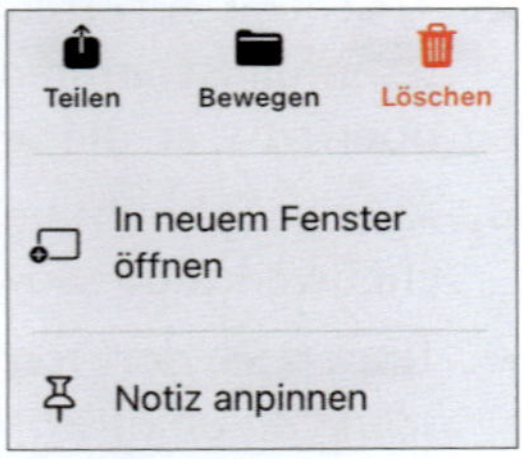

1. Tippen Sie etwas länger auf eine Notiz, bis das Kontextmenü erscheint.
2. Tippen Sie nun auf das Stecknadelsymbol mit dem Befehl *Notiz anpinnen*, wird die Notiz oben angeheftet. Zum Entfernen tippen Sie dann auf *Notiz lösen*.

Anderen Hintergrund verwenden

Ihre einzelnen Notizen lassen sich mit alternativen Hintergründen versehen, etwa kariertem oder liniertem Papier.

1. Wählen Sie in der linken Spalte die Notiz aus und zeigen Sie diese an.
2. Tippen Sie ganz rechts oben auf *Mehr* (Kreis mit drei Punkten) und wählen Sie unten den Befehl *Linien & Gitter*. Der gewählte Hintergrund wird hinzugefügt.

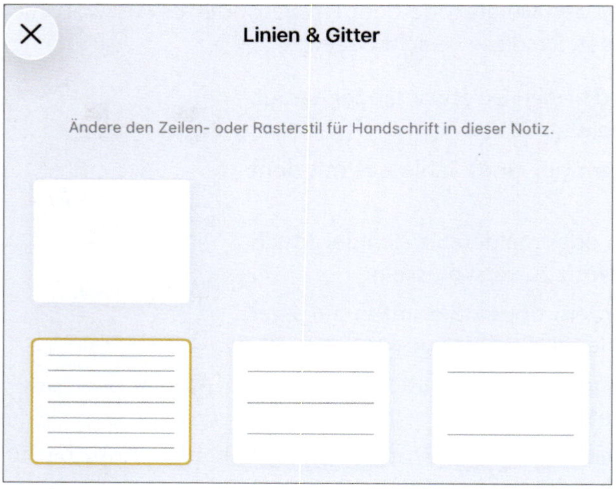

Handschriftliche Notizen erstellen

Mit der *Notizen*-App Ihres iPad können Sie nicht nur Texte aller Art eintippen, PDF-Dateien, Internetadressen und Medien hinzufügen, sondern auch handschriftliche Notizen erstellen:

1. Tippen Sie rechts oben auf das Symbol *Neue Notiz* und zum Erstellen einer Zeichnung oder handgeschriebenen Notiz ggf. auf das Bleistiftsymbol rechts oben. Meist erkennt die *Notizen*-App selbst, sobald Sie mit dem Apple Pencil zu schreiben beginnen.
2. Anschließend erscheint die Palette mit den Schreib- und Zeichenwerkzeugen am unteren Bildschirmrand. Diese können Sie bei Bedarf verkleinert anzeigen oder nach oben bzw. an die Seite des Bildschirms bewegen, indem Sie sie dorthin ziehen.
3. Auf der Schreib- und Zeichenpalette finden Sie die verschiedenen Schreib- und Zeichenwerkzeuge sowie Lineal, Radierer und die Farbpalette.
4. Tippen Sie dort rechts auf die drei kleinen Punkte und schalten Sie die Option *Handschrift automatisch verfeinern* ein.
5. Erstellen Sie die handgeschriebene Notiz. Unter Umständen können Sie mitverfolgen, wie diese automatisch verbessert wird.

6. Falls Sie über keinen Apple Pencil verfügen, können Sie auch versuchen, mit dem Finger zu schreiben. Tippen Sie dazu erneut auf die drei kleinen Punkte und schalten Sie die Option *Mit dem Finger zeichnen* ein.
7. Zudem wird der geschriebene Text erkannt und kann weiterverarbeitet werden. Tippen Sie dazu auf die Notiz und wählen Sie diese aus. Tippen Sie länger auf die Notiz, bis das Kontextmenü erscheint. Hier wählen Sie den Befehl *Als Text kopieren*. Den Text können Sie nun an anderer Stelle oder in eine andere App einfügen.

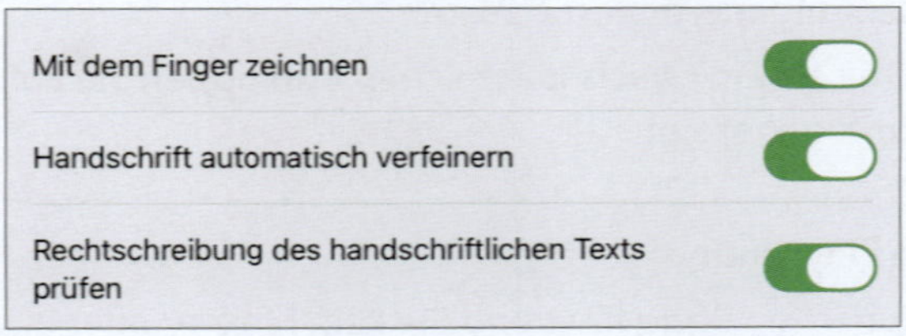

Zeichenpalette schneller anzeigen mit dem Apple Pencil Pro

Besitzen Sie einen Apple Pencil Pro, können Sie die Zeichenpalette schneller anzeigen, indem Sie den Pencil am Schaft beidseitig drücken. Die Zeichenpalette wird dann als Viertelkreis direkt an der aktuellen Stelle angezeigt.

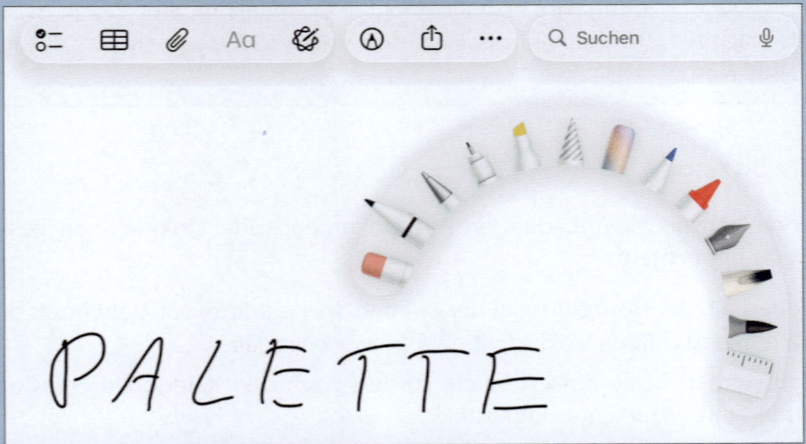

Schnelleres Notieren und Zeichnen

Mit dem Apple Pencil und einem kompatiblen iPad ist es möglich, Notizen und Zeichnungen noch schneller zu erstellen. Beginnen Sie dazu einfach, auf der geöffneten Notiz zu schreiben und zu zeichnen. Die Zeichnung und die handschriftliche Notiz werden der getippten Notiz dann hinzugefügt und angehängt.

Handschriftlich rechnen

Mit der *Notizen*-App und dem Apple Pencil können Sie auch handschriftlich rechnen. Sie bekommen die Lösung auch gleich präsentiert. Probieren Sie es aus:

1. Tippen Sie rechts oben auf das Symbol *Neue Notiz* und zum Erstellen einer Zeichnung oder handgeschriebenen Notiz auf das Bleistiftsymbol rechts oben – sofern der Apple Pencil nicht ohnehin schon erkannt wird.
2. Schreiben Sie zum Test eine Rechenaufgabe, etwa *12*96+20*.
3. Ergänzen Sie die Rechenaufgabe mit einem Gleichheitszeichen und tippen Sie auf *Lösen*, wird das Ergebnis in Handschrift angezeigt.

Zeichnungen einfügen mit Image Playground

Falls Ihr künstlerisches Talent zu wünschen übrig lässt und Sie kein Meister oder eine Meisterin beim Schwingen des Pinsels oder des Apple Pencils sind, können Sie sich Unterstützung holen. Und zwar durch *Image Playground* von Apple Intelligence, sofern dieses von Ihrem iPad unterstützt wird. Ist dies der Fall, tippen Sie in der *Notizen*-App, nachdem Sie eine leere Notiz angelegt haben, auf das Büroklammer-Symbol in der Symbolleiste. Dort wählen Sie den Eintrag *Image Playground*. Tippen Sie nun in das bunt umrandete Texteingabefeld ein, was für ein Motiv Sie wünschen, etwa »Elefant vor Pyramiden«. Die Abbildung wird erstellt. Möchten Sie einen anderen Zeichenstil, entscheiden Sie sich zwischen *Animation*, *Illustration* und *Skizze*. Übernehmen Sie die Abbildung in Ihre Notiz.

Alle Anhänge anzeigen

Alle Anhänge Ihrer Notizen wie Abbildungen, PDF-Dokumente oder Links können Sie auf die folgende Weise betrachten:

1. Tippen Sie oberhalb der Notizenliste in der zweiten Spalte (Mitte) auf *Mehr* (Kreis drei kleinen Punkten) und wählen Sie die Option *Anhänge anzeigen*.
2. Die Anhänge werden in der linken Spalte sortiert nach den Kategorien *Fotos und Videos*, *Websites* und *Dokumente* aufgelistet.
3. Wenn Sie im Folgenden auf *Alle anzeigen* tippen, werden diese vollständig aufgelistet. Zum Vergrößern tippen Sie jeweils auf den Anhang bzw. die Abbildung.

Notizen sortieren

Ihre Notizen sortieren Sie auf die folgende Weise:

1. Um die Ordner händisch zu sortieren, tippen Sie in der linken Spalte auf *Bearbeiten* und *Mehr* (drei kleine Punkte) und dann auf *Nach Datum gruppieren*. Hier schalten Sie ggf. die Sortierung aus.

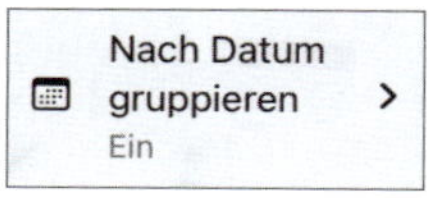

2. Wählen Sie in der linken Spalte den gewünschten Ordner aus. Ziehen Sie diesen an den drei Strichen an die gewünschte Stelle.
3. Zum automatischen Sortieren der Notizen tippen Sie oberhalb der Liste auf *Mehr* und dann auf den Befehl *Sortieren nach*. Wählen Sie anschließend die gewünschte Sortierung: *Standard*, *Bearbeitungsdatum*, *Erstellungsdatum* oder *Titel* aus.
4. Bestimmen Sie zudem, ob *Neueste* Notizen oder *Älteste* immer an erster Stelle erscheinen sollen.

Galerieansicht Ihrer Notizen

Ihre gesammelten Notizen können Sie auch in einer verkleinerten Galerieansicht betrachten. Tippen Sie dazu in der zweiten Spalte oberhalb der Notizen auf *Mehr* sowie *Als Galerie anzeigen*. Nun wird eine verkleinerte Voransicht all Ihrer Notizen angezeigt.

Notizen auf dem Sperrbildschirm

Als glücklicher Besitzer eines iPad mit Apple Pencil ist es möglich, das iPad auch dann als »Notizblock« zu verwenden, wenn es gesperrt ist. Um schnell etwas zu notieren, müssen Sie sich nicht in jedem Fall am iPad anmelden und dann die *Notizen*-App starten. Notizen und Zeichnungen können Sie auch direkt über den Sperrbildschirm erstellen. Bitte beachten Sie, dass der Sperrbildschirm angezeigt werden muss! Ist der Bildschirm dunkel, funktioniert der Tipp nicht.

1. Falls noch nicht erfolgt, wechseln Sie zum Sperrbildschirm, indem Sie die Stand-by-Taste oben oder rechts drücken.
2. Bewegen Sie den Apple Pencil kurz über den Sperrbildschirm oder tippen Sie kurz zweimal darauf.
3. Nach einem kurzen Moment erscheint die *Notizen*-App mit einem leeren Blatt, Sie können direkt loslegen und Ihre Notiz festhalten oder eine Skizze erstellen.
4. Die Notiz oder Skizze wird als neue Notiz angelegt. Wenn Sie diese später erneut aufrufen wollen, müssen Sie sich per Touch ID, Face ID oder mit Ihrem Zugangscode anmelden.

Handschriftenerkennung in der Notizen-App

Die *Notizen*-App verfügt über eine lernfähige Handschriftenerkennung. Erstellen Sie eine handschriftliche Notiz, können Sie später über das Suchfeld der App nach darin notierten Begriffen suchen.

Schnellnotizen erstellen

Auch wenn Sie mit dem iPad arbeiten und eine andere App im Vollbildmodus nutzen, können Sie schnell eine Notiz erstellen, ohne dazu die *Notizen*-App öffnen zu müssen:

1. Öffnen Sie eine App wie *Safari* oder *Mail* im Vollbildmodus. Wenn Sie jetzt eine Notiz erstellen wollen, wischen Sie mit dem Finger oder dem Apple Pencil von der rechten unteren Ecke nach innen.
2. Es erscheint ein verkleinertes Fenster der *Notizen*-App, das Sie frei auf dem Bildschirm positionieren können.
3. Erstellen Sie Ihre Notiz mit dem Finger, dem Apple Pencil oder der Bildschirmtastatur und tippen Sie auf *Fertig*.
4. Die entsprechenden Schnellnotizen finden Sie in der linken Spalte der *Notizen*-App im gleichnamigen Ordner.

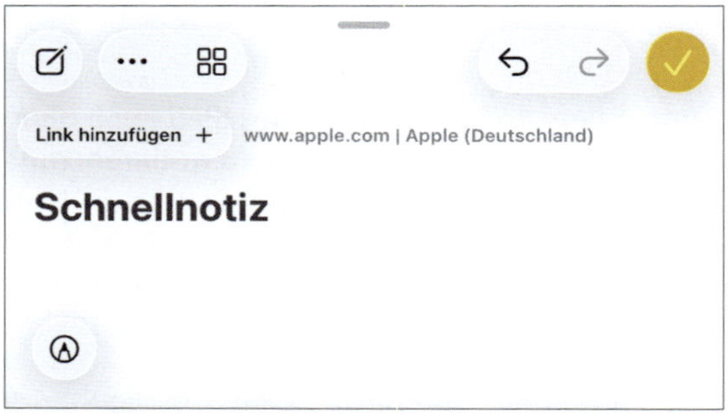

Notizen exportieren

Ihre mit der *Notizen*-App erstellten Texte können Sie bei Bedarf in andere Formate exportieren, um diese etwa mit dem Mac oder Windows-PC weiterverarbeiten zu können. Wählen Sie dazu die gewünschte Notiz aus und tippen Sie anschließend auf das Teilen-Feld. Hier haben Sie die Formate für Apples *Pages* und *Markdown* zur Auswahl. Wählen Sie das passende Format und den Ordner, in dem Sie die Datei sichern wollen. Dies kann etwa ein Ordner auf *iCloud Drive* sein.

5.4 Erinnerungen

Mit der *Erinnerungen*-App verwalten Sie Ihre Aufgaben und legen To-do-Listen an. Die App unterstützt Sie dabei, sich an Ihre Aufgaben am richtigen Ort und zur richtigen Zeit zu erinnern. Wie üblich werden die Erinnerungen über iCloud mit Ihren anderen Geräten abgeglichen. Zudem arbeiten die Erinnerungen mit der *Kalender*-App zusammen. Ihre Erinnerungen finden Sie, sofern diese termingebunden sind, in beiden Apps wieder.

Erinnerungen in der Kalender-App erstellen

Auch in der *Kalender*-App direkt können Sie Erinnerungen erstellen, die dort natürlich auch angezeigt und weiterbearbeitet werden können. Tippen Sie dazu auf den Plus-Schalter links oben und wählen Sie das Register *Erinnerung* aus. Nehmen Sie Ihre Angaben vor und wählen Sie die Liste aus, in der die Erinnerung in der *Erinnerungen*-App abgelegt wird. Die Erinnerung wird sowohl in der *Erinnerungen*-App als auch in der *Kalender*-App angezeigt.

Regelmäßige Erinnerungen anlegen

Viele Aufgaben müssen in mehr oder weniger regelmäßigen Abständen erledigt und abgearbeitet werden, z. B. den Müll rausstellen, Rechnungen bezahlen und vieles andere mehr. Mit der *Erinnerungen*-App behalten Sie Ihre wiederkehrenden Aufgaben im Blick.

1. Starten Sie die *Erinnerungen*-App und wählen Sie die passende Liste, z. B. *Meine Aufgaben*.
2. Erstellen Sie über den Plus-Schalter unten eine neue Erinnerung. Geben Sie die Bezeichnung ein, etwa »Hausmüll rausstellen«. Bestätigen Sie die Eingabe mit der ⏎-Taste.
3. Um die Zeit dafür einzutragen, tippen Sie auf das kleine *i*-Symbol rechts. Dort legen Sie über *Datum* und *Uhrzeit* den Termin fest.
4. Ist es ein wiederkehrender Termin, tippen Sie zudem auf *Wiederholen* und geben den Zeitraum ein, von *Täglich* bis zu *Alle 6 Monate*.

Erledigte Erinnerungen anzeigen

Um alle bereits erledigten Erinnerungen aufzulisten, tippen Sie rechts oben auf *Mehr* (Kreis mit drei kleinen Punkten) und dann auf die Option *Erledigte einblenden*. Nun werden auch alle alten Erinnerungen aufgelistet.

Ortsbezogene Erinnerung erstellen

Sehr praktisch sind ortsbezogene Erinnerungen. In diesem Fall werden Sie immer dann von der *Erinnerungen*-App auf eine Aufgabe hingewiesen, wenn Sie sich am jeweiligen Ort befinden.

1. Starten Sie die *Erinnerungen*-App und wählen Sie zunächst die passende Liste, z. B. *Meine Aufgaben*.
2. Erstellen Sie über den Plus-Schalter unten in der Mitte eine neue Erinnerung. Geben Sie die passende Bezeichnung ein und bestätigen Sie die Eingabe.
3. Sofern erforderlich, tragen Sie zunächst die richtige Zeit ein. Dazu tippen Sie auf das kleine *i*-Symbol rechts. Legen Sie dann, wie oben gezeigt, das Datum und die Zeit fest.
4. Um einen ortsabhängigen Termin zu erstellen, blättern Sie nach unten, schalten die Option *Ort* ein und wählen diesen aus.
5. Tippen Sie rechts auf *Eigene* und geben Sie die Adresse ins Suchfeld ein. Legen Sie fest, ob Sie bei der *Ankunft* an diesem Ort oder *Beim Verlassen* erinnert werden wollen. Tippen Sie dann auf *Zurück* links oben sowie auf *Fertig*.

Automatische Einkaufslisten erstellen

Die *Erinnerungen*-App kann automatische Einkaufslisten erstellen. Sie sortiert die Artikel nach den passenden Kategorien. Um eine automatische Einkaufsliste anzulegen, tippen Sie auf das Symbol *Neue Liste*. Wählen Sie als Listentyp *Einkäufe*. Nehmen Sie in die Einkaufsliste die gewünschten Produkte auf. Diese werden dann automatisch in die passenden Kategorien einsortiert.

Den Erinnerungen Prioritäten zuweisen

Um wichtige von weniger wichtigen Aufgaben zu unterscheiden, können Sie diesen auch Prioritäten zuweisen. In diesem Fall tippen Sie bei der gewählten Aufgabe auf das kleine *i* und blättern nach unten. Dort wählen Sie als Priorität statt *Ohne* dann *Niedrig*, *Mittel* oder *Hoch*. Die Priorität wird mittels Ausrufezeichen angezeigt.

Erinnerungen mit weiteren Informationen ergänzen

Ihren Erinnerungen können Sie bei Bedarf weitere Informationen hinzufügen, etwa Abbildungen, Internetadressen und Notizen.

1. Wählen Sie die Erinnerung aus und tippen Sie auf das kleine *i*.
2. Tragen Sie unterhalb des Titels die dazugehörigen *Notizen* ein sowie bei Bedarf eine passende Internetadresse (*URL*).
3. Wollen Sie eine Abbildung hinzufügen, blättern Sie ganz nach unten und tippen auf den Eintrag *Bild hinzufügen*.

> **Bilder und Webseiten per Ziehen und Ablegen hinzufügen**
> Bilder oder Webseiten lassen sich einfach auf eine Erinnerung ziehen und dort ablegen. Starten Sie die *Erinnerungen*-App im Modus *Apps im Fenster*. Starten Sie die zweite App, z. B. *Safari*. Öffnen Sie dort eine Webseite und tippen Sie auf die Webadresse, verschieben Sie den Finger leicht, bis sich die Webadresse herauslöst. Ziehen Sie nun die Webadresse auf die gewünschte Erinnerung. Möchten Sie stattdessen eine Abbildung hinzufügen, öffnen Sie etwa die *Fotos*-App und ziehen die Abbildung auf die dazugehörige Erinnerung.

Erledigte Erinnerungen löschen

Je nachdem, wie intensiv Sie die *Erinnerungen*-App nutzen, kann es der Übersichtlichkeit wegen erforderlich sein, bereits erledigte Aufgaben zu löschen:

1. Um zunächst alle erledigten Erinnerungen anzuzeigen, tippen Sie rechts oben auf *Mehr* (Kreis mit drei kleinen Punkten) und wählen den Eintrag *Erledigte Einträge einblenden*.
2. Um einen Eintrag zu entfernen, wischen Sie auf dem Eintrag von rechts nach links und tippen dann auf *Löschen*. Der Eintrag wird entfernt.
3. Möchten Sie mehrere Einträge auf einmal löschen, tippen Sie erneut auf *Mehr* sowie auf *Erinnerungen auswählen*.
4. Markieren Sie die Erinnerungen und tippen Sie anschließend unten auf das Papierkorbsymbol, um sie zu löschen.

Erinnerungen freigeben

Ihre Erinnerungen – bzw. deren Listen – können Sie mit anderen Personen teilen und freigeben.

1. Wählen Sie auf der linken Seite die gewünschte Liste aus. Tippen Sie etwas länger auf die Liste, um das Kontextmenü anzuzeigen.

2. Tippen Sie dann auf den Eintrag *Liste teilen*. Wählen Sie, sofern erforderlich, den Eintrag *Zusammenarbeit* aus.
3. Bestimmen Sie die App, über die die Einladung versandt werden soll, und geben Sie die E-Mail-Adresse des Empfängers ein. Selbstverständlich muss die Person auch die *Erinnerungen*-App auf dem iPad, iPhone oder Mac nutzen.
4. Tippen Sie dann auf *Link teilen*, wird die Einladung an den Adressaten versandt.
5. Natürlich können Sie auch einzelne Erinnerungen freigeben, nicht nur Listen. Dazu wählen Sie die Erinnerung aus und tippen dann rechts oben auf das Teilen-Feld.
6. Anschließend gehen Sie so vor wie zuvor beschrieben und versenden die Einladung.

Erinnerung über das Kontrollzentrum erstellen

Neue Erinnerungen können Sie besonders schnell über das Kontrollzentrum anlegen. Rufen Sie das Kontrollzentrum auf und fügen Sie über das Plus-Symbol und den Befehl *Steuerelement hinzufügen* das Steuerelement *Erinnerungen* (Punktliste) hinzu.

Um später eine neue Erinnerung zu erstellen, tippen Sie einfach auf das Steuerelement im Kontrollzentrum und nehmen die Eingaben vor.

Individuelle Listen erstellen

Um die *Erinnerungen*-App auf Ihre Bedürfnisse zuzuschneiden, können Sie auch eigene individuelle Listen in verschiedenen Farben und mit passenden Symbolen erstellen.

1. Tippen Sie oben an der linken Spalte auf das Symbol *Neue Liste*.
2. Geben Sie den Namen ein. Wählen Sie nun die *Farbe* und das gewünschte *Symbol* aus, beispielsweise eine Eisenbahn für Reisen mit der Bahn.
3. Alternativ können Sie über das Register *Vorlagen* eine bereits vorhandene Vorlage wählen.

4. Tippen Sie rechts oben auf *Fertig*, wird die neue Liste unterhalb der bestehenden Listen hinzugefügt.

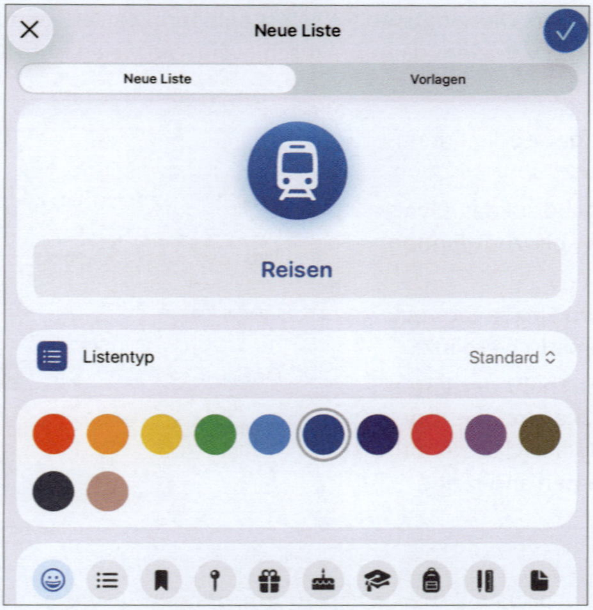

Erinnerungen anpassen

Die Listen der Erinnerungen und Aufgaben können Sie bei Bedarf von Hand anpassen. Und zwar auf diese Weise:

1. Wählen Sie links Ihre gewünschte Liste mit den Erinnerungen aus.
2. Rechts finden Sie die einzelnen Erinnerungen. Um diese zu verschieben, tippen Sie etwas länger auf einen Eintrag und bewegen ihn leicht, bis er sich aus der Liste herauslöst.
3. Ziehen Sie die Erinnerung nun an die gewünschte Position. Dies kann auch eine andere Liste sein.

Erinnerungen und Aufgaben automatisch sortieren

Ihre Erinnerungen und Aufgaben lassen sich automatisch sortieren:

1. Wählen Sie dazu links die entsprechende Liste aus und tippen Sie rechts oben auf *Mehr* (Kreis mit drei kleinen Punkten).
2. Wählen Sie den Befehl *Sortieren nach* und legen Sie die Sortierreihenfolge fest.
3. Sie haben die Wahl zwischen *Manuell*, *Fälligkeitsdatum*, *Erstellungsdatum*, *Priorität* oder *Titel*.

Erinnerungen mit Tags organisieren

Um alle Erinnerungen eines bestimmten Typs schnell aufrufen zu können, organisieren Sie diese mithilfe von Tags, also Etiketten. Diese müssen Sie selbst anlegen. Die Verwendung von Tags ist wie in der *Notizen*-App vor allem dann praktisch, wenn Sie viele Listen und Aufgaben erstellen und verwalten.

1. Erstellen Sie zunächst die Aufgabe oder Erinnerung bzw. wählen Sie eine aus.
2. Tippen Sie rechts an der Aufgabe auf das *i*-Symbol. Blättern Sie nach unten bis zum Eintrag *Tags*.
3. Tippen Sie auf *Tags* und geben Sie die Tags ein. Das Tag-Zeichen # wird automatisch ergänzt.
4. Alle Ihre Tags finden Sie unterhalb der Listen in der linken Spalte. Tippen Sie auf eines oder mehrere Tags, werden rechts alle dazugehörigen Erinnerungen und Aufgaben angezeigt.

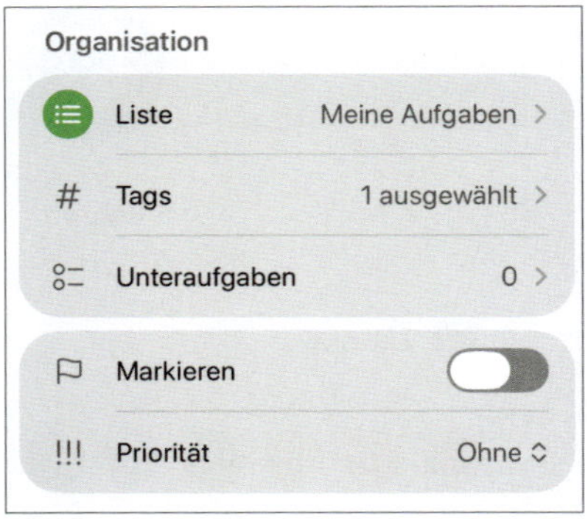

> **Erinnerungen ausdrucken**
> Benötigen Sie Ihre Erinnerungen und Aufgaben in Papierform, bringen Sie diese auch am iPad schnell zu Papier. Tippen Sie dazu rechts oben auf *Mehr* und wählen Sie den Befehl *Drucken* aus. Nach der Wahl des Druckers und der Einstellungen tippen Sie auf *Drucken* rechts oben.

5.5 Suchen

Um schnell alle gewünschten Informationen nicht nur auf Ihrem iPad, sondern auch online zu finden, nutzen Sie Spotlight, die intelligente Suchfunktion von iPadOS 26. Im Folgenden finden Sie Tipps und Tricks, um Ihre Suche einfacher und erfolgreicher zu gestalten.

Spotlight-Suche schnell starten

Eine schnelle Suche mit Spotlight starten Sie wie folgt:

1. Wischen Sie auf dem Home-Bildschirm von der Mitte des Bildschirms nach unten.
2. Nun geben Sie den oder die Suchbegriffe in das Suchfeld ein und starten die Suche mit der [⏎]-Taste.
3. Schon während Sie Ihre Suchbegriffe eingeben, werden passende Suchergebnisse, geordnet nach den unterschiedlichen Kategorien, aufgelistet.

4. Zum Betrachten tippen Sie das entsprechende Suchergebnis an. Die dazu erforderliche App wird automatisch geöffnet.

Spotlight-Suche mit einer externen Tastatur aufrufen

Nutzen Sie eine Tastaturhülle oder eine externe Tastatur, können Sie auch mit einer Taste oder Tastenkombination die Spotlight-Suche starten. Drücken Sie auf dem Home-Bildschirm die *Leer*-Taste, wird oftmals das Spotlight-Suchfeld angezeigt.

Alternativ besitzen manche Tastaturen für das iPad auch eine spezielle Spotlight-Taste, diese ist meist durch ein Lupensymbol gekennzeichnet, wie es etwa beim Magic Keyboard für das iPad der Fall ist.

Siri-Vorschläge nutzen

Rufen Sie Spotlight auf, indem Sie von der Mitte des Bildschirms nach unten wischen. Geben Sie zuerst den oder die Suchbegriffe ein. Anschließend finden Sie beispielsweise unter *Vorschläge* passende Apps, unter *Siri-Wissen* Einträge in Lexika, unter *Bilder* Abbildungen und unter *Websites* thematisch passende Webseiten.

Über eine App suchen

Viele Apps besitzen ebenfalls eine Suchfunktion, z. B. die Apps *Notizen* und *Mail* oder Apps von Drittherstellern. Nutzen Sie diese, um innerhalb der Apps bzw. in den geöffneten Dateien und Dokumenten zu suchen. Die Suchfunktion finden Sie meistens oben am Bildschirm über das Lupensymbol.

Eine App bei der Suche ausschließen

Wollen Sie eine App bzw. deren Inhalte bei der Suche ausschließen, erreichen Sie das auf die folgende Weise:

1. Öffnen Sie die *Einstellungen* und wählen Sie in der linken Spalte den Eintrag *Apple Intelligence & Siri*.
2. Tippen Sie rechts auf den Namen der App. Schalten Sie die Option *Von dieser App lernen* ab.
3. Die Einstellungen unter *Vorschläge* schalten Sie ggf. ebenfalls ab.

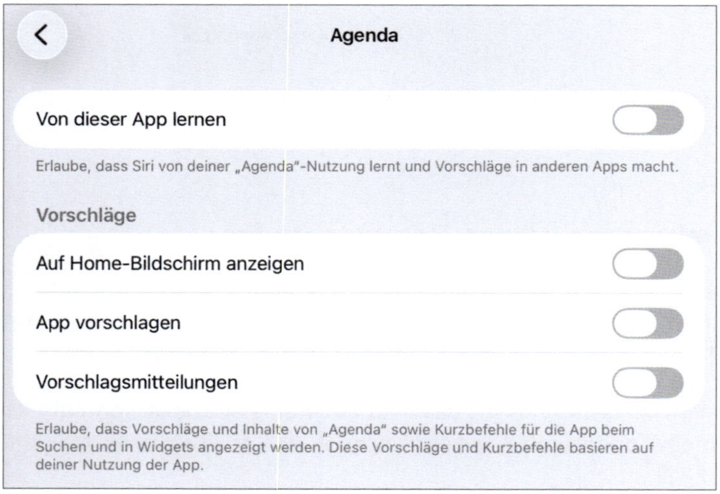

App starten über Spotlight-Suche

Die Spotlight-Suche können Sie übrigens auch als App-Starter nutzen:

1. Starten Sie die Spotlight-Suche, indem Sie von der Mitte des Bildschirms nach unten wischen. Geben Sie den Namen der App ins Suchfeld ein.
2. Auch wenn Sie den Namen nicht genau kennen, ist es sehr wahrscheinlich, dass Spotlight dennoch die passende App auflistet.

3. Tippen Sie auf das grau umrandete Symbol der App, um diese zu starten. Unter Umständen starten Sie so eine App schneller als über den Home-Bildschirm, das Dock oder die App-Mediathek.

Speicherorte durchsuchen

Über die *Dateien*-App können Sie gezielt nach Dateien suchen, sowohl direkt auf dem iPad als auch an den anderen Speicherorten, also Cloud-Diensten. Die Voraussetzung ist, dass Sie die dazu notwendige App installiert und sich mit dem dazugehörigen Benutzernamen und Kennwort angemeldet haben.

1. Starten Sie die *Dateien*-App und wählen Sie links zunächst den Speicherort aus, z. B. *iCloud Drive* oder *Auf meinem iPad*.
2. Geben Sie oben im Suchfeld den oder die Suchbegriffe ein. Die passenden Dateien werden im Hauptfenster blitzschnell aufgelistet.
3. Zudem können Sie zwischen dem *Verlauf* sowie dem gewählten Speicherort, etwa *iCloud Drive* oder *Auf meinem iPad*, wählen.

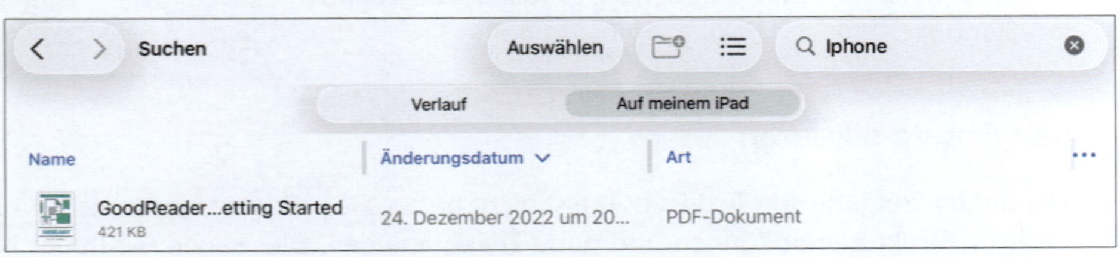

5.6 Diktieren

Sie haben keinen Sekretär und keine Sekretärin, die Sie zum Diktat bitten könnten? Das ist kein Problem, denn Sie besitzen ja ein iPad! Dank Siri, der passenden App und der Diktierfunktion ist es möglich, Texte zu diktieren. Wie Sie die Diktierfunktion Ihres iPad nutzen, zeigen wir Ihnen in den folgenden Tipps.

Diktierfunktion einschalten

Damit Ihr iPad das Diktat entgegennehmen kann, muss die Diktierfunktion zunächst aktiviert werden.

1. Achten Sie darauf, dass Siri aktiviert ist. Hierzu tippen Sie in den *Einstellungen* auf *Allgemein* und dann rechts auf *Tastatur*. Hier schalten Sie weiter unten *Diktierfunkton aktivieren* sowie *Automatische Interpunktion* ein.
2. Über den Eintrag *Diktiersprachen* wählen Sie die passende Diktiersprache(n) aus.
3. Anschließend werden – falls noch nicht geschehen – die dazu notwendigen Dateien heruntergeladen, sodass Sie auch diktieren können, wenn Sie über keine Internetverbindung verfügen sollten.

Diktat starten

Jedem Programm, das über eine Texteingabefunktion verfügt, wie die *Nachrichten*-App, *Mail*, die *Notizen*-App oder auch *Pages* sowie Programme von Drittanbietern, können Sie den Text diktieren:

1. Starten Sie das Diktat, indem Sie auf der Bildschirmtastatur, meist unten links, auf die Mikrofon-Taste tippen. Im Texteingabefeld der App erscheint ein farblich unterlegtes Mikrofon-Symbol.
2. Diktieren Sie Ihren Text. In der Regel versteht Ihr iPad Sie sehr gut. Korrekturen sind nur selten nötig.
3. Um das Diktat zu beenden, tippen Sie erneut auf das Mikrofon-Symbol.

Neuen Absatz diktieren

Mit der bloßen Eingabe von Text ist es meist nicht getan. Sie möchten diesen sicher auch in Absätzen strukturieren können und neue Zeilen anlegen. Dies sagen Sie Ihrem iPad ganz einfach auf die folgende Weise: »Neuer Absatz«.

Satzzeichen und Sonderzeichen eingeben

Haben Sie die Funktion *Automatische Interpunktion* aktiviert, werden in der Regel viele Satzzeichen automatisch ergänzt.

Ansonsten sprechen Sie diese vollständig aus wie etwa:

- Leerzeichen
- Komma
- Punkt
- Fragezeichen
- Bindestrich
- Gedankenstrich
- Zitat Anfang
- Zitat Ende
- Klammer auf
- Klammer zu
- Klammeraffe
- Eurosymbol
- Dollarzeichen
- Prozentzeichen
- Pluszeichen
- Minuszeichen

Emojis diktieren

Verfassen Sie eine Nachricht in der *Nachrichten*-App oder schreiben Sie eine E-Mail in *Mail*, wollen Sie diese möglicherweise durch Emojis ergänzen. Auch diese lassen sich – jedenfalls die wichtigsten – diktieren. Sehen Sie die folgenden Beispiele:

- Lachendes Gesicht :-D
- Trauriges Gesicht :-(
- Zwinkerndes Gesicht ;-)

Eingaben löschen und korrigieren

Um beim Diktat die vorherige Eingabe wieder zu löschen, genügt es leider nicht, den Befehl *Löschen* auszusprechen, denn das iPad übernimmt ihn in diesem Fall wörtlich in den Text. Wollen Sie den zuletzt diktierten Text löschen, müssen Sie selbst Hand anlegen.

1. Um die zuletzt vorgenommene Eingabe rückgängig zu machen, wischen Sie mit drei Fingern von links nach rechts über den Text auf dem Bildschirm.
2. Natürlich können Sie auch das Diktat beenden und die Eingaben mit der Bildschirmtastatur korrigieren.

Überflüssige Sprachdateien fürs Diktat entfernen

Möchten Sie die Diktierfunktion – offline – nicht mehr nutzen und die dazugehörigen Dateien entfernen, gehen Sie wie folgt vor:

1. Über *Einstellungen/Allgemein* sowie *Tastaturen* schalten Sie die Funktion *Diktierfunktion aktivieren* wieder ab.

2. Die dazugehörigen Dateien sollten dabei vom iPad entfernt werden, wodurch Sie etwas Speicherplatz (ca. 1 GB) einsparen können.

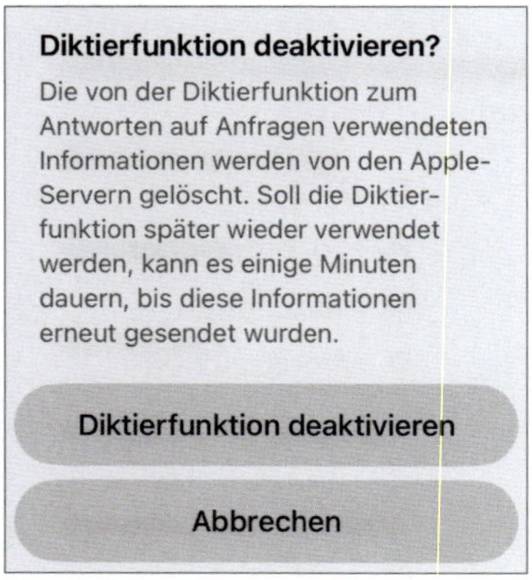

5.7 Dateien betrachten

Nutzen Sie bereits einen Mac, dann ist Ihnen die *Vorschau*-App wohl bekannt. Sie dient dazu, wie der Name schon besagt, Dateien unterschiedlichster Formate zu betrachten. Sie kann aber noch viel mehr, besonders, was PDF-Dokumente betrifft oder auch Abbildungen und Fotos. Im Zuge des Upgrades auf iPadOS 26 steht Ihnen diese praktische App auch auf dem iPad zur Verfügung und beweist einmal mehr, dass Ihr iPad auch zum Arbeiten geeignet ist.

Die *Vorschau*-App ist ähnlich wie die *Dateien*-App aufgebaut, sodass viele Tipps für die *Dateien*-App auch in der *Vorschau*-App angewandt werden können. Neben dem Betrachten von PDF-Dateien und anderen Dateien lassen sich diese aber auch bearbeiten.

PDF-Dateien bearbeiten

PDF-Dateien lassen sich mit der *Vorschau*-App auf unterschiedliche Weise bearbeiten, etwa indem Sie die Seiten neu anordnen, weitere hinzufügen oder scannen und einiges mehr:

1. Öffnen Sie die gewünschte PDF-Datei, indem Sie diese über den *Verlauf* oder *Durchsuchen* gefunden haben.
2. Blenden Sie über das entsprechende Symbol die Seitenleiste ein. Dort werden die unterschiedlichen Seiten des Dokuments aufgelistet.
3. Tippen Sie auf *Mehr* (drei kleine Punkte) auf der gewünschten Seite. Dort erhalten Sie folgende Möglichkeiten: *Nach links drehen, Nach rechts drehen, Seite zuschneiden, Leere Seite einfügen, Aus Datei einfügen, Seiten scannen, Seite löschen.*

4. Über das kleine *i*-Symbol rechts erfahren Sie mehr über die Metadaten des Dokuments.
5. Um das bearbeitete Dokument zu sichern, tippen Sie auf das Teilen-Feld, wählen den gewünschten Ordner aus und benennen es unter dem Befehl *Sichern unter* entsprechend um. Ansonsten wird das Originaldokument überschrieben.
6. Alternativ können Sie es in ein anderes Format *Exportieren* oder *Drucken*. Dazu tippen Sie rechts neben dem Dateinamen auf den Abwärtspfeil und wählen aus dem Menü den gewünschten Befehl aus.

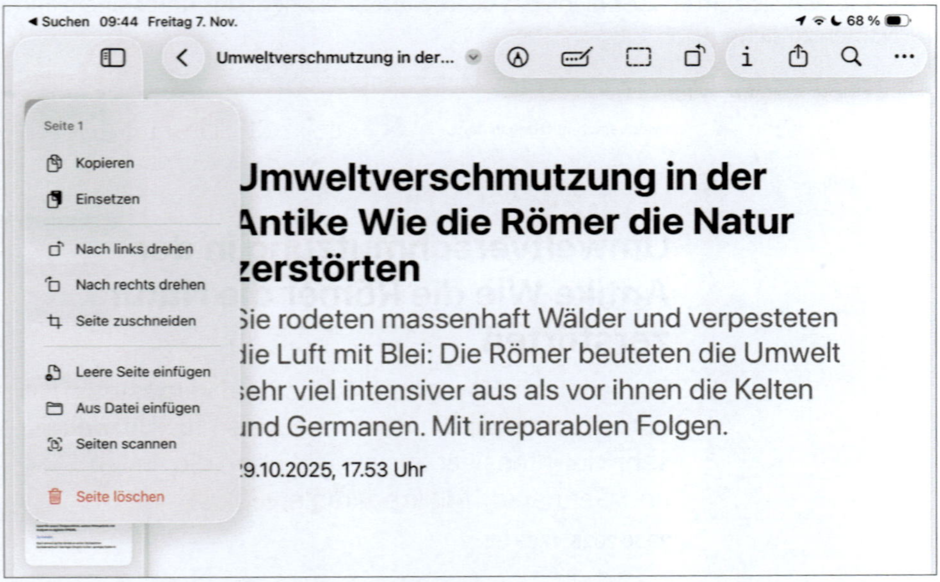

Anmerkungen vornehmen

Mit der *Vorschau*-App können Sie am iPad ein PDF-Dokument »aktiv« lesen, indem Sie mit dem Apple Pencil Anmerkungen hinzufügen oder Textpassagen farblich markieren:

1. Öffnen Sie die gewünschte PDF-Datei, nachdem Sie diese über den *Verlauf* oder *Durchsuchen* gefunden haben.
2. Blenden Sie über das entsprechende Symbol die Seitenleiste ein. Bestimmen Sie die Seite, auf der Sie die Anmerkung vornehmen möchten.
3. Tippen Sie mit dem Apple Pencil auf das Symbol *Bearbeiten* in der Symbolleiste. Unten erscheint die Palette mit den entsprechenden Zeichenwerkzeugen.
4. Um eine Textpassage farblich zu markieren, wählen Sie den Textmarker, die Farbe sowie die Strichstärke. Markieren Sie mit dem Apple Pencil die gewünschte Textpassage.
5. Für handschriftliche Markierungen wählen Sie das entsprechende Schreibwerkzeug und fügen die Anmerkungen an der passenden Stelle hinzu.

6. Wollen Sie eine Anmerkung oder einen Zeichenstrich rückgängig machen, tippen Sie in der Zeichenpalette auf den geschwungenen Linkspfeil.
7. Bei Bedarf können Sie auch neue maschinengeschriebene Textkästen hinzufügen. Tippen Sie dazu rechts in der Zeichenpalette auf das Plus-Symbol und wählen Sie dort den Befehl *Text hinzufügen*.
8. An der gewählten Stelle erscheint ein Textkasten, den Sie ausfüllen können. Textfarbe sowie Formatierung lassen sich über die entsprechenden Symbole anpassen.
9. Vergessen Sie zum Schluss nicht, das bearbeitete Dokument ggf. unter einem anderen Namen zu sichern.

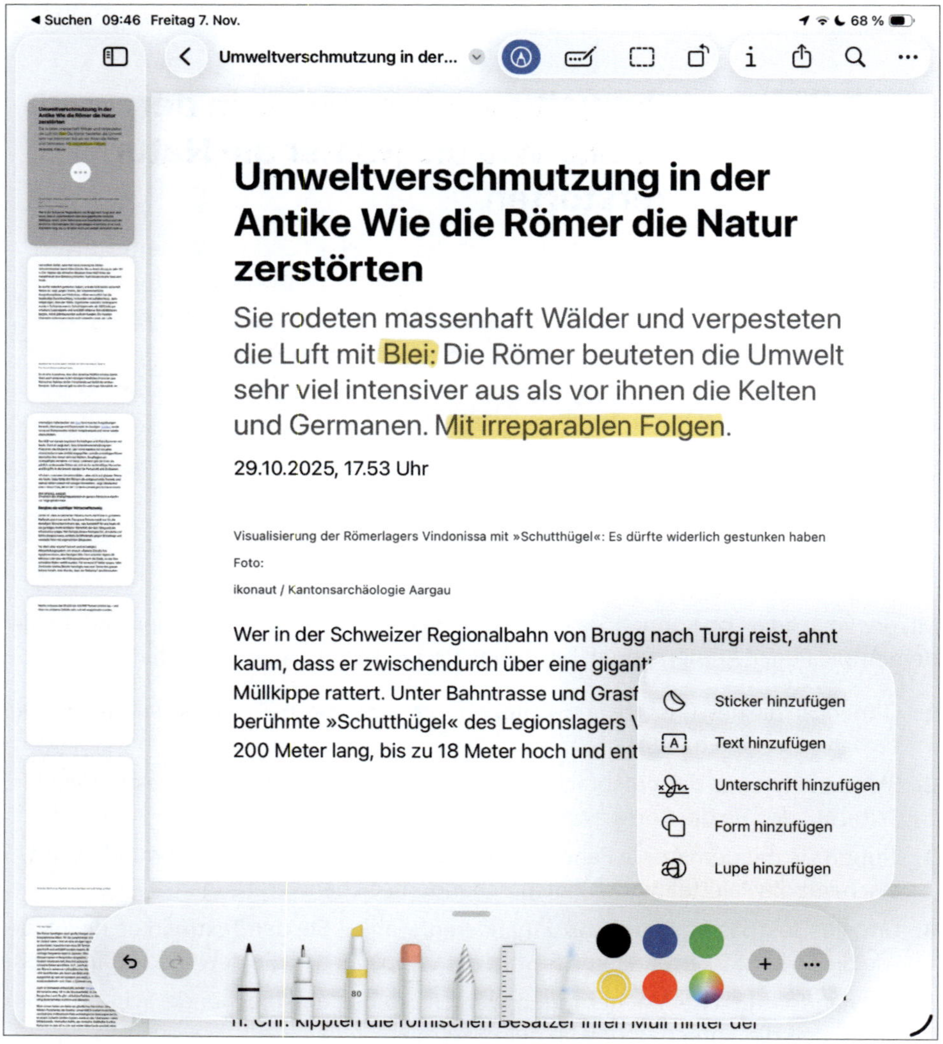

PDF-Formular ausfüllen

Mit der *Vorschau*-App können Sie leidige Formulare bequem ausfüllen. Öffnen Sie ein entsprechendes Formular mit der *Vorschau*-App, erscheint oben der Hinweis *Autom. Ausfüllen kann dich beim Ausfüllen dieses Formulars unterstützten*. Sie fahren dann wie folgt fort:

1. Tippen Sie zunächst auf den Schalter *Autom. ausfüllen*. Nun werden die Felder, die ausgefüllt werden können, aktiviert.
2. Je nachdem erhalten Sie bei jedem Feld einen Vorschlag für den Eintrag, etwa Name und Adresse. Übernehmen Sie diese Einträge.
3. Auch die Unterschrift kann übernommen werden, sofern sie vorliegt. Falls nicht, ergänzen Sie sie über den Schalter *Unterschrift hinzufügen*. Dazu tippen Sie auf den Plus-Schalter und schreiben Ihre Unterschrift mit dem Apple Pencil. Tippen Sie dann auf *Fertig*.

Seiten scannen

Sie können einem PDF-Dokument auch neue Seiten hinzufügen, indem Sie diese scannen:

1. Öffnen Sie die gewünschte PDF-Datei, nachdem Sie diese über den *Verlauf* oder *Durchsuchen* gefunden haben.
2. Blenden Sie über das entsprechende Symbol die Seitenleiste ein. Dort werden die unterschiedlichen Seiten des Dokuments aufgelistet.
3. Tippen Sie auf *Mehr* (drei kleine Punkte) auf der gewünschten Seite. Dort wählen Sie den Befehl *Seite scannen*.
4. In der Regel wird die Seite automatisch gescannt. Über die Symbole unten können Sie sie anpassen.
5. Beenden Sie die Bearbeitung, wird die Seite verkleinert dargestellt und Sie können diese über *Fertig* (blauer Haken) in das PDF-Dokument übernehmen.

5.8 Drucken

Wenn Sie am iPad arbeiten, möchten Sie sicher ab und zu auch etwas zu Papier bringen – sprich drucken –, und das, ohne dazu den Mac oder Windows-PC zu bemühen. Dank AirPrint und einem kompatiblen, WLAN-fähigen Drucker ist das aus jeder mit einer Druckfunktion ausgestatteten App möglich. Die Funktion finden Sie entweder in der App selbst, wie in den Microsoft-Office-Apps, oder auch über das Teilen-Feld.

Im zweiten Fall gehen Sie so vor:

1. Tippen Sie auf das Teilen-Feld der verwendeten App. Ist der Befehl *Drucken* auf den ersten Blick nicht zu sehen, tippen Sie zuerst auf *Mehr* (Kreis mit drei kleinen Punkten). Dort blättern Sie nach unten, bis Sie den Befehl finden. Tippen Sie darauf.

2. Im folgenden Fenster legen Sie den Drucker fest, wie viele Kopien Sie benötigen und welche Seiten gedruckt werden sollen.
3. Die weiteren Einstellungen hängen von Ihrem Druckermodell und dessen Funktionen ab. Hier können Sie meist *Medien & Qualität*, *Farbe* oder *Schwarzweiß* wählen bzw. das Layout festlegen.
4. Haben Sie alle erforderlichen Einstellungen vorgenommen, tippen Sie auf das Symbol *Drucken* und bringen das Dokument zu Papier.
5. In der linken Spalte finden Sie vor dem Drucken die Druckvorschau. Um diese vergrößert anzuzeigen, bewegen Sie auf der Vorschau Daumen und Zeigefinger auseinander und tippen dann auf *Fertig*.

Dokument stattdessen als PDF-Datei sichern

Das Dokument lässt sich alternativ als PDF speichern. Tippen Sie dazu im Druckfenster auf das Teilen-Feld und dann auf *In Daten kopieren*. Legen Sie den Ordner fest, in dem das PDF-Dokument gespeichert werden soll.

Drucken über AirPrint

Damit Sie mit dem iPad oder dem iPhone drucken können, müssen Sie über einen AirPrint-kompatiblen Drucker verfügen. Dieser wird über WLAN in Ihr Netzwerk eingebunden und kann dann direkt vom iPad aus zum Drucken genutzt werden. Wie Sie einen entsprechenden Drucker installieren, erfahren Sie in Kapitel 10.5.

6. Kreativ am iPad

Ihr iPad ist nicht nur ein hervorragendes Gerät, um Fotos, Filme und andere Medien zu betrachten, Sie können damit auch selbst kreativ werden. Ob Sie Fotos schießen, filmen oder Fotos bearbeiten und Filme schneiden wollen, das iPad hat dazu alle notwendigen Funktionen und Apps mit an Bord. Besitzen Sie einen Apple Pencil, können Sie damit auch Skizzen und Zeichnungen erstellen oder Fotos bearbeiten.

6.1 Fotos aufnehmen

Auch wenn man ein iPad, egal, ob es ein iPad Pro 12,9" oder ein iPad mini 7,9" ist, aufgrund seines Formfaktors und seiner Größe nicht gerade als handliche Kompaktkamera oder ergonomisch geformte Spiegelreflex- bzw. Systemkamera bezeichnen kann, ist es dank der eingebauten und mittlerweile recht guten Kamera möglich, schnell mal ein Foto oder Video zu schießen – und das in durchaus ansprechender Qualität.

Zudem bietet die *Kamera*-App Funktionen, die bei manchen »richtigen« Kameras fehlen, wie HDR-Aufnahmen, Live Photos, Panoramen oder Videos im Zeitraffer und in Zeitlupe. Und reichen Ihnen diese Funktionen immer noch nicht, sind im App Store unzählige Foto-Apps mit noch mehr ausgefeilten Funktionen erhältlich.

Kamera auf dem Sperrbildschirm aufrufen

Der Zugriff auf die Kamera des iPad ist schnell und problemlos möglich – und das auch direkt auf dem Sperrbildschirm, ohne sich am iPad anmelden zu müssen.

1. Wischen Sie auf dem Sperrbildschirm von rechts nach links und schon erscheint die *Kamera*-App.
2. Für einen Schnappschuss genügt es, das iPad auf das Motiv zu richten und den Auslöser zu drücken.

> **Schnell ein Foto schießen**
> Ist die *Kamera*-App gestartet, können Sie schnell ein Foto schießen, indem Sie eine der beiden Lautstärketasten Ihres iPad drücken. Diese funktionieren dann wie der Auslöser einer Kamera. Betätigen Sie die Lautstärketaste länger, wird eine ganze Serie geschossen, aus der Sie dann das gewünschte Foto auswählen können.

Kamera schnell wechseln

Falls erforderlich, wenn Sie etwa ein Selfie aufnehmen möchten, tippen Sie in der *Kamera*-App auf das Kreissymbol. Die *Kamera*-App wechselt von der Rückkamera zur Frontkamera. Um wieder zur Rückkamera zurückzukehren, tippen Sie erneut auf das Symbol.

Fotoformat festlegen

Auf Wunsch können Sie im Vorfeld das Format Ihres Fotos festlegen.

1. Starten Sie die *Kamera*-App und suchen Sie rechts nach den verschiedenen Einträgen.
2. Wählen Sie das Fotoformat aus, etwa *Porträt*, *Quadrat* oder *Pano* (weitere Möglichkeiten erfahren Sie in den folgenden Tipps).

Plattformkompatibles Fotoformat einstellen

Besitzen Sie ein iPad neuerer Generationen (iPad mini ab der fünften Generation, ein iPad ab der sechsten Generation, ein iPad Air ab der dritten Generation oder iPad Pro ab der zweiten Generation), können Sie mit der integrierten Kamera Aufnahmen in den Foto- und Videoformaten HEIF (**H**igh **E**fficiency **I**mage **F**ile Format H.265) sowie HEVC (**H**igh **E**fficiency **V**ideo **C**oding) erstellen. Diese benötigen nur halb so viel Speicherplatz.

Alte iPads sowie ältere Windows-PCs und Macs kommen mit diesen neuen Formaten nicht in jedem Fall zurecht. Daher lassen sich Fotos auch weiterhin im plattformkompatiblen JPEG-Format aufnehmen.

Dazu nehmen Sie die folgenden Einstellungen vor:

1. Öffnen Sie die *Einstellungen* und wählen Sie in der linken Spalte *Kamera* aus.
2. Tippen Sie rechts auf *Formate* sowie *Maximale Kompatibilität*.

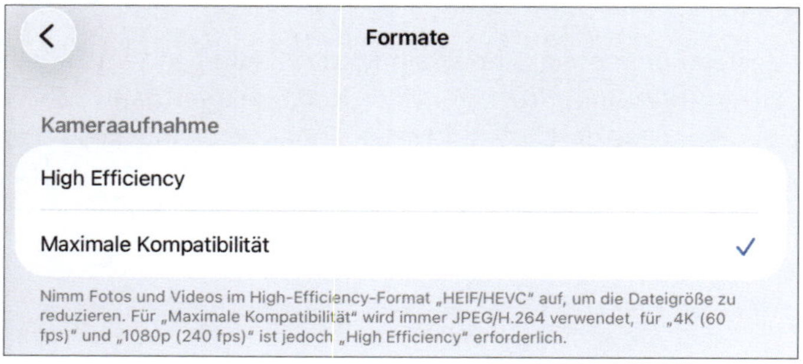

Raster und Wasserwage einblenden

Nicht nur, um schiefe Fotos zu verhindern, ist es sinnvoll, bei der *Kamera*-App ein Raster sowie die Wasserwaage einzublenden. Dank des Rasters können Sie Ihre Aufnahmen zudem besser komponieren, z. B. auf Basis des Goldenen Schnitts.

1. Öffnen Sie die *Einstellungen* und wählen Sie in der linken Spalte den Eintrag *Kamera*.
2. Rechts schalten Sie die Funktionen *Raster* und *Wasserwaage* mit einem Fingertipp ein. Künftig werden in der *Kamera*-App das Raster sowie eine Wasserwaage eingeblendet.

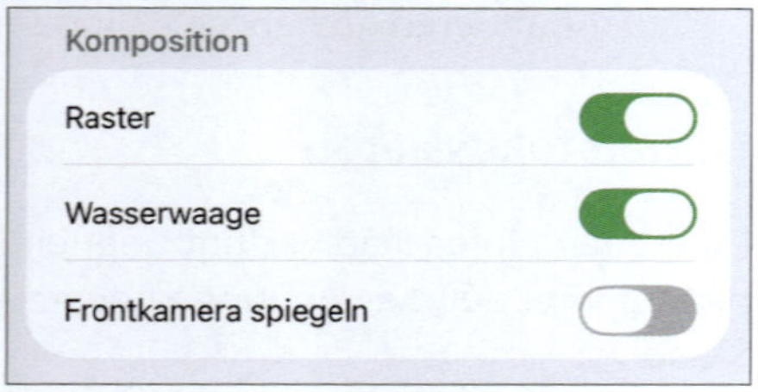

Vorherige Einstellungen beibehalten

Normalerweise wechselt die *Kamera*-App, nachdem sie beendet und wieder aufgerufen wurde, zu den Standardeinstellungen mit dem Format *Foto*. Wollen Sie das verhindern und stattdessen erreichen, dass die eigenen Einstellungen beibehalten werden, gehen Sie auf die folgende Weise vor:

1. Öffnen Sie die *Einstellungen* und wählen Sie in der linken Spalte den Eintrag *Kamera*.
2. In der rechten Spalte tippen Sie auf *Einstellungen beibehalten* und schalten den *Kameramodus* mit einem Fingertipp ein.
3. Um zusätzlich den Modus *Live Photo* beizubehalten, aktivieren Sie, soweit vorhanden, auch diesen und ggf. weitere dort vorhandene Modi.

Belichtung anpassen

Die *Kamera*-App belichtet Ihr Foto in der Regel automatisch und zudem recht ausgewogen. Sagt Ihnen die Belichtung nicht zu oder möchten Sie diese immer selbst – je nach Motiv – festlegen, gehen Sie wie folgt vor:

1. Richten Sie die Kamera auf das Motiv und tippen Sie zunächst auf die Stelle, auf die Sie fokussieren möchten.
2. Rechts am Fokusfeld erscheint ein Sonnensymbol mit einer Skala.
3. Zum Aufhellen wischen Sie nach oben und zum Abdunkeln nach unten. Sagt Ihnen die Belichtung zu, tippen Sie auf den Auslöser und nehmen das Foto auf.

Serienbilder aufnehmen

Um sich bewegende Motive einzufangen, ist die Serienbildfunktion der *Kamera*-App sehr praktisch. Auf den ersten Blick ist allerdings nicht zu sehen, wie Sie diese aktivieren können. Es ist aber einfacher, als Sie denken.

1. Richten Sie die Kamera auf das Motiv und tippen Sie auf dem Display zunächst auf die Stelle, auf die Sie fokussieren möchten.
2. Drücken Sie nun so lange auf den Auslöser, bis Sie genug Serienbilder angefertigt haben. Die Anzahl der erstellten Serienbilder erscheint neben dem Auslöser.
3. Von den aufgenommenen Serienfotos ist in der *Fotos*-App immer nur eines zu sehen. Auf die anderen greifen Sie zu, indem Sie bei diesem Foto links oben auf *Serie xx* tippen.

Gezielt fokussieren

Die Kamera Ihres iPad verfügt über einen Autofokus. Dieser ist praktisch, fokussiert aber nicht immer auf die von Ihnen bevorzugte Stelle. Möchten Sie selbst fokussieren, gehen Sie so vor:

1. Richten Sie die Kamera auf das Motiv und tippen Sie auf dem Display auf die Stelle, auf die Sie fokussieren möchten.
2. Um diese Stelle festzulegen (für Fotografen: die AE/AF-Sperre zu aktivieren), tippen Sie etwas länger auf diese Stelle, bis die entsprechende Meldung erscheint.
3. Falls gewünscht, können Sie nun die Kamera anders ausrichten, z. B. wenn das Hauptmotiv nicht direkt in der Mitte liegen soll, und dann den Auslöser drücken. Der Fokus ändert sich dann nicht.

Panorama erstellen

Mit Ihrem iPad können Sie auch Panoramaaufnahmen erstellen, und zwar weit einfacher, als das mit mancher Kompakt- oder Spiegelreflexkamera möglich ist:

1. Drehen Sie Ihr iPad ins Hochformat und richten Sie die Kamera auf das Motiv aus.
2. Wählen Sie rechts die Funktion *Pano* aus, indem Sie unterhalb des Auslösers nach unten wischen.
3. Nun tippen Sie auf den Auslöser und bewegen das iPad langsam, aber stetig von links nach rechts.
4. Achten Sie darauf, dass der Pfeil in der Mitte auf der Linie bleibt. Dazu müssen Sie unter Umständen das iPad nach vorne oder hinten neigen.
5. Um die Panoramaaufnahme zu beenden, tippen Sie erneut auf den Auslöser. Die Aufnahme wird in der *Fotos*-App unter *Panoramen* gespeichert.
6. Um fehlerfreie Panoramaaufnahmen zu erstellen, ist etwas Übung erforderlich. Vor allem, weil das iPad dazu doch etwas unhandlich ist. Mit dem iPhone ist dies deutlich komfortabler.

HDR-Aufnahme automatisch oder manuell erstellen

Nicht immer ist die Lichtsituation für eine Aufnahme optimal. Vor allem bei starken Kontrasten und Gegenlicht wird das Foto oft unter- oder überbelichtet. In diesem Fall hilft Ihnen die HDR-Funktion (**H**igh **D**ynamic **R**ange) der Kamera weiter. Diese sorgt dafür, dass mehrere Fotos – in der Regel drei – mit unterschiedlicher Belichtung aufgenommen und dann miteinander zum HDR-Foto kombiniert werden. Auf diese Weise wird eine Unter- oder Überbelichtung ausgeglichen. Auch mit dem iPad können Sie HDR-Aufnahmen erstellen. Dies geschieht bei einer entsprechenden Lichtsituation sogar ohne Ihr Zutun.

Wenn Sie HDR-Aufnahmen stattdessen selbst steuern möchten, gehen Sie wie hier beschrieben vor:

1. Richten Sie wie gewohnt die Kamera auf das Motiv und tippen Sie auf dem Display auf die Stelle, auf die Sie fokussieren möchten.
2. Erkennt die Kamera eine Lichtsituation, die eine HDR-Aufnahme erfordert, wird dies auf dem Bildschirm angezeigt.
3. Um HDR abzuschalten, tippen Sie auf *HDR*. Der Eintrag wird durchgestrichen. Zum erneuten Aktivieren tippen Sie auf den durchgestrichenen Eintrag *HDR*.

Foto mit Selbstauslöser erstellen

Falls Sie sich gemeinsam mit anderen Personen in einem Gruppenfoto verewigen wollen oder verhindern, dass – bei wenig Licht – das Foto verwackelt ist, können Sie den Selbstauslöser der *Kamera*-App verwenden. Mit einem Stativ oder einer Halterung, auf dem/der Sie

Ihr iPad arretieren können, erreichen Sie das beste Ergebnis. Zur Not können Sie es auch nur irgendwo anlehnen – ein fester Untergrund und Halt ist dabei ratsam. Anschließend gehen Sie so vor:

1. Richten Sie die Kamera auf das Motiv aus und tippen Sie auf dem Display auf die Stelle, auf die Sie fokussieren möchten.
2. Tippen Sie auf das Uhrsymbol und wählen Sie dann aus, wann das Foto erstellt werden soll – in 3 bis 10 Sekunden.
3. Tippen Sie auf den Auslöser und begeben Sie sich schnell zu den anderen Personen. Nach 3 oder 10 Sekunden, die auf dem Bildschirm heruntergezählt werden, wird das Foto aufgenommen.

Live Photo aufnehmen

Ab dem iPad Pro der ersten Generation können Sie mit Ihrem iPad auch sogenannte Live Photos erstellen. Hierbei handelt es sich genauer gesagt nicht um ein Foto, sondern um eine kleine Videosequenz von 1,5 Sekunden, die Bewegtbild und Ton beinhaltet. Ein Live Photo nehmen Sie wie folgt auf:

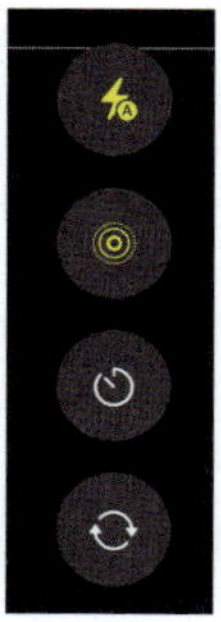

1. Starten Sie die *Kamera*-App, richten Sie die Kamera auf das Motiv und tippen Sie auf dem Bildschirm auf die Stelle, auf die Sie fokussieren möchten.
2. Tippen Sie nun auf das Symbol mit den drei ineinanderliegenden Kreisen und schalten Sie *Live* ein.
3. Tippen Sie auf den Auslöser, um das Live Photo zu erstellen. Bei der Aufnahme selbst werden Sie keinen Unterschied zu einem normalen Foto feststellen.
4. In der *Fotos*-App erkennen Sie links oben am Eintrag *Live*, ob es sich um ein Live Photo handelt. Betrachten Sie es, wird es animiert angezeigt.
5. Außerdem finden Sie alle Ihre Live Photos auch immer im Album *Live Photos* der Kategorie *Medienarten* der *Fotos*-App.

Live Photos mit Effekten verschönern

Ihre Live Photos lassen sich mit diversen Effekten aufwerten, z. B. *Live*, *Endlosschleife*, *Abpraller* und *Langzeitbelichtung*.

1. Starten Sie die *Fotos*-App und wählen Sie das Album *Live Photos* sowie das Live Photo, das bearbeitet werden soll.
2. Tippen Sie auf dem Live Photo links oben auf den Eintrag *Live*, um die Effekte anzuzeigen. Wählen Sie den gewünschten Effekt aus.
3. Das Live Photo wird künftig mit dem ausgewählten Effekt angezeigt. Der Effekt kann später auf die gleiche Weise wieder geändert werden.

4. Über *Live aus* können Sie auch die Live-Darstellung komplett abschalten. Diese lässt sich bei Bedarf wieder aktivieren.

Digitalkamera mit dem iPad steuern

Ihr iPad kann nicht nur dazu genutzt werden, mit der integrierten Kamera Fotos oder Videos aufzunehmen, es kann auch Ihre Kompakt-, System- oder Spiegelreflexkamera steuern. Allerdings muss Ihre Kamera dazu erstens WLAN-fähig sein und zweitens muss im App Store eine App des Kameraherstellers für Ihren Kameratyp verfügbar sein, die diese Funktion auch beinhaltet. Ist das der Fall, können Sie Ihre Kamera auf ein Stativ montieren und über das iPad fokussieren, Blende und Belichtungszeit einstellen sowie weitere Einstellungen vornehmen. Vor allem bei Aufnahmen im Studio, in der Nacht oder bei Langzeitbelichtungen kann das sehr praktisch sein.

Wie kann ich Fotos importieren?

Bei vielen Fotografen und Fotografinnen sind das iPad und das iPad Pro als Werkzeuge zum Sichten und Bearbeiten von Fotos sehr beliebt. Es hat einen hervorragenden Bildschirm, und mit dem Apple Pencil lassen sich Fotos zielgenau bearbeiten und retuschieren. Zudem sind im App Store zahlreiche kostenpflichtige, aber auch kostenlose Apps vorhanden, die in der Regel auch professionellen Ansprüchen genügen. Damit Ihre Fotos aufs iPad gelangen, müssen Sie diese importieren. Hierzu haben Sie folgende Möglichkeiten:

Das iPad Pro ab der dritten Generation sowie das iPad Air ab der vierten Generation, das iPad mini ab der sechsten Generation und das iPad ab der zehnten Generation verfügen über einen USB-C-Anschluss. In diesem Fall haben Sie diese Optionen:

- USB-C-auf-USB-C-Kabel und der entsprechende Adapter für den Anschluss an die Kamera, falls diese noch über einen Micro-USB-Anschluss verfügt.
- USB-C-auf-SD-Kartenlesegerät.

Bei älteren iPads mit Lightning-Schnittstelle haben Sie hingegen die folgenden Optionen:

- Lightning-auf-USB-3-Kamera-Adapter.
- Lightning-auf-SD-Kartenlesegerät.

Fotos über WLAN importieren

Besitzen Sie eine WLAN-fähige Kamera, können Sie Ihre Fotos unter Umständen auch drahtlos auf das iPad übertragen. Hierzu benötigen Sie allerdings die App des Kameraherstellers. Um diese im App Store zu suchen, tippen Sie den Namen des Kameraherstellers ins Suchfeld des App Store und führen die Suche durch.

Fotos von einer Digitalkamera übertragen

Im Folgenden zeigen wir Ihnen, wie Sie Fotos über ein USB-C-Kabel und den Kamera-Adapter oder ein SD-Kartenlesegerät auf das iPad bekommen:

1. Schließen Sie die Kamera über das passende Kabel sowie ggf. einen Adapter an Ihr iPad an oder nutzen Sie das Lightning-/USB-C-auf-SD-Kartenlesegerät.
2. Starten Sie nun die *Fotos*-App, suchen Sie links in der Seitenleiste den Eintrag *Geräte*.
3. Tippen Sie rechts oben auf den Eintrag *Alle importieren* oder wählen Sie gezielt die Fotos aus, die Sie importieren möchten (*Auswahl importieren*).
4. Auf Wunsch werden die Fotos nach dem Import von der Speicherkarte/Kamera gelöscht. Tippen Sie dazu im entsprechenden Fenster ggf. auf *Löschen*. Ansonsten bleiben sie erhalten.
5. Ihre zuletzt importierten Fotos finden Sie im Album *Zuletzt gesichert*.

QR-Codes scannen

Mit der Kamera Ihres iPad (und der *Kamera*-App) lassen sich nun auch die sogenannten QR-Codes (**Q**uick **R**esponse Codes) einlesen, die Sie oft auf Produktverpackungen, auf Plakaten oder in Anzeigen finden:

1. Starten Sie die *Kamera*-App und halten Sie sie vor den QR-Code.
2. Auf dem Bildschirm erscheint die im QR-Code befindliche Information, mit einem Fingertipp öffnen Sie die entsprechende App.
3. Handelt es sich um eine Internetadresse, wird Safari gestartet und dann die dazugehörige Seite geöffnet.
4. Damit das auch funktioniert, muss in den Einstellungen der Kamera die Funktion *QR-Codes scannen* eingeschaltet sein.

Texte einlesen

Die Kamera Ihres iPad können Sie auch dazu verwenden, Texte und Textstellen zu scannen und damit einzulesen:

1. Starten Sie die *Kamera*-App und halten Sie sie über den Text. Sobald Text erkannt wird, erscheint auf dem Bildschirm das entsprechende Symbol (Quadrat mit drei Linien).
2. Tippen Sie auf das Symbol, wird der erkannte Text hervorgehoben. Markieren Sie den gewünschten Text mit dem Finger.
3. Alternativ tippen Sie im Kontextmenü auf *Alles*, um den Text auszuwählen, und anschließend auf *Kopieren*, um ihn in die Zwischenablage zu übernehmen.
4. Fügen Sie den Text in die gewünschte App oder deren Dokument ein, indem Sie dort auf eine Textstelle oder das geöffnete Fenster tippen, um über das Kontextmenü den Text aus der Zwischenablage zu übernehmen.
5. Möchten Sie die automatische Texterkennung der *Kamera*-App lieber abschalten, müssen Sie in den Einstellungen der Kamera die Funktion *Erkannten Text anzeigen* deaktivieren.

6.2 Videos aufnehmen

Aufgrund der Größe und der mangelnden Ergonomie ist das Filmen mit dem iPad etwas gewöhnungsbedürftig. Für ein schnelles Video zwischendurch, beispielsweise wenn Sie das iPad ohnehin gerade zur Hand haben und keine andere Kamera verfügbar ist, kann das iPad aber nützlich sein. Zudem haben Sie den Vorteil, das Video gleich bearbeiten und versenden zu können.

Videoaufnahme starten

1. Starten Sie die *Kamera*-App und richten Sie die Kamera auf das Motiv oder das Geschehen, das Sie filmen möchten. Wählen Sie den Eintrag *Video* aus.
2. Tippen Sie auf den Auslöser, um die Aufnahme zu starten. Oben auf dem Bildschirm wird die Aufnahmezeit angezeigt.
3. Zum Beenden der Aufnahme drücken Sie erneut den Auslöser. Die Aufnahme wird im Album *Videos* der *Fotos*-App gesichert.

Slow Motion und Zeitrafferaufnahmen

Mit der Kamera Ihres iPad können Sie auch *Slow-Motion-* und *Zeitraffer*aufnahmen erstellen. Tippen Sie dazu einfach auf die entsprechenden Einträge unterhalb des Auslösers. Sind diese nicht alle zu sehen, wischen Sie auf dem angezeigten Eintrag nach oben oder unten bzw. nach links oder rechts.

4K-Aufnahmen mit dem iPad erstellen

Besitzen Sie ein iPad Pro, ein iPad Air, ein iPad mini oder ein iPad aktueller Bauart, können Sie Ihre Filme in Ultra-HD- oder 4K-Auflösung aufnehmen. Beachten Sie, dass 4K-Aufnahmen viel mehr Speicherplatz als Full-HD-Aufnahmen benötigen. So sind für eine Minute Video bei 4K-Aufnahmen je nach Auflösung und Datenrate 135–400 MB Speicherplatz erforderlich. Verfügen Sie auf Ihrem iPad über ausreichend Platz und ist dieses kompatibel, ändern Sie das Format:

1. Öffnen Sie die *Einstellungen* und wählen Sie in der linken Spalte *Kamera* aus.
2. Tippen Sie rechts auf den Eintrag *Video aufnehmen* und wählen Sie dort das gewünschte Format aus – also hier 4K von 24 fps bis 60 fps. Je höher die Datenrate, desto flüssiger die Aufnahme.
3. Das Ganze geht über die *Kamera*-App aber noch schneller. Nachdem Sie den Eintrag *Video* gewählt haben, erscheinen rechts im Bild die Kürzel *HD RES* sowie *30 FPS*. Tippen Sie auf *HD RES* und wählen stattdessen *4K RES*. Anschließend tippen Sie ggf. auf *30 RES* und wählen mit *60 RES* die Bildrate.
4. Nun nehmen Sie das Video in 4K mit einer Bildrate von 60 Bildern in der Sekunde auf.

Videoformat anpassen

Für Ihre Videoaufnahmen können Sie noch weitere Anpassungen vornehmen. Alle Einstellungen finden Sie über den Eintrag *Kamera*.

- *Formate:* Falls Sie eine Aufnahme im HEVC-Format wünschen, bei dem die Dateigröße kleiner gehalten werden kann, schalten Sie dies hier ein. Die Einstellung gilt für Videos und Fotos.
- *Video aufnehmen:* Hier stellen Sie die Auflösung des Videos und die Datenrate ein.
- *Slo-Mo aufnehmen:* Legen Sie fest, ob die Aufnahme mit 120 oder 240 fps erfolgen soll.

6.3 Fotos bearbeiten

Die *Fotos*-App von iPadOS 26 besitzt zahlreiche Funktionen, mit denen Sie die importierten oder mit der Kamera des iPad aufgenommenen Fotos bearbeiten können. Im Vergleich zu früheren Versionen wurden diese umgestaltet. Zudem hat auch in der *Fotos*-App Apple Intelligence Einzug gehalten. Das ist vor allem bei der Bildretusche von enormem Vorteil.

Nach wie vor genügt die Funktionsvielfalt für Amateurfotografen und Amateurfotografinnen in der Regel vollauf. Anwender und Anwenderinnen mit höheren Ansprüchen finden im App Store eine Fülle entsprechender Apps wie *Adobe Photoshop* und *Adobe Lightroom*, *Pixelmator* oder *Affinity*.

Die Fotos-App anpassen und einrichten

Bei iPadOS 26 und iOS 26 wurde die *Fotos*-App grundlegend umgestaltet. Zahlreichen Anwendern sagt die Gestaltung allerdings nicht in jedem Fall zu. Sie haben aber die Möglichkeit, die App anders einzurichten.

Dazu gehen Sie auf die folgende Weise vor:

1. Starten Sie die *Fotos*-App und öffnen Sie eine beliebige Ansicht oder ein beliebiges Album.
2. Falls noch nicht angezeigt, blenden Sie über das entsprechende Symbol oben links die Seitenleiste ein.
3. Tippen Sie links oben auf *Bearbeiten*. Wollen Sie die Reihenfolge der Ansichten und Alben umgestalten, ziehen Sie diese an den drei kleinen Strichen an die gewünschte Position sowie in die von Ihnen bevorzugte Reihenfolge.
4. Die von Ihnen selbst erstellten Alben können Sie in der Seitenleiste löschen. Dazu tippen Sie auf das rot unterlegte Minus-Symbol und löschen das Album. Die Fotos bleiben in der Mediathek erhalten, nur das Album wird entfernt.

Foto automatisch verbessern

Sofern Sie nicht alles selbst im Detail anpassen wollen, wie Belichtung, Kontrast und so weiter, lassen Sie die Arbeit doch die *Fotos*-App machen. Die Resultate sind in vielen Fällen in Ordnung:

1. Starten Sie die *Fotos*-App und öffnen Sie das gewünschte Album. Wählen Sie das Foto mit einem Fingertipp aus.

2. Zum Bearbeiten des Fotos tippen Sie rechts oben in der Symbolleiste auf *Bearbeiten* (Symbol mit den drei Reglern).
3. Im Bearbeitungsfenster tippen Sie erst links auf *Anpassen* und anschließend rechts auf den *Zauberstab (Auto)*. Das Foto wird wie von »Zauberhand« automatisch verbessert.
4. Sagen Ihnen die automatisch vorgenommenen Änderungen zu, bestätigen Sie diese mit einem Fingertipp auf den gelb unterlegten *Haken* rechts oben. Ist das nicht der Fall, tippen Sie auf das kleine Kreuz links oben.

Fotos gezielt bearbeiten

Sofern Ihnen die automatische Bildbearbeitung der *Fotos*-App nicht zusagt oder Sie Ihre Fotos lieber selbst bearbeiten möchten, ist auch das auf Ihrem iPad möglich.

1. Wählen Sie das Foto in der *Fotos*-App und dem betreffenden Album aus. Tippen Sie rechts oben auf *Bearbeiten* (Symbol mit den drei Reglern).
2. Links und rechts sind nun einige Symbole mit Bearbeitungsfunktionen zu finden. Die Symbole links stehen für die Auswahl der Funktionen, etwa *Stile*, *Anpassen*, *Zuschneiden* und *Bereinigen*. Die Symbole rechts stellen die jeweiligen Funktionen im Detail dar.
3. Um die jeweilige Bearbeitungsfunktion zu nutzen, tippen Sie zuerst auf das gewünschte Symbol und nehmen dann die Einstellungen vor, indem Sie die Skala rechts nach oben oder unten bewegen.

4. Die genauen Einstellungen entnehmen Sie den Anzeigen und Zahlenangaben auf dem Symbol.
5. Sind Sie mit der Bearbeitung fertig, tippen Sie auf den gelben Haken oben rechts. Zum Zurücksetzen der Bearbeitung tippen Sie auf das kleine Kreuz links.
6. Um das Foto in einer anderen App weiterzubearbeiten, tippen Sie links oben auf das Teilen-Feld und wählen die gewünschte App aus. Unten werden alle passenden und kompatiblen Apps angezeigt, die auf Ihrem iPad installiert sind.

Bearbeitungen rückgängig machen

Falls Sie nicht zufrieden sind, können Sie in der *Fotos*-App vorgenommene Bearbeitungen auch später noch rückgängig machen.

1. Wählen Sie dazu das bearbeitete Foto mit einem Fingertipp aus und zeigen Sie es an.
2. Tippen Sie auf *Bearbeiten* (Symbol mit den drei Reglern), wird das Foto im Bearbeitungsmodus geöffnet.
3. Nun sehen Sie in der rechten Ecke (unten oder oben) einen geschwungenen Pfeil. Tippen Sie darauf. Die letzten Bearbeitungen werden schrittweise rückgängig gemacht.
4. Sofern Sie das bearbeitete Foto bereits gesichert haben, können Sie das Original ebenfalls wiederherstellen. Wählen Sie das Foto aus und tippen Sie erneut auf *Bearbeiten*. Tippen Sie auf den rot unterlegten Pfeil rechts oben und gehen Sie dann auf *Zurück zum Original*.

Stile nachträglich anwenden

Falls Sie aus einem Farbfoto ein schwarz-weißes zaubern wollen oder eine wärmere oder kältere Farbdarstellung bevorzugen, kommen die Stile (Filter) der *Fotos*-App ins Spiel.

> **Fotos vergleichen**
> Wollen Sie Fotos vor und nach der Bearbeitung vergleichen, ist das recht einfach möglich: Tippen Sie dazu im Bearbeitungsmodus der *Fotos*-App nach der Bearbeitung auf die zwei kleinen Quadrate links oben. Erst wird das bearbeitete Bild, dann wird das *Original* angezeigt.

1. Wählen Sie das Foto mit einem Fingertipp aus und zeigen Sie es an.
2. Tippen Sie auf *Bearbeiten* (Symbol mit den drei Reglern), wird das Foto im Bearbeitungsmodus geöffnet.
3. Um die vorhandenen Filter anzuzeigen, tippen Sie links auf das Symbol *Stile*.
4. Wählen Sie nun rechts den gewünschten *Stil* aus. Dieser wird sofort auf das Foto angewandt. Zudem können Sie über einen Regler die Stärke und Farbe des Stils bestimmen.

5. Sagt Ihnen der neue Stil zu, bestätigen Sie ihn mit einem Fingertipp auf den gelb unterlegten Haken. Ist dies nicht der Fall, tippen Sie links oben auf das kleine Kreuz und die Änderung wird umgehend rückgängig gemacht.

Fotos markieren

Sie können Ihre Fotos nicht nur bearbeiten, sondern – bei Bedarf – auch mit Markierungen versehen. Zum Beispiel, wenn Sie auf einem Foto etwas hervorheben oder jemandem mitteilen wollen, was daran bearbeitet werden soll. In diesem Fall lassen Sie der Person das markierte und unbearbeitete Foto zukommen.

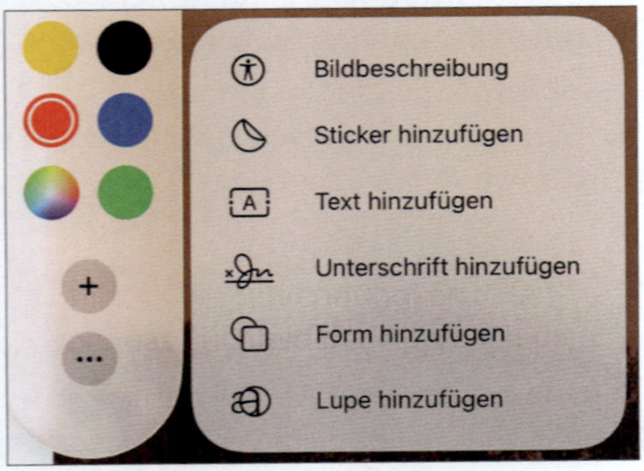

1. Wählen Sie das entsprechende Foto mit einem Fingertipp aus.
2. Tippen Sie auf *Bearbeiten* (Symbol mit den drei Reglern). Das Foto wird im Bearbeitungsmodus geöffnet.
3. Tippen Sie rechts oben auf das Bleistiftsymbol und nehmen Sie die Markierungen mit den Schreib- und Zeichenwerkzeugen sowie dem Apple Pencil vor.
4. Über das Plus-Symbol rechts in der Zeichenpalette können Sie zudem eine *Bildbeschreibung*, *Sticker*, *Text* oder eine *Form* hinzufügen.

5. Tippen Sie auf *Fertig* und anschließend, um die Änderungen zu sichern, rechts oben auf den gelben Haken. Vergessen Sie nicht, soweit notwendig, zuvor eine unbearbeitete Version des Fotos zu sichern oder zu versenden.

Sticker aus Foto erstellen

Sticker, mit denen Sie Ihre Nachrichten verschönern können, lassen sich auch aus bestimmten Fotos erstellen. Hierbei handelt es sich vor allem um Fotos, bei denen Sie ein Motiv einfach freistellen können.

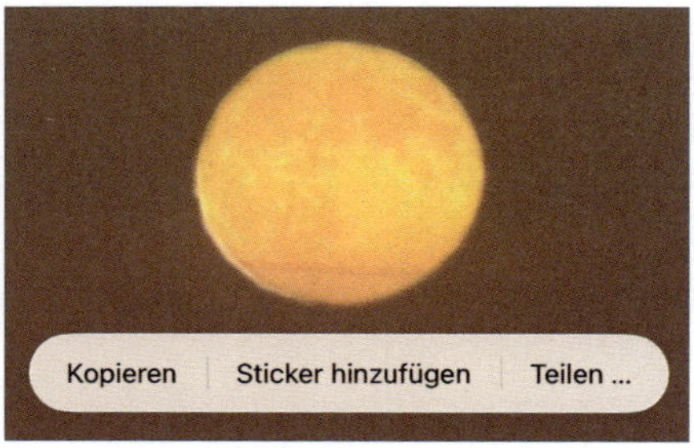

1. Wählen Sie das entsprechende Foto mit einem Fingertipp aus.
2. Tippen Sie auf das Motiv, und zwar so lange, bis sich dieses aus dem Foto herauslöst.
3. Tippen Sie auf *Sticker hinzufügen*, wird dieser Ihrer Sticker-Sammlung hinzugefügt und kann anschließend etwa in der *Nachrichten*-App verwendet werden.

Foto dreidimensional darstellen

Mit der *Fotos*-App und Apple Intelligence lassen sich Fotos auch dreidimensional darstellen. Dabei handelt es sich um keine richtigen 3D-Fotos, für die Sie eine spezielle Ausrüstung benötigen würden, sondern um Pseudo-3D. Dennoch ist der Bildeindruck eindrucksvoll:

1. Wählen Sie das Foto mit einem Fingertipp aus dem entsprechenden Fotoalbum aus.
2. Tippen Sie rechts oben am Foto auf das Symbol *Räumliche Szene*. Warten Sie einen Augenblick.
3. Das Foto wird nun so dargestellt, dass das Objekt im Vordergrund etwas vom Hintergrund abgehoben ist, vor allem, wenn Sie es von verschiedenen Blickwinkeln aus betrachten.
4. Diese Ansicht ist reversibel. Tippen Sie erneut auf *Räumliche Szene*, wird das Foto wieder wie vorher abgebildet.

Metadaten von Fotos betrachten und ändern

Jedes Foto, das Sie mit dem iPad aufgenommen oder importiert haben, wird von der Kamera in der Regel mit den entsprechenden Metadaten versehen, etwa Datum, Zeit, Blende, Verschlusszeit, die verwendete Kamera, das Objektiv und vieles mehr. Diese Metadaten können Sie bei Bedarf auf dem iPad anzeigen und ändern:

1. Wählen Sie das Foto mit einem Fingertipp aus dem entsprechenden Fotoalbum aus.

2. Tippen Sie rechts oben auf das *i*-Symbol. Sie können nun einen Untertitel angeben sowie jeweils über *Anpassen* Datum und Uhrzeit sowie den Aufnahmeort ändern.
3. Zudem entnehmen Sie der Information weitere Metadaten des Fotos, die Sie nicht verändern können.

Foto an eine andere App weitergeben

Falls Sie ein in Ihrer Foto-Mediathek befindliches Foto mit einer anderen App, die mehr und professionellere Funktionen besitzt, weiterbearbeiten möchten, ist auch das möglich.

Gehen Sie dabei auf die beschriebene Weise vor:

1. Wählen Sie das Foto mit einem Fingertipp aus dem entsprechenden Fotoalbum aus.
2. Tippen Sie auf *Bearbeiten* (Symbol mit den drei Reglern), wird das Foto im Bearbeitungsmodus geöffnet.
3. Tippen Sie rechts oben auf die drei kleinen Punkte. Dort finden Sie im Menü den Eintrag *Erweiterungen*. Nun erscheinen die Apps, an die Sie das Foto zum Bearbeiten weitergeben können.

4. Tippen Sie auf den Namen der App und nehmen Sie die Änderungen ggf. dort vor. Folgen Sie den Anweisungen der entsprechenden App.
5. Anschließend tippen Sie zuerst auf *Fertig* und dann in der *Fotos*-App auf den gelb unterlegten Haken.

Fotos ohne Standortangabe weitergeben

Nicht immer ist es erwünscht, Fotos mit allen Metadaten weiterzugeben – vor allem nicht mit der Standortangabe.

Um diese vor der Weitergabe zu entfernen, gehen Sie so vor:

1. Wählen Sie das Foto mit einem Fingertipp aus dem entsprechenden Fotoalbum aus.
2. Tippen Sie links oben auf das Teilen-Feld. Im folgenden Fenster tippen Sie auf *Optionen*.
3. Hier deaktivieren Sie die Option *Alle Fotodaten*. Damit werden die Standortangabe sowie weitere Fotodaten aus der Bilddatei entfernt.
4. Wählen Sie nun unten die App aus, an die das Foto weitergegeben werden soll oder mit der es verschickt wird.

Nur die besten Serienbilder behalten

Die Serienbildfunktion ist zum Fotografieren bewegter Motive sehr praktisch, produziert aber unter Umständen viel Ausschuss. Daher können Sie aus einer Serienbildaufnahme auch die besten Fotos auswählen und die anderen löschen.

1. Wählen Sie in der Seitenleiste der *Fotos*-App die Medienart *Serien* aus. Öffnen Sie die Serie mit einem Fingertipp.
2. Tippen Sie oben auf den Eintrag *Serie*, um alle Fotos der Serie anzuzeigen.
3. Wählen Sie das oder die Fotos per Fingertipp aus, die Ihnen am besten gefallen, und tippen Sie auf *Fertig*.
4. Zum Schluss entscheiden Sie, ob Sie nur die ausgewählten Fotos oder alle behalten wollen.

Live Photo bearbeiten

Mit der *Fotos*-App können Sie auch Ihre Live Photos bearbeiten:

1. Starten Sie die *Fotos*-App, wählen Sie in der Seitenleiste unter *Medienarten* die Ansicht *Live Photos* aus.
2. Tippen Sie auf *Live Photo* und dann auf *Bearbeiten*, um den Bearbeitungsmodus zu öffnen. Tippen Sie auf das Live-Photo-Symbol links (drei ineinanderliegende Kreise).

3. Wählen Sie aus dem Filmstreifen das gewünschte Foto aus und tippen Sie auf *Als Schlüsselfoto festlegen*.
4. Über die anderen Symbole können Sie das Format des Live Photos ändern, Belichtung und Farbe optimieren oder einen der vorhandenen Filter anwenden.

So machen Sie aus Live Photos herkömmliche Aufnahmen

Falls Sie aus einem Live Photo ein »normales« Foto erstellen wollen, ist auch das möglich:

1. Starten Sie die *Fotos*-App und wählen Sie in der Ansicht *Live Photos* die gewünschte Aufnahme aus. Sie erkennen das Live Photo an dem Eintrag *Live* links oben.
2. Tippen Sie rechts oben auf *Bearbeiten* und unten auf das Live-Photo-Symbol.
3. Oben tippen Sie auf den gelb unterlegten Eintrag *LIVE* mit dem Live-Photo-Symbol, bis dieser dunkel und durchgestrichen erscheint.
4. Wenn Sie auf den gelben Haken rechts oben tippen, wird aus dem Live Photo ein ganz normales Foto gezaubert.

Alben erstellen und löschen

Ihre Fotos werden von der *Fotos*-App anhand unterschiedlicher Kriterien geordnet und sortiert: etwa nach dem Aufnahmedatum, nach Personen, Orten oder nach der Medienart. Falls Sie Ihre Fotos nach eigenen Kriterien ordnen wollen, erstellen Sie selbst neue Alben:

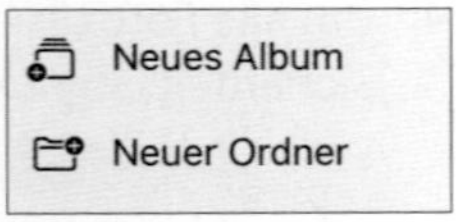

1. Starten Sie die *Fotos*-App und wählen Sie links in der Seitenleiste die Ansicht *Alle Alben*.
2. Um ein neues Album zu erstellen, tippen Sie rechts oben auf den Plus-Schalter und dann auf *Neues Album*.
3. Geben Sie den Namen für das neue Album ein und tippen Sie auf *Erstellen*. Fügen Sie ggf. die gewünschten Fotos über den entsprechenden Schalter hinzu. Vergessen Sie das Schlüsselfoto nicht.
4. Falls Sie ein Album später wieder löschen möchten, tippen Sie etwas länger auf das Album und dann auf *Album löschen*.
5. Alternativ wischen Sie links in der Seitenleiste auf dem Namen des Albums von links nach rechts. Tippen Sie zuerst auf *Löschen* und dann auf *Album löschen*. Die Fotos werden nicht gelöscht, sondern nur das Album.

Gelöschte Fotos wiederherstellen

Löschen Sie aus Versehen Fotos auf Ihrem iPad, die sich in der Foto-Mediathek der *Fotos*-App befinden, können diese unter Umständen wiederhergestellt werden. Der Zeitpunkt, an dem Sie die Fotos gelöscht haben, darf allerdings nicht länger als 30 Tage zurückliegen.

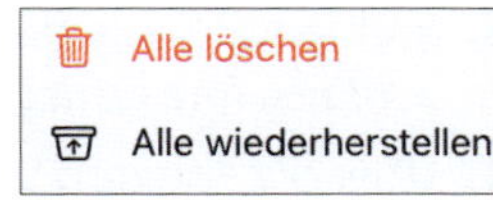

1. Blenden Sie die Seitenleiste der *Fotos*-App ein.
2. Tippen Sie dort in der Kategorie *Sonstige* auf die Ansicht *Zuletzt gelöscht* und dann auf *Album anzeigen*. Identifizieren Sie sich über Ihre biometrischen Daten oder Ihren Code.
3. Tippen Sie auf *Auswählen* und bestimmen Sie einzelne Fotos per Fingertipp, die wiederhergestellt werden sollen.
4. Alternativ können Sie auch rechts unten auf *Mehr* (Kreis mit drei Punkten) und dann auf *Alle wiederherstellen* tippen. Die ausgewählten Fotos sind anschließend wieder an ihrem vorherigen Ort zu finden.

Fotos endgültig löschen

Löschen Sie Fotos auf dem iPad, werden diese zunächst für 30 Tage im Album *Zuletzt gelöscht* abgelegt, damit, wie zuvor dargestellt, aus Versehen gelöschte Fotos bei Bedarf wiederhergestellt werden können. Dort belegen sie allerdings wertvollen Speicherplatz. Aus diesem Grund können sie vorzeitig ganz entfernt werden.

1. Wählen Sie in der *Fotos*-App in der Kategorie *Sonstige* die Ansicht *Zuletzt gelöscht* aus. Identifizieren Sie sich über Ihre biometrischen Daten oder Ihren Code.
2. Tippen Sie auf *Auswählen* und wählen Sie einzelne Fotos per Fingertipp aus, die Sie endgültig löschen möchten.
3. Tippen Sie rechts unten auf *Mehr* (Kreis mit drei Punkten) sowie auf *Löschen*, werden sie endgültig entfernt.
4. Um alle Fotos zu entfernen, tippen Sie stattdessen auf *Alle löschen* und bestätigen die Sicherheitsabfrage.

Fotos ausblenden

In der *Fotos*-App finden Sie alle Fotos, die auf irgendeine Weise auf Ihr iPad gelangt sind, sei es als Aufnahme mit der integrierten Kamera, als Import oder weil sie Ihnen zugesandt wurden. Wollen Sie verhindern, dass fremde Personen diese Fotos einsehen können, beispielsweise wenn Sie etwas auf dem iPad zeigen, dann verstecken Sie diese einfach:

1. Starten Sie die *Fotos*-App und wählen Sie die gewünschte Ansicht aus.
2. Tippen Sie auf *Auswählen*. Markieren Sie das Foto mit einem Fingertipp.
3. Tippen Sie etwas länger auf das Foto, bis das Kontextmenü erscheint. Dort wählen Sie den Befehl *Ausblenden*.

4. Das Foto wird nun in allen Alben, in denen es sich befindet, ausgeblendet. Es ist aber weiter in der Kategorie *Sonstige* in einem gesonderten Album mit dem Namen *Ausgeblendet* zu sehen.
5. Um das Foto wieder einzublenden, gehen Sie den umgekehrten Weg. Wählen Sie das Foto im Album *Ausgeblendet* aus, tippen Sie erneut etwas länger auf das Foto, bis das Kontextmenü erscheint, und wählen Sie den Befehl *Einblenden*.

Fotos per Drag and Drop kopieren

Möchten Sie Fotos in einer anderen App weiterbearbeiten oder versenden, können Sie diese auch über »Ziehen und Ablegen« (Drag and Drop) kopieren und übernehmen:

1. Starten Sie die *Fotos*-App im Modus *Apps als Fenster* und wählen Sie das gewünschte Foto aus.
2. Öffnen Sie die zweite App, in der Sie das Foto übernehmen wollen. Das kann beispielsweise *Mail* sein. Legen Sie dort ggf. ein neues Dokument an – bei *Mail* etwa eine neue E-Mail.
3. In der *Fotos*-App tippen Sie rechts oben auf *Mehr* (drei kleine Punkte) und wählen dann das oder die Fotos per Fingertipp aus.
4. Ziehen Sie nun die Fotos auf das Fenster der zweiten App – also *Mail*. Ist die App kompatibel, erscheint rechts oben an den Fotos/Dateien ein grünes Pluszeichen. Legen Sie die Fotos im Fenster der App ab.

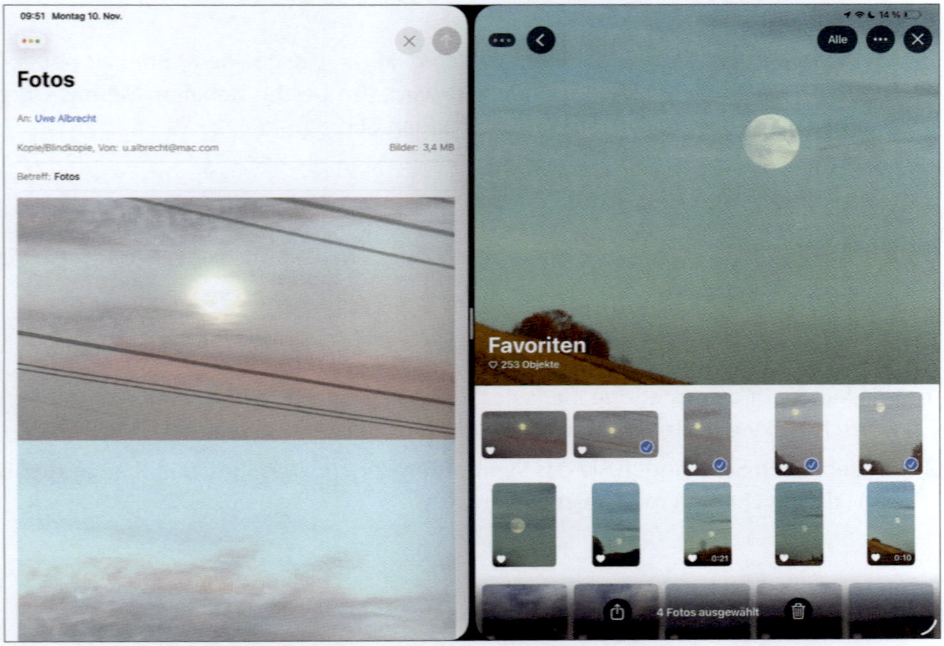

6.4 Videos bearbeiten

Ihre selbst aufgenommenen Videos können Sie direkt auf dem iPad bearbeiten. Einfachere Möglichkeiten hierfür bietet die *Fotos*-App. Haben Sie höhere Ansprüche, verwenden Sie stattdessen iMovie, das auf Ihrem iPad vorinstalliert ist.

Videos mit der Fotos-App schneiden

In der *Fotos*-App selbst ist es möglich, das Video am Beginn und am Ende zu schneiden.

In diesem Fall gehen Sie so vor:

1. Starten Sie die *Fotos*-App und wählen Sie links in der Seitenleiste die Medienart *Videos* aus.
2. Um das gewünschte Video auszuwählen, tippen Sie auf die Vorschau. Wird das Video angezeigt, tippen Sie unten auf *Bearbeiten* (Symbol mit drei Reglern).
3. Möchten Sie das Video am Anfang schneiden, tippen Sie links auf den kleinen weißen Linkspfeil und ziehen diesen nach rechts.
4. Wollen Sie das Video rechts schneiden, tippen Sie rechts auf den kleinen weißen Rechtspfeil und ziehen diesen nach links.
5. In beiden Fällen wird ein gelber Rahmen, den Sie entsprechend nach rechts oder links ziehen, angezeigt.
6. Sind Sie fertig, spielen Sie das geschnittene Video ab und tippen dann rechts oben auf den gelb unterlegten Haken.
7. Nun entscheiden Sie, ob das Originalvideo gekürzt (*Video sichern*) oder als neuer Clip (*Video als neuen Clip sichern*) gespeichert wird. Am besten behalten Sie das Original und speichern das bearbeitete Video als neuen Clip.

Videos auf die Seite drehen

Über lange Zeit hinweg war es nicht möglich, auf dem iPad mit der *Fotos*-App ein Video vom Hochformat ins Querformat zu drehen.

Unter iPadOS 26 gehen Sie dazu auf die folgende Weise vor:

1. Wählen Sie in der Kategorie *Medienarten* den Eintrag *Videos* aus. Wählen Sie das gewünschte Video und tippen Sie auf *Bearbeiten* (Symbol mit den drei Reglern).
2. An der linken Seite finden Sie das Symbol zum *Zuschneiden* und damit auch zum Drehen (kleines Quadrat mit Pfeilen).

3. Tippen Sie darauf und anschließend auf die Symbole rechts, mit denen Sie das Video vom Hoch- ins Querformat drehen oder auch spiegeln können. Zum Sichern tippen Sie auf den kleinen gelben Haken rechts oben.

Video automatisch verbessern

Die Funktion zum automatischen Verbessern von Fotos, also den *Zauberstab*, können Sie nun auch für Videos anwenden.

1. Nach Auswahl des gewünschten Videos tippen Sie oben auf *Bearbeiten* (Symbol mit den drei Reglern).
2. Tippen Sie dann links auf *Anpassen*. Rechts erscheinen nun die verfügbaren Symbole zum Bearbeiten. Tippen Sie dort auf den *Zauberstab*.
3. Sind Sie mit dem Ergebnis zufrieden, tippen Sie auf den gelb unterlegten Haken, um das bearbeitete Video zu speichern.

Video mit Filter verschönern

Mit den Filtern der *Fotos*-App, die bisher nur auf Fotos angewandt werden konnten, können Sie nun auch Ihre Videos verschönern.

1. Wählen Sie das Video unter *Videos* aus und tippen Sie auf *Bearbeiten* (Symbol mit drei Reglern).
2. Links und rechts erscheinen die Symbole zum Bearbeiten. Tippen Sie auf *Filter*.
3. Wählen Sie anschließend rechts den gewünschten Filter aus – von *Strahlend* bis *S/W Dunkel* – und passen Sie ggf. die Wirkung des gewählten Filters über die Skala rechts an.

4. Sind Sie mit dem Ergebnis zufrieden, tippen Sie auf den kleinen gelb unterlegten Haken rechts oben, um das Video zu speichern.

Video bearbeiten

Die neben der automatischen Verbesserung und der Anwendung von Filtern vorhandenen Bearbeitungsmöglichkeiten der *Fotos*-App halten sich zwar in Grenzen, aber entsprechen zumindest denen, die für Fotos angeboten werden. Um darauf zuzugreifen, gehen Sie wie folgt vor:

1. Wählen Sie das Video unter *Videos* aus und tippen Sie auf *Bearbeiten* (Symbol mit den drei Reglern).
2. Links und rechts erscheinen die Symbole zum Bearbeiten. Tippen Sie zunächst auf *Zuschneiden*.

3. Um den Anfang und das Ende des Videos zu schneiden, ziehen Sie den kleinen Pfeil auf der linken Seite nach rechts und den auf der rechten Seite nach links.
4. Tippen Sie auf den kleinen gelb unterlegten Haken oben rechts, wird das Video entsprechend gekürzt.
5. Des Weiteren können Sie die Belichtung, Farbe und Auflösung des Videos anpassen. Tippen Sie dazu links auf *Anpassen*.
6. Wählen Sie nun rechts die einzelnen Bearbeitungsfunktionen aus und stellen Sie diese über die Skala ein. Auch hier tippen Sie auf den gelb unterlegten Haken oben rechts, wenn Sie mit dem Ergebnis zufrieden sind.
7. Am besten probieren Sie die Funktionen aus. Wollen Sie die Bearbeitung rückgängig machen, öffnen Sie das Video nach dem Speichern erneut und tippen oben auf den geschwungenen, rot unterlegten Pfeil.

6.5 Fotos und Videos präsentieren

Die aus Ihren Schnappschüssen und Videos gezauberten Meisterwerke möchten Sie sicherlich auch Ihren Freunden und Bekannten zeigen. Ihr iPad mit iPadOS 26 bietet Ihnen dafür zahlreiche Möglichkeiten. Ein Hinweis: Die Gestaltung der *Fotos*-App wurde nicht verändert und entspricht der Standardgestaltung von Apple.

Intelligente Fotovorschau

Bereits ohne Ihr Zutun präsentiert die *Fotos*-App Ihre fotografischen Meisterwerke oder Schnappschüsse in ansprechenden Ansichten. Die App ist dank künstlicher Intelligenz in der Lage, Ihre Fotos zu kuratieren, und präsentiert die besseren Bilder prominenter als die nicht so gelungenen. Allerdings liegt sie dabei nicht immer richtig.

1. Starten Sie die *Fotos*-App und tippen Sie oben erst auf *Mediathek* und danach auf *Jahre*, *Monate* oder *Alle*, um Ihre Fotos entsprechend gelistet anzuzeigen.
2. Über die Seitenleiste können Sie unter *Sammlungen* weitere Ansichten wählen, von *Rückblicke* bis *Reisen*.
3. Wenn Sie eine der Ansichten gewählt haben, werden Ihre Fotos entsprechend sortiert und in ansprechender Weise präsentiert.
4. Um ein Foto vergrößert anzuzeigen, tippen Sie zweimal auf das Foto. Um es wieder zu verkleinern, tippen Sie erneut doppelt auf das Foto. Zum nächsten Foto wischen Sie nach links und zum vorherigen nach rechts.
5. Möchten Sie eine mit Musik unterlegte Ansicht betrachten, tippen Sie auf den Schalter *Abspielen*.

Fotos an bestimmten Orten anzeigen

Die mit Ihrem iPad oder auch iPhone aufgenommenen Fotos enthalten in der Regel Ortsinformationen, in denen vermerkt ist, wo sie aufgenommen wurden. Möchten Sie herausfinden, wo welche Fotos entstanden sind, gehen Sie auf die folgende Weise vor:

1. Starten Sie die *Fotos*-App und wählen Sie in der Seitenleiste links die Ansicht *Karte* aus.
2. Nun erscheint eine Kartenansicht mit der Miniaturansicht eines der Fotos, die an den Orten aufgenommen wurden.
3. Tippen Sie auf eine dieser Voransichten, werden die entsprechenden Fotos mit dem Ortsnamen sowie sortiert nach dem Aufnahmedatum aufgelistet.
4. Die Kartenansicht können Sie über das Kartensymbol rechts oben ändern, so wie Sie das von der *Karten*-App gewohnt sind.

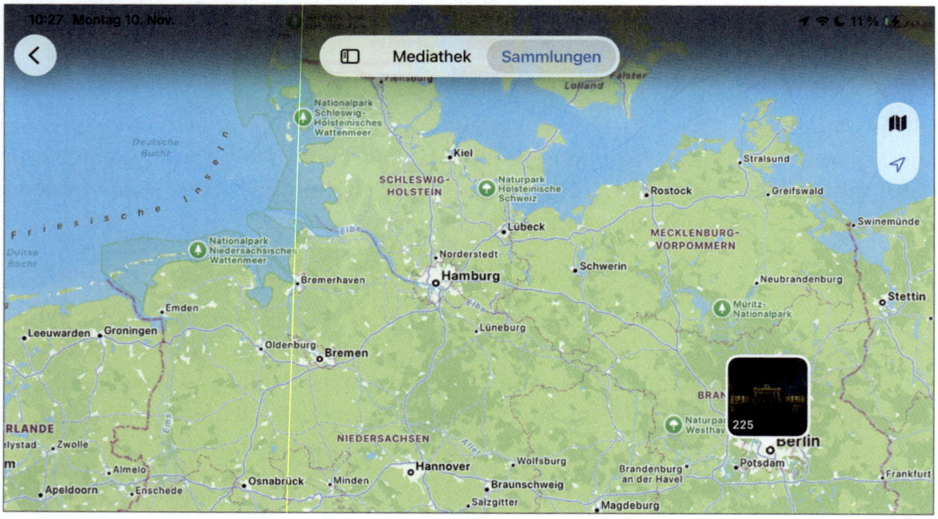

Mehrere Fotos auswählen

Wollen Sie mehrere Fotos auswählen, um diese zu präsentieren, an eine andere App zu übergeben oder auch online zu veröffentlichen, erreichen Sie das auf die folgende Weise:

1. Starten Sie die *Fotos*-App, wählen Sie in der Seitenleiste etwa den Eintrag *Mediathek* und entscheiden Sie sich für die gewünschte Ansicht wie *Jahre*, *Monate* oder auch *Tage* in den *Sammlungen* in der Seitenleiste.
2. Wählen Sie ggf. das gewünschte Aufnahmedatum aus.
3. Um einzelne Fotos auszuwählen, tippen Sie zunächst rechts oben auf *Auswählen* und dann auf die Voransicht der Fotos.

4. Möchten Sie alle Fotos eines Datums wählen, tippen Sie zunächst auf *Auswählen* und dann auf *Alle* rechts oben in der gewählten Voransicht. Alle Fotos des entsprechenden Datums sind nun ausgewählt.

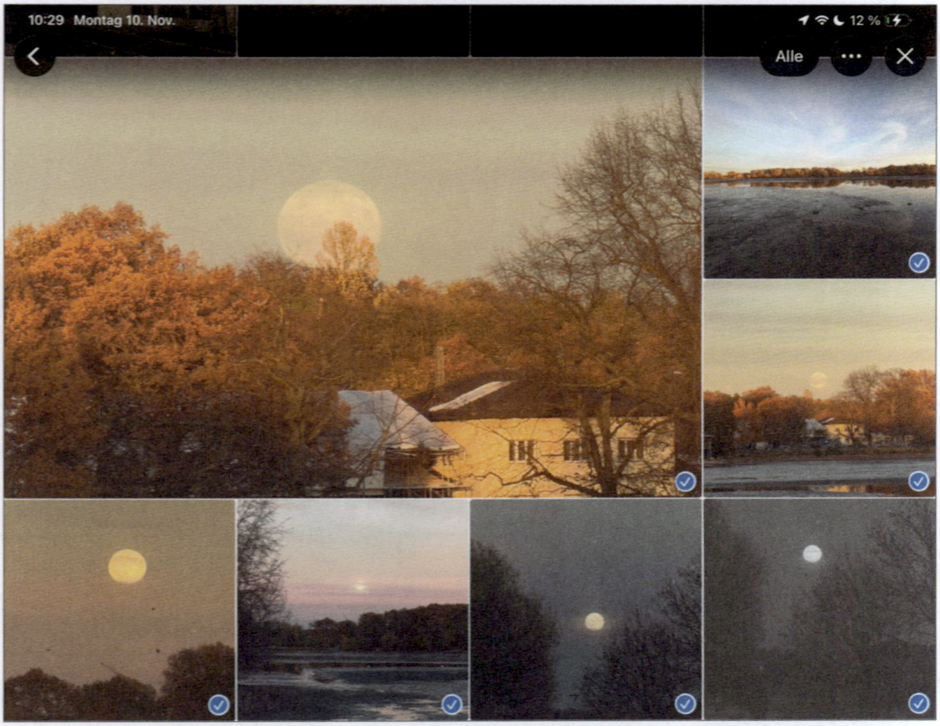

Fotos suchen

Die Suche nach Fotos in der *Fotos*-App gestaltet sich auf dem iPad mit iPadOS 26 besonders komfortabel, da die App dank Apple Intelligence etwas »mitdenkt« und in der Lage ist, Fotos bzw. bestimmte Motive anhand von Suchbegriffen zu erkennen und dann aufzulisten.

1. Öffnen Sie die *Fotos*-App, tippen Sie links oben auf *Mediathek* und dann rechts oben auf *Alle Fotos*.
2. Ebenfalls rechts oben wählen Sie den Befehl *Suchen* (Lupensymbol). Tippen Sie darauf.
3. Bevor Sie einen Suchbegriff eingeben, werden unter *Vorschläge* bereits durchgeführte Suchen aufgelistet.
4. Möchten Sie nun eine gezielte Suche durchführen, geben Sie einen Suchbegriff in das Suchfeld ein, etwa »Elefant« oder »Rose«.
5. Sie können zudem verschiedene Suchbegriffe kombinieren oder dank Apple Intelligence sogar mit ganzen Sätzen suchen, etwa »Zeige mir Elefanten«.

6. Bereits während der Eingabe des Suchbegriffs werden ähnlich lautende Begriffe aufgelistet, von denen Sie dann einen per Fingertipp auswählen.
7. Alle von der *Fotos*-App erkannten Fotos mit dem gesuchten Motiv werden sofort aufgelistet. Nicht alle Suchbegriffe führen immer zum Erfolg. Probieren Sie daher verschiedene Suchbegriffe in jeweils anderer Kombination aus.

Fotos nach Datum suchen

Sie können nach Fotos suchen, die an einem bestimmten Datum an einem bestimmten Ort aufgenommen wurden.

1. Starten Sie die *Fotos*-App, tippen Sie oben links auf *Mediathek* und dann rechts oben auf *Suchen*.
2. Um z. B. die Fotos zu einer Jahreszeit zu suchen, tippen Sie *Sommer 2025* ein. Zur Suche nach Fotos eines bestimmten Monats wählen Sie den Suchbegriff *Juni 2025*. Sollen die Fotos nach einem bestimmten Tag aufgelistet werden, tippen Sie etwa den *31.12.2024* ggf. gefolgt vom Ort, etwa *Stuttgart*, ein.
3. Die passenden *Fotos* sowie *Sammlungen* werden unten aufgelistet. Der Kombination von Suchbegriffen sind nahezu keine Grenzen gesetzt. Je detaillierter die Suchbegriffe und deren Kombination sind, desto weniger Suchergebnisse erhalten Sie.

Wo sind meine Bildschirmfotos?

Suchen Sie die mit Ihrem iPad erstellten Bildschirmfotos, sind diese in der *Fotos*-App in einem gesonderten Album zu finden. Tippen Sie auf *Mediathek* und wählen Sie unter *Medienarten* die Kategorie *Bildschirmfotos* aus.

Fotos als Hintergrundbilder nutzen

Ihre Fotos können Sie auch als Hintergrundbilder nehmen. Allerdings sollten Sie hier auf allzu bunte und lebendige Fotos verzichten, denn diese lenken oftmals zu sehr ab. Vertrauen Sie stattdessen auf die *Fotos*-App, die Ihnen auf Basis der gespeicherten Fotos Vorschläge unterbreitet und diese bereits entsprechend gestaltet. Sie finden sie, wenn Sie links in der Seitenleiste in den *Sammlungen* die Ansicht *Hintergrundbild-Vorschläge* wählen oder in der Ansicht *Fotos* ganz nach unten wischen. Wählen Sie dann den Vorschlag aus und gestalten Sie ihn nach Ihren Vorstellungen.

Nur für dich – Rückblicke

Mit den Rückblicken bietet die *Fotos*-App eine Möglichkeit, automatisch Diashows zu erstellen. Die *Fotos*-App orientiert sich dabei am Ort sowie am Datum und kombiniert die passenden Fotos in einer Diashow.

Möchten Sie herausfinden, welche *Rückblicke* die *Fotos*-App für Sie bereits erstellt hat, gehen Sie so vor:

1. Starten Sie die *Fotos*-App und wählen Sie in der Seitenleiste in den *Sammlungen* die Ansicht *Rückblicke*.
2. Anschließend werden Ihre Rückblicke aufgelistet. Um die Rückblicke zu betrachten, tippen Sie auf das Titelbild. Der Rückblick wird automatisch abgespielt und mit Musik unterlegt.
3. Tippen Sie während des Abspielens des Rückblicks als Film auf das Notensymbol, können Sie weitere Einstellungen vornehmen. Sie können die Musikuntermalung Ihren Wünschen entsprechend anpassen und über das Symbol mit den drei Kreisen andere *Filter* wählen.
4. Oben rechts über *Mehr* (Kreis mit drei Punkten) öffnen Sie das Menü des Rückblicks und nehmen weitere Einstellungen vor, z. B. die Bearbeitung des Filmtitels, den Rückblick als Favoriten aufnehmen oder *Fotos verwalten*. Beachten Sie dazu auch die folgenden Tipps.

Rückblicke bewerten

Um Einfluss darauf zu nehmen, welche Rückblicke von der *Fotos*-App erstellt und Ihnen dargeboten werden, gehen Sie wie folgt vor:

1. Starten Sie die *Fotos*-App und wählen Sie unter den *Sammlungen* den Eintrag *Rückblicke*.
2. Um alle bereits vorhandenen Rückblicke aufzulisten, tippen Sie oben auf *Alle*.
3. Gefällt Ihnen ein Rückblick, tippen Sie auf die Voransicht, um deren Kontextmenü zu öffnen, und dann auf *Zu Rückblickfavoriten hinzufügen* (Herzsymbol).
4. Sagt Ihnen der Rückblick weniger zu, tippen Sie im Kontextmenü auf *Seltener zeigen* und dann auf den gewünschten Befehl, etwa *Weniger von diesem Ort zeigen*. Alternativ wählen Sie gleich den Befehl *Aus Rückblick-Favoriten entfernen*.
5. Sagt Ihnen der Rückblick überhaupt nicht zu, tippen Sie auf *Rückblick löschen*.
6. Die *Fotos*-App orientiert sich an Ihrer Auswahl und erstellt künftig mehr Rückblicke, die Ihnen zusagen.

Fotos aus Rückblicken entfernen

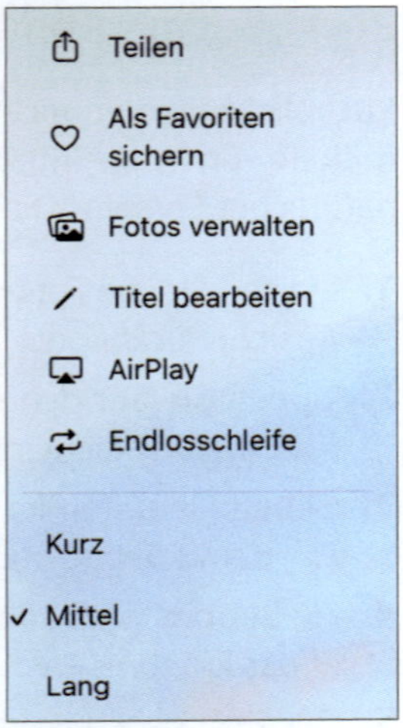

Nicht immer kombiniert die *Fotos*-App die passenden Fotos zu einem Rückblick. Daher ist es manchmal erforderlich, den Rückblick zu bearbeiten und unpassende Fotos zu entfernen.

1. Starten Sie die *Fotos*-App und wählen Sie in der Seitenleiste in den *Sammlungen* die Ansicht *Rückblicke*.
2. Wählen Sie den gewünschten Rückblick aus und spielen Sie diesen ab. Tippen Sie auf *Mehr* (Kreis mit drei Punkten) rechts oben.
3. Anschließend wählen Sie im Menü den Befehl *Fotos verwalten*. Tippen Sie dann auf die Fotos, die nicht mehr im Rückblick erscheinen sollen, und bestätigen Sie die Auswahl.

Rückblicke bearbeiten

Ein Rückblick kann bei Bedarf auch im Detail bearbeitet werden. Hierzu gehen Sie auf die folgende Weise vor:

1. Starten Sie die *Fotos*-App und wählen Sie in der Seitenleiste in den *Sammlungen* die Ansicht *Rückblicke*.
2. Wählen Sie den gewünschten Rückblick aus, spielen Sie ihn erst ab und stoppen Sie ihn. Tippen Sie rechts oben auf *Mehr*.
3. Im Menü *Mehr* können Sie nun Folgendes am Rückblick anpassen:
   - *Fotos verwalten:* Entfernen Sie Fotos aus dem Rückblick und fügen Sie andere hinzu.
   - *Titel bearbeiten:* Bestimmen Sie den Titelnamen des Rückblicks und dessen Formatierung.
   - *Als Schlüsselfoto festlegen:* Bestimmen Sie ein aussagekräftiges Foto, das den Rückblick am besten repräsentiert.
   - *Aus Rückblick ausblenden:* Bestimmen Sie Fotos, die nicht im Rückblick angezeigt werden sollen.
   - *AirPlay-Film:* Spielen Sie den Rückblick über Apple TV etc. ab.
   - *Endlosschleife:* Spielen Sie den Rückblick in Endlosschleife ab.
4. Tippen Sie zudem unten auf das Notensymbol. Über das linke Symbol ändern Sie den Musiktitel, über das rechte Symbol können Sie einzelnen Fotos mithilfe eines Filters einen anderen Look verpassen.
5. Spielen Sie das Video zur Überprüfung ab. Um das Video zu speichern oder weiterzugeben, tippen Sie auf den Befehl *Teilen*.

Rückblick mit Apple Intelligence erstellen

Rückblicke werden nicht nur automatisch von der *Fotos*-App angelegt, Sie können diese mithilfe von Apple Intelligence selbst gestalten – und zwar auf Basis von Anweisungen in natürlicher Sprache. Dazu gehen Sie auf die folgende Weise vor:

1. Starten Sie die *Fotos*-App und wählen Sie in der Seitenleiste in den *Sammlungen* die Ansicht *Rückblicke*.
2. Tippen Sie auf den ersten neutral gehaltenen Rückblick und dort auf *Zum Erstellen tippen*. Nun erscheint die Startseite zum Erstellen eines Rückblicks.
3. Geben Sie unten im Texteingabefeld die Anweisung (Prompt) für Apple Intelligence ein, damit der gewünschte Rückblick erstellt wird.
4. Ein Beispiel wäre *Sommerzeit in Nürnberg*. Je präziser der Prompt ist, desto passgenauer das Ergebnis – vorausgesetzt die Fotos sind verfügbar.
5. Der Rückblick wird erstellt. Dabei wird eine kleine Animation angezeigt. Der neue Rückblick erscheint an zweiter Stelle, wo Sie ihn abspielen können.

Einfache Diashow

Um Ihre Bilder schnell zu präsentieren, ist es nicht immer erforderlich, einen Rückblick zu erstellen oder abzuspielen. Das geht viel einfacher.

1. Starten Sie dazu die *Fotos*-App und wählen Sie die gewünschte Ansicht oder das Album aus. Tippen Sie anschließend auf *Auswählen*, um die Fotos für die Diashow zusammenzustellen.

2. Tippen Sie auf *Mehr* (Kreis mit drei Punkten) und den Befehl *Als Diashow wiedergeben*. Als Titel erscheint der Name des Albums, und die Fotos werden mit Musikuntermalung vorgeführt.
3. Die Musik der Diashow passen Sie über das Notensymbol an. Mit dem Symbol für *Filter* verpassen Sie den Fotos einen besonderen Look.
4. Mit dem Abspielen-Symbol unten starten und pausieren Sie die Diashow. Über *Mehr* und *AirPlay* können Sie diese ggf. per Apple TV auf einem TV-Gerät vorführen.

iPad als digitalen Bilderrahmen verwenden

Ihr iPad lässt sich prima als digitaler Bilderrahmen nutzen. Entsprechend platziert auf einem Tisch, mit einem passenden Ständer oder in einem Dock, können Sie eine Diashow in Endlosschleife abspielen lassen.

1. Starten Sie die *Fotos*-App und wählen Sie das gewünschte Album oder über die *Sammlungen* die Ansicht in der Seitenleiste aus.
2. Tippen Sie auf *Auswählen* und markieren Sie dann die gewünschten Fotos.
3. Tippen Sie auf *Mehr* (Kreis mit drei Punkten) und den Befehl *Als Diashow wiedergeben*. Als Titel erscheint der Name des Albums, und die Fotos werden in der Regel mit Musikuntermalung vorgeführt. Mit einem Tipp auf das Lautsprechersymbol deaktivieren Sie diese.
4. Damit die Diashow dauerhaft wiederholt wird, aktivieren Sie über *Mehr* die Funktion *Endlosschleife*, solange die Diashow abgespielt wird.

iCloud-Fotos aktivieren

Damit Ihre Fotos auf allen Ihren Geräten zur Verfügung stehen, können Sie diese in iCloud übertragen. Dies hat Vorteile, aber auch einige Nachteile. So haben Sie von jedem iPadOS- und iOS-Gerät, Mac oder Windows-PC Zugriff auf Ihre Fotos und Videos, können diese betrachten, präsentieren oder bearbeiten — und das an jedem Ort, an dem Sie einen Internetzugang haben. Die Nachteile liegen ebenfalls auf der Hand. Um auf Ihre Fotos zuzugreifen, ist ein schneller, unterbrechungsfreier Internetzugang (am besten über WLAN) zwingend erforderlich. Zudem sind Fotosammlungen in der Regel sehr umfangreich und benötigen viel Speicherplatz. Apple stellt Ihnen aber – kostenlos – nur 5 GB Speicherplatz zur Verfügung. Benötigen Sie mehr, müssen Sie dafür bis zu 59,99 Euro pro Monat bezahlen. Hierfür erhalten Sie dann aber auch 12 TB Speicherplatz bei iCloud. 200 GB sind für 2,99 Euro erhältlich. 2 TB Speicherplatz für 9,99 Euro dürfte den meisten Amateur- und Gelegenheitsfotografen wohl genügen.

1. Öffnen Sie die *Einstellungen* und tippen Sie in der linken Spalte auf Ihren Apple Account.
2. In der rechten Spalte tippen Sie auf *iCloud* und unten auf *Fotos*. Schalten Sie *Dieses iPad synchronisieren* ein.

3. Ihre Fotos und Alben werden von nun an automatisch in iCloud hochgeladen. Das kann bei vielen Fotos einige Zeit in Anspruch nehmen.
4. Damit Fotos auf Ihrem iPad nicht zu viel Speicherplatz benötigen, schalten Sie bei Bedarf die Einstellung *iPad-Speicher optimieren* ein. Die Fotos in voller Auflösung befinden sich in diesem Fall weiter in iCloud.

Fotos und Alben teilen

Wollen Sie Ihre Fotos, z. B. von Ihrer letzten Urlaubsreise, Freunden und Bekannten zeigen, müssen Sie diese nicht unbedingt zu sich einladen oder mit dem iPad bei ihnen vorbeikommen. Dies geht auch mit weniger Aufwand – und zwar über *Geteilte Alben*. Damit können Sie Fotoalben online präsentieren. Aber nicht nur das. Jeder Ihrer »Abonnenten« kann – je nachdem – Fotos bewerten, kommentieren oder eigene hinzufügen. *Geteilte Alben* richten Sie wie folgt ein:

1. Öffnen Sie die *Einstellungen* und tippen Sie in der linken Spalte auf Ihren Apple Account.
2. In der rechten Spalte tippen Sie auf *iCloud* und unten auf *Fotos*. Schalten Sie unten zuerst *Geteilte Alben* ein.
3. Öffnen Sie dann die *Fotos*-App und wählen Sie das gewünschte Album oder Datum aus. Dort tippen Sie rechts oben auf *Auswählen* und bestimmen die Fotos, die geteilt werden sollen.

4. Anschließend tippen Sie auf das Teilen-Feld links unten. Wählen Sie die Option *Zu geteiltem Album hinzufügen*.
5. Tippen Sie auf *Geteiltes Album* und dann auf den Plus-Schalter, um ein neues geteiltes Album anzulegen. Geben Sie den Namen des geteilten Albums ein und tippen Sie auf *Erstellen*.
6. Wählen Sie das neue geteilte Album in der Seitenleiste aus. Tippen Sie darauf, bis das Kontextmenü angezeigt wird.
7. Tippen Sie auf *Teilnehmende hinzufügen* und laden Sie alle ein, die das geteilte Album betrachten dürfen.

Videos betrachten

Ihre mit der Kamera des iPad aufgenommenen Videos werden ebenfalls über die *Fotos*-App verwaltet und abgespielt. Hierfür ist nicht die TV-App zuständig, mit der Sie Ihre Kauf- und Leihfilme aus dem App Store oder andere über iTunes synchronisierte Filme abspielen. Videos können Sie in der *Fotos*-App sehr einfach abspielen und betrachten:

1. Starten Sie die *Fotos*-App und wählen Sie in der Seitenleiste unter *Medienarten* das Album *Videos* aus.
2. Um das gewünschte Video abzuspielen, tippen Sie auf die Vorschau und dann ggf. oben auf den Schalter *Abspielen*, zum Pausieren erneut auf *Abspielen*.
3. Um das Video auf Ihrem TV-Gerät (über Apple TV) anzuschauen, tippen Sie auf das Teilen-Feld – ebenso oben – und anschließend auf den Eintrag *AirPlay*.

Animierte GIF-Dateien abspielen

Die *Fotos*-App ist auch in der Lage, animierte GIF-Dateien abzuspielen. Sie finden diese – sofern welche in Ihrer Foto-Mediathek vorhanden sind – im Album *Animiert*.

Image Playground: Bilder mit Apple Intelligence erstellen lassen

Ganz ohne künstlerisches Talent können Sie Apple Intelligence Bilder erstellen lassen. Freilich darf es sich dabei um keine fotorealistischen Abbildungen handeln, sondern nur um Animationen, Illustrationen, Skizzen und dergleichen. Starten Sie dazu die App *Playground* und wählen Sie ein Foto als Vorlage sowie Motive und Stile aus. Anschließend wird das Bild anhand Ihrer Auswahl erstellt.

Sie können auch Abbildungen anhand von Prompts, also Befehlen in natürlicher Sprache, erstellen lassen, wie etwa »Mammut in der Wüste«. Hierbei können Sie sich auch von *ChatGPT* helfen lassen, wenn Sie es in den Einstellungen zu Apple Intelligence aktiviert haben.

7. Das iPad als Alleinunterhalter

Die meisten Anwender nutzen ihr Tablet neben dem Surfen und Chatten vermehrt zum Medienkonsum. Kein Wunder, denn der helle, kontrastreiche und hochauflösende Bildschirm des iPad ist hervorragend dazu geeignet, Filme auf der Terrasse, im Garten oder unterwegs zu genießen. Wer ein iPad Pro besitzt, profitiert zudem vom Stereoklang aus den mittlerweile vier eingebauten Lautsprechern, die zumindest günstige externe Lautsprecher weitgehend überflüssig machen. Außerdem können Sie mit jedem iPad – über Bluetooth – drahtlose Lautsprecher oder Kopfhörer verwenden und damit auch Musik, Internetradio, Podcasts oder Hörbücher genießen.

Des Weiteren dient Ihr iPad – entsprechende Apps von Drittherstellern vorausgesetzt – als mobiles TV-Gerät oder Spielkonsole, und zu guter Letzt ist es auch ein E-Book-Reader, mit dem Sie unter anderem Zugriff auf den Book Store von Apple oder den Kindle-Store von Amazon erhalten. Mit den Tipps und Tricks in diesem Kapitel schöpfen Sie das ganze Potenzial des Multimediatalents Ihres iPad aus.

7.1 iTunes Store

Um Medien für Ihr iPad, iPhone, Ihren Mac oder Windows-PC zu beziehen, ist für viele Anwender der iTunes Store die erste Anlaufstelle. Dank der engen Integration in iPadOS, iOS sowie macOS ist der Erwerb und das Herunterladen von Medien besonders komfortabel, einfach und schnell erledigt.

Die Bezahlung erfolgt über Ihren Apple Account und die dort hinterlegte Zahlungsmethode. Dies kann eine Kreditkarte sein oder eine iTunes-Karte, die es zu unterschiedlichen Preisen an nahezu jeder Supermarktkasse oder Tankstelle zu kaufen gibt. Auch die Bezahlung über Ihre Mobilfunkrechnung oder PayPal ist möglich.

PayPal als Bezahlmethode nutzen

Seit einiger Zeit bietet Apple auch die Bezahlung über den beliebten Bezahldienst PayPal an. Dies können Sie in Ihrem iTunes-Store-Konto aktivieren. Dazu verwenden Sie die *Musik*-App Ihres Macs oder Windows-PCs. Gehen Sie dabei wie folgt vor:

1. Starten Sie die *Musik*-App auf dem Mac oder Windows-PC. Dort wählen Sie in der Menüleiste im Menü *Account* den Befehl *Accounteinstellungen* aus.
2. Klicken Sie neben *Zahlungsdaten* auf *Zahlungen verwalten*. Wählen Sie *PayPal* aus.
3. Geben Sie dann – sofern erforderlich – die Benutzerdaten Ihres PayPal-Kontos ein und klicken Sie auf *Fertig*.

Nur mit Prepaid-Guthaben zahlen

Möchten Sie keine Kreditkarte, PayPal oder Mobilfunkrechnung als Bezahlmethode angeben, haben Sie die Möglichkeit, ein Prepaid-Guthaben einzuzahlen – und zwar über die im Handel nahezu überall erhältlichen iTunes-Karten.

In diesem Fall wählen Sie *Keine* Bezahlmethode:

1. Starten Sie die *Musik*-App auf dem Mac oder Windows-PC. Wählen Sie in der Menüleiste *Account/Accounteinstellungen*.
2. Dort klicken Sie neben *Apple Account* auf *Guthaben hinzufügen*. Folgen Sie anschließend den Anweisungen.
3. Sofern ein Guthaben verfügbar ist, erfolgt die Bezahlung von Medien oder Abonnements immer zuerst über das Guthaben, bevor auf eine andere Zahlungsmethode zurückgegriffen wird.

> **Über die Mobilfunkrechnung zahlen**
> Alternativ können Sie auch über Ihre Mobilfunkrechnung bezahlen. Die entsprechenden Beträge werden dann monatlich zusammen mit den Mobilfunkgebühren von Ihrem Konto abgebucht. Zur Änderung der Bezahlmethode gehen Sie wie zuvor beschrieben vor, nur wählen Sie dann das Handy- und SIM-Karten-Symbol.

iTunes-Karten mit Kamera einlesen

Damit Sie die über eine Guthaben- oder auch Geschenkkarte erworbene Summe auf Ihr iTunes-Konto einzahlen können, müssen Sie normalerweise einen langen Code eingeben. Hierbei schleichen sich gern Tippfehler ein, die Sie dann wieder korrigieren müssen.

Dank der Kamera Ihres iPad geht es auch einfacher. Der Code und damit das Guthaben kann darüber eingelesen und eingelöst werden.

1. Rubbeln Sie zunächst mit einer Münze den Code auf der Rückseite der iTunes-Karte frei.
2. Starten Sie etwa die iTunes Store-App auf dem iPad und blättern Sie ganz nach unten. Dort tippen Sie auf den Schalter *Einlösen*.
3. Im folgenden Fenster tippen Sie auf den Eintrag *Kamera verwenden* und halten die iTunes-Karte mit der Rückseite und dem Code vor die Kamera auf der Rückseite Ihres iPad.
4. Der Code wird eingelesen und das dazugehörige Guthaben sofort Ihrem iTunes-Konto gutgeschrieben.

Einkaufsstatistiken abrufen

Wollen Sie herausfinden, welche Einkäufe in letzter Zeit über Ihren Apple Account getätigt wurden, benötigen Sie dazu ebenfalls iTunes auf dem Windows-PC oder Mac bzw. ab macOS Catalina zwingend die App *Musik*.

1. Starten Sie auf dem Mac oder Windows-PC die *Musik*-App oder noch iTunes bzw. die iTunes-Store-App. Dort wählen Sie in der Menüleiste *Account/Accounteinstellungen*.
2. Klicken Sie auf *Einkaufsverlauf*. Legen Sie über *Ergebnisse für* einen Zeitraum fest, über den Sie bezüglich Ihrer Einkäufe informiert werden möchten.
3. Es werden alle Käufe aufgelistet, auch die Gebühren für Abos wie etwa Apple Music.

Ein Album oder einen Film verschenken

Möchten Sie Ihren Lieben eine Freude machen, können Sie ihnen auch Geschenke und Geschenkkarten zukommen lassen – und zwar ganz papierlos und online. Hierbei haben Sie die Wahl, entweder ein Medium selbst, wie einen Musiktitel, ein Musikalbum oder einen Film bzw. eine TV-Serie, zu verschenken oder eine Geschenkkarte mit einem bestimmten Betrag zur freien Verfügung zu nehmen. Alle Empfängerinnen und Empfänger müssen über einen Apple Account verfügen, um das Geschenk einlösen zu können. Eine Bezahlmethode benötigt der oder die Beschenkte aber nicht.

1. Wollen Sie ein Medium verschenken, tippen Sie auf das Cover des Mediums und anschließend auf das Teilen-Feld, das sich rechts oben befindet.
2. Tippen Sie dann in der zweiten Reihe auf das Symbol *Geschenk*. Dort geben Sie die E-Mail-Adresse des Empfängers an und ggf. eine Nachricht.
3. Tippen Sie auf *Weiter* und folgen Sie den Anweisungen.

Eine Guthabenkarte verschenken

1. Zum Verschenken einer Guthaben- bzw. Geschenkkarte wischen Sie auf der Startseite des iTunes Store oder der iTunes-Store-App auf dem iPad ganz nach unten und tippen dort auf den Schalter *Verschenken*.
2. Geben Sie den Empfänger an sowie eine kurze Nachricht.
3. Tippen Sie auf den Betrag und anschließend auf *Weiter*. Folgen Sie erneut den Anweisungen.

Wunschliste des iTunes Store nutzen

Sehr praktisch ist die Wunschliste im iTunes Store. Darin können Sie alle Medien aufnehmen, die Sie erwerben wollen, oder auch nur notieren, um sie auf anderen Wegen zu erwerben oder Bekannten und Freunden weiterzuempfehlen.

1. Um ein Medium in die Wunschliste aufzunehmen, tippen Sie auf das Cover und dann auf das Teilen-Feld. Dann wählen Sie den Eintrag *Zur Wunschliste hinzufügen*.
2. Möchten Sie später auf die Wunschliste zugreifen, tippen Sie in der iTunes-Store-App auf die drei kleinen Striche rechts oben neben dem Suchen-Feld und anschließend auf das erste Register *Wunschliste*.
3. Zum Löschen von Einträgen wischen Sie auf dem Eintrag von rechts nach links und tippen dann auf *Löschen*. Zum Erwerben tippen Sie auf das Preisschild und folgen den Anweisungen.

Album oder Titel empfehlen

Wenn Sie Freunden, Bekannten oder Kollegen Alben, Musiktitel oder auch andere Medien weiterempfehlen wollen, müssen Sie dazu nicht den Link kopieren, eine neue E-Mail oder Nachricht verfassen und den Link aus der Zwischenablage übernehmen. Das geht viel einfacher:

1. Um ein Medium zu empfehlen, tippen Sie auf das Cover und dann auf das Teilen-Feld.
2. Zum Versenden des Links tippen Sie in der ersten Reihe auf *Nachrichten* oder *Mail*. Anschließend müssen Sie nur noch Empfänger und Betreffzeile eingeben und können die Empfehlung versenden.
3. Falls gewünscht, können Sie diese auch in einem sozialen Netzwerk posten. Wählen Sie die entsprechende App aus, melden Sie sich bei Bedarf an, und folgen Sie den Anweisungen.

Alternativen zum iTunes Store

Beim Erwerb von Musik und anderen Medien sind Sie nicht zwangsläufig auf den iTunes Store angewiesen, auch wenn sich der Kauf und Download dort besonders einfach gestaltet. Eine Alternative stellt neben YouTube Music, Spotify und anderen auch Amazon Music dar. Hier können Sie Alben und Titel bisweilen im nicht kopiergeschützten MP3-Format erwerben, herunterladen und in Ihre iTunes-Mediathek übernehmen. Zudem sind Apps für iPadOS und iOS erhältlich, mit denen Sie die dort erworbene Musik ebenfalls genießen können.

7.2 Apple Music

Mit Apple Music ist der Hersteller von iPad, iPhone und Co. erst relativ spät in den Markt für Musikstreaming eingestiegen, konnte aber auf Anhieb zahlreiche – auch zahlende – Musikfreunde und -freundinnen von seinem Angebot überzeugen. Weitere Gründe dafür sind auch, dass es auf jedem iPad, iPhone sowie Mac und über iTunes auf dem Windows-PC verfügbar ist. Außerdem spielt der moderate Preis von 10,99 Euro im Monat eine Rolle und die kostenlose Testphase von einem Monat. Möchten Sie Apple Music ebenfalls testen oder nutzen Sie es bereits, dann finden Sie auf den folgenden Seiten eine Reihe nützlicher Tipps dazu.

Apple Music testen

Möchten Sie Apple Music testen, haben Sie einen Monat Zeit dazu, und zwar ohne jegliche Einschränkungen sowie auf allen Geräten, auf denen Sie mit Ihrem Apple Account angemeldet sind.

1. Starten Sie die iTunes-Store-App und scrollen Sie auf der Startseite so weit nach unten, bis Sie einen Eintrag oder eine rote Anzeige mit *Apple Music* finden.
2. Tippen Sie auf den Eintrag oder die Anzeige und folgen Sie den Anweisungen zum Abschluss eines einmonatigen Probeabonnements.
3. Auf dem iPad greifen Sie später über die *Musik*-App auf Apple Music zu. Blenden Sie ggf. links oben die Seitenleiste ein und wählen Sie den gewünschten Eintrag oder tippen Sie oben in der Tableiste auf *Neu*, um neue Alben und Titel, die Ihnen gefallen, hinzuzufügen. Selbstverständlich können Sie auch eine gezielte Recherche über den Eintrag *Suchen* (Lupensymbol) durchführen.
4. Alle Ihre Alben und Titel finden Sie, wenn Sie in der Seitenleiste der *Musik*-App auf *Mediathek* tippen. Ihre neuesten Alben und Titel finden Sie immer in der Wiedergabeliste *Zuletzt hinzugefügt*.
5. Sollte die *Musik*-App, trotz abgeschlossenem Abonnement oder Probeabonnement, die von Ihnen in Apple Music gehörten und hinzugefügten Alben und Titel noch nicht anzeigen, warten Sie, bis die Anzeige aktualisiert wurde.

Alben sowie Titel finden und hinzufügen

Wollen Sie aktuelle Alben oder ältere Musiktitel in Apple Music finden und Ihren Wiedergabelisten hinzufügen, nutzen Sie dazu nicht den iTunes Store, sondern die *Musik*-App. Nur wenn Sie Medien erwerben möchten, benötigen Sie dazu die iTunes-Store-App.

1. Starten Sie die *Musik*-App und tippen Sie in der Tableiste oben auf *Neu*.
2. Anschließend werden ausgewählte Neuerscheinungen aller Genres angezeigt. Suchen Sie Musik bestimmter Genres, wischen Sie nach unten bis zur Kategorie *Mehr entdecken* und tippen auf *Nach Genres durchsuchen*.

3. Tippen Sie auf das gewünschte *Genre*. Dort wählen Sie die gewünschte Unterkategorie aus – von *Playlists* bis *Bald erhältlich*.
4. Gefällt Ihnen ein Album, tippen Sie auf dessen Cover und dann rechts oben auf den Plus-Schalter. Das Album wird in die Wiedergabeliste *Zuletzt hinzugefügt* Ihrer Mediathek aufgenommen.
5. Möchten Sie gezielt nach Interpreten, Albumname oder Musiktiteln suchen, tippen Sie in der Tableiste auf *Suchen* und geben die Suchbegriffe ein. Anschließend verfahren Sie wie zuvor beschrieben.

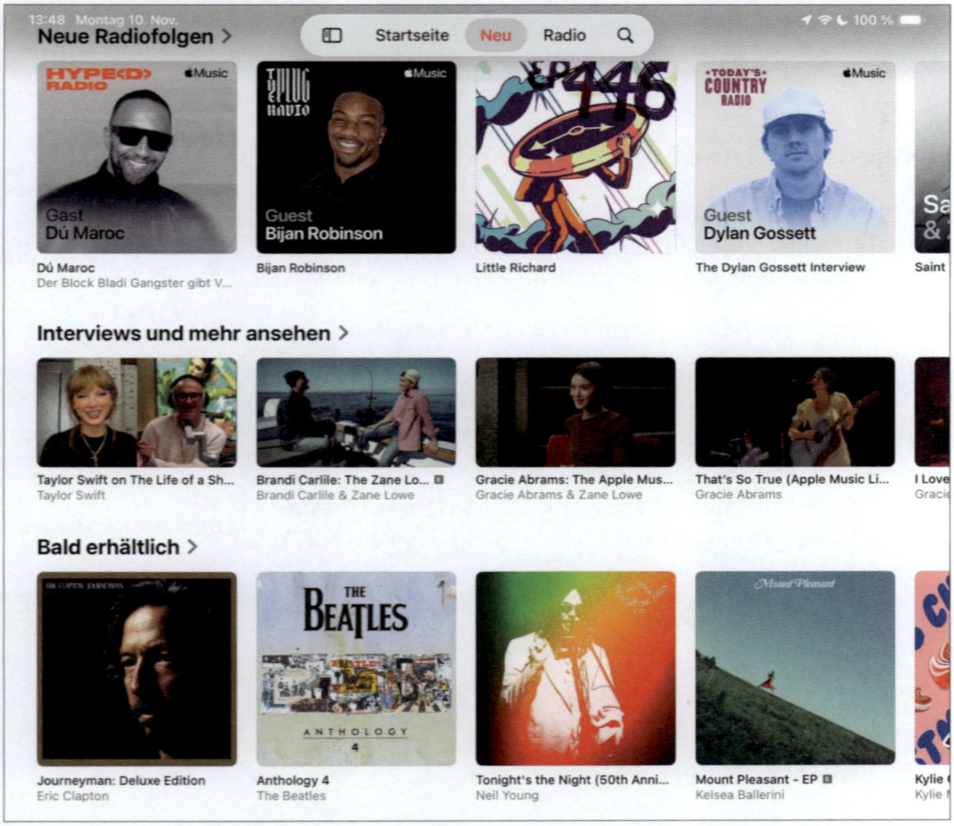

Musiktitel herunterladen

Zwar ist Apple Music ein Dienst für Musikstreaming, dennoch lassen sich die Titel – bei Bedarf – auch auf Ihr iPad herunterladen, z. B. wenn Sie diese, ohne dass Sie mit dem Internet verbunden sind, anhören möchten. Beachten Sie aber, dass die heruntergeladenen Musiktitel weder kopiert noch auf CD gebrannt werden und nach Beendigung des Apple-Music-Abos auch nicht mehr genutzt werden können.

Zum Herunterladen gehen Sie wie folgt vor:

1. Fügen Sie, wie oben beschrieben, das Album Ihrer Mediathek hinzu.
2. Tippen Sie dann auf *Mediathek* und z. B. auf *Zuletzt hinzugefügt* und anschließend auf das Cover des Albums.
3. Zum Herunterladen auf Ihr iPad tippen Sie rechts oben auf den nach unten weisenden Pfeil oder – bei einzelnen Titeln – rechts neben dem Titel.
4. Alle heruntergeladenen Titel finden Sie später in der Seitenleiste über die Einträge *Mediathek* und *Geladen*.

Lieblingsalben und Musiktitel markieren

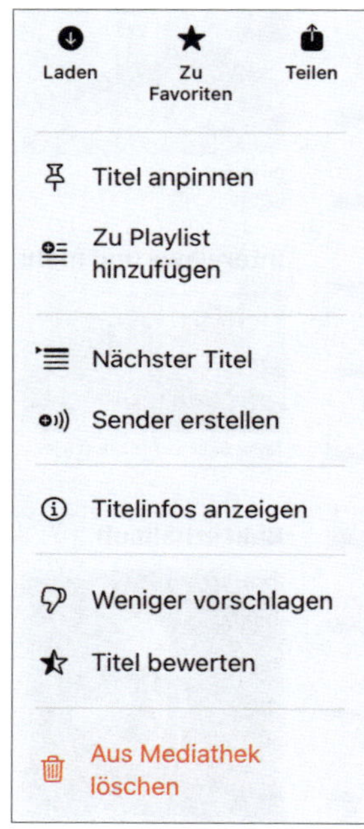

Musiktitel, die Ihnen gefallen, können Sie markieren. Anhand dieser Titel unterbreitet Ihnen Apple Music weitere Musikvorschläge, die Sie über den Eintrag *Für dich* im Menü finden.

1. Starten Sie die *Musik*-App und wählen Sie das gewünschte Album aus.
2. Tippen Sie auf die drei Punkte ganz rechts und anschließend auf den Eintrag *Zu Favoriten*, wenn Ihnen das ganze Album gefällt.
3. Wollen Sie nur einen Titel bewerten, tippen Sie auf die drei kleinen Punkte neben dem Titel und dann ebenfalls auf *Zu Favoriten*.

7.3 Musik hören

Wollen Sie auf Ihrem iPad Musik hören – einerlei ob über Apple Music oder aus Ihrer eigenen Mediathek –, ist dafür in jedem Fall die *Musik*-App zuständig. In diesem Kapitel finden Sie nützliche Tipps für den Musikgenuss mit dem iPad.

Gezielt Musik auf dem Sperrbildschirm abspielen

Falls Sie die *Musik*-App auf Ihrem iPad gestartet haben und ein Album oder einen Musiktitel anhören, können Sie die Musikwiedergabe auch auf dem Sperrbildschirm steuern. Die entsprechenden Bedienelemente werden angezeigt.

1. Starten Sie die *Musik*-App und spielen Sie einen Titel ab. Warten Sie, bis der Sperrbildschirm angezeigt wird, oder drücken Sie die Stand-by-Taste oben oder an der Seite Ihres iPad.
2. Sobald der Sperrbildschirm angezeigt wird, können Sie über die entsprechenden Bedienelemente Musiktitel abspielen, pausieren, zum nächsten oder zum vorherigen Titel wechseln und natürlich auch die Lautstärke anpassen.

3. Daneben werden das Cover und der Name des Albums bzw. Musiktitels angezeigt.
4. Über das AirPlay-Symbol legen Sie fest, wo die Musik abgespielt werden soll.

Musik über das Kontrollzentrum abspielen

Auch über das Kontrollzentrum und dessen Bedienelement zum Abspielen von Medien können Sie Musik hören. Öffnen Sie das Kontrollzentrum und tippen Sie rechts oben auf das Kontrollelement. Zum Abspielen wischen Sie rechts von oben nach unten, um die gesamte Kategorie *Medien* des Kontrollzentrums zum Abspielen aufzurufen. Es werden Ihre zuletzt gespielten Alben angezeigt. Diese können Sie nach einem Fingertipp auf das Cover abspielen.

Zufallsmodus nutzen

Möchten Sie in der *Musik*-App den beliebten Zufallsmodus aktivieren, erreichen Sie das auf die folgende Weise:

1. Starten Sie die *Musik*-App und wählen Sie zunächst eine Wiedergabeliste aus.
2. Soll die *Musik*-App die Titel aus Ihrer gesamten iCloud-Musik-Mediathek auswählen, tippen Sie auf *Mediathek* und wählen dann *Titel*.
3. Um nun den Zufallsmodus zu starten, tippen Sie rechts oben auf das Symbol für den Zufallsmodus (zwei geschwungene Pfeile).

Mit Wischgeste zum nächsten Titel springen

Spielen Sie in der *Musik*-App einen Musiktitel etwa im Zufallsmodus ab, dann können Sie über eine Wischgeste auf dem Miniplayer unten jeweils den nächsten oder den vorherigen Titel auswählen und abspielen.

Nächsten Titel feststellen

Falls Sie während des Abspielens von Musik den nächsten Titel herausfinden wollen, ob im Zufallsmodus oder auch nicht, gehen Sie wie folgt vor:

1. Starten Sie die *Musik*-App und spielen Sie einen Titel ab.
2. Tippen Sie unten auf den Titelnamen, um den Player anzuzeigen.
3. Rechts unter dem Lautstärkeregler tippen Sie auf die drei kleinen Striche. Nun werden alle Titel angezeigt, die als Nächstes abgespielt werden.
4. Um zum aktuellen Titel zurückzukehren, tippen Sie oben auf dessen Cover.

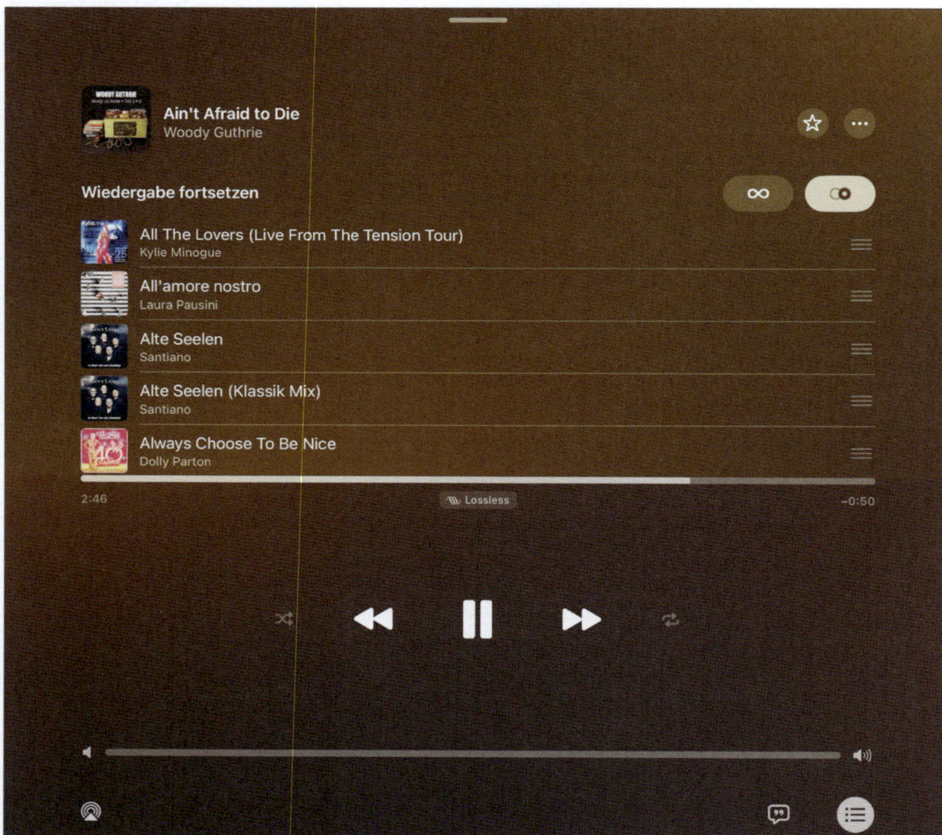

Den AutoMix aktivieren

Die *Musik*-App kann bei der nächsten Party die Aufgaben eines DJ übernehmen. Hierbei analysiert die App die aufeinanderfolgenden Titel und erstellt dann automatisch einen passenden Musikmix.

Dazu schalten Sie die Funktion *AutoMix* ein:

1. Öffnen Sie die *Einstellungen*, tippen Sie auf *Apps* und dann auf *Musik*.
2. Dort wählen Sie unter *Titelübergänge* die Funktion *AutoMix* aus.
3. Alternativ spielen Sie eine Wiedergabeliste ab. Dort tippen Sie rechts auf die drei kleinen Striche, um die Liste der aufeinanderfolgenden Titel anzuzeigen.
4. Den *AutoMix* schalten Sie ein, wenn Sie oben rechts auf die zwei ineinandergreifenden Kreise tippen.

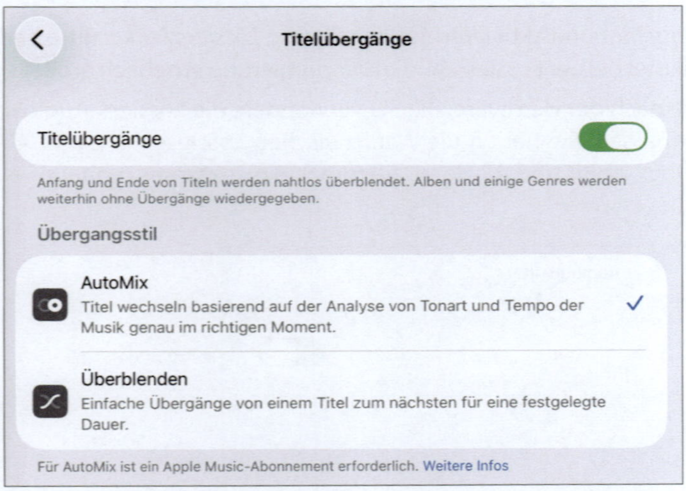

Liedtexte anzeigen

Beim Abspielen von Musik mit der *Musik*-App können Sie – jedenfalls bei im iTunes Store erworbenen oder bei Apple Music gestreamten und heruntergeladenen Titeln – auch die Liedtexte anzeigen.

1. Wählen Sie das Album und dann den Titel in Ihrer Mediathek oder die Wiedergabeliste *Zuletzt hinzugefügt* aus.
2. Spielen Sie den Musiktitel ab, indem Sie zuerst auf das Cover und dann auf den Titel tippen.
3. Tippen Sie rechts unten auf die kleine Sprechblase. Anschließend können Sie den Liedtext Satz für Satz einblenden und nachverfolgen.

Musik »Lossless« hören

Alle Musiktitel bei Apple Music liegen nun in einem verlustfreien Format zur Audiokomprimierung vor, dem **A**pple **L**ossless **A**udio **C**odec (ALAC), kurz »Apple Lossless« genannt. Leider kommen Sie mit Bluetooth-Kopfhörern oder -Lautsprechern nicht in den vollständigen Genuss der verlustfreien Audioqualität, da die Verbindungen über Bluetooth an sich nicht verlustfrei sind.

Damit Sie die Musik »Lossless« hören können, sind kabelgebundene Kopfhörer, Receiver oder Lautsprecher erforderlich – diese sollten von hochwertiger Qualität sein. Über die internen Lautsprecher Ihres iPad werden Sie keinen großen Unterschied zur verlustbehafteten Audioqualität feststellen. Die Lossless-Audiokomprimierung schalten Sie so ein:

1. Öffnen Sie die *Einstellungen* und wählen Sie links nacheinander die Einträge *Apps* und dann *Musik*.
2. Tippen Sie auf *Audioqualität* und aktivieren Sie den Eintrag *Lossless Audio*. Bitte beachten Sie, dass die Musiktitel bei der Lossless-Audiokomprimierung erheblich größer sind.
3. Zudem können Sie, je nach der Hardware, die Sie verwenden, die Lossless-Audiokomprimierung weiter anpassen: Sie haben die Wahl zwischen Lossless mit 24 Bit/48 Hz und 24 Bit/192 Hz. Über 24 Bit und 48 Hz ist allerdings ein »externer Digital-Analog-Wandler« erforderlich.

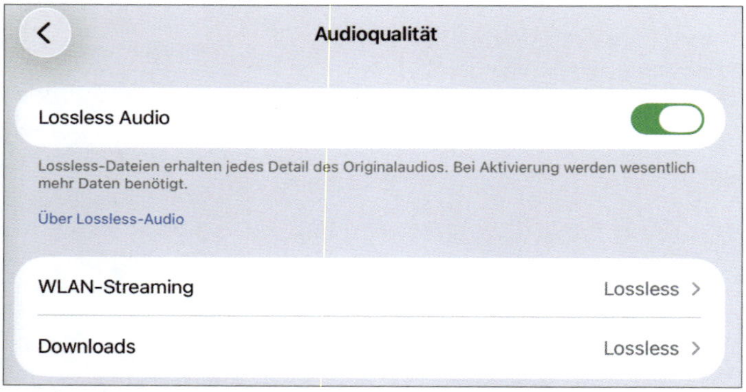

Musik in Dolby Atmos

Auch wenn Sie Musiktitel mit Lossless-Audiokomprimierung nicht mit Bluetooth-Kopfhörern wie den AirPods oder den Beats-Kopfhörern genießen können, unterstützen diese zumindest Musiktitel, die in Dolby Atmos, auch »3D-Audio« genannt, bei Apple Music zur Verfügung stehen. Dies ist mittlerweile bei einer größeren Auswahl von Musiktiteln und Alben der unterschiedlichsten Genres der Fall. Achten Sie bei den Musiktiteln auf die Einträge *3D Audio* oder *Dolby Atmos*. Bei *3D Audio* oder *Dolby Atmos* wird die Musik in virtuellem Raumklang abgespielt, der sich bei unterstützten Kopfhörern wie den aktuellen AirPods entsprechend der Kopfbewegung anpasst.

So aktivieren Sie Dolby Atmos auf dem iPad:

1. Öffnen Sie die *Einstellungen* und wählen Sie links nacheinander die Einträge *Apps* sowie *Musik*.

2. Tippen Sie in der Kategorie *Audio* auf *Dolby Atmos* und dann auf *Automatisch*. Nun werden die Musiktitel bei der Verwendung von AirPods oder unterstützten Beats-Kopfhörern in Dolby Atmos abgespielt. Dies gilt zudem für die internen Lautsprecher von Apple-Geräten.

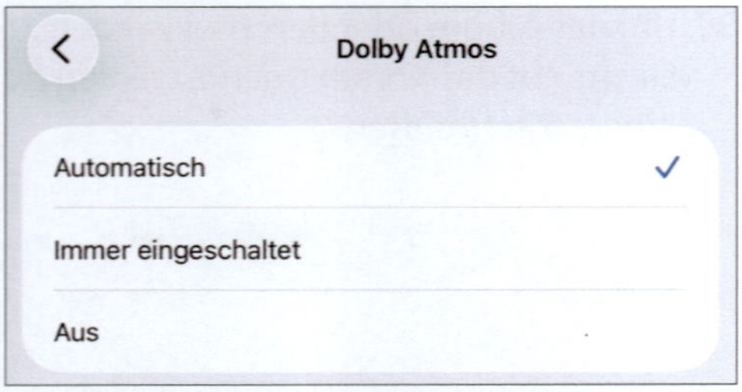

3. Um beim Download von Musiktiteln diese in Dolby-Atmos-Qualität zu erhalten, aktivieren Sie in der Kategorie *Downloads* noch den Eintrag *Als Dolby Atmos* laden.

Wiedergabelisten der Musik-App anpassen

Falls Ihnen die vorhandene Auswahl der Wiedergabelisten in der *Musik*-App nicht zusagt, können Sie diese auch verändern und anpassen:

1. Starten Sie die *Musik*-App. Tippen Sie zunächst links in der Seitenleiste auf *Bearbeiten*.
2. Aktivieren oder deaktivieren Sie die gewünschte Wiedergabeliste durch einen Fingertipp.
3. Falls Sie deren Reihenfolge verändern wollen, ziehen Sie sie an den drei kleinen Strichen rechts an die entsprechende Position.

Lieblingsalben oder Lieblingstitel anpinnen

Gefallen Ihnen bestimmte Alben oder Titel ganz besonders, können Sie diese oben an Ihrer Mediathek anpinnen, sodass sie immer an erster Stelle stehen.

Dazu gehen Sie auf die folgende Weise vor:

1. Starten Sie die *Musik*-App und wählen Sie Ihre Mediathek aus. Tippen Sie auf das Cover des entsprechenden Albums und öffnen Sie dessen Kontextmenü.
2. Wählen Sie den Befehl *Album/Titel anpinnen*. Das Album oder der Titel wird nun an erster Stelle der Mediathek angezeigt.

3. Um das Album oder den Titel wieder zu entfernen, öffnen Sie erneut das Kontextmenü, wählen nun aber den Befehl *Album/Titel loslösen*.

Die Tableiste nutzen

Manche Apps wie die *Musik*-App oder auch die *Fotos*-App besitzen eine Tableiste, über die Sie schnell auf wichtige Ansichten und Befehle zugreifen können. Sie übernimmt einen Teil der Aufgaben der Seitenleiste und befindet sich oben in der Mitte des App-Fensters.

Bei Apps wie der *Musik*-App haben Sie die Wahl, entweder die Tableiste oder die Seitenleiste zu nutzen. Tippen Sie dazu auf das Rechteck in der Seitenleiste, um die Tableiste anzuzeigen, und dann links auf das Rechteck in der Tableiste, um wieder die Seitenleiste aufzurufen. Die Tableiste lässt sich teilweise bearbeiten. Zeigen Sie dazu die Seitenleiste an und tippen Sie oben auf *Bearbeiten*. Nun können Sie die Tableiste und Seitenleiste anpassen.

Musik-Mediathek über iCloud nutzen

Damit Sie auf allen Ihren Geräten immer Zugriff auf Ihre gesamten Musiktitel haben, egal, ob diese aus Apple Music sind, erworben im iTunes Store oder importiert von Audio-CD mit dem Mac oder Windows-PC, sollten Sie die Musik-Mediathek in iCloud aktivieren und nutzen.

Dann werden alle Ihre Musiktitel in iCloud hochgeladen, und Sie können diese mit jedem kompatiblen Gerät wie iPad, iPhone, Mac oder Windows-PC zu jeder Zeit und an jedem Ort anhören, vorausgesetzt, Sie haben einen Zugang ins Internet. Die Musik-Mediathek muss dabei auf jedem Ihrer Geräte aktiviert sein.

Am iPad schalten Sie diese auf die folgende Weise ein:

1. Öffnen Sie die *Einstellungen* und wählen Sie in der linken Spalte den Eintrag *Apps* und anschließend rechts *Musik*.
2. Schalten Sie nun rechts *Mediathek synchronisieren* ein.

3. Danach werden jegliche Änderungen an Ihrer Musik-Mediathek auf jedem Ihrer Geräte übernommen und abgeglichen.

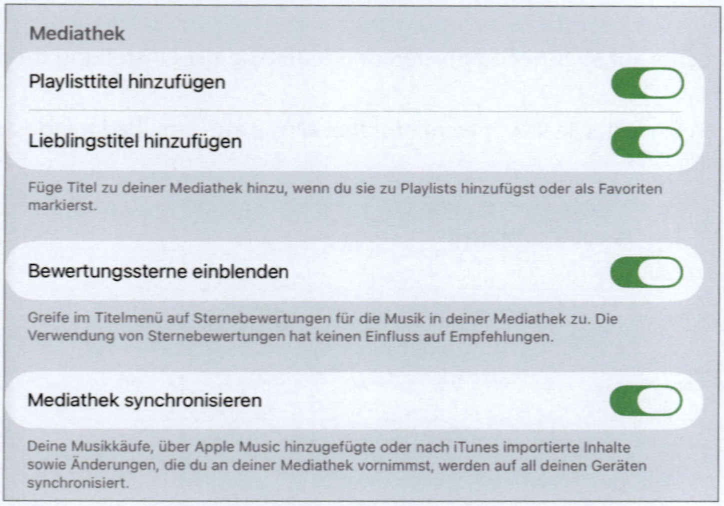

Automatische Downloads einschalten

Sollen alle Alben und Musiktitel, die Sie Ihrer Musik-Mediathek hinzufügen – auch die von Audio-CD bzw. auf andere Weise importierten –, automatisch auf das iPad heruntergeladen werden, aktivieren Sie die Funktion *Automatische Downloads*. In diesem Fall können Sie die Musik auch offline hören.

1. Öffnen Sie die *Einstellungen*, wählen Sie in der linken Spalte *Apps* und dann rechts *Musik*. Anschließend aktivieren Sie rechts die Option *Automatische Downloads*.
2. Bitte achten Sie darauf, dass auf dem iPad genug Speicherplatz zur Verfügung steht. Falls dies nicht der Fall ist, lässt sich dieser aber auch begrenzen, wie es im nächsten Tipp beschrieben wird.

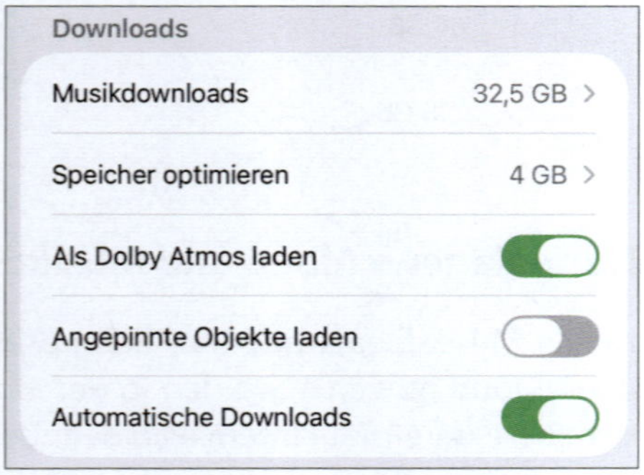

Ältere Musiktitel automatisch löschen lassen

Damit der Speicherplatz auf Ihrem iPad aufgrund der heruntergeladenen Musiktitel nicht zu knapp wird, können Sie ältere, lange nicht gehörte Alben und Musiktitel automatisch vom iPad löschen lassen.

Möchten Sie dies, gehen Sie so vor:

1. Öffnen Sie die *Einstellungen*, wählen Sie in der linken Spalte den Eintrag *Apps* und danach rechts *Musik*.
2. Tippen Sie dann rechts auf *Speicher optimieren* und legen Sie die Einstellung für den Mindestspeicher fest.
3. Anschließend legen Sie fest, wie viel Speicher für Ihre Musik auf dem iPad mindestens genutzt werden darf.

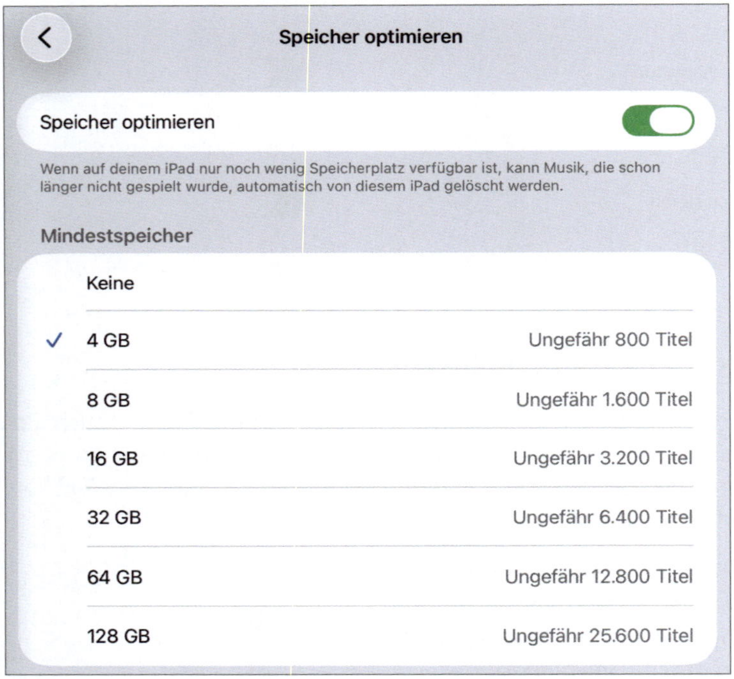

Nur geladene Alben und Musiktitel anzeigen

Ist die Musik-Mediathek über iCloud eingeschaltet (siehe den Tipp »Musik-Mediathek über iCloud nutzen«), werden in der *Musik*-App alle Alben und Musiktitel angezeigt, ob sich diese bereits auf Ihrem iPad befinden oder noch in der Cloud.

Um ausschließlich heruntergeladene Titel anzuzeigen, gehen Sie so vor:

1. Starten Sie die *Musik*-App und öffnen Sie das Menü. Tippen Sie links auf die Wiedergabeliste *Geladen* unter *Mediathek*.
2. In dieser Wiedergabeliste werden alle auf dem iPad befindlichen Titel und Alben sortiert nach *Playlists*, *Künstler:innen*, *Alben*, *Titel* sowie *Genres* angezeigt.

Maximale Lautstärke festlegen

Sofern Sie Musik – auch mit Kopfhörern – genießen, kann es erforderlich sein, eine maximale Lautstärke festzulegen, falls Sie Ihr Gehör nicht überbeanspruchen oder schädigen möchten:

1. Öffnen Sie die *Einstellungen* und wählen Sie dort die Option *Töne* in der linken Spalte.
2. Tippen Sie rechts zuerst auf den Eintrag *Maximale Lautstärke* und schalten Sie die Funktion *Maximale Lautstärke begrenzen* ein. Stellen Sie diese in Dezibel über den Schieberegler ein.
3. Für die Lautstärke von Kopfhörern finden Sie in der Kategorie *Kopfhörer* die Einstellung *Töne*. Schalten Sie die Option *Laute Geräusche reduzieren* ein.
4. Stellen Sie diese ebenfalls in Dezibel über den Schieberegler ein. Sie erhalten zudem Beispiele, wie laut sich die verschiedenen Dezibel-Werte anhören. Wählen Sie die gewünschte Einstellung.
5. Wünschen Sie zudem, dass alle Musiktitel automatisch in derselben Lautstärke abgespielt werden, aktivieren Sie zusätzlich in den *Einstellungen* über die Einträge *Apps* sowie *Musik* die Option *Lautstärke anpassen*.

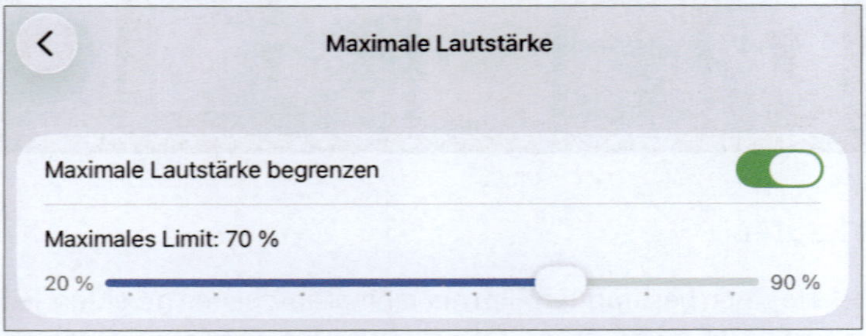

7.4 Apple TV – Film und Fernsehen auf dem iPad

Dank des hochauflösenden iPad-Bildschirms können Sie die neuesten Hollywood-Blockbuster sowie aktuelle Serien und TV-Sendungen unterschiedlicher Anbieter und Sender genießen. Der erste Anlaufpunkt ist die TV-App von iPadOS 26. Hier erhalten Sie Zugriff auf Filme, die Sie bereits erworben haben, können im iTunes Store weitere kaufen oder ausleihen und herunterladen sowie auf das TV-Programm und die Streaming-Angebote weiterer Sender und Anbieter zugreifen.

Filme und Serien betrachten

Sofern Sie bereits Filme oder TV-Serien im iTunes Store erworben haben, betrachten Sie diese über die TV-App:

1. Starten Sie die TV-App und tippen Sie links oben auf das entsprechende Symbol, um die Seitenleiste einzublenden.
2. Weiter unten befinden sich die Einträge der *Mediathek*. Tippen Sie auf *Letzte Käufe, Filme* oder *TV-Sendungen*.
3. Rechts werden alle von Ihnen im iTunes Store erworbenen Filme oder TV-Serien aufgelistet.
4. Zum Betrachten wählen Sie den Film oder die Serienfolge aus und tippen dann auf *Wiedergeben*.

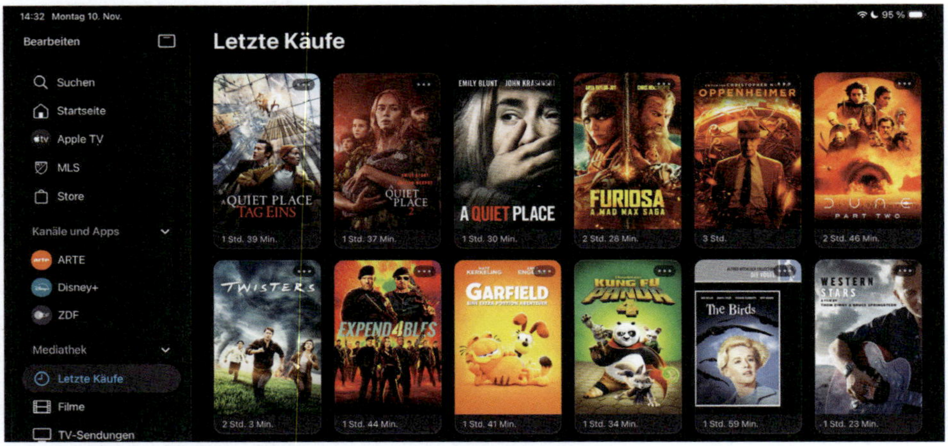

Filme leihen statt kaufen

Falls Sie sicher sind, dass Sie einen bestimmten Film nur einmal anschauen möchten, leihen Sie ihn am besten aus, anstatt ihn zu erwerben. Damit sparen Sie nicht nur Geld, sondern unter Umständen auch Speicherplatz. Geliehene Filme werden nämlich nach dem Anschauen automatisch wieder gelöscht.

1. Starten Sie die TV-App und tippen Sie oben in der Tableiste auf *Startseite*. Suchen Sie sich nun den gewünschten Film aus.
2. Falls Sie Filme suchen, die Sie ausleihen können, blättern Sie nach unten zu *Top-Filme zum Kaufen oder Leihen*
3. Tippen Sie auf das Cover. Schauen Sie eventuell den Trailer per Fingertipp an, um herauszufinden, ob der Film etwas für Sie ist.
4. Zum Leihen des Films tippen Sie auf das Preisschild und *Leihen*. Der Film wird auf Ihr iPad heruntergeladen. Bezahlt wird die Leihgebühr über die von Ihnen gewählte Bezahlmethode Ihres Apple Accounts.
5. Um ihn zu betrachten, öffnen Sie die TV-App und starten ihn. Sie haben bei einem Leihfilm 30 Tage Zeit, ihn zu schauen. Haben Sie begonnen, ihn anzuschauen, müssen Sie ihn allerdings binnen 48 Stunden zu Ende schauen.

Filmschnäppchen finden

Ab und zu sind im iTunes Store auch Schnäppchen zu finden. So können Sie meist ältere Filme zu einem stark ermäßigten Preis erwerben, und zwar für 0,99 Euro für Leihfilme und 3,99 Euro bis 10 Euro für Kauffilme. Diese Filme finden Sie wie folgt:

1. Starten Sie die TV-App und tippen Sie in der Tableiste auf *Store*. Beachten Sie die Anzeigen und Rubriken mit den Angeboten günstiger Filme, etwa *Große Filme zu kleinen Preisen*.
2. Tippen Sie dort auf die gewünschte Anzeige wie *Leihen für 0,99 €* oder auch *Kaufen für 3,99 €*. Die zu diesem Preis erhältlichen Filme werden, sortiert nach unterschiedlichen Genres, aufgelistet.
3. Um einen Film zu leihen oder zu erwerben, tippen Sie auf das jeweils passende Preisschild. Nach dem Download können Sie den Film über die TV-App betrachten, die Filme finden Sie über die Seitenleiste in Ihrer *Mediathek*.

Blockbuster mit Mehrwert – iTunes Extras

Was auf der DVD oder Blu-ray die »Specials« sind, das sind in der TV-App die *iTunes Extras*. Diese enthalten unter anderem ergänzende Informationen zu Schauspielern, Regisseuren oder Drehorten, ein Making-of, entfallene Filmszenen oder Dokumentationen. Ob ein Film *iTunes Extras* enthält, erfahren Sie auf die folgende Weise:

1. Starten Sie die TV-App und tippen Sie in der Seitenleiste oder Tableiste auf *Store*. Suchen Sie sich den Film aus, den Sie anschauen möchten. *iTunes Extras* sind meist in aktuellen Produktionen sowie Blockbustern (nur in ihrer HD-Version) zu finden.
2. Tippen Sie auf das Cover, um alle vorhandenen Informationen zu dem Film anzuzeigen.
3. Blättern Sie etwas nach unten. Dort finden Sie ggf. den Eintrag *iTunes Extras*. Unter oder neben diesem Eintrag steht, über welche *iTunes Extras* der Film verfügt.

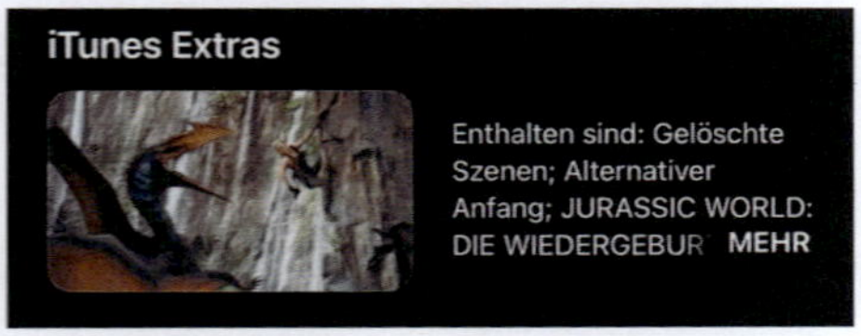

Tonspur und Untertitel anpassen

Die meisten Filme aus dem Store verfügen über mehrere Tonspuren sowie Untertitel. Diese können Sie bei Bedarf während des Abspielens ändern:

1. Öffnen Sie die TV-App und wählen Sie in Ihrer *Mediathek* den Film aus, den Sie sich anschauen wollen.
2. Starten Sie den Film. Besitzt er mehrere Tonspuren sowie Untertitel, finden Sie rechts unten das Symbol einer Sprechblase.
3. Tippen Sie auf das Symbol und wählen Sie die gewünschte Tonspur oder die Untertitel aus.

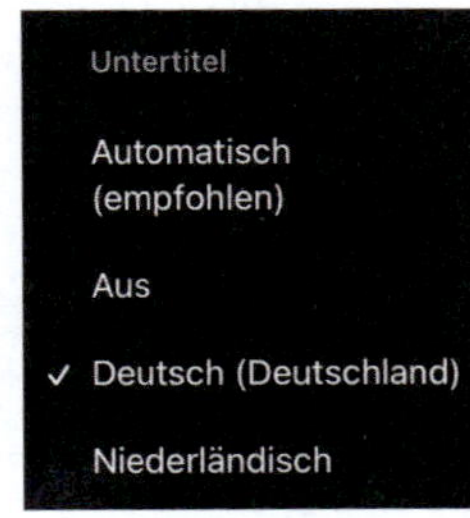

Filme in Ultra-HD oder 4K

Die meisten Filme im iTunes Store oder auch bei Apple TV liegen immer noch im herkömmlichen Full-HD-Format vor. Einige eher aktuelle Produktionen gibt es jedoch auch in höherer Auflösung sowie in HDR. Sie erkennen diese am 4K-HDR-Logo. Damit Sie in den Genuss der höheren Auflösung und Qualität kommen, benötigen Sie allerdings auch die entsprechende Hardware, also ein halbwegs aktuelles iPad, MacBook, einen Mac oder ein TV-Gerät, das diese Funktionen auch unterstützt. Ansonsten schenken Sie Apple Geld, da die Filme bisweilen auch teurer sind als die mit Full-HD-Auflösung.

Wiedergabequalität der Filme verringern

Wenn Sie mit Ihrem iPad unterwegs sind und online Filme betrachten wollen, kann es ratsam sein, die Qualität entsprechend anzupassen, um lange Ladezeiten und Ruckler zu verhindern.

1. Öffnen Sie die *Einstellungen* und wählen Sie in der linken Spalte den Eintrag *Apps* und dann rechts *TV* aus.
2. In der rechten Spalte tippen Sie zunächst in der Kategorie *Käufe und Leihartikel* auf *Videoauflösung* und wählen dort *Standard Definition* statt *High Definition*.
3. Zudem können Sie bei Bedarf unter *Streamingoptionen* die Einstellung *Datensparend* aktivieren sowie unter *Downloadoptionen* die Einstellung *Schnelle Downloads*.

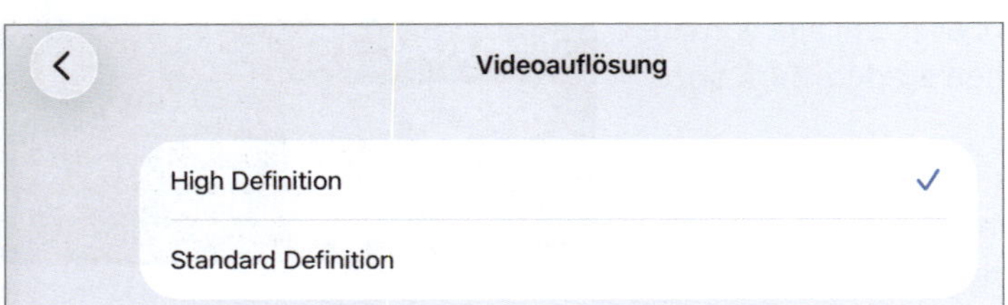

Film im Bild-in-Bild-Modus abspielen

Falls Sie gerade einen Film anschauen und schnell etwas anderes am iPad arbeiten oder eine E-Mail bzw. Nachricht beantworten wollen, müssen Sie die TV-App nicht verlassen und können den Film parallel in einem kleinen Fenster weiterlaufen lassen.

1. Starten Sie die TV-App und betrachten Sie den Film wie gewohnt im Vollbild.
2. Verkleinern Sie das Fenster der TV-App, indem Sie links oben auf die zwei kleinen Quadrate tippen.
3. Starten Sie die gewünschte App parallel und arbeiten Sie damit. Der Film läuft in der rechten oberen oder unteren Ecke weiter.
4. Haben Sie Ihre Arbeit beendet, tippen Sie im verkleinerten Videofenster erneut auf die zwei kleinen Quadrate. Das Video wird wieder im Vollbild angezeigt.

5. Der Bild-in-Bild-Modus funktioniert auch bei anderen Videos, z. B. bei Videos auf Webseiten oder bei YouTube.

Bild-in-Bild-Fenster anpassen

Die Position des Bild-in-Bild-Fensters ist nicht in Stein gemeißelt. Sie können dieses verschieben und – eingeschränkt – in der Größe anpassen.

1. Um das Bild-in-Bild-Fenster zu verschieben, tippen Sie es an und ziehen es in eine der vier Ecken Ihres iPad-Bildschirms. Andere Positionen sind nicht vorgesehen.
2. Zum Vergrößern des Bild-in-Bild-Fensters tippen Sie zweimal schnell hintereinander auf das Fenster. Zum erneuten Verkleinern ebenfalls.
3. Über einen Fingertipp auf die zwei kleinen Quadrate zeigen Sie den Film wieder im Vollbild an.

Streaming-Dienste nutzen

Über die TV-App greifen Sie nicht nur auf Ihre im iTunes Store erworbenen Filme und Serien oder auf das Angebot von Apple TV+ zu, sondern auch auf die anderer verknüpfter Streaming-Dienste.

1. Starten Sie die TV-App und tippen Sie auf *Startseite* in der Tableiste oder in der Seitenleiste. Blättern Sie nach unten, bis Sie die Kategorie *Kanäle und Apps* finden.
2. Wählen Sie einen Kanal oder eine App aus, wird diese zur TV-App hinzugefügt. Bitte beachten Sie, dass diese unter Umständen kostenpflichtig sind.
3. Zum Abspielen eines Films oder einer Serie tippen Sie auf das Symbol der App und geben bei Bedarf die Zugangsdaten ein oder melden sich an.

4. Wählen Sie dann einen Film oder eine Sendung aus und tippen Sie auf *Wiedergeben*. Die App des jeweiligen Anbieters wird gestartet und Sie können die Sendung oder den Film betrachten.

Auf das eigene Angebot von Apple TV zugreifen

Seit November 2019 bietet Apple mit Apple TV einen eigenen Streaming-Dienst mit Eigenproduktionen an. Apple TV kann für 9,99 Euro im Monat abonniert werden. Es ist empfehlenswert, stattdessen für 19,99 Euro AppleOne zu abonnieren. Dieses enthält Apple Music, Apple TV, Apple Arcade und iCloud+ mit 50 GB Speicherplatz. Sie sparen also gegenüber den Einzelpreisen 10 Euro im Monat, wenn Sie mehrere Apple-Dienste nutzen. Um gezielt auf das Angebot von Apple TV+ zuzugreifen, gehen Sie wie folgt vor:

1. Starten Sie die TV-App und suchen Sie dort in der Seitenleiste oder Tableiste *Apple TV*.

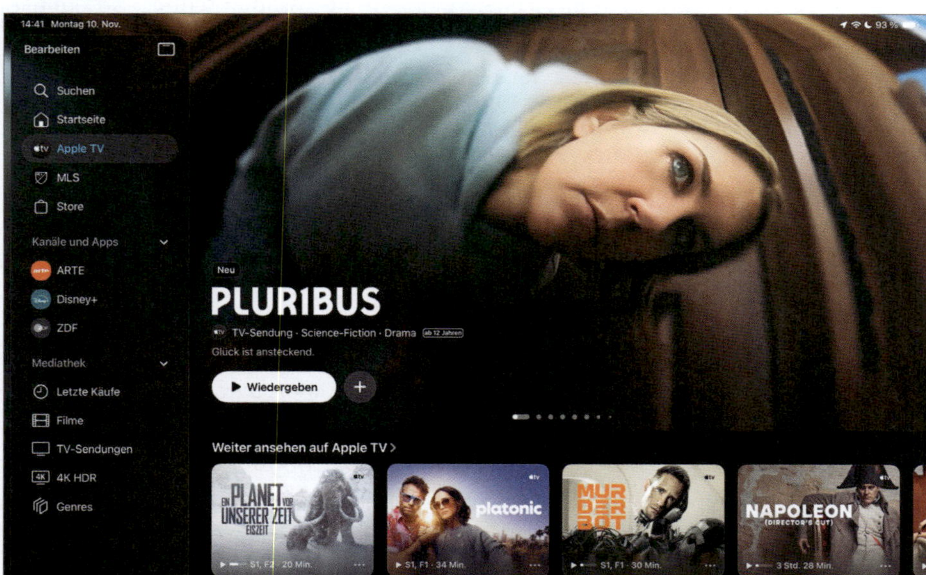

2. Tippen Sie auf den Eintrag, können Sie eine Serie oder einen Film wählen und die erste Folge oder den Film auswählen. Tippen Sie beispielsweise auf *Wiedergeben*.
3. Sie können beliebig oft jeden Film und jede Serienfolge auf allen Ihren Geräten betrachten, auf denen Sie mit Ihrem Apple Account angemeldet sind. Ein aktives Abonnement ist aber Voraussetzung.

Mediatheken-Apps der TV-Sender

Vor allem die öffentlich-rechtlichen Sender verfügen über eigene TV- und Mediatheken-Apps für das iPad, über die Sie auf die dort archivierten Sendungen zugreifen können. Zwar sind einige Mediatheken auch in die TV-App von iPadOS integriert, allerdings nicht alle.

Um die Apps weiterer TV-Mediatheken zu finden und zu installieren, gehen Sie wie folgt vor:

1. Öffnen Sie den App Store und tippen Sie dort auf *Suchen*. Geben Sie ins Suchfeld *Mediathek* ein und führen Sie eine Suche durch.
2. In den Suchergebnissen sind die Mediatheken-Apps der bekanntesten öffentlich-rechtlichen Sender zu finden. Um die entsprechende App zu installieren, tippen Sie auf *Laden*.
3. Die Bedienung der Apps unterscheidet sich, ist aber weitgehend selbsterklärend. Beachten Sie, dass TV-Sender ihre Sendungen nur für eine gewisse Zeit in ihren Mediatheken vorhalten, oft nach der Erstausstrahlung noch 14 weitere Tage.

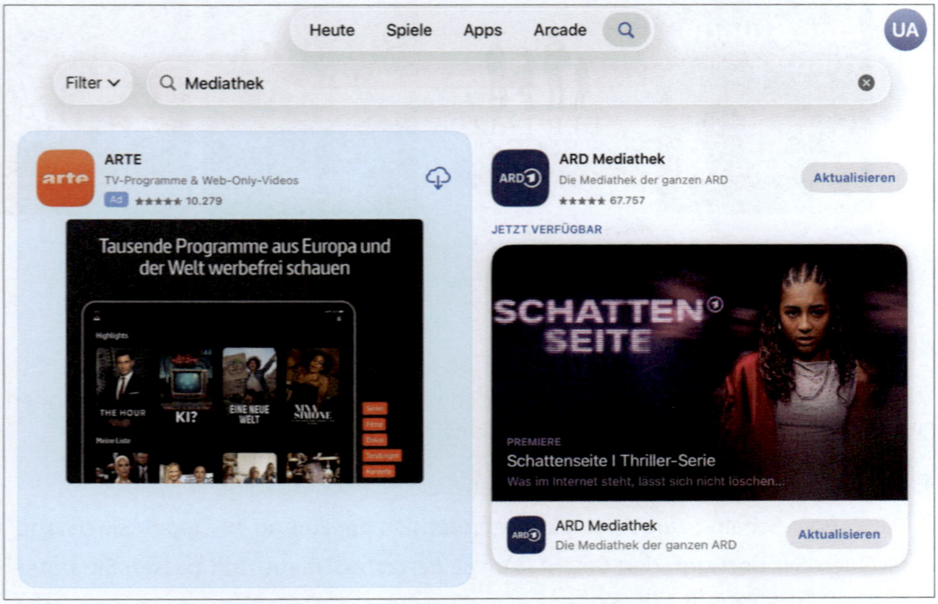

7.5 Podcasts

Für Video- und Audiopodcasts ist in iPadOS 26 eine gesonderte App zuständig, diese ermöglicht Ihnen den Zugriff auf die zahlreichen Beiträge mehr oder minder bekannter Institutionen, Sender, Firmen oder Personen. Podcasts können Sie abonnieren, online anhören oder auf das iPad herunterladen, um diese unabhängig von einem Internetzugang anhören zu können.

Neue Podcasts finden

Die *Podcast*-App ist im Grunde ähnlich aufgebaut wie die *Musik*-App, deshalb gehen Sie bei der Suche nach neuen Podcasts auf eine ähnliche Weise vor:

1. Starten Sie die *Podcast*-App und tippen Sie oben in der Tableiste auf *Startseite* oder *Suche*.
2. Orientieren Sie sich bei der Suche an den verschiedenen Kategorien auf der Startseite wie *Beliebte Podcasts* oder *Unsere Favoriten* etc.
3. Haben Sie einen Podcast gefunden, tippen Sie auf dessen Cover. Über einen Fingertipp auf *Wiedergeben* lässt sich die aktuelle Folge online abspielen. Weiter unten finden Sie die bereits vorhandenen Folgen. Diese können Sie anhören, auch ohne, dass Sie den Podcast gleich abonnieren oder herunterladen müssen.

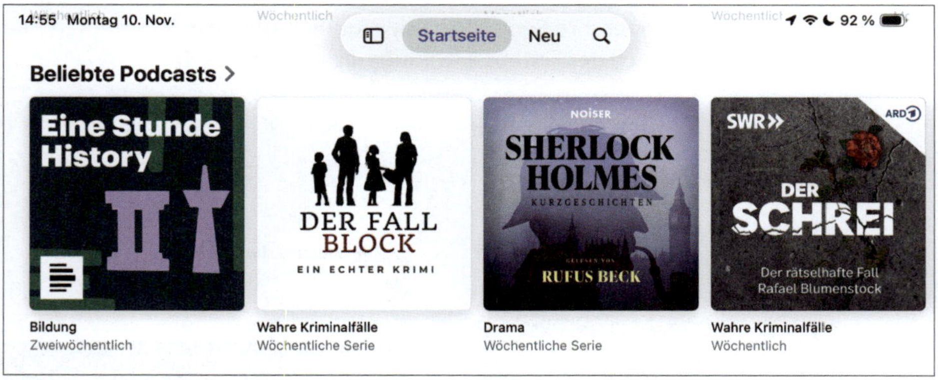

Podcasts passend abspielen

Manche Podcasts sind nicht immer für jeden problemlos zu verstehen. Daher können Sie Dialoge hervorheben und die Abspielgeschwindigkeit anpassen:

1. Starten Sie die *Podcast*-App und spielen Sie eine Podcast-Folge ab.
2. Links vom Schalter zum Abspielen befindet sich der Eintrag *1x*. Tippen Sie darauf.
3. Wählen Sie dort ggf. den Befehl *Dialoge hervorheben* aus und passen Sie unten die Abspielgeschwindigkeit an.

> **Apple Events**
> Die von Apple mehrmals im Jahr abgehaltenen Keynotes, bei denen neue Hardware und Software vorgestellt wird, finden Sie ebenfalls über die *Podcast*-App. Dort können Sie diese abonnieren, online betrachten oder auch auf das iPad herunterladen. Falls sie nicht bereits auf der Startseite beworben werden, können Sie sie suchen, und zwar über einen Fingertipp auf das Lupensymbol in der Tableiste. Geben Sie dort als Suchbegriff *Apple* oder *Apple Events* ein.

Podcasts abonnieren

Sagt Ihnen ein Podcast zu und möchten Sie künftig keine Folge mehr verpassen, abonnieren Sie ihn doch:

1. Starten Sie die *Podcast*-App und tippen Sie oben in der Tableiste auf den Befehl *Startseite*. Wählen Sie einen Podcast z. B. in der Rubrik *Beliebte Podcasts*.
2. Alternativ suchen Sie gezielt über das Lupensymbol in der Tableiste, indem Sie dort den Suchbegriff eingeben.
3. Warten Sie, bis dessen Seite angezeigt wird, und tippen Sie dann rechts oben auf *+ Folgen*, um den Podcast zu abonnieren.
4. Erscheint später eine neue Folge, wird diese in Ihrer *Mediathek* aufgelistet. So bleiben Sie bei einem abonnierten Podcast immer auf dem aktuellen Stand.
5. Abonnierte Podcasts finden Sie jeweils in der Seitenleiste in Ihrer *Mediathek*.

> **Transkripte anzeigen**
> Falls Sie einen Podcast nicht genau verstehen oder ihn lieber lesen möchten, geht auch das. Spielen Sie die Podcast-Folge ab. Tippen Sie dann auf das kleine Sprechblasensymbol rechts unten. Damit blenden Sie das Transkript ein, können es lesen oder über das Suchfeld sogar durchsuchen.

Abonnement abmelden und Sendungen löschen

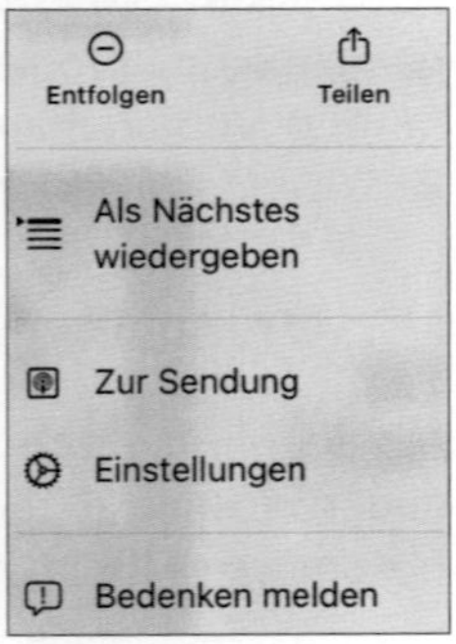

1. Möchten Sie das Abonnement eines Podcasts beenden, wählen Sie in der Seitenleiste *Mediathek* aus und anschließend den Eintrag *Sendungen*.
2. Tippen Sie auf das Cover des Podcasts, und zwar so lange, bis dessen Kontextmenü erscheint.
3. Wählen Sie den Befehl *Entfolgen*. Wollen Sie bereits heruntergeladene Folgen wieder entfernen, tippen Sie zudem auf *Downloads entfernen*.

Podcasts nicht herunterladen

Wenn Sie viele Podcasts abonniert haben, kann es passieren, dass diese unter Umständen zu viel von dem meist knappen Speicherplatz auf Ihrem iPad belegen. In diesem Fall können Sie das automatische Herunterladen einzelner oder aller Podcasts unterbinden.

1. Wählen Sie *Mediathek* aus und anschließend den Eintrag *Sendungen*. Tippen Sie dort auf das Cover des Podcasts, bis dessen Kontextmenü erscheint.
2. Darin tippen Sie auf *Einstellungen* und suchen die Kategorie *Downloads*.
3. Hier tippen Sie auf *Automatisch laden* und beschränken den Download auf die neueste Folge.
4. Aktivieren Sie zudem die Einstellung *Gespielte Downloads entfernen*. Anschließend wird auf Ihrem iPad nur die aktuelle Folge des jeweiligen Podcasts abgespeichert.

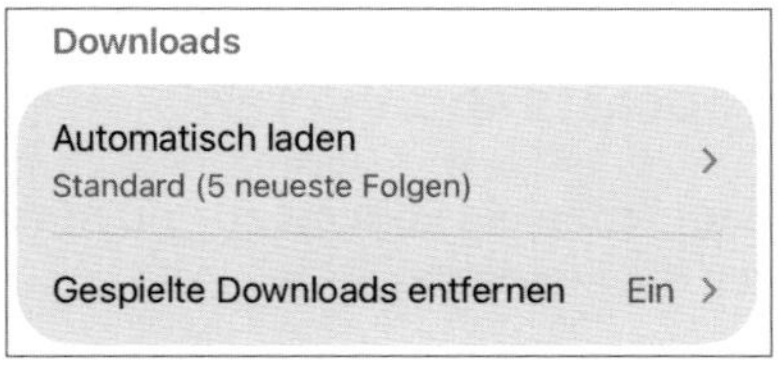

Fremde Podcasts abonnieren

Mit der *Podcast*-App lassen sich auch »fremde« Podcasts, d. h. Podcasts, die nicht von Apple in das Podcast-Verzeichnis aufgenommen wurden, abonnieren. Es gibt sogar einen speziellen Befehl, der allerdings etwas versteckt ist:

1. Starten Sie die *Podcast*-App und tippen Sie in der Seitenleiste auf *Mediathek*.
2. Hier tippen Sie links oben auf *Mehr* (drei kleine Punkte). Anschließend wählen Sie den Befehl *Sendung per URL hinzufügen*.
3. Geben Sie die URL (Internetadresse) des Podcasts ein und tippen Sie auf *Abonnieren*.
4. Am einfachsten geht es, wenn Sie in Safari die Webadresse in die Zwischenablage kopieren und dann in der *Podcast*-App einfügen.

7.6 Radio hören

Neben dem TV-Programm vieler Sender stehen Ihnen am iPad auch die online verfügbaren Hörfunkprogramme zur Verfügung. Sie haben die Wahl zwischen den über die *Musik*-App empfangbaren Sendern und den normalen öffentlich-rechtlichen sowie privaten Radiosendern, die einen Live-Stream im Internet zur Verfügung stellen.

Mit der Musik-App Radio hören

Mit der *Musik*-App selbst können Sie redaktionell von Apple betreute Radiosender oder andere ausgewählte Sender hören. Meist handelt es sich dabei um Spartenkanäle, die ein bestimmtes Musikgenre anbieten.

Zum Anhören dieser Sender gehen Sie wie folgt vor:

1. Starten Sie die *Musik*-App und tippen Sie oben in der Tableiste auf *Radio*.
2. Tippen Sie auf das gewünschte Coverbild, um einen Sender anzuhören. Den beliebten Sender *1 Apple Music Radio* finden Sie in der obersten Reihe an erster Stelle.
3. Den Zugriff auf weitere Radiostreams erhalten Sie über die weiteren Einträge, etwa weiter unten *Lokale Radiosender* oder *Top-Sender* bzw. *Sender nach Genre*.
4. Wählen Sie den gesuchten Eintrag aus und starten Sie das Abspielen per Fingertipp. Die Bedienung des Players entspricht der bei Musik oder Podcasts.

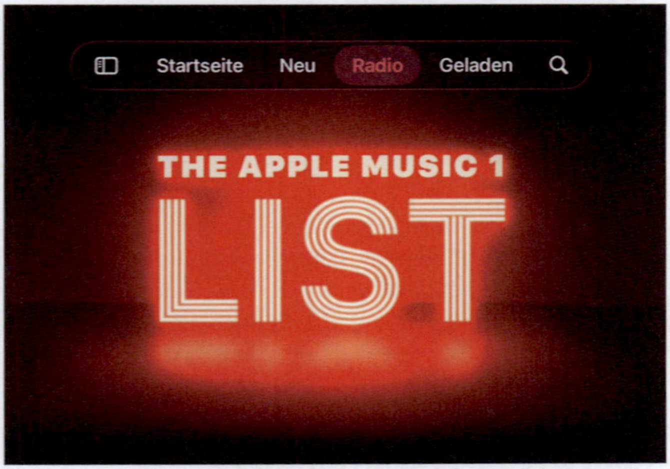

Fremde Radiosender anhören

Möchten Sie Radiosender anhören, die nicht in der *Musik*-App zu finden sind, ist dies auch über Safari und dessen Webseite möglich.

1. Starten Sie Safari und geben Sie die Internetadresse des Radiosenders ein.
2. Suchen Sie dort nach dem Eintrag für den Radiostream, wie *Webradio* oder *Radiostreams*.
3. Tippen Sie auf den Eintrag, um den Radiostream des gewählten Senders anzuhören.

Die komfortablere Alternative: Radio-Apps

Weit praktischer und komfortabler, als Radiostreams über Safari und die Website des Radiosenders anzuhören, sind spezielle Radio-Apps fürs iPad. Diese finden Sie im App Store über eine Suche mit dem Suchbegriff »Radio«. Empfehlenswert sind unter anderem die Apps *TuneIn Radio* oder *radio.de – Der Radioplayer*. Damit finden Sie Ihren Lieblingssender bestimmt – und darüber hinaus viele Sender aus aller Welt.

8. Daten austauschen

Um Daten von Ihrem Computer, von externen Datenträgern oder einem Cloud-Dienst auf das iPad zu kopieren, gibt es unterschiedliche Wege und Möglichkeiten. Diese hängen davon ab, was für einen Computer mit welchem Betriebssystem Sie nutzen und welches iPad Sie Ihr Eigen nennen. Sie können entweder das iPad mit dem passenden Kabel direkt an den Computer anschließen, die Dateien per iCloud, also die »Onlinefestplatte« von Apple, übertragen oder über AirDrop drahtlos von Gerät zu Gerät kopieren. Dies ist aber nur bei einzelnen und kleineren Dateien sinnvoll.

Zum Austausch umfangreicher Datenbestände können Sie auch einen externen Datenträger anschließen, z. B. eine externe Festplatte oder einen USB-Stick (mit einem passenden USB-C- oder Lightning-auf-USB-Adapter) und die Dateien darüber kopieren.

Vertrauen Sie Ihrem Computer

Wenn Sie Ihr iPad das erste Mal an einen Mac oder Windows-PC anschließen, erscheint die Frage *Diesem Computer vertrauen?* auf dem Bildschirm. Handelt es sich um Ihren Computer und wollen Sie mit ihm künftig das iPad verwalten bzw. Daten austauschen, dann tippen Sie auf *Vertrauen* und entsperren das iPad, falls noch nicht geschehen.

8.1 Dateien mit dem Finder synchronisieren

Unter macOS ist der Finder für das Synchronisieren der Daten mit dem iPad zuständig.

Sie gehen auf die folgende Weise vor:

1. Schließen Sie das iPad mit dem passenden USB-C-auf-USB-/USB-C-Kabel oder Lightning-auf-USB-Kabel an den Mac an.
2. Das iPad erscheint in der linken Seitenleiste unter *Orte*. Klicken Sie am Mac im Hauptfenster auf *Vertrauen* – falls es sich um Ihr iPad handelt und dieses zum ersten Mal angeschlossen ist.
3. Auch auf dem iPad tippen Sie auf *Vertrauen* und geben Ihren vierstelligen Code ein.
4. Um die gewünschten Daten zu synchronisieren, klicken Sie oben auf den entsprechenden Eintrag – von *Musik* bis *Info* – und wählen bei Bedarf die entsprechenden Daten aus.
5. Die Vorgehensweise der Auswahl entspricht dabei der bei iTunes früher. Ist die Auswahl abgeschlossen, klicken Sie auch hier auf *Synch* – allerdings im Finder-Fenster rechts unten.

Bitte beachten Sie: Kalender und Kontakte werden in der Regel über iCloud synchronisiert und Musik über die iCloud-Mediathek, sofern Sie diese nutzen.

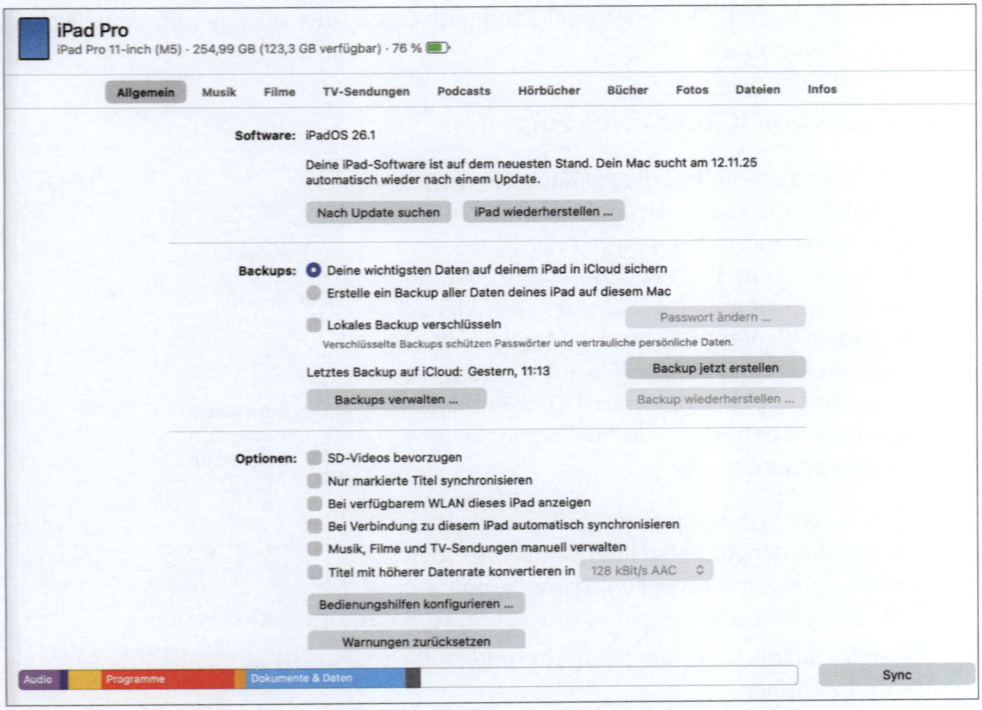

Daten mit einem Datenträger übertragen

Wie bereits erwähnt wurde, können Sie an ein halbwegs aktuelles iPad einen Datenträger anschließen, etwa einen USB-Stick oder eine USB-Festplatte. Je nachdem benötigen Sie dazu einen passenden Lightning- oder USB-C-auf-USB/USB-C-Adapter. Wie das funktioniert, erfahren Sie im Abschnitt 8.6.

8.2 iCloud Drive

Am flexibelsten gestaltet sich der Datenaustausch mit Ihrem iPad über iCloud Drive, die Onlinefestplatte von Apple. Zahlreiche Apps auf dem Mac, ebenso wie auf dem iPad, sichern Ihre Daten und Dokumente automatisch auf iCloud Drive, sodass Sie, egal, ob Sie mit dem iPad oder dem Mac arbeiten, immer das aktuelle Dokument zur Verfügung haben.

Zudem können Sie eigene Ordner anlegen, um darin Ihre Dateien zu sichern und zwischen dem Mac bzw. einem Windows-PC und Ihrem iPad auszutauschen.

Bitte achten Sie darauf, dass Ihnen auf iCloud und iCloud Drive auch genügend Speicherplatz zur Verfügung steht.

Auf Dateien von iCloud Drive zugreifen

Um auf Dateien zuzugreifen, die auf iCloud Drive gespeichert sind, haben Sie zwei Möglichkeiten. Sie öffnen diese, sofern möglich, direkt mit der passenden App. Zahlreiche Apps für iPadOS – ebenso wie für macOS – legen auf iCloud Drive Ordner an, in denen sie die Dateien sichern. Die zweite Möglichkeit ist die *Dateien*-App. Damit können Sie auf iCloud Drive – und von anderen Speicherorten – Dateien kopieren, öffnen sowie betrachten und bei Bedarf an eine kompatible App weitergeben.

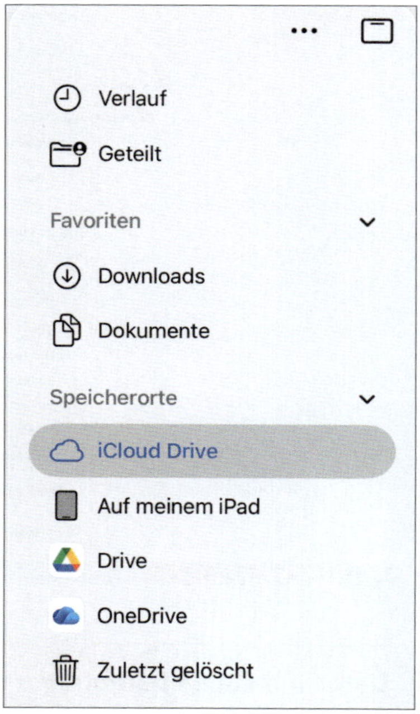

1. Starten Sie die App, beispielsweise *Pages* oder *Keynote*. Die mit der App erstellten Dateien werden im *Verlauf* sowie im Ordner *Pages* bzw. *Keynote* auf iCloud Drive angezeigt.
2. Tippen Sie auf die Datei, um sie ggf. herunterzuladen und zu öffnen.
3. Alternativ öffnen Sie die *Dateien*-App und wählen links den Speicherort *iCloud Drive* aus.
4. Tippen Sie auf den gewünschten Ordner und anschließend auf die Datei, um diese anzuzeigen und zu öffnen.

Datei automatisch auf iCloud Drive sichern

Falls Sie eine Datei aus einer kompatiblen App heraus direkt auf iCloud Drive sichern wollen, erledigen Sie das auf die folgende Weise:

1. Starten Sie die App, etwa *Pages* oder *Keynote*, erstellen Sie ein neues Dokument und bearbeiten Sie es.
2. Das neue Dokument wird von der App in der Regel automatisch auf iCloud Drive im dazugehörigen Ordner gesichert, etwa *Keynote* oder *Pages*.
3. In der *Dateien*-App können Sie die Datei umbenennen, indem Sie auf die Datei tippen, warten, bis deren Kontextmenü angezeigt wird, und dort über *Umbenennen* den Dateinamen ändern.

Dateien »fremder« Apps auf iCloud Drive speichern

Um Dateien fremder Apps auf iCloud Drive zu sichern, nutzen Sie – sofern in der App verfügbar – den Weg über das Teilen-Feld. Nachdem Sie auf das Teilen-Feld getippt haben, wählen Sie den Befehl *In Dateien sichern* aus und anschließend den gewünschten Ordner. Über einen Fingertipp auf *Hinzufügen* wird die Datei dort abgelegt. Über den Eintrag *Optionen* unterhalb des Dateinamens wählen Sie – sofern möglich und vorgesehen – das Dateiformat wie etwa PDF.

Weitere Cloud-Dienste verwenden

Neben iCloud können Sie auch einen anderen Cloud-Dienst nutzen. Hier ist allerdings zu beachten, dass der automatische Dateiabgleich nur mit den jeweils unterstützten Apps funktioniert, wie beispielsweise bei OneDrive mit Microsoft-Office-Apps oder bei Google Drive mit den Google-Apps. Um nur Dateien zwischen Ihrem Computer und dem iPad hin und her zu kopieren, können Sie auch diese Dienste nutzen.

Beachten Sie bitte, dass Sie, um einen fremden Cloud-Dienst zu nutzen, über ein entsprechendes Benutzerkonto verfügen müssen und dieser Dienst von iPadOS unterstützt wird.

Ist das der Fall, aktivieren Sie den Cloud-Dienst auf die folgende Weise:

1. Öffnen Sie die *Dateien*-App und tippen Sie oberhalb der linken Spalte auf die drei kleinen Punkte und anschließend auf *Seitenleiste bearbeiten*.
2. Nun werden alle bislang verborgenen, kompatiblen Cloud-Dienste angezeigt, für die Sie eine App auf dem iPad installiert haben.
3. Um den gewünschten Cloud-Dienst zu nutzen, aktivieren Sie ihn und tippen auf *Fertig*. Der neue Cloud-Dienst erscheint nun in der linken Spalte.
4. Tippen Sie anschließend auf den Namen und geben Sie Ihre Benutzerdaten ein. Warten Sie ein wenig, dann werden die bei dem Cloud-Dienst vorhandenen Ordner und Dateien angezeigt.

8.3 AirDrop

Der Datenaustausch über iCloud Drive ist, wenn man nur schnell einmal eine Datei zwischen Mac und iPad oder zwischen iPadOS- und iOS-Geräten hin und her kopieren möchte, aufwendig und umständlich. Viel schneller geht es über AirDrop.

AirDrop ist auch die Methode der Wahl, wenn Sie mit jemand anderem eine oder mehrere kleinere Dateien austauschen. Damit das funktioniert, müssen allerdings einige Voraussetzungen erfüllt sein. An allen Geräten, ob Mac oder iOS-Gerät, müssen WLAN sowie Bluetooth aktiviert sein. Außerdem benötigen Sie mindestens einen Mac ab macOS Yosemite und ein iPhone oder iPad ab iOS 8, damit der schnelle Datenaustausch zwischen allen Geräten reibungslos funktioniert. Windows-PCs oder Android-Geräte müssen bei AirDrop leider draußen bleiben.

AirDrop für jeden aktivieren

Um etwaige Probleme zu umgehen und es jedem zu ermöglichen, Ihnen per AirDrop eine Datei zukommen zu lassen, gehen Sie so vor:

1. Öffnen Sie die *Einstellungen/Allgemein*. In der rechten Spalte tippen Sie auf *AirDrop*.
2. Dort wählen Sie den Eintrag *10 Minuten für alle*, damit Sie von allen Personen Dateien über AirDrop erhalten können – allerdings nur über einen Zeitraum von zehn Minuten.

3. Danach wird die Funktion aus Sicherheitsgründen wieder abgeschaltet. Wollen Sie diese erneut nutzen, müssen Sie sie erneut für zehn Minuten aktivieren.

AirDrop absichern

Wollen Sie den Empfang von Dateien über AirDrop einschränken, nehmen Sie diese Einstellungen vor:

1. Öffnen Sie die *Einstellungen* und wählen Sie links *Allgemein*. In der rechten Spalte tippen Sie auf *AirDrop*.
2. Dort wählen Sie den Eintrag *Nur für Kontakte*, falls Sie nur von den Personen, die in Ihrem Adressbuch stehen, Dateien empfangen möchten.
3. Um den Empfang von Dateien via AirDrop ganz abzuschalten, tippen Sie stattdessen auf *Empfangen aus*.

Dateien mit AirDrop zwischen Mac und iPad austauschen

Der Dateitausch zwischen Mac und iPad über AirDrop ist unkompliziert und schnell erledigt.

1. Schalten Sie bei beiden Geräten sowohl WLAN als auch Bluetooth ein.
2. Klicken Sie am Mac in der linken Seitenleiste eines Finder-Fensters auf *AirDrop*. Befinden sich AirDrop-kompatible Geräte in Ihrer Nähe, bei denen die entsprechenden Einstellungen vorgenommen wurden, werden deren Symbole rechts im Hauptfenster angezeigt.
3. Taucht Ihr iPad dort nicht auf, schalten Sie, sofern WLAN und Bluetooth aktiviert sind, kurzzeitig den Dateiempfang *10 Minuten für alle* ein. Rufen Sie dazu das Kontrollzentrum auf, indem Sie vom oberen linken Rand des Bildschirms nach unten wischen. Tippen Sie dort auf das AirDrop-Symbol und dann auf *10 Minuten für alle*.
4. Nachdem das Symbol des iPad im Finder-Fenster auf dem Mac erscheint, genügt es, die Datei auf dieses Symbol zu ziehen.
5. Auf dem iPad erscheint ggf. ein Menü, aus dem Sie die App wählen, mit der die Datei geöffnet und angezeigt werden soll. Dies ist immer dann der Fall, wenn die Datei keiner App zugeordnet werden kann.

6. Umgekehrt vom iPad zum Mac ist es noch einfacher. Öffnen Sie die Datei mit der passenden App und tippen Sie auf das Teilen-Feld. Dort tippen Sie auf das AirDrop-Symbol. Die Datei wird umgehend an den Mac gesandt und dort im Ordner *Downloads* abgelegt.

8.4 Universelle Zwischenablage

Noch ein Stückchen raffinierter als der Dateiaustausch über AirDrop ist die »universelle Zwischenablage« von macOS und iPadOS bzw. iOS. Diese funktioniert wie die normale Zwischenablage am Mac oder Windows-PC, nur eben nicht nur zwischen den Anwendungen eines Gerätes, sondern auch zwischen mehreren Macs und iOS-Geräten.

Allerdings müssen Sie, um diese zu nutzen, die von Apple *Handoff* genannte Funktion auf allen Geräten einschalten. Diese ist dafür zuständig, die Arbeit mit einer App, etwa Safari, an einem anderen Gerät nahtlos fortsetzen zu können, indem dort automatisch die gleiche Webseite aufgerufen wird.

Wie bei AirDrop benötigen Sie auch hier mindestens macOS Yosemite auf dem Mac und iOS 8 auf dem iPad oder iPhone. Außerdem müssen Sie auf Ihren Geräten mit dem gleichen Apple Account angemeldet sein, um in den Genuss der universellen Zwischenablage zu kommen. Zu guter Letzt müssen WLAN sowie Bluetooth aktiviert sein und sich die Geräte im gleichen WLAN-Netzwerk befinden.

Handoff einschalten

1. Öffnen Sie auf dem iPad die *Einstellungen*, tippen Sie in der linken Spalte auf *Allgemein* und dann rechts auf *AirPlay & Integration*. Aktivieren Sie dort *Handoff*.
2. Wechseln Sie zum Mac und öffnen Sie dort die Systemeinstellungen. Die entsprechende Einstellung finden Sie über den Eintrag *AirPlay & Handoff*.
3. Klicken Sie dort auf das Symbol *Allgemein* und aktivieren Sie die Option *Handoff zwischen diesem Mac und deinen iCloud-Geräten erlauben*.

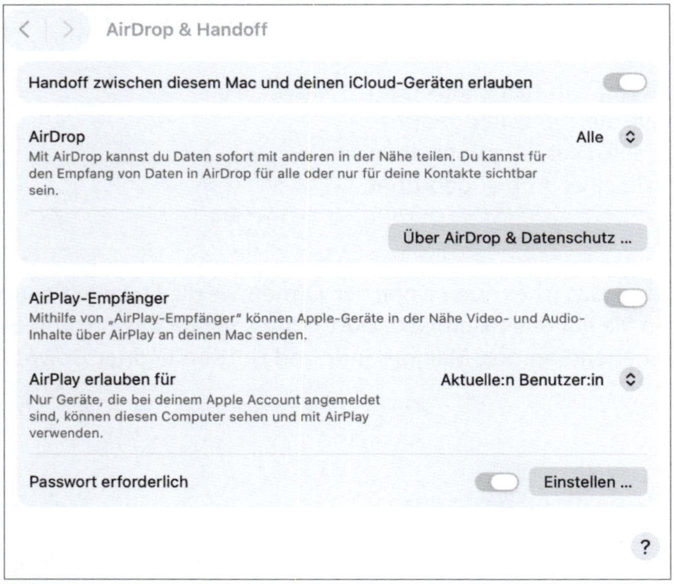

Text über die universelle Zwischenablage kopieren

Wollen Sie die universelle Zwischenablage verwenden, um damit einen Text vom Mac auf das iPad zu kopieren oder umgekehrt, gehen Sie wie folgt vor:

1. Starten Sie ein Textverarbeitungsprogramm auf dem Mac und geben Sie den Text ein oder öffnen Sie die Datei.
2. Wählen Sie den Text aus und kopieren Sie ihn mit der Tastenkombination cmd ⌘+C in die Zwischenablage.

3. Öffnen Sie nun auf dem iPad eine App, in der Sie den Text einfügen können, wie die *Notizen*-App oder ebenfalls eine Textverarbeitung.
4. Tippen Sie auf eine freie Stelle des Dokuments, um das Kontextmenü anzuzeigen. Wählen Sie dort den Befehl *Einsetzen*, wird der Inhalt der Zwischenablage in Ihr Dokument übernommen.
5. Um eine Textpassage vom iPad auf den Mac zu übernehmen, tippen Sie auf den Text, um das Kontextmenü anzuzeigen. Wählen Sie den Befehl *Auswählen* und ziehen Sie die Textbegrenzer an die gewünschten Stellen. Danach tippen Sie auf *Kopieren*.
6. Am Mac öffnen Sie ebenfalls ein Textverarbeitungsprogramm oder TextEdit und fügen dort den Text mit der Tastenkombination [cmd ⌘]+[V] ein.

8.5 Das Teilen-Feld

In diesem Buch ist Ihnen das sogenannte Teilen-Feld schon mehrfach begegnet. Es kommt immer dann zum Einsatz, wenn Daten oder Informationen in irgendeiner Form an eine andere App weitergegeben werden, ob dies die *Dateien*-App ist, die *Mail*- oder *Nachrichten*-App. Das Teilen-Feld ist zudem zuständig, falls Sie etwas aus einer App heraus in einem sozialen Netzwerk veröffentlichen wollen, und nicht zuletzt können Sie über das Teilen-Feld auf App-spezifische oder auch allgemeine Befehle zugreifen.

Das Teilen-Feld ist kontextsensitiv. Welche Funktionen es beinhaltet, hängt immer von der verwendeten App ab und von den Apps, die auf Ihrem iPad installiert sind. Sie finden das Teilen-Feld entweder direkt oben oder unten am Fenster der App bzw. bei manchen Apps auch im Menü *Mehr* (Kreis mit drei kleinen Punkten).

Das Teilen-Feld anpassen

Das Teilen-Feld ist in drei Bereiche gegliedert: Im ersten finden Sie wichtige Einstellungen, die Sie vornehmen können, etwa *Zusammenarbeiten* oder *Optionen*. Im zweiten Bereich finden Sie die Symbole von Apps, an die Sie ggf. Daten weiterleiten. Im dritten Bereich befinden sich weitere systemweite Befehle, die Sie je nach Bedarf aktivieren und anpassen können.

Das Teilen-Feld konfigurieren Sie auf die folgende Weise:

1. Tippen Sie auf das Teilen-Feld, um es anzuzeigen, oder wählen Sie ggf. zunächst das Menü *Mehr*. Möchten Sie die in der zweiten Reihe befindlichen Apps anpassen, tippen Sie dort rechts erneut auf *Mehr*.
2. Tippen Sie dann rechts oben auf *Bearbeiten* und aktivieren oder deaktivieren Sie die gewünschten Apps, die in der ersten Reihe erscheinen sollen. Außerdem können Sie deren Reihenfolge anpassen, indem Sie diese an den drei kleinen Strichen rechts zur gewünschten Position verschieben.

3. Wollen Sie die Funktionen oder weiteren Aktionen im dritten Bereich anpassen, tippen Sie auch dort auf *Mehr* und dann auf *Aktionen bearbeiten*. Schalten Sie dann die gewünschten Aktionen ein oder aus, fügen diese über den Plus-Schalter hinzu und ändern deren Reihenfolge, indem Sie sie an den drei Strichen rechts verschieben.

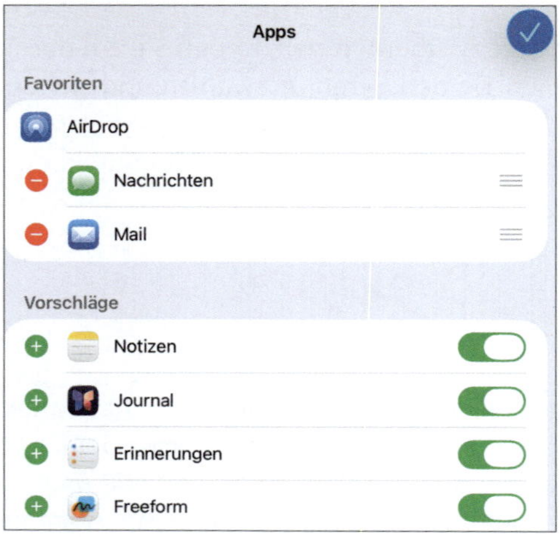

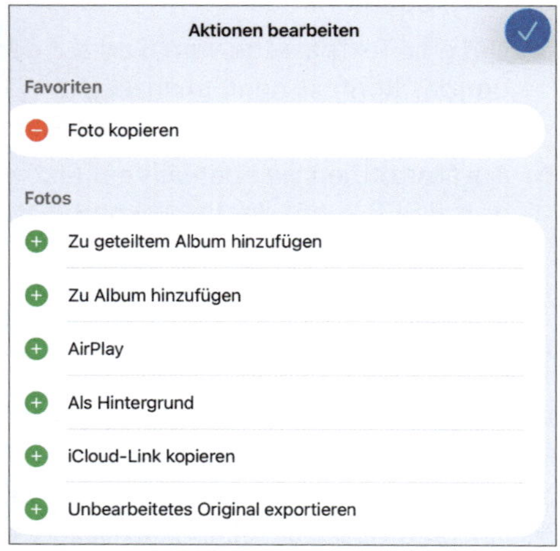

8.6 Dateiverwaltung mit der Dateien-App

Für die Dateiverwaltung auf dem iPad ist die *Dateien*-App von iPadOS und auch iOS zuständig. Sie ist das Pendant des Explorer auf dem Windows-PC und des Finder auf dem Mac. Mithilfe der *Dateien*-App können Sie zudem auf diverse Cloud-Dienste zugreifen oder auf externe Datenträger und sogar Server.

Externe Datenträger anschließen

Um einen externen Datenträger wie einen USB-Stick oder eine USB-Festplatte anzuschließen, müssen verschiedene Voraussetzungen erfüllt sein:

- Bei einem älteren iPad mit Lightning-Schnittstelle benötigen Sie einen Lightning-auf-USB-Adapter.
- Bei einem aktuellen iPad mit USB-C-Schnittstelle ist ein USB/USB-C-auf-USB-C-Kabel erforderlich oder ein USB-C-auf-USB-Adapter.

Des Weiteren kann es notwendig sein, einen aktiven USB-Hub zwischenzuschalten, damit die Festplatte mit ausreichend Strom versorgt wird. Ob das erforderlich ist, finden Sie durch Ausprobieren heraus. Bei USB-Sticks ist es aber nicht notwendig.

Auf externe Datenträger zugreifen

Ist der Datenträger angeschlossen, greifen Sie wie folgt auf den Datenträger und die dort gespeicherten Daten zu:

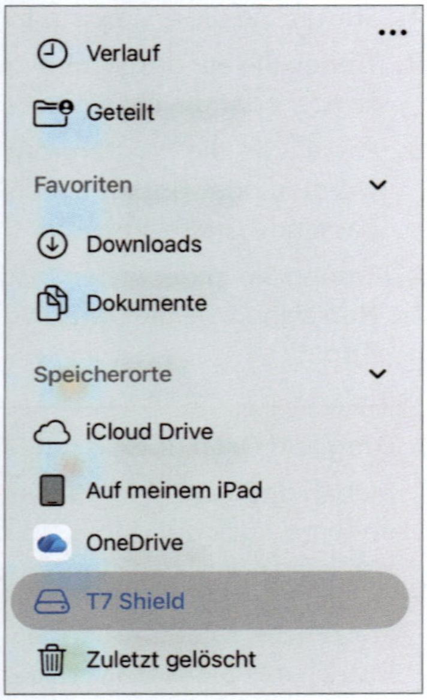

1. Starten Sie die *Dateien*-App, erscheint in der linken Seitenleiste unter *Speicherorte* der Eintrag des Datenträgers. Tippen Sie darauf.
2. Im Hauptfenster rechts wird der Inhalt aufgelistet. Zur Auswahl der Dateien und Ordner tippen Sie rechts oben auf *Auswählen*.
3. Möchten Sie die Dateien oder den Ordner kopieren, tippen Sie ebenfalls rechts oben auf das Ordner-Symbol, wählen dann den Zielordner aus und tippen auf *Kopieren*.
4. Über das Papierkorbsymbol wird der Ordner oder die Datei gelöscht und über das Plus-Symbol dupliziert. Über einen Fingertipp auf *Mehr* (drei kleine Punkte) finden Sie weitere Befehle.

Externe Datenträger formatieren

Liegt der Datenträger (USB-Stick, Festplatte oder SSD) nicht im passenden Format vor, können Sie diesen direkt am iPad formatieren:

1. Schließen Sie den Datenträger über ein passendes Kabel oder einen Adapter an das iPad an. Dies ist ein USB-C-auf-USB-C/USB-Kabel oder bei einem iPad mit Lightning-Schnittstelle ein Lightning-auf-USB-C-Kabel.
2. Der Datenträger erscheint links in der Seitenleiste unter *Speicherorte*.
3. Tippen Sie etwas länger auf den Namen des Datenträgers, etwa *Volume*. Tippen Sie im folgenden Menü auf *Löschen*.
4. Nun wählen Sie das gewünschte Format aus: *APFS* für den Mac oder *ExFat* oder *FAT* für Windows. Beide Formate können auch am Mac gelesen und beschrieben werden.
5. Tippen Sie auf *Löschen*, wird der Datenträger entsprechend formatiert und kann anschließend genutzt werden.

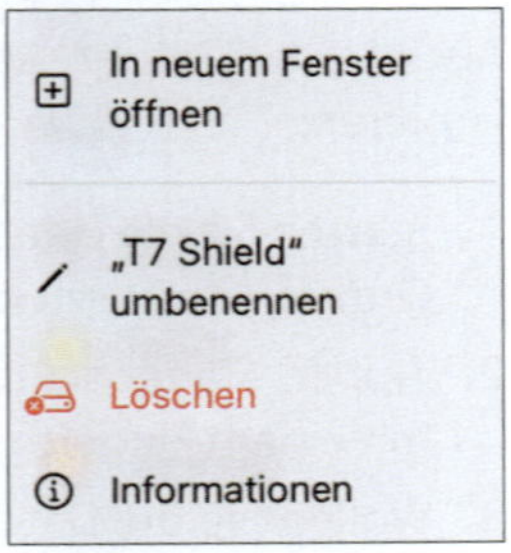

Dateien per Drag and Drop kopieren

Alternativ können Sie die Dateien oder Ordner auch per Drag and Drop kopieren. In diesem Fall ist es am bequemsten, mit zwei Fenstern zu arbeiten.

1. Starten Sie die erste Instanz der *Dateien*-App im Modus *Apps als Fenster*.
2. Tippen Sie auf das Symbol der *Dateien*-App im Dock und wählen Sie den Befehl *Neues Fenster* oder gleich den gewünschten Ordner wie *Auf meinem iPad*.
3. Passen Sie die Fenstergröße entsprechend an, dass diese nebeneinander angezeigt werden, oder tippen Sie auf die drei Ampel-Schalter links oben und wählen Sie die passende Größe aus.
4. Tippen Sie in der ersten Instanz der *Dateien*-App auf die Datei, bis sie sich herauslöst. Nun ziehen Sie die Datei in den gewünschten Ordner der zweiten Instanz der *Dateien*-App.

Drag and Drop überall nutzen

Ziehen und Ablegen oder auch Drag and Drop können Sie auch systemweit und bei anderen Apps auf dem iPad nutzen, sofern diese kompatibel sind. Probieren Sie das bei Safari oder auch der *Notizen*-App einfach einmal aus.

Starten Sie Safari und tippen Sie so lange auf das Adressfeld, bis sich dieses herauslöst. Ziehen Sie die Internetadresse einfach auf die Tableiste, wird ein weiterer Tab mit der dazugehörigen Webseite angelegt. Bei der *Notizen*-App tippen Sie so lange auf eine Notiz in der Notizenliste links, bis sich diese herauslöst. Ziehen Sie die Notiz nun an die rechte Seite, um sie in einem gesonderten Fenster zu öffnen.

Die Vorgehensweise ist immer ähnlich: Sie tippen auf ein Objekt, bis sich dieses aus seiner Umgebung herauslöst, und legen es dann an der gewünschten Stelle ab. Dies funktioniert aber nur, wenn die Funktion von der App und iPadOS unterstützt wird.

Mehrere Dateien auswählen

Auch in der *Dateien*-App können Sie mehrere Objekte auswählen und verschieben oder kopieren:

1. Starten Sie die *Dateien*-App und wählen Sie den Quellordner aus. Tippen Sie auf diesen Ordner, um ihn zu öffnen.
2. Tippen Sie rechts oben auf *Auswählen* und markieren Sie alle gewünschten Dateien mit einem Fingertipp.
3. Wollen Sie die Dateien in einen anderen Ordner verschieben, tippen Sie rechts oben auf das Ordner-Symbol und wählen den Zielordner aus.

4. Alternativ tippen Sie mit einem Finger die erste Datei an, verschieben sie minimal, halten sie fest und tippen mit dem zweiten Finger auf die weiteren Dateien. Eine Zahl links oben am Symbol zeigt, wie viele Dateien Sie gewählt haben.
5. Ziehen Sie die Dateien an die gewünschte Stelle. Dies kann die zweite Instanz der *Dateien*-App sein, oder Sie ziehen die Dateien an einen Speicherort oder Ordner in der Seitenleiste links.

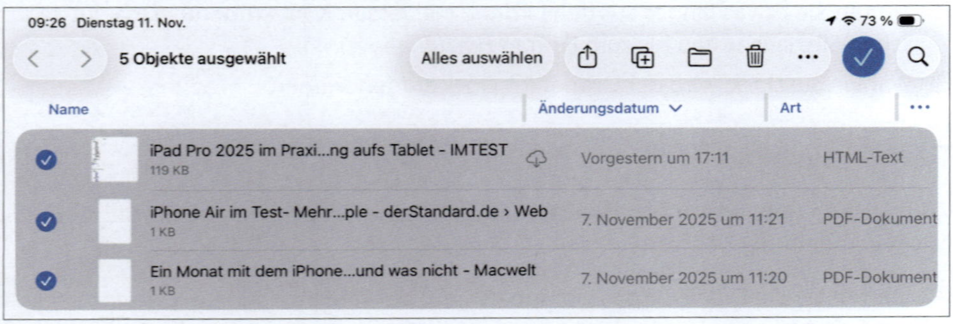

Eine Datei mit einer bestimmten App öffnen

Falls Sie eine Datei mit einer anderen App als der Standard-App öffnen wollen, ist auch das möglich – natürlich vorausgesetzt, dass die App kompatibel ist. Dazu gehen Sie auf die folgende Weise vor:

1. Starten Sie die *Dateien*-App und wählen Sie den Ordner und die Datei aus.
2. Tippen Sie etwas länger auf die Datei, um das Kontextmenü anzuzeigen.
3. Tippen Sie auf den Eintrag *Öffnen mit* und wählen Sie dann die alternative App aus.

Neuen Ordner erstellen

Auf iCloud Drive sowie *Auf meinem iPad* können Sie – zusätzlich zu den bereits bestehenden – jederzeit weitere Ordner anlegen, in denen Sie Ihre Dateien organisieren:

1. Starten Sie die *Dateien*-App und tippen Sie links auf den Speicherort.
2. Tippen Sie nun rechts oben auf das kleine Ordner-Symbol. Im Hochformat tippen Sie erst auf *Mehr* und dann auf *Neuer Ordner*. Geben Sie den Ordnernamen ein und tippen Sie auf *Fertig*. Der Ordner wird angelegt.

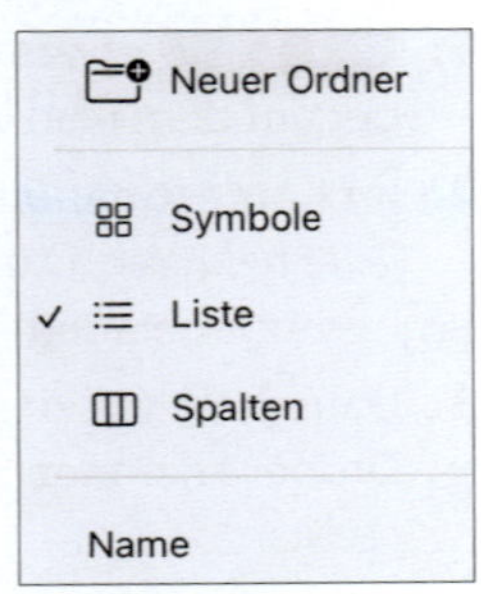

Einen Ordner ins Dock legen

Sie können einen Ordner auch ins Dock von iPadOS 26 legen, um schneller darauf zuzugreifen:

1. Starten Sie die *Dateien*-App und suchen Sie über die Seitenleiste und den Eintrag *iCloud Drive* den gewünschten Ordner.
2. Tippen Sie etwas länger auf den Ordner, bis dessen Kontextmenü erscheint. Dort wischen Sie nach unten bis zum Eintrag *Hinzufügen zu*.
3. Wählen Sie *Dock*, wird der Ordner ins Dock aufgenommen.

Dateien suchen

Zum Suchen und Finden von Dateien haben Sie zwei Möglichkeiten: die Suche über das Suchfeld oder über den Verlauf:

1. Starten Sie die *Dateien*-App und tippen Sie in der Tableiste oder im Querformat links in der Seitenleiste auf *Verlauf*. Nun werden alle Dateien aufgelistet, die Sie in der letzten Zeit erstellt und bearbeitet haben.
2. Alternativ können Sie oben in das Suchfeld den oder die Suchbegriffe eingeben. Die gefundenen Dateien werden bereits während der Eingabe des Suchbegriffs aufgelistet, und Sie können diese mit einem Fingertipp öffnen und anzeigen.

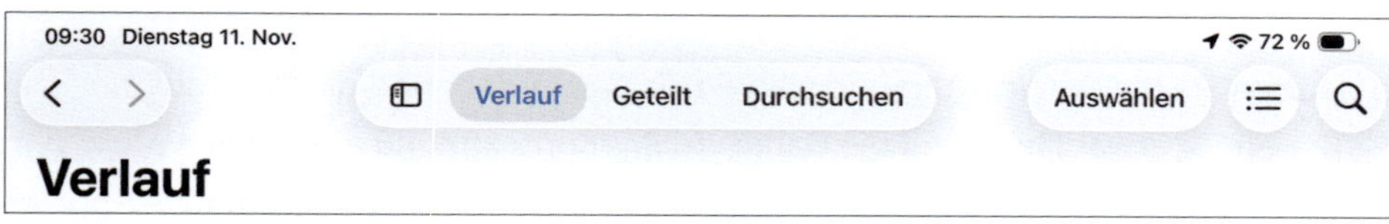

Geladene Dateien auf dem iPad behalten

Sollen Dateien auf dem iPad verbleiben und nicht in iCloud verschoben und dabei gelöscht werden, gehen Sie wie folgt vor:

1. Tippen Sie etwas länger auf die Datei oder den Ordner, der auf dem iPad verbleiben sollen.
2. Im Kontextmenü tippen Sie auf den Befehl *Geladene Objekte behalten*. Die Datei oder der Ordner wird auf Ihr iPad heruntergeladen – sofern erforderlich.
3. Dauerhaft auf das iPad heruntergeladene Dateien oder Ordner erkennen Sie am schwarz unterlegten Pfeilsymbol rechts.

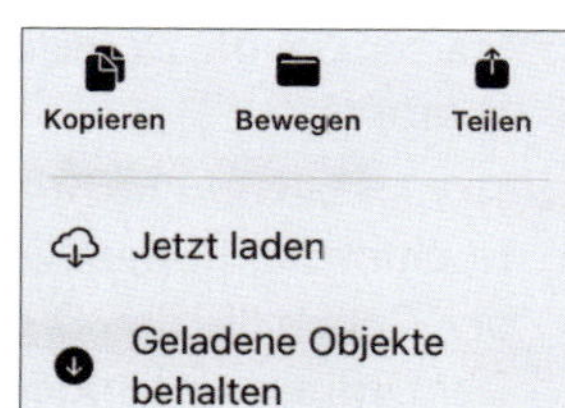

Ordner und Dateien sortieren

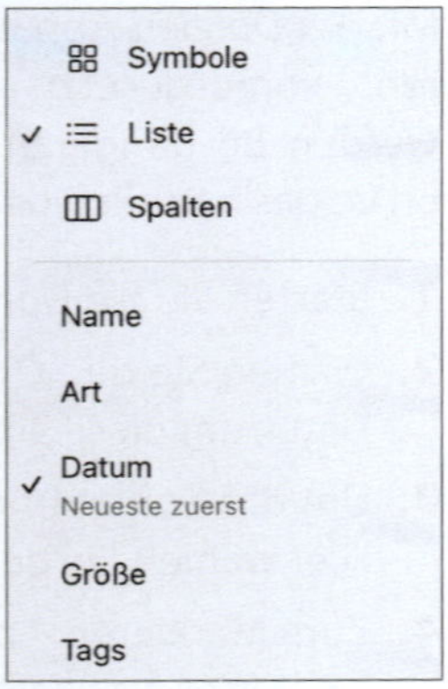

Ihre Ordner und Ihre Dateien können Sie in der *Dateien*-App nach unterschiedlichen Kriterien ordnen und sortieren:

1. Starten Sie die *Dateien*-App und wählen Sie den gewünschten Speicherort.
2. Oberhalb der Ordner tippen Sie auf *Mehr* oder auf das Symbol mit den drei Strichen. Wählen Sie im Menü die gewünschte Anzeige- und Sortiermethode aus, etwa *Symbole*, *Liste* oder *Spalten* sowie ebenfalls *Name*, *Datum*, *Größe*, *Art* und *Tags* (Markierungen).
3. Tippen Sie auf die entsprechenden Einträge, werden die Ordner und Dateien umgehend entsprechend sortiert und aufgelistet.

Dateien und Ordner kennzeichnen

Möchten Sie einen besseren Überblick über Ihre Dateien erhalten, wichtige von unwichtigen trennen, sie nach unterschiedlichen Kategorien ordnen, dann markieren und kennzeichnen Sie diese doch mit der *Dateien*-App:

1. Starten Sie die *Dateien*-App und tippen Sie auf den gewünschten Speicherort.
2. Wählen Sie den Ordner oder die Dateien aus und drücken Sie so lange auf das Symbol, bis deren Kontextmenü erscheint.
3. Dort wählen Sie den Befehl *Ordner und Tags anpassen* aus.
4. Wählen Sie das gewünschte Tag und ein passendes Symbol oder Emoji.
5. Bei den Tags können Sie über den gleichnamigen Befehl zudem ein *Neues Tag hinzufügen*.
6. Später zeigen Sie in der *Dateien*-App die markierten Dateien an, indem Sie in der linken Spalte auf das entsprechende Tag tippen.
7. Wollen Sie überzählige Tags löschen, wischen Sie in der Liste von rechts nach links und tippen dann auf *Löschen*.

Dateien betrachten und markieren

Mit der *Dateien*-App ist es natürlich auch möglich, Dateien zu betrachten und zu markieren – vorausgesetzt, es handelt sich um Dateien, deren Formate von iPadOS unterstützt werden. Bei gängigen Dateiformaten wie beispielsweise JPEG, PDF oder auch DOC-Dateien ist das natürlich der Fall.

1. Starten Sie die *Dateien*-App und tippen Sie auf den betreffenden Speicherort.
2. Wählen Sie den Ordner und die Datei aus. Zum Betrachten tippen Sie einfach auf die Datei, um diese anzuzeigen.
3. Um das Kontextmenü der Datei einzublenden, tippen Sie etwas länger auf die Datei. Hier wählen Sie den Befehl *Übersicht*, um diese anzuzeigen.
4. Zum Markieren – z. B. mit dem Apple Pencil – wählen Sie stattdessen den Befehl *Markierung*. Anschließend nehmen Sie über die Zeichenwerkzeuge die Markierung vor und tippen dann links oben auf *Fertig*.
5. Möchten Sie die Datei lieber in der *Vorschau*-App anzeigen, tippen Sie rechts oben auf den Schalter *Vorschau*.

Komprimierte Dateien öffnen

Die *Dateien*-App ermöglicht es auch, komprimierte Dateien zu öffnen.

1. Starten Sie die *Dateien*-App und tippen Sie auf den gewünschten Speicherort – im Beispiel ist es *iCloud Drive*.
2. Wählen Sie den Ordner und die Datei aus. Zum Betrachten tippen Sie etwas länger auf die Datei, bis das Kontextmenü erscheint.
3. Dort wählen Sie den Befehl *Übersicht* und dann *Inhaltsvorschau*, um zu sehen, was in der komprimierten Datei enthalten ist.

4. Um die Datei zu entpacken, wählen Sie ebenfalls im Kontextmenü den Befehl *Dekomprimieren*. Die Datei wird entpackt und am selben Speicherort gesichert.

Komprimierte Dateien erstellen

Das Erstellen komprimierter Dateien ist ebenfalls möglich. Ihr iPad beherrscht auch diese für den professionellen Einsatz unumgängliche Funktion.

1. Starten Sie die *Dateien*-App und tippen Sie auf den gewünschten Speicherort, hier im Beispiel ist es *iCloud Drive*.

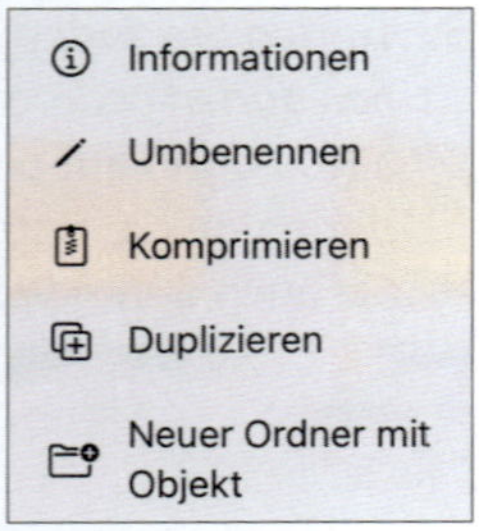

2. Wählen Sie den gewünschten Ordner oder die Datei(en) aus. Tippen Sie etwas länger auf den Ordner oder die Datei(en), bis das Kontextmenü erscheint.
3. Dort wählen Sie den Befehl *Komprimieren*. Nun wird die komprimierte Datei im ZIP-Format mit der Dateiendung **.zip* erstellt. Sie wird im selben Ordner oder Speicherort abgelegt.

Dateien scannen und sichern

Um Dateien direkt mit der *Dateien*-App zu scannen und gleich auf iCloud Drive zu sichern, folgen Sie diesen Anweisungen:

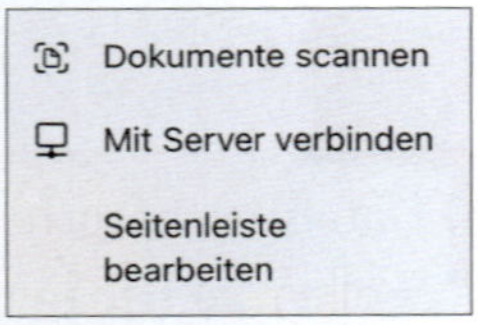

1. Starten Sie die *Dateien*-App und tippen Sie links oben in der Seitenleiste auf *Mehr* (drei kleine Punkte). Dort wählen Sie den Befehl *Dokumente scannen*.
2. Positionieren Sie das iPad und damit die Kamera so, dass das gewünschte Dokument erfasst wird.
3. Hat die Kamera ein Dokument erkannt, wird dieses unter Umständen automatisch gescannt und unten am Rand des Bildschirms abgelegt.
4. Tippen Sie dann auf die Voransicht, um das Dokument eventuell zu bearbeiten. Beachten Sie dazu die Symbole unten.
5. Über einen Fingertipp auf die Befehle *Fertig* und *Sichern* rechts unten wird der Scan auf iCloud Drive gespeichert.
6. Zur Texterkennung gehen Sie dann in der *Fotos*-App so vor wie in Kapitel 4.3 dargestellt.

Dateien freigeben und gemeinsam bearbeiten

Mit der *Dateien*-App können Sie Ihre auf iCloud Drive oder auf Ihrem iPad befindlichen Dateien für andere Personen freigeben.

1. Starten Sie die *Dateien*-App und wählen Sie *Auf meinem iPad* oder *iCloud Drive* aus. Bestimmen Sie einen Ordner und öffnen Sie diesen mit einem Fingertipp.
2. Um die Datei auszuwählen, tippen Sie etwas länger auf diese, bis das Kontextmenü angezeigt wird. Dort tippen Sie auf den Befehl *Teilen*.
3. Tippen Sie oben auf *Kopie senden* und wählen Sie den Befehl *Zusammenarbeiten*. Bestimmen Sie den Weg, über den die Personen benachrichtigt werden sollen, z. B. über die App *Mail* oder *Nachrichten*.
4. Geben Sie die Adressaten ein, also die Personen, mit denen die Datei geteilt werden soll.

5. Tippen Sie zudem auf *Nur eingeladene Personen dürfen bearbeiten*. Dort legen Sie fest, wer alles Zugriff auf die Datei erhalten soll und ob derjenige die Datei *Nur ansehen* darf oder ob Sie auch deren *Bearbeitung erlauben*.

Dateispeicherorte hinzufügen

Wollen Sie neben iCloud Drive weitere Dateispeicherorte, sprich Cloud-Dienste hinzufügen, installieren Sie einfach – soweit vorhanden – die entsprechende App. Ist diese mit der *Dateien*-App kompatibel, taucht der dazugehörige Dienst links unter den Dateispeicherorten auf. Es ist möglich, dass dieser noch nicht alle Funktionen der *Dateien*-App unterstützt. Die fehlenden Funktionen werden vom Anbieter ggf. später ergänzt.

Dateispeicherorte in der Cloud bearbeiten

Die Dateispeicherorte in der *Dateien*-App können Sie anpassen und bearbeiten, indem Sie die vorhandenen aus- oder einblenden bzw. die Reihenfolge ändern.

1. Starten Sie die *Dateien*-App und tippen Sie links oben in der Seitenleiste auf *Mehr* (drei kleine Punkte) und dann auf *Seitenleiste bearbeiten*.
2. Über einen Fingertipp aktivieren Sie die Speicherorte oder blenden diese wieder aus.
3. Über die drei kleinen Striche rechts verändern Sie deren Reihenfolge, indem Sie sie nach oben oder unten ziehen.

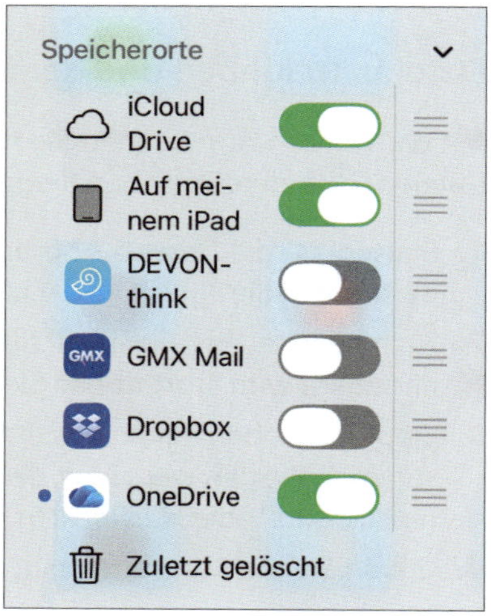

Dateien löschen

Wollen Sie in der *Dateien*-App Dateien löschen, haben Sie dazu mehrere Möglichkeiten:

- Starten Sie die *Dateien*-App, wählen Sie den Ordner *Auf meinem iPad* oder *iCloud Drive* aus und tippen Sie darauf, um ihn zu öffnen. Tippen Sie rechts oben auf *Auswählen*. Markieren Sie alle gewünschten Dateien mit einem Fingertipp und tippen Sie auf das Papierkorbsymbol rechts oben.
- Alternativ wischen Sie auf dem Eintrag von rechts nach links und tippen dann auf *Löschen*.
- Außerdem ist es möglich, die Datei mit dem Finger links auf den Ordner *Zuletzt gelöscht* zu ziehen.

Gelöschte Dateien wiederherstellen oder ganz löschen

Solange eine Datei vom jeweiligen Cloud-Dienst noch nicht entfernt wurde, können Sie sie nach dem Löschen auch wiederherstellen. Für Dateien auf dem iPad gilt, dass sie normalerweise immer wiederhergestellt werden können, sofern sie nicht, wie im Folgenden beschrieben, endgültig gelöscht wurden:

1. Tippen Sie in der linken Spalte der *Dateien*-App auf den Eintrag *Zuletzt gelöscht*.
2. In der rechten Spalte werden alle vorläufig gelöschten Ordner und Dateien aufgelistet.
3. Zum Wiederherstellen drücken Sie so lange auf die Datei, bis das Kontextmenü erscheint, in dem Sie den Befehl *Wiederherstellen* wählen. Die Datei wird wieder an ihren bisherigen Platz verschoben.
4. Ziehen Sie es hingegen vor, die Datei doch endgültig zu löschen, tippen Sie auf *Jetzt löschen*. Danach kann die Datei nicht mehr rekonstruiert werden.

9. Sicherheit und Datenschutz

Beim iPad, das Sie oft unterwegs dabeihaben und das permanent mit dem Internet verbunden ist, sollten Sicherheit und Datenschutz großgeschrieben werden. So kann es unterwegs in einem unbedachten Augenblick abhandenkommen oder es greift jemand Unbefugtes ohne Ihre Kenntnis darauf zu. Außerdem ist es möglich, dass Sie über eingeschleuste Schadsoftware ausgeforscht werden bzw. Kreditkartendaten und Kennwörter in falsche Hände geraten. Gegen all diese Gefahren besitzt iPadOS vielfältige Einstellungen und Funktionen, die Sie eigentlich nur noch aktivieren und einrichten müssen. Wie Sie diese Einstellungen und Funktionen nutzen und einsetzen, erfahren Sie mit den Tipps und Tricks dieses Kapitels.

9.1 iPad absichern

Damit niemand Fremdes auf Ihr iPad zugreifen kann, entweder direkt oder auch von außen über eine drahtlose Netzwerkverbindung, sollten Sie es so gut wie möglich absichern. Eine hundertprozentige Sicherheit kann zwar niemand garantieren – auch Apple nicht –, aber mit den folgenden Tipps machen Sie es allzu neugierigen Personen in Ihrer Umgebung oder auch Zeitgenossen, die Böses vorhaben, schwerer, Zugriff auf Ihr iPad und Ihre sensiblen Daten zu erhalten.

Bluetooth- und WLAN-Verbindungen unterbrechen

Bluetooth- und WLAN-Verbindungen können, ohne dass Sie diese wirklich benötigen, ein Sicherheitsrisiko darstellen. Daher unterbrechen Sie alle Verbindungen, die Sie gerade nicht nutzen:

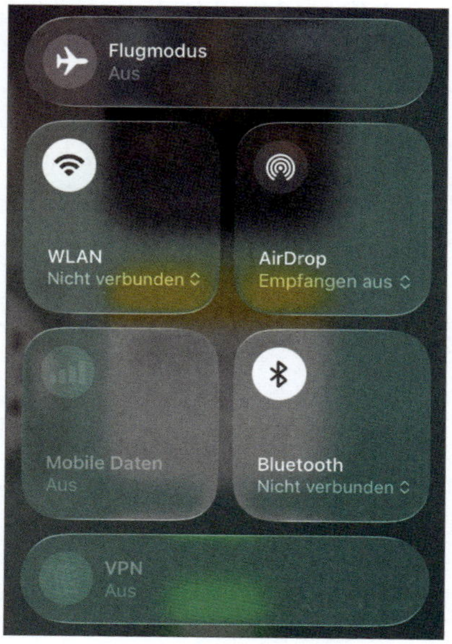

1. Öffnen Sie das Kontrollzentrum, indem Sie vom oberen rechten Rand des Bildschirms nach unten wischen. Tippen Sie dort nacheinander auf das Kontrollelement für WLAN und Bluetooth, um diese Verbindungen zu unterbrechen.
2. Auch AirDrop können Sie ausschalten, indem Sie auf das Kontrollelement (ineinanderliegende Kreise) tippen.
3. Bluetooth und WLAN werden damit aber keinesfalls ganz abgeschaltet. Verbindungen zu bestimmten Geräten, wie dem Apple Pencil, bleiben erhalten. Wollen Sie diese ganz abschalten, beachten Sie den folgenden Tipp.

WLAN ganz abschalten

Möchten Sie die WLAN-Verbindungen nicht nur trennen, sondern komplett abschalten, erreichen Sie das wie folgt:

1. Öffnen Sie das Kontrollzentrum, indem Sie vom oberen rechten Rand des Bildschirms nach unten wischen. Schalten Sie dort über das Flugzeugsymbol den *Flugmodus* ein. Damit werden die drahtlosen Netzwerkverbindungen gekappt.
2. Alternativ können Sie auch, um die drahtlosen Netzwerkverbindungen (außer Bluetooth) selektiv abzuschalten, die *Einstellungen* öffnen.
3. Dort tippen Sie in der rechten Spalte auf *WLAN*, *Bluetooth* oder auch *Mobiles Netz* und schalten die Verbindung jeweils komplett ab.

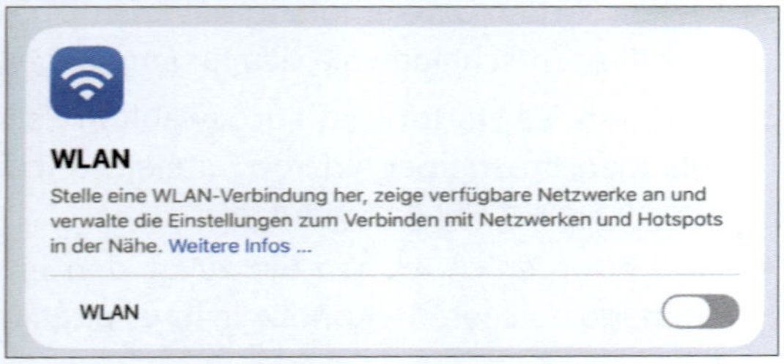

Anschließen von Geräten im Sperrzustand unterbinden

Wie Sie bereits erfahren haben, können Sie über die USB-C-Schnittstellen entsprechende kompatible Geräte anschließen, etwa USB-Hubs oder Datenträger. Möchten Sie dies im Sperrzustand unterbinden, nehmen Sie die folgende Einstellung vor:

1. Öffnen Sie die *Einstellungen* und tippen Sie in der linken Spalte auf *Touch ID & Code* oder *Face ID & Code*.
2. Identifizieren Sie sich ggf. per Code und wischen Sie nach ganz unten.
3. Dort tippen Sie auf *Zubehör*, um die entsprechende Funktion abzuschalten. Nun können, wenn sich das iPad längere Zeit (ab einer Stunde) im Sperrzustand befindet, keine fremden Geräte mehr angeschlossen werden.

Zugriff von Apps auf Bluetooth widerrufen

Bestimmten Apps können Sie den Zugriff auf Bluetooth und dessen Funktionalität untersagen:

1. Öffnen Sie die *Einstellungen* und tippen Sie in der linken Spalte auf *Datenschutz & Sicherheit*.
2. Wischen Sie nach unten zum Eintrag *Bluetooth*. Wenn Sie auf den Eintrag *Bluetooth* tippen, werden Apps aufgelistet, die eine Anforderung an Bluetooth gesandt haben. Diese können Sie hier wieder abschalten.

AirDrop absichern

AirDrop ist sehr praktisch, um schnell einmal Dateien vom Mac oder iPhone auf das iPad zu kopieren und umgekehrt. Je nach Einstellung kann es aber durchaus passieren, dass Ihnen jemand Fremdes eine Datei auf das iPad sendet. Wollen Sie das unterbinden, sollten Sie folgende Einstellungen vornehmen:

1. Öffnen Sie das Kontrollzentrum, indem Sie vom oberen rechten Rand des Bildschirms nach unten wischen. Tippen Sie dort auf das AirDrop-Symbol (ineinanderliegende Kreise).
2. Wollen Sie den Dateiempfang via AirDrop ganz abschalten, entscheiden Sie sich für *Empfangen aus*.
3. Möchten Sie stattdessen ausgewählten Personen erlauben, Ihnen über AirDrop Dateien zu schicken, tippen Sie auf *Nur für Kontakte*.
4. Falls erforderlich, tragen Sie zuvor den entsprechenden – sicheren – Kontakt in Ihre *Kontakte*-App ein.

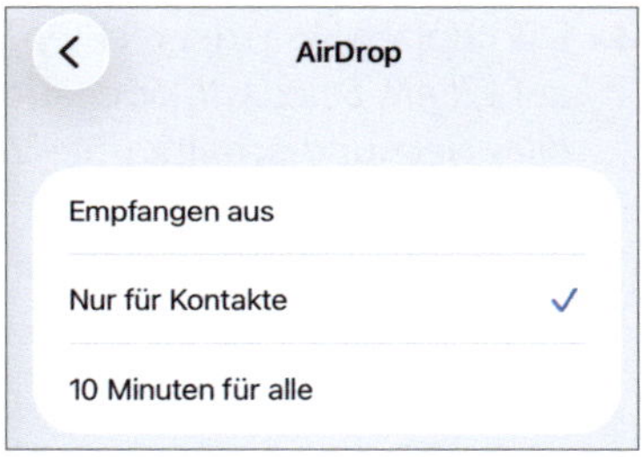

Zugang beschränken

Als mobiles Gerät befindet sich Ihr iPad sicherlich auch einmal an einem Ort, ob zu Hause oder im Büro, an dem zumindest theoretisch andere Personen darauf zugreifen könnten. Um das zu verhindern, sollten Sie es entsprechend absichern, und zwar nicht nur aus Gründen der Datensicherheit, sondern auch um möglichen finanziellen Schaden abzuwenden.

So kann jeder, der Zugriff auf Ihr iPad hat, mit den dort unter Umständen gespeicherten Benutzer- und Kreditkartendaten online einkaufen oder auf Ihre Kosten über das Mobilfunknetz im Internet surfen, sofern Sie ein iPad Wi-Fi + Cellular nutzen. Daher sollten Sie Ihr iPad auf jeden Fall per Zahlencode und Fingerabdruck oder Gesichtsscan verschlüsseln. Das erreichen Sie, sollte es nicht bereits bei der Einrichtung erfolgt sein, auf diese Weise:

1. Öffnen Sie die *Einstellungen* und tippen Sie in der linken Spalte auf den Eintrag *Touch ID & Code* oder *Face ID & Code*.
2. Geben Sie über den Befehl *Code aktivieren* einen Zugangscode ein und merken Sie sich diesen gut. Unter *Codeoptionen* legen Sie fest, ob Sie einen vierstelligen, sechsstelligen oder einen alphanumerischen Code, also ein Passwort, verwenden.
3. Schalten Sie zudem, soweit auf Ihrem iPad verfügbar, *Touch ID* oder *Face ID* ein. Über *Fingerabdruck hinzufügen* lernt Ihr iPad Ihren Fingerabdruck, sodass Sie später nur per Fingertipp auf der Home-Taste das iPad entsperren können. Dasselbe gilt für die Gesichtserkennung per Face ID, für die Sie Ihr Gesicht einscannen lassen. Hier können Sie ein *Alternatives Erscheinungsbild konfigurieren*, etwa mit einer medizinischen Maske.

4. Wollen Sie das iPad per Touch ID oder Face ID entsperren und außerdem im iTunes und App Store einkaufen, aktivieren Sie die entsprechenden Optionen.
5. Über *Code anfordern/Sofort* legen Sie zudem fest, dass, sobald Ihr iPad aus dem Ruhezustand geweckt oder neu gestartet wird, der Zugangscode abgefragt wird – sofern der Zugang über Touch ID oder Face ID nicht möglich ist oder fehlschlägt.

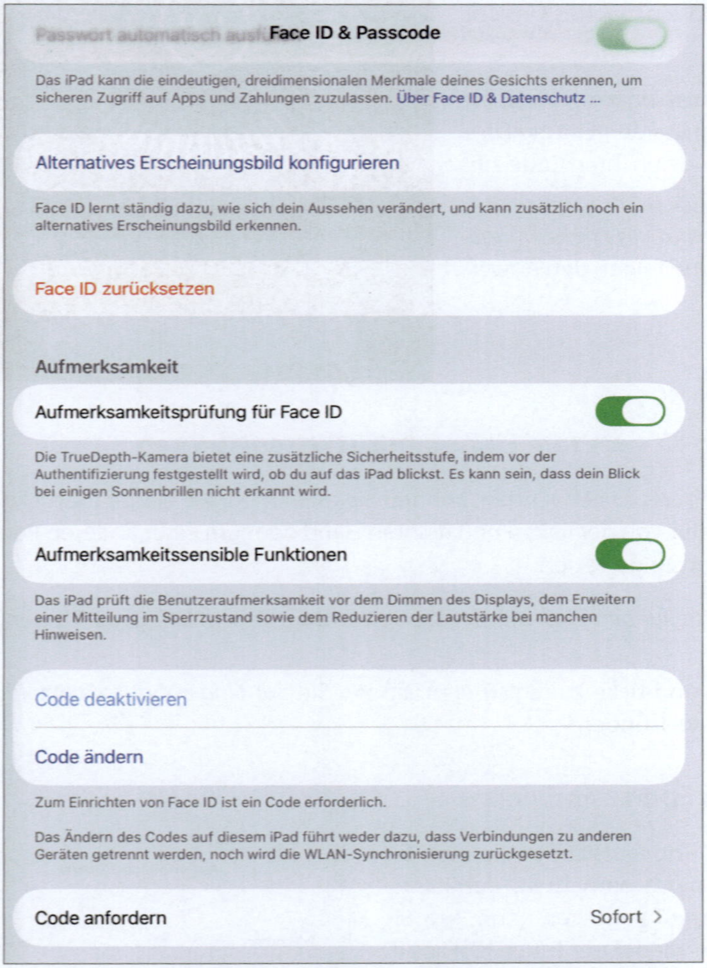

Längeren Zugangscode festlegen

Es ist ratsam, einen längeren Zugangscode zu verwenden. Zwar ist es möglich, über *Codeoptionen* auch einen vierstelligen Code einzugeben, ein Code über sechs oder mehr Stellen ist aber sicherer, auch wenn sich dieser vielleicht weniger gut merken lässt.

Zugang per Face ID mit dem »zweiten Gesicht«

Ändern Sie Ihr Aussehen des Öfteren grundlegend oder soll Ihr iPad von zwei Personen genutzt werden, was allerdings nur mit dem gleichen Apple Account möglich ist, können Sie für die Face ID ein zweites Gesicht registrieren.

1. Öffnen Sie die *Einstellungen* und wählen Sie in der linken Spalte den Eintrag *Face ID & Code*. Tippen Sie nun Ihren Code ein.
2. Um ein zweites Gesicht zu registrieren, tippen Sie auf *Alternatives Erscheinungsbild konfigurieren* und folgen den Anweisungen.

Zugang per Touch ID – weitere Fingerabdrücke registrieren

Falls Sie ein iPad mit Touch ID verwenden, können Sie auch mehrere Fingerabdrücke registrieren. Beispielsweise von der linken und rechten Hand oder um einer anderen Person den Zugriff auf das iPad zu gestatten:

1. Öffnen Sie die *Einstellungen* und wählen Sie den Eintrag *Touch ID & Code*. Tippen Sie Ihren Code ein.
2. Um weitere Fingerabdrücke zu registrieren, tippen Sie auf *Fingerabdruck hinzufügen* und folgen den Anweisungen.

Die automatische Sperre aktivieren

Ist Ihr iPad bisweilen unbeaufsichtigt, können Sie eine automatische Sperre einrichten, damit niemand Unbefugtes darauf zugreifen kann. Nur Sie selbst können es dann wieder per Touch ID, Face ID oder Zugangscode entsperren.

1. Öffnen Sie die *Einstellungen* und tippen Sie links auf *Anzeige & Helligkeit*.
2. Schalten Sie nun rechts die *Automatische Sperre* ein und legen Sie den Zeitraum fest, nach dem die *Automatische Sperre* in Kraft tritt.

3. Je nachdem können Sie hier einen Zeitraum von 2–15 Minuten wählen oder über *Nie* – sofern erforderlich – die Sperre vorübergehend außer Kraft setzen. Vergessen Sie nicht, diese später wieder einzuschalten.

Zugriff auf wichtige Funktionen unterbinden

Wollen Sie den Zugriff auf die Kamera Ihres iPad sowie auf andere grundlegende Funktionen unterbinden, schalten Sie diese ab:

1. Öffnen Sie die *Einstellungen* und tippen Sie in der linken Spalte auf *Touch ID & Code* oder *Face ID & Code*.
2. Geben Sie Ihren Zugangscode für das iPad ein, um den Zugriff auf die Einstellungen zu erhalten.
3. Unter *Im Sperrzustand Zugriff erlauben* können Sie die folgenden Funktionen deaktivieren – ganz einfach per Fingertipp.
   - *Ansicht „Heute" und Suchen*
   - *Mitteilungszentrale*
   - *Kontrollzentrum*
   - *Sperrbildschirm-Widgets*
   - *Live-Aktivitäten*
   - *Siri*
   - *Home-Steuerung*
   - *Rückruf bei verpassten Anrufen*
   - *Health-Daten zu Trainings*
   - *Zubehör* (um USB-Zubehör nutzen zu können, muss das iPad dann entsperrt werden)

4. Zum erneuten Aktivieren schalten Sie die Funktionen einfach per Fingertipp wieder ein.

> **Der ominöse farbige Punkt**
>
> Wie Sie wahrscheinlich schon bemerkt haben, erscheint bisweilen oben am Bildschirm ein grüner oder orangefarbener Punkt. Der grüne Punkt weist darauf hin, dass die Kamera aktiv ist, und der orangefarbene Punkt, dass das Mikrofon eingeschaltet ist. Dies soll auch verhindern, dass unbemerkt Apps auf Kamera und Mikrofon zugreifen und Sie dadurch ausspioniert werden. Tauchen diese Punkte ohne Ihr Zutun auf und obwohl Sie Kamera und Mikrofon gerade nicht nutzen, sollten Sie herausfinden, welche App dafür zuständig ist und diese umgehend löschen.

Notizen auf dem Sperrbildschirms verhindern

Mit dem Apple Pencil schnell eine Notiz auf dem Sperrbildschirm zu verfassen, kann durchaus praktisch sein. Wünschen Sie dies aus Sicherheitsgründen nicht, schalten Sie die Funktion ab:

1. Öffnen Sie die *Einstellungen*, tippen Sie in der linken Spalte auf *Apps* und dann rechts auf *Notizen*.
2. Dort schalten Sie ganz unten rechts die Option *Zugriff im Sperrbildschirm* ab. Damit können nach dem Tippen des Apple Pencil auf den Sperrbildschirm keine Notizen mehr angelegt werden.

Einzelne Widgets abschalten

Wie Sie wissen, erhalten Sie auf dem Sperrbildschirm Zugriff auf einige Funktionen Ihres iPad. Aber nicht nur das, auch einige personenbezogene Informationen wie die App-Vorschläge von Siri, Erinnerungen und die gekürzten Namen der letzten Kontakte können von allen eingesehen werden, die einen Blick auf den Bildschirm Ihres iPad erhaschen. Um das zu verhindern, schalten Sie die entsprechenden Widgets ab:

1. Melden Sie sich am iPad an. Wischen Sie nach rechts, um die Mitteilungszentrale anzuzeigen.
2. Tippen Sie etwas länger auf eines der Widgets, beginnen diese zu wackeln. Tippen Sie auf das Minus-Symbol links oben am Widget und dann auf *Entfernen*.
3. Möchten Sie dieses später wieder hinzufügen, tippen Sie weiter oben auf das Plus-Symbol, wählen das Widget wieder aus und fügen es hinzu.

9.2 Ihre Daten schützen

Auch wenn Sie den Zugang zu Ihrem iPad einschränken, sind Ihre Daten nicht hundertprozentig sicher. Der Zugriff auf Ihr iPad kann auch über die installierten Apps, drahtlose Netzwerkverbindungen und das Internet erfolgen. Zudem könnte sich jemand, dem Sie Ihr iPad kurz ausleihen, als allzu neugierig erweisen. Mit den folgenden Tipps machen Sie Ihre Daten und Ihr iPad noch ein bisschen sicherer.

Fotos und Fotoalben verbergen

Falls nicht alle Ihre Fotos auch für fremde Augen gedacht sind, lassen sich diese mit ein paar Tricks verstecken. Beachten Sie allerdings, dass jemand, der gute iPadOS- oder iOS-Kenntnisse hat, dieses »Versteck« problemlos ausfindig machen kann. Die Tipps sind vor allem dafür gedacht, entsprechende Fotos auf die Schnelle zu verbergen.

1. Starten Sie die *Fotos*-App und wählen Sie in der Seitenleiste die gewünschte Kategorie, die Sammlung oder das Album. Tippen Sie dann rechts oben auf *Auswählen*.
2. Markieren Sie das oder die Fotos und tippen Sie rechts auf *Mehr* (Kreis mit drei Punkten). Dort wählen Sie den Befehl *Ausblenden*.
3. Die Fotos werden nun in allen Alben und Sammlungen ausgeblendet, sind aber weiter in einem speziellen Album mit dem Namen *Ausgeblendet* zu sehen. Dort lassen sie sich auf dem umgekehrten Weg auch wieder in den früheren Alben und Sammlungen einblenden.
4. Alternativ können Sie die Fotos auch vorübergehend löschen. In diesem Fall werden sie in das Album *Zuletzt gelöscht* verschoben, können aber binnen 30 Tagen in ihren ursprünglichen Ordnern und Alben wiederhergestellt werden.

Fotos ohne Standort teilen

Das iPad und das iPhone speichern in den Metadaten der aufgenommenen Fotos auch den Standort, an dem das Foto aufgenommen wurde, und zwar als geografische Koordinaten, die per GPS erhoben wurden. Sollen die Fotos mit anderen Personen geteilt werden, gilt dies nicht immer für den Standort. Geben Sie Ihre mit dem iPad aufgenommenen Fotos ohne diese sensiblen Daten weiter:

1. Wählen Sie das Foto oder die Fotos aus und tippen Sie in der *Fotos*-App auf das Teilen-Feld unten.
2. Möchten Sie den Standort sowie unter Umständen weitere Metadaten Ihrer Fotos nicht weitergeben, tippen Sie oben auf *Optionen*.
3. In den *Optionen* schalten Sie unter dem Eintrag *Einbeziehen* die Option *Standort* sowie ggf. unter *Nur AirDrop* und *iCloud-Links* die Option *Alle Fotodaten* ab.

Zugriff von Apps auf bestimmte Daten verbieten

Manche Apps begehren bei der Installation oder dem erstmaligen Start Zugriff auf Ihre Foto-Mediathek, Kontakte oder Kalender. Dies ist nicht immer nötig und noch öfter auch gar nicht erwünscht.

Haben Sie diesen Zugriff aus Versehen erteilt und wollen Sie ihn wieder entziehen, erreichen Sie dies so:

1. Öffnen Sie die *Einstellungen* und tippen Sie in der linken Spalte auf *Datenschutz & Sicherheit*.
2. In der rechten Spalte finden Sie über die jeweiligen Einträge heraus, welche Apps Zugriff auf Ihre Daten, z. B. *Kontakte*, *Kalender*, *Fotos* etc., haben dürfen.
3. Tippen Sie auf den Eintrag, beispielsweise *Kontakte*. Dort können Sie den Zugriff der aufgelisteten Apps abschalten.

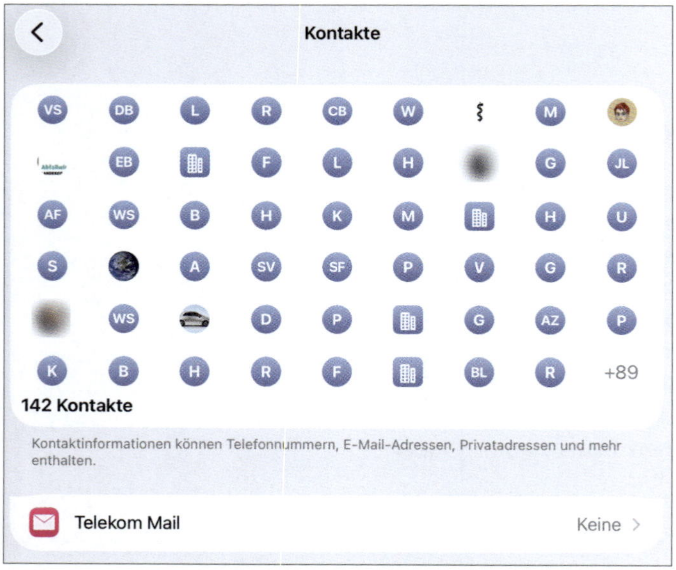

Diagnose und Nutzungsdaten abschalten

Wenn Sie bei der Einrichtung Ihres iPad – unwissentlich oder versehentlich – zugestimmt haben, dass Diagnose- und Nutzungsdaten an Apple gesandt werden, die dort für die Fehlersuche und Verbesserungen der Hard- und Software genutzt werden können, dann ist es auch später noch möglich, dies zu widerrufen.

1. Öffnen Sie die *Einstellungen* und wählen Sie links den Eintrag *Datenschutz & Sicherheit*.

2. Tippen Sie in der rechten Spalte auf *Analyse & Verbesserungen* und schalten Sie dort ggf. *iPad-Analyse teilen* per Fingertipp ab.

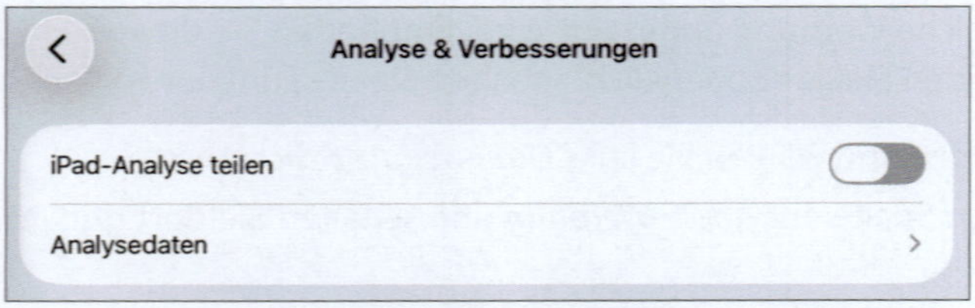

Datenschutzberichte einschalten

iPadOS ermöglicht es Ihnen, einen Datenschutzbericht zu aktivieren. Darin sind unter anderem Informationen darüber enthalten, welche Apps die von Ihnen erteilten Berechtigungen auch nutzen. Des Weiteren finden Sie dort Hinweise über deren Aktivitäten im Netzwerk und Internet. Den Datenschutzbericht schalten Sie wie folgt ein:

1. Öffnen Sie die *Einstellungen* und wählen Sie den Eintrag *Datenschutz & Sicherheit*.
2. Blättern Sie in der rechten Spalte nach ganz unten, wo Sie auf *App-Datenschutzbericht* tippen und dann auf *App-Datenschutzbericht aktivieren*.
3. Anschließend finden Sie an dieser Stelle nach der Verwendung entsprechender Apps die jeweiligen Datenschutzberichte.
4. Tippen Sie auf den entsprechenden Eintrag, erfahren Sie etwa, wie lange Standortdaten abgerufen wurden oder auf welche Internetadressen zugegriffen wurde, ohne dass Sie es bemerkt haben.
5. Über *Apple Intelligence-Bericht* erfahren Sie weitere sensible Daten zur Nutzung von Apple Intelligence.

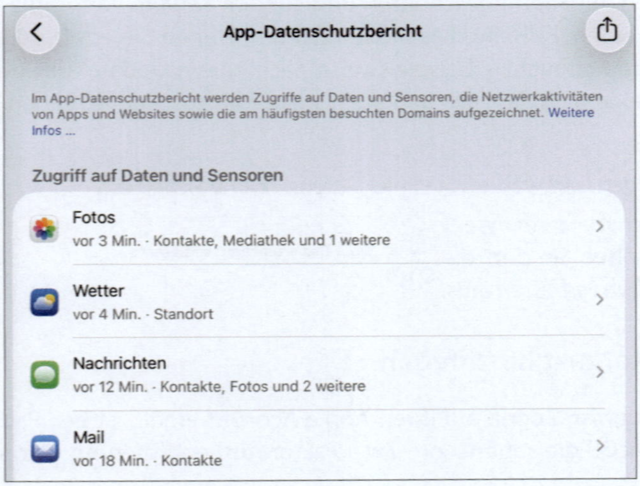

Personalisierte Werbung abschalten

Der Werbung entkommen Sie auch auf dem iPad nur schwer. Allerdings können Sie etwas Einfluss darauf nehmen, welche Werbung angezeigt wird. Empfinden Sie dies als Eingriff in Ihre Privatsphäre oder finden Sie das bedenklich, schalten Sie die Funktion einfach ab:

1. Öffnen Sie die *Einstellungen* und wählen Sie links *Datenschutz & Sicherheit*.
2. Tippen Sie in der rechten Spalte auf *Apple-Werbung* und schalten Sie dort ggf. *Personalisierte Werbung* aus.
3. Welche Informationen ggf. für die *Personalisierte Werbung* herangezogen werden, erfahren Sie, wenn Sie auf den Eintrag *Informationen für zielgerichtete Werbung anzeigen* tippen.

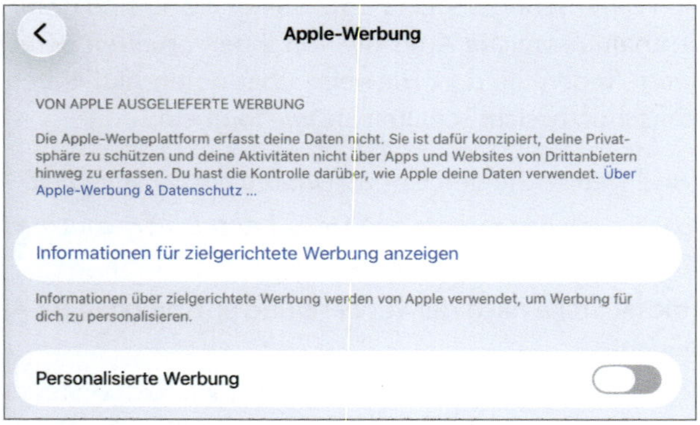

Das Speichern von Audioaufnahmen über Siri verbieten

Um die Fähigkeiten der Sprachassistentin Siri von iPadOS, iOS und macOS zu optimieren, können Unterhaltungen mit Siri mitgeschnitten und auf den Servern von Apple zur Auswertung gespeichert werden. Falls Sie dies nicht möchten, lehnen Sie es ab, sobald eine entsprechende Anfrage auftaucht – beispielsweise nach einem Update. Um diese Funktion unabhängig von einem Update ab- und auch wieder einzuschalten, gehen Sie folgendermaßen vor:

1. Öffnen Sie die *Einstellungen* und wählen Sie links *Datenschutz & Sicherheit*.
2. Tippen Sie rechts zunächst auf *Analyse & Verbesserungen* und schalten Sie dort die Option *Siri & Diktierfunktion verbessern* aus.

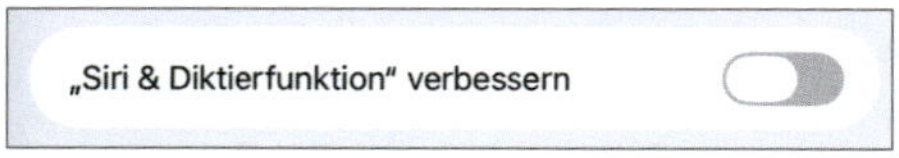

Vertrauenswürdigen Kontakt hinzufügen

Damit niemand, der unbefugt ist, Zugriff auf Ihren Apple Account erhält, ist bei iPadOS ebenso wie bei iOS und macOS die sogenannte Zwei-Faktor-Authentifizierung automatisch eingeschaltet.

Melden Sie sich also auf einer Website oder auf einem anderen Gerät mit Ihrem Apple Account neu an, erscheint auf einem anderen vertrauenswürdigen Gerät, bei dem Sie bereits angemeldet sind, eine Sicherheitsabfrage, die Sie bestätigen müssen, um die neue Anmeldung abzuschließen.

Es kann allerdings passieren, dass dieses Gerät gerade nicht greifbar ist. In diesem Fall fügen Sie einen weiteren vertrauenswürdigen Kontakt hinzu, der Ihnen dabei behilflich sein kann.

1. Öffnen Sie die *Einstellungen* und tippen Sie auf Ihren Apple Account (Benutzername).
2. Tippen Sie auf *Anmeldung & Sicherheit* und lokalisieren Sie den Eintrag *Wiederherstellungskontakte einrichten*.
3. Tippen Sie nun auf *Wiederherstellungskontakt hinzufügen* und autorisieren Sie sich. Wählen Sie den gewünschten Kontakt aus. Mithilfe einer Nachricht an diesen Kontakt können Sie bei Bedarf eine neue Anmeldung mit Ihrem bekannten Apple Account durchführen.
4. In diesem Fall muss der Kontakt mit Ihrer Unterstützung die entsprechende Sicherheitsabfrage bestätigen.

Wiederherstellungsschlüssel statt Wiederherstellungskontakt

Statt eines Wiederherstellungskontaktes können Sie auch einen Wiederherstellungsschlüssel verwenden. Dazu wählen Sie nach einem Fingertipp auf *Anmeldung & Sicherheit* den Eintrag *Wiederherstellungsschlüssel einrichten* und folgen den Anweisungen. Sie erhalten dabei einen *Wiederherstellungsschlüssel*, den Sie notieren und sicher verwahren sollten. Bestätigen Sie dann den Schlüssel. Anschließend ist dieser als *Wiederherstellungsschlüssel* festgelegt und Sie können mit dessen Hilfe Ihren Apple Account bei Bedarf wiederherstellen.

Nachlasskontakt festlegen

Angesichts der zunehmenden Digitalisierung des Alltags wird das Thema »digitaler Nachlass« immer wichtiger. Daher können Sie an iPad, iPhone und Mac für den Fall der Fälle einen *Nachlasskontakt* festlegen, der nach Ihrem Ableben Zugriff auf die Daten erhält. Freilich muss diese Person auch über die Sterbeurkunde verfügen. Den Nachlasskontakt legen Sie über die Einstellung *Passwort & Sicherheit* in Ihrem Apple Account fest. Tippen Sie hier auf *Nachlasskontakt* sowie auf *Nachlasskontakt hinzufügen* und folgen Sie den Anweisungen.

9.3 Ortungsdienste

Bei den Ortungsdiensten von iPadOS wird über GPS, Bluetooth, WLAN-Hotspots und ggf. Mobilfunkantennen Ihr gegenwärtiger Aufenthaltsort einigermaßen genau festgestellt. Die Ortungsdienste werden von Systemfunktionen ebenso verwendet wie von einigen Apps. Bei diesen Apps passen sich beispielsweise die Inhalte dahin gehend an.

Ortungsdienste abschalten

Wünschen Sie das nicht, können Sie die Ortungsdienste komplett abschalten. Bitte beachten Sie, dass manche Apps zwingend die Ortungsdienste benötigen, um korrekt zu funktionieren. In diesem Fall erhalten Sie eine entsprechende Meldung oder Fehlermeldung, sofern diese nicht aktiviert sind. Möchten Sie die Ortungsdienste dennoch abschalten, gehen Sie wie folgt vor:

1. Öffnen Sie die *Einstellungen* und wählen Sie in der linken Spalte den Eintrag *Datenschutz & Sicherheit*.
2. Tippen Sie rechts auf *Ortungsdienste* und schalten Sie diese mit einem Fingertipp komplett ab.

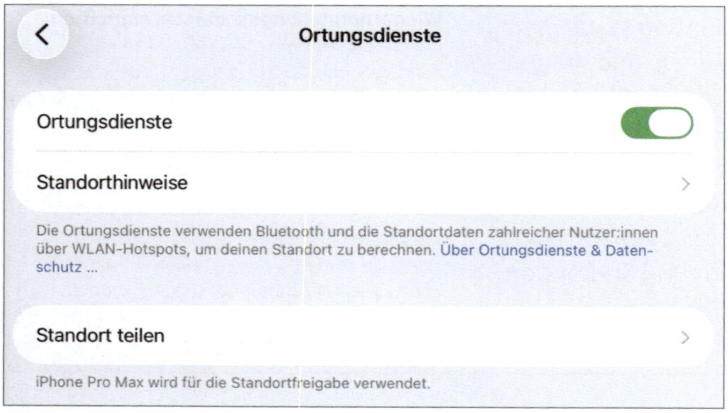

Wichtige Ortungsdienste zulassen

Wollen Sie die Ortungsdienste nicht komplett abschalten, sondern stattdessen im Einzelnen erlauben, welche Funktionen und Dienste Ihres iPad darauf zugreifen können, gehen Sie so vor:

1. Öffnen Sie die *Einstellungen* und wählen Sie in der linken Spalte den Eintrag *Datenschutz & Sicherheit*.
2. Tippen Sie in der rechten Spalte auf *Ortungsdienste* und blättern Sie ganz nach unten. Dort tippen Sie auf *Systemdienste*.
3. Nun schalten Sie die Funktionen gezielt ein, denen Sie den Zugriff auf die Ortungsdienste erlauben. Beachten Sie, dass je nachdem, welche Funktion Sie abgeschaltet haben, die entsprechenden Dienste nicht mehr vollständig funktionieren können.

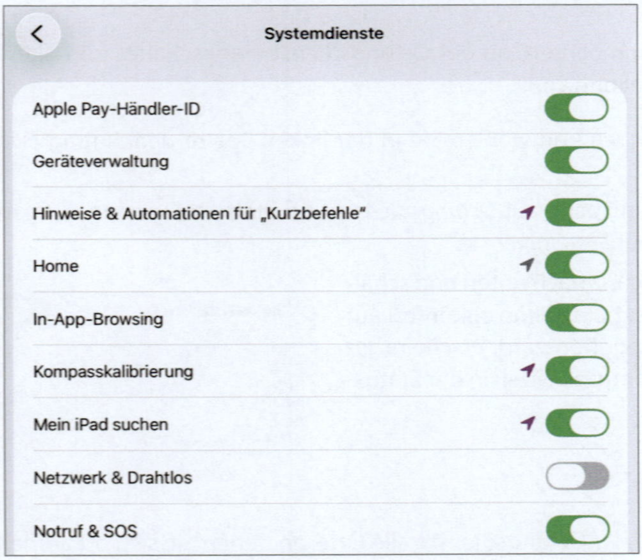

Für bestimmte Apps den Zugriff auf den Standort erlauben

Wollen Sie die Ortungsdienste nicht ganz abschalten, sondern stattdessen im Einzelnen bestimmen, welche Apps sie und auf welche Weise nutzen dürfen, dann ist auch das möglich:

1. Öffnen Sie die *Einstellungen* und wählen Sie in der linken Spalte den Eintrag *Datenschutz & Sicherheit*.
2. Tippen Sie in der rechten Spalte auf *Ortungsdienste* und dann auf die entsprechende App unten. Um der App den Zugriff auf den Standort ganz zu untersagen, tippen Sie auf *Nie*.

3. Falls die App deswegen Probleme bereitet und nicht mehr vollständig funktioniert, können Sie mit einem Fingertipp auf *Beim Verwenden der App* den Zugriff erneut erlauben.
4. Zudem ist es möglich, dem Ortungsdienst den Zugriff *Immer* zu erlauben oder dass jeweils nachgefragt wird, ob dieser denn erteilt werden soll.

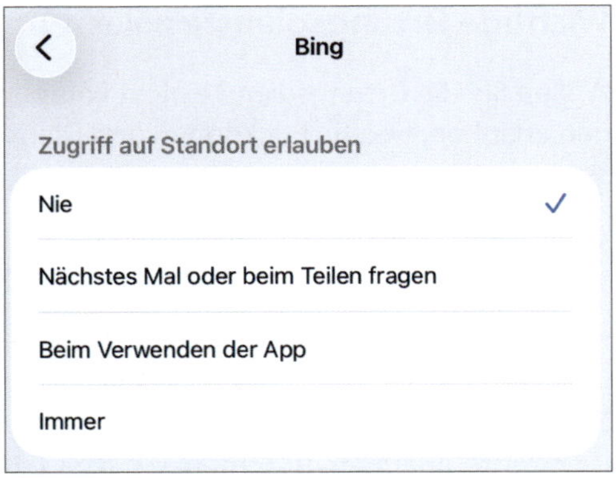

Aktivität des Ortungsdienstes anzeigen

Falls Sie immer im Bild sein möchten, ob der Ortungsdienst eingeschaltet und aktiv ist, nehmen Sie folgende Einstellung vor:

1. Öffnen Sie die *Einstellungen* und wählen Sie in der linken Spalte den Eintrag *Datenschutz & Sicherheit*.
2. Tippen Sie in der rechten Spalte auf *Ortungsdienste* und blättern Sie dann ganz nach unten. Dort tippen Sie auf *Systemdienste*.
3. Hier blättern Sie erneut ganz nach unten und schalten das *Statusleistenobjekt* ein. Wenn zukünftig auf den Ortungsdienst zugegriffen wird, erscheint jeweils dessen Symbol (Kompassnadel) in der Statusleiste.

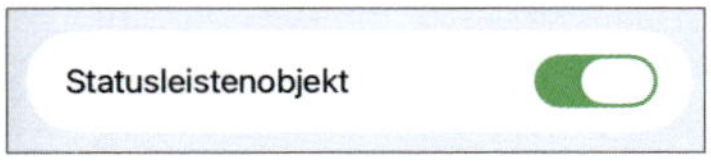

Ihre Orte anzeigen

Das iPad merkt sich anhand der Ortungsdienste alle Orte, an denen Sie sich oft aufhalten und die für Sie wichtig sein könnten. Dementsprechend können verschiedene Apps dann ortsbezogene Informationen anzeigen.

Die Liste wichtiger Orte zeigen Sie auf diese Weise an:

1. Öffnen Sie die *Einstellungen* und wählen Sie dort in der linken Spalte den Eintrag *Datenschutz & Sicherheit*.
2. Tippen Sie in der rechten Spalte auf *Ortungsdienste* und blättern Sie ganz nach unten. Dort tippen Sie auf *Systemdienste*.
3. Hier blättern Sie weiter nach unten und entscheiden sich für *Wichtige Orte & Routen*. Nachdem Sie sich erneut über Touch ID, Face ID oder den Zugangscode identifiziert haben, wird die Liste der Orte sowie ein Kartenausschnitt angezeigt.

Wichtige Orte löschen

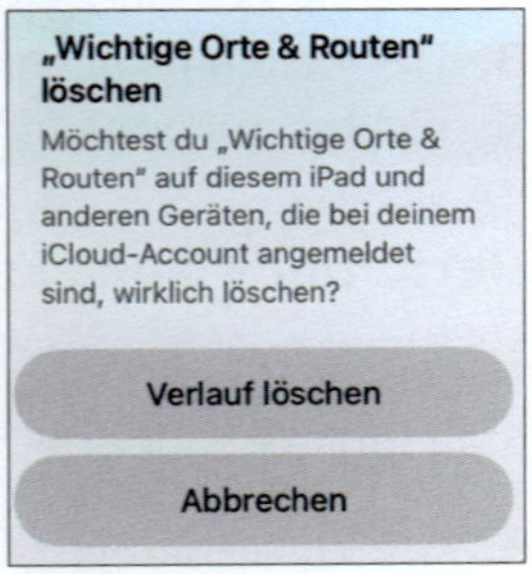

1. Öffnen Sie die *Einstellungen* und wählen Sie in der linken Spalte die Funktion *Datenschutz & Sicherheit*.
2. Tippen Sie in der rechten Spalte auf *Ortungsdienste* und tippen Sie dort ganz unten auf *Systemdienste*.
3. Hier blättern Sie nach unten und tippen auf *Wichtige Orte & Routen*. Nachdem Sie sich erneut per Face ID, Touch ID oder den Zugangscode identifiziert haben, können Sie über einen Fingertipp auf *Verlauf löschen* die Orte entfernen.

Wichtige Orte abschalten

1. Öffnen Sie die *Einstellungen* und wählen Sie in der linken Spalte den Eintrag *Datenschutz & Sicherheit*.
2. Tippen Sie in der rechten Spalte auf *Ortungsdienste*, blättern Sie ganz nach unten und wählen dort *Systemdienste*.
3. Darin blättern Sie nach unten und tippen auf *Wichtige Orte & Routen*. Nachdem Sie sich per Touch ID, Face ID oder Ihren Zugangscode identifiziert haben, können Sie über einen Fingertipp auf den dazugehörigen Schalter diese Funktion komplett abschalten!

Standort nicht mit anderen teilen

Die Standortfreigabe für Apps darf nicht mit der Standortfreigabe von iCloud für andere Personen gleichgesetzt werden. Hier können Familienmitglieder und Freunde, mit denen Sie über die *Nachrichten*-App Kontakt haben, unter Umständen sehen, wo Sie sich ungefähr befinden. Diese Funktion schalten Sie wie folgt ab:

1. Öffnen Sie die *Einstellungen* und wählen Sie in der linken Spalte den Eintrag *Datenschutz & Sicherheit*.

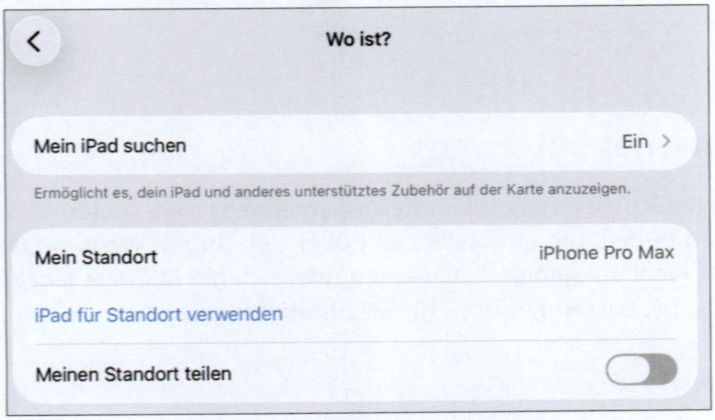

2. Tippen Sie in der rechten Spalte auf *Ortungsdienste* und anschließend auf *Standort teilen*. Schalten Sie dort *Meinen Standort teilen* ab.
3. Des Weiteren können Sie hier bestimmen, dass Ihr Standort vom iPad geteilt wird und nicht vom iPhone, falls Sie eines nutzen. Tippen Sie dazu auf *iPad für Standort verwenden*.

Bei iCloud+ den aktuellen Standort verschleiern

Haben Sie iCloud+ abonniert (siehe dazu Kapitel 4.2), können Sie Ihren gegenwärtigen Standort gegenüber allzu neugierigen Websites verschleiern:

1. Öffnen Sie die *Einstellungen*, tippen Sie auf Ihren Apple Account und dann auf *iCloud*.
2. Sind Sie Abonnent von iCloud+, finden Sie dort den Eintrag *Privat-Relay*. Tippen Sie darauf.
3. Schalten Sie *Privat-Relay* ein und aktivieren Sie über *IP-Adressen-Standort* die Option *Land und Zeitzone verwenden*. Damit kann nur der allgemeine Standort, aber nicht der genauere abgefragt werden.

9.4 Sicher im Internet unterwegs

Da Sie mit Ihrem iPad sicherlich viel und oft im Internet unterwegs sind, sollten Sie entsprechende Vorkehrungen treffen, um einerseits nicht über Gebühr mit Werbung überschüttet und andererseits nicht ausspioniert zu werden oder sich gar Malware einzufangen. In diesem Kapitel sind die passenden Tipps für Sie zusammengestellt.

Pop-up-Fenster unterdrücken

Safari von iPadOS 26 sowie iOS 26 bietet eigene Funktionen, die Werbung beim Surfen im Internet etwas einzudämmen, wie z. B. die nervigen Pop-up-Fenster. Allerdings bleiben Sie damit auch nicht ganz von Werbung verschont, und einige Webseiten, die über Werbung finanziert werden, lassen sich damit nicht oder nur noch eingeschränkt bedienen. In diesem Fall können Sie die Funktion wieder abschalten.

1. Öffnen Sie die *Einstellungen* und wählen Sie in der linken Spalte zuerst den Eintrag *Apps* und dann rechts *Safari*.
2. Blättern Sie in der rechten Spalte nach unten und schalten Sie in der Kategorie *Allgemein* die Einstellung *Pop-Ups blockieren* ein.

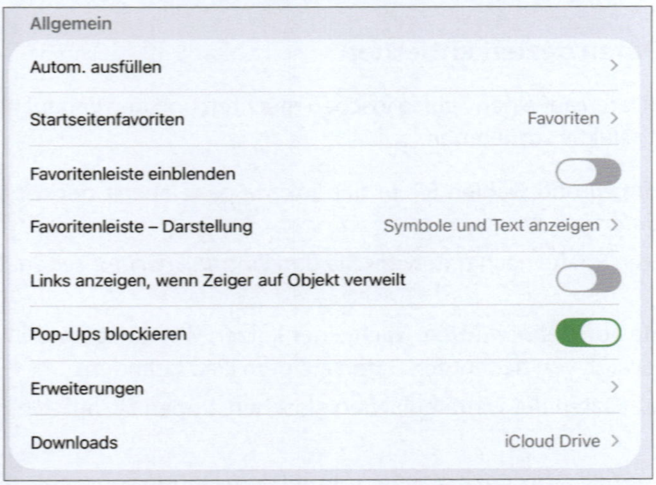

Den Reader von Safari nutzen

Um die Werbung auf einer Website auszublenden, können Sie auch den Reader von Safari nutzen (siehe Kapitel 4.1). In diesem Fall werden nur der Text und die dazugehörigen Abbildungen angezeigt, aber die Werbeanzeigen ausgeblendet. Allerdings kann nicht jede Webseite im Reader angezeigt werden. Falls dies möglich ist, erscheint links in der Adresszeile von Safari ein Seitensymbol, über das Sie das Menü für den Reader öffnen können. Dort tippen Sie auf *Reader einblenden*.

Verlauf und Website-Daten löschen

Beim Surfen im Internet hinterlassen Sie Spuren – auch auf Ihrem iPad. Diese Spuren können nicht nur verräterisch sein, weil sie zeigen, welche Websites Sie wie oft besuchen, sie benötigen auch einiges von dem oftmals knapp bemessenen Speicherplatz auf dem iPad. Und nicht zuletzt können Firmen anhand der Website-Daten nachvollziehen, was Sie interessiert, wo und was Sie einkaufen etc. Anhand dieser Information können sie Ihnen gezielt Werbung und Angebote unterbreiten. Daher ist es sinnvoll, den Verlauf und die Website-Daten öfter mal zu löschen.

1. Öffnen Sie dazu die *Einstellungen* und wählen Sie in der linken Spalte zuerst den Eintrag *Apps* und dann rechts *Safari*.
2. Blättern Sie in der rechten Spalte nach unten, bis Sie den blauen Eintrag *Verlauf und Websitedaten löschen* in der gleichnamigen Kategorie sehen.
3. Tippen Sie darauf, wird allerdings nicht nur der Verlauf auf Ihrem iPad gelöscht, sondern über iCloud auch der Verlauf auf allen anderen Geräten, auf denen Sie mit Ihrem Apple Account angemeldet sind. Bitte denken Sie daran.

Bestimmte Website-Daten gezielt entfernen

Falls Sie nicht alle Website-Daten auf einen Schlag löschen möchten und den Verlauf noch dazu, können Sie das auch selektiv vornehmen:

1. Öffnen Sie die *Einstellungen* und wählen Sie in der linken Spalte zuerst den Eintrag *Apps* und dann rechts *Safari*.
2. Blättern Sie in der rechten Spalte nach unten, bis Sie den Eintrag *Erweitert* sehen. Tippen Sie darauf.
3. Anschließend tippen Sie auf *Website-Daten*. Nach einer kurzen Wartezeit werden die Website-Adressen angezeigt, von denen sich Daten auf dem iPad befinden.
4. Möchten Sie die Website-Daten der weiteren Seiten einsehen, tippen Sie auf *Alle Sites einblenden*.
5. Um die Website-Daten gezielt zu löschen, wischen Sie auf dem Eintrag von rechts nach links und tippen dann auf *Löschen*. Zudem wird dabei angezeigt, wie viel Speicherplatz die Website-Daten der jeweiligen Website belegen.
6. Über den Befehl *Alle Website-Daten entfernen* löschen Sie diese auf einen Streich.

Einzelne Webseiten aus dem Verlauf löschen

Falls Sie eine besuchte Webseite aus dem Verlauf entfernen wollen, gehen Sie anders vor:

1. Starten Sie Safari und blenden Sie die Seitenleiste ein. Tippen Sie dort auf den Eintrag *Verlauf* des jeweiligen Profils wie etwa *Persönlich*.
2. Tippen Sie nun unten auf *Verlauf „Persönlich"* und dann auf *Mehr* (drei kleine Punkte).
3. Wählen Sie im Menü den Eintrag *Löschen*, können Sie anschließend entscheiden, ob Sie den Verlauf der letzten Stunde, von heute oder von gestern entfernen wollen. Tippen Sie auf den entsprechenden Eintrag.

4. Sie können auch nur eine Webseite entfernen, indem Sie auf deren Eintrag von links nach rechts wischen und dann auf das Symbol zum *Löschen* tippen. Beachten Sie, dass auch in diesen Fällen die Webseite aus dem Verlauf aller Ihrer Geräte gelöscht wird.

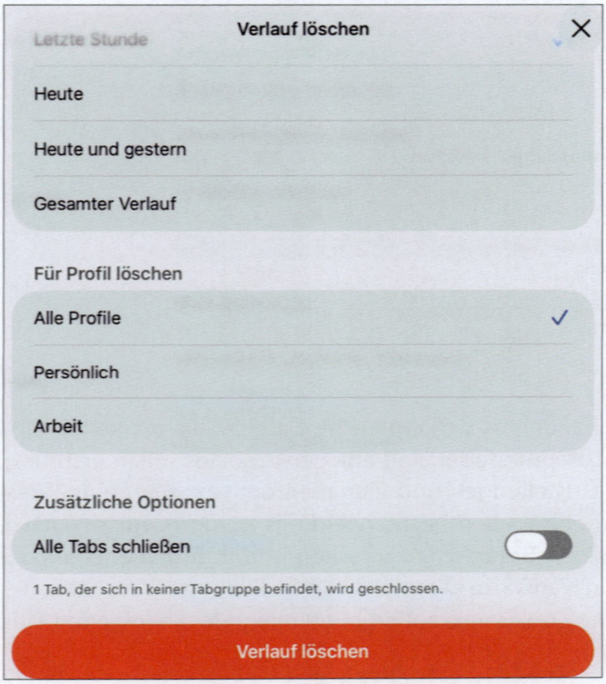

Phishing-Schutz einschalten

Beim Surfen im Internet ist im Grunde immer Vorsicht angesagt, vor allem sollte man immer den gesunden Menschenverstand walten lassen und niemandem sensible Daten anvertrauen, von dem man nicht wirklich weiß, wer er ist. Achten Sie also darauf, wo Sie Ihre Benutzer- und Kontodaten eintippen. Hier gilt es vor allem, die Internetadresse in der Adresszeile zu beachten. Stammt diese wirklich vom besagten Unternehmen?

Übrigens wird Sie kein Unternehmen und keine Bank per E-Mail dazu auffordern, sensible Daten online herauszugeben oder zu ändern. Falls Sie unsicher sind, fragen Sie dort einfach unter der Ihnen bekannten Telefonnummer oder persönlich in der Filiale vor Ort nach. Das »Abgreifen« entsprechender Daten wird Phishing genannt. Neben dem gesunden Menschenverstand können Sie zudem den entsprechenden Phishing-Schutz von Safari unter iPadOS aktivieren. Dieser basiert auf der von Google als betrügerisch klassifizierten Sammlung von Webseiten. So schalten Sie ihn ein:

1. Öffnen Sie die *Einstellungen* und wählen Sie in der linken Spalte zuerst den Eintrag *Apps* und dann rechts *Safari*.

2. Blättern Sie in der rechten Spalte nach unten zur Kategorie *Datenschutz & Sicherheit*. Aktivieren Sie dort die *Betrugswarnung*.

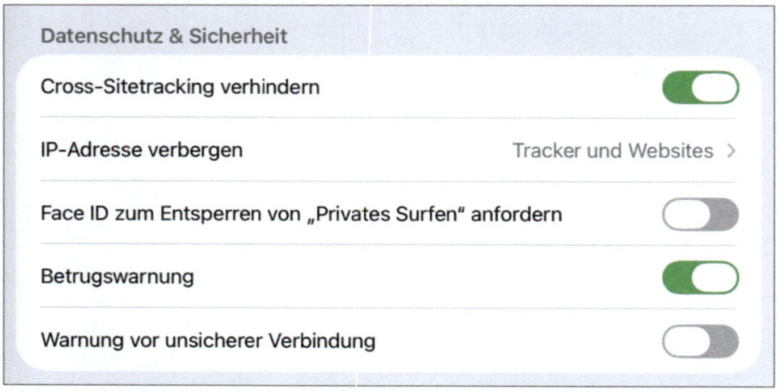

Alle Cookies blockieren

Bei den sogenannten Cookies handelt es sich um kleine Dateien, die die von Ihnen besuchten Webseiten auf Ihrem Computer oder iPad ablegen. Cookies sollen ursprünglich dazu dienen, vorgenommene Einstellungen und Eingaben bei einem erneuten Besuch der Website nicht noch mal vornehmen zu müssen. Allerdings werden Cookies auch dazu genutzt, mehr über den jeweiligen Besucher zu erfahren und ihm dementsprechende Werbung anzuzeigen. Safari von iPadOS 26 akzeptiert alle Cookies von Webseiten, die Sie selbst aufrufen. Wollen Sie keine Cookies akzeptieren, nehmen Sie die folgende Einstellung vor:

1. Öffnen Sie die *Einstellungen* und wählen Sie in der linken Spalte erst den Eintrag *Apps* und dann rechts *Safari*.
2. Blättern Sie in der rechten Spalte nach unten zum Eintrag *Erweitert*. Tippen Sie darauf und schalten Sie dort *Alle Cookies blockieren* ein. Bestätigen Sie mit *Alle blockieren*.
3. Tippen Sie auch auf *Über Safari & Datenschutz*, um mehr darüber zu erfahren, welche Folgen diese Einstellung haben kann. So ist es etwa möglich, dass Sie bei blockierten Cookies bestimmte Webseiten nicht mehr problemlos aufrufen können.

Den Privatmodus nutzen

Um generell zu unterbinden, dass andere Ihr Surfverhalten nachvollziehen, können Sie auch den Privatmodus von Safari nutzen (siehe Kapitel 4.1). Damit hinterlassen Sie weniger Spuren – auch für Webseiten-Betreiber.

Website- und Cross-Sitetracking verhindern

Auch gegen das Website- und Cross-Sitetracking der Webseiten-Betreiber und Werbefirmen können Sie sich wehren, indem Sie die entsprechende Einstellung in Safari vornehmen. Beim Cross-Sitetracking von Apple, auch »webseitenübergreifendes Tracking« genannt, wird Ihr Surfverhalten über unterschiedliche Websites hinweg protokolliert und dann für Werbezwecke ausgewertet. In Safari schalten Sie dies wie folgt ab:

1. Öffnen Sie die *Einstellungen*, wählen Sie links zuerst den Eintrag *Apps* und dann rechts *Safari*.
2. Blättern Sie in der rechten Spalte nach unten zur Kategorie *Datenschutz & Sicherheit*. Aktivieren Sie dort *Cross-Sitetracking verhindern*. Bitte bedenken Sie, dass sich nicht immer alle Website-Betreiber daran halten und diese Einstellung tatsächlich berücksichtigen.

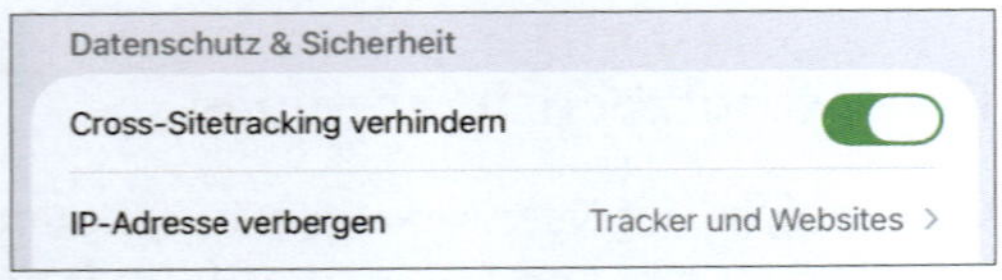

IP-Adresse verbergen

Eine IP-Adresse (**I**nternet-**P**rotocol-Adresse) kann unter Umständen dazu beitragen, denjenigen, der sie momentan nutzt, zu lokalisieren oder gar zu identifizieren – auch wenn die IP-Adresse in unterschiedlichen Zeiträumen immer mal wieder eine andere ist. Zudem kann sie dem Tracking, der Verfolgung Ihrer Aktivitäten im Internet, dienen. Unter iPadOS 26 können Sie Ihre IP-Adresse verbergen – und zwar über iCloud. Dazu müssen Sie allerdings zahlender Abonnent von iCloud+ sein (beachten Sie dazu Kapitel 4.2).

Ist das der Fall, schalten Sie die Funktion wie folgt ein:

1. Öffnen Sie die *Einstellungen* und wählen Sie links Ihren Apple Account. Tippen Sie dann rechts auf *iCloud*.
2. Tippen Sie dort auf *Privat-Relay* und schalten Sie die Option ein. Studieren Sie ggf. die Hinweise. Beachten Sie, dass diese Funktion nicht von allen Internet- und Mobilfunk-Providern unterstützt wird.
3. Über den Eintrag *IP-Adressen-Standort* können Sie diesen verschleiern. Allerdings könnte es dann sein, dass standortbezogene Informationen nicht mehr so exakt passen.

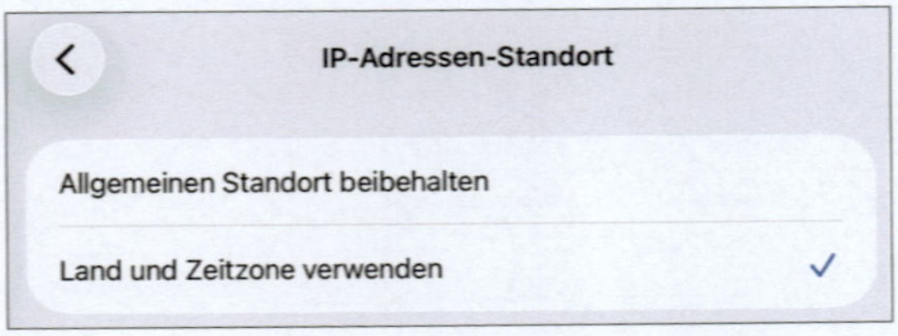

App-Tracking unterbinden

Auch Apps können Ihre Internetaktivitäten »tracken«, nicht nur Webseiten. Um dies zu unterbinden, öffnen Sie die Einstellungen zu *Datenschutz & Sicherheit* und schalten rechts unter *Tracking* die entsprechende Funktion der jeweiligen App ab.

Alternativ können Sie auch allgemein untersagen, dass Apps tracken. Dazu schalten Sie die Funktion *Apps erlauben, Tracking anzufordern* komplett ab. Auch hier müssen Sie mitunter mit gewissen Funktionseinschränkungen rechnen.

Datenschutzbericht anzeigen

Welche Apps auf Netzwerkaktivitäten, Daten und die Sensoren Ihres iPad zugreifen, finden Sie über den App-Datenschutzbericht heraus:

1. Öffnen Sie die *Einstellungen* und wählen Sie links den Eintrag *Datenschutz & Sicherheit* aus.
2. Blättern Sie dort ganz nach unten zum Eintrag *App-Datenschutzbericht*.
3. Hier finden Sie heraus, welche App auf welche Daten und Sensoren zugegriffen hat. Zudem erfahren Sie mehr über die Netzwerkaktivität und welche Internetdomains am meisten kontaktiert wurden.

E-Mail-Adresse verbergen

Sehr oft ist es erforderlich, auf Webseiten die eigene E-Mail-Adresse anzugeben. Bei iPadOS können Sie allerdings Ihre richtige E-Mail-Adresse schützen und stattdessen eine nur zu diesem Zweck verwendete angeben. Hierzu ist es jedoch erforderlich, dass Sie zahlender Abonnent von iCloud+ sind (beachten Sie dazu Kapitel 4.2).

Ist das der Fall, gehen Sie wie folgt vor:

1. Öffnen Sie die *Einstellungen* und wählen Sie links Ihren Apple Account aus. Tippen Sie dann rechts auf *iCloud*.
2. Dort tippen Sie auf *E-Mail-Adresse verbergen* und erstellen über den Plus-Schalter *Neue Adresse erstellen* eine neue E-Mail-Adresse, mit der Sie sich auf einer Webseite anmelden können.

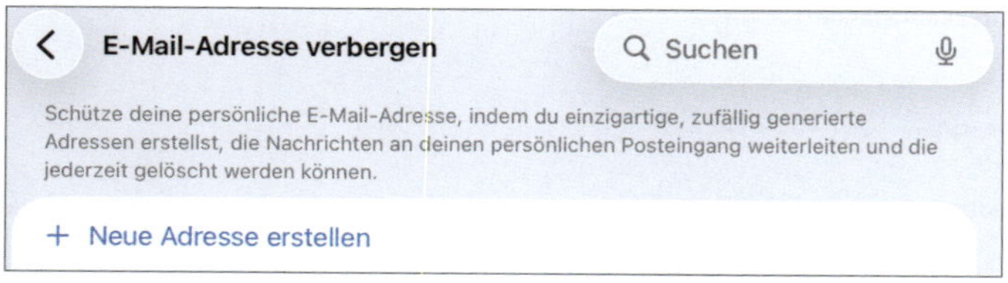

3. Wischen Sie ganz nach unten und tippen Sie auf *Weiterleiten an*. Geben Sie nun Ihre E-Mail-Adresse von iCloud an, an die die E-Mails für die alternative E-Mail-Adresse weitergeleitet werden sollen.
4. Auf einigen Webseiten erhalten Sie direkt die Möglichkeit, die Funktion *Mit Apple anmelden* zu verwenden. Hier wird die alternative E-Mail-Adresse dann automatisch generiert. Sie findet diese anschließend über die oben erwähnte Einstellung *E-Mail-Adresse verbergen* sowie den Namen der Webseite.

Automatische Anmeldung an einem WLAN verhindern

Ihr iPad tritt unter Umständen »bekannten« WLAN-Netzwerken automatisch bei. Um dies zu unterbinden, gehen Sie auf die folgende Weise vor:

1. Öffnen Sie die *Einstellungen* und wählen Sie den Eintrag *WLAN*.
2. Dort wählen Sie oben in der Kategorie *WLAN* das entsprechende WLAN-Netzwerk aus.
3. Tippen Sie auf das *i*-Symbol rechts. Schalten Sie dort die Option *Autom. verbinden* ab.

Keine automatische Anmeldung an einem WLAN-Hotspot

An öffentlichen WLAN-Hotspots oder Netzwerken sollten Sie die automatische Anmeldung am besten abschalten, da diese hinsichtlich des Datenschutzes nicht immer sicher sind. Dort lassen sich von findigen Gaunern Ihre sensiblen Daten besonders einfach auslesen. Vor allem sollten Sie an öffentlichen WLAN-Hotspots keine Kreditkarten- und Bankdaten eingeben oder darüber online einkaufen. Vertrauliche E-Mails sollten Sie dort ebenfalls nicht versenden. Nutzen Sie dafür unterwegs am besten nur das Mobilfunknetz.

Die automatische Anmeldung an WLAN-Hotspots und öffentlichen Netzwerken schalten Sie auf die folgende Weise ab:

1. Öffnen Sie die *Einstellungen* und wählen Sie den Eintrag *WLAN*.
2. Dort wählen Sie rechts zunächst den Eintrag *Auf Netzwerke hinweisen* aus. Hier aktivieren Sie die Einträge *Benachrichtigen*, *Fragen* oder gleich *Aus*. In diesen Fällen werden Sie gefragt, ob Sie sich an dem WLAN-Netzwerk anmelden möchten, oder Sie müssen sich gleich manuell anmelden.
3. Als Nächstes tippen Sie auf *Autom. mit Hotspot verbinden*. Hier wählen Sie die Optionen *Aus*, um sich niemals automatisch anzumelden, oder *Fragen*, um benachrichtigt zu werden, dass ein öffentlicher WLAN-Hotspot zur Verfügung steht – allerdings ohne eine automatische Anmeldung.

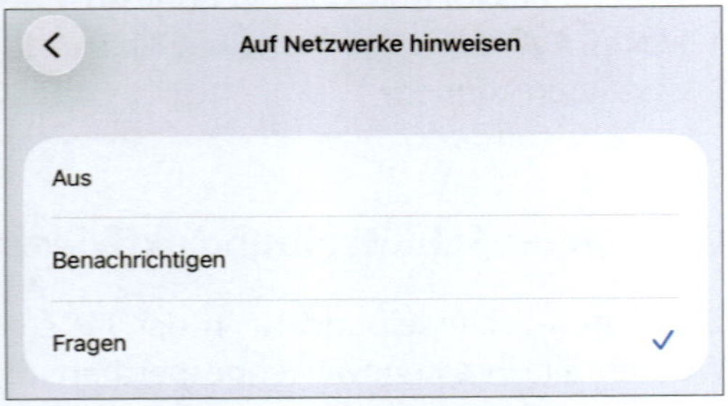

Private WLAN-Adresse verbergen

Um zu verhindern, dass Ihre Anmeldung an unterschiedlichen WLAN-Netzwerken anhand Ihrer WLAN-Adresse nachverfolgt werden kann, nehmen Sie die folgende Einstellung vor:

1. Öffnen Sie die *Einstellungen* und wählen Sie den Eintrag *WLAN*.
2. Dort wählen Sie in der Kategorie *WLAN* den oder die entsprechenden WLAN-Namen aus.
3. Tippen Sie auf das *i*-Symbol rechts. Gehen Sie dort auf *Private WLAN-Adresse*. Hier wählen Sie den Eintrag *Statisch*. In diesem Fall schränken Sie die Tracking-Möglichkeiten ein.

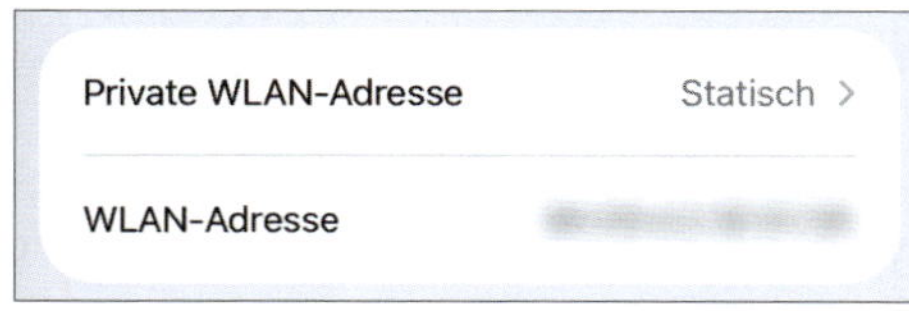

9.5 iCloud-Schlüsselbund und Passwörter

Sichere Kennwörter oder Passwörter sind für den Schutz Ihrer Daten sowie Ihrer Identität unerlässlich. Daher sollten Sie Kennwörter nutzen, wo immer dies möglich ist, und gleichzeitig dürfen diese nicht leicht zu erraten sein. Beim Erinnern an die Kennwörter helfen Ihnen der iCloud-Schlüsselbund und die *Passwörter*-App weiter. So werden in der Regel Ihre Kennwörter bei der erstmaligen Eingabe automatisch in den Schlüsselbund übernommen und können bei Bedarf später wieder abgerufen werden. Die Verwaltung Ihres iCloud-Schlüsselbunds übernimmt die *Passwörter*-App. Mit dieser App können Sie Ihren iCloud-Schlüsselbund einsehen, organisieren und bearbeiten.

Wie finde ich ein sicheres Kennwort?

Um ein einigermaßen sicheres Kennwort zu verwenden, können Sie auf den Passwortgenerator von iPadOS 26 zurückgreifen. Die aus Buchstaben, Zahlen und Sonderzeichen vorgeschlagenen Kennwörter sind sehr sicher, aber leider auch schwer zu merken. Daher ist es für Sie unter Umständen besser, ein Kennwort zu verwenden, das für Sie besser zu merken ist – und zwar anhand einer Eselsbrücke. So können Sie einen Satz bilden und von diesem Satz jeweils den Anfangsbuchstaben und die Anfangsziffer für das Kennwort verwenden oder den zweiten oder dritten Buchstaben und so weiter. Auf diese Weise erhalten Sie ein sicheres Kennwort, das Sie sich dennoch gut einprägen können.

Den iCloud-Schlüsselbund aktivieren

Der iCloud-Schlüsselbund ist in der Tat eine sehr praktische Sache, darin werden auf Wunsch alle Ihre Kennwörter gespeichert, die Sie benötigen. Auf diese Weise sind sie auf allen Ihren Geräten verfügbar, auf denen Sie mit Ihrem Apple Account angemeldet sind, ob dies ein iPad ist, ein iPhone oder ein Mac. Sie benötigen in diesem Fall nur noch ein Kennwort, und zwar das Ihres Apple Accounts, um darauf zuzugreifen. Natürlich können Sie sich in der Regel auch per Touch ID oder Face ID authentifizieren, wenn Sie auf den iCloud-Schlüsselbund zugreifen. Selbstverständlich wird der iCloud-Schlüsselbund sicher verschlüsselt und kann auch von Apple nicht ausgelesen werden. Damit Sie in den Genuss der Funktion kommen, müssen Sie ihn aktivieren – und zwar auf allen Ihren Geräten. Am iPad gehen Sie dazu wie folgt vor:

1. Öffnen Sie die *Einstellungen* und tippen Sie in der linken Spalte auf Ihren Apple Account.
2. Tippen Sie in der rechten Spalte auf *iCloud* und in der Kategorie *In iCloud gesichert* auf *Passwörter*. Falls dieser Eintrag nicht auf Anhieb zu sehen sein sollte, tippen Sie zuvor auf *Alle anzeigen*.
3. Schalten Sie die Option *iPad synchronisieren* mit einem Fingertipp ein.

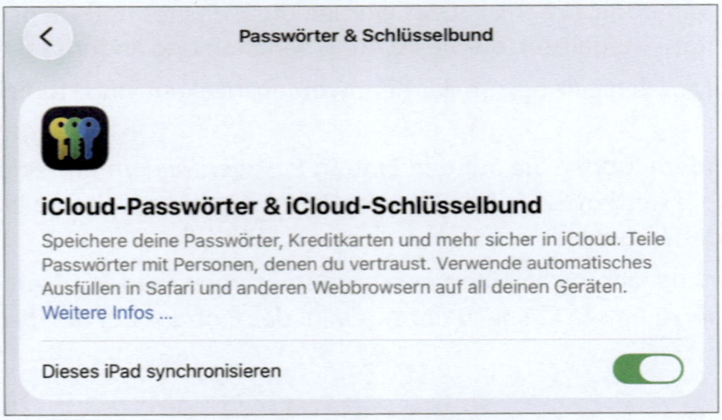

Kennwortabfrage zum Einkauf im iTunes Store einschalten

Zum bequemen und schnellen Einkaufen im iTunes Store und App Store können Sie die Kennwortabfrage abschalten. Aus Sicherheitsgründen ist dies jedoch nicht ratsam. Werden Sie also beim Einkauf gefragt, ob die Kennworteingabe immer notwendig sein soll, wählen Sie am besten *Immer erforderlich*.

Den iCloud-Schlüsselbund mit der Passwörter-App verwalten

Die im *iCloud-Schlüsselbund* gespeicherten Kennwörter und die dazugehörigen Dienste oder Webseiten können mit der *Passwörter*-App eingesehen und bearbeitet werden. Die *Passwörter*-App finden Sie im Ordner *Programme*. Nach dem Start müssen Sie sich zunächst authentifizieren. Anschließend finden Sie in der linken Spalte die einzelnen Kategorien, in der Mitte die jeweiligen Einträge und rechts die Details. Einzelne Passwörter finden Sie über das Suchfeld in der Mitte. Dort geben Sie dann in der Regel den Namen der entsprechenden Webseite oder des dazugehörigen Dienstes ein.

Doppelte und unsichere Kennwörter finden und ändern

Ihre Kennwörter werden vom *iCloud-Schlüsselbund* und der *Passwörter*-App dahin gehend untersucht, ob diese eventuell »kompromittiert« sind, also durch entdeckte Datenlecks gefährdet oder doppelt vorhanden sind. Auch wenn ein Kennwort leicht zu erraten ist, wird das angezeigt.

Um Ihre »kompromittierten« Kennwörter anzuzeigen und am besten direkt zu ändern, gehen Sie so vor:

1. Starten Sie die *Passwörter*-App und melden Sie sich per Face ID, Touch ID oder mit Ihrem Zugangscode an.
2. Die im *iCloud-Schlüsselbund* gesicherten Dienste bzw. Webseiten mit Ihren Benutzernamen und Passwörtern werden aufgelistet.
3. Tippen Sie links auf die Kategorie *Sicherheit*. Dort werden die Websites und Dienste – geordnet nach der Priorität – aufgelistet, die Sie im Auge behalten und ändern sollten.
4. Tippen Sie in diesem Fall auf den Eintrag, um das Kennwort anzuzeigen, und studieren Sie die Hinweise.
5. Um das Kennwort zu ändern, tippen Sie auf den Eintrag *Passwort ändern* und folgen den Anweisungen. Hierbei werden Sie auf die entsprechende Website weitergeleitet, wo Sie das Passwort ändern müssen.
6. Falls das neue Kennwort danach nicht automatisch übernommen wird, müssen Sie es manuell eingeben. Hierzu tippen Sie nach der Auswahl des Eintrags auf *Bearbeiten* und ändern das Kennwort.

Zwei-Faktor-Authentifizierung für Ihren Apple Account aktivieren

Wenn ein Fremder im Besitz Ihres Apple Accounts ist, kann er damit viel Unheil anrichten. Er bekommt damit nicht nur Zugriff auf Ihre Macs, iPadOS- und iOS-Geräte sowie auf Ihre sensiblen Daten, er kann auch – auf Ihre Kosten – einen großen finanziellen Schaden anrichten. Daher bedarf Ihr Apple Account eines besonderen Schutzes. Aus diesem Grund hat Apple die sogenannte Zwei-Faktor-Authentifizierung eingeführt. Ist diese aktiv, müssen Sie sich immer dann, wenn Sie sich mit Ihrem Apple Account auf einem anderen oder neuen Gerät anmelden, dazu autorisieren.

Hierzu geben Sie zusätzlich einen Sicherheitscode ein, der auf einem Ihrer anderen Macs oder iOS-Geräte angezeigt wird. Falls die Zwei-Faktor-Authentifizierung noch nicht aktiviert sein sollte, öffnen Sie die Webseite https://appleid.apple.com/de-de. Dort geben Sie Ihren Benutzernamen sowie das Kennwort Ihres Apple Accounts ein und wählen die Einträge *Ihren Apple Account verwalten* sowie *Account-Sicherheit*. Unter *Zweistufige Bestätigung* klicken Sie auf *Erste Schritte* und folgen den Anweisungen.

Anmelden mit Apple

In die aktuelleren Versionen von iPadOS, iOS sowie macOS wurde von Apple eine Funktion integriert, die es Ihnen ermöglichen soll, sich ohne Preisgabe privater Informationen wie Ihrer E-Mail-Adresse per Face ID oder Touch ID auf Webseiten oder in Apps anmelden zu können. Alles, was Sie benötigen, sind ein Apple Account sowie Geräte mit den genannten Betriebssystemen. Zudem muss die entsprechende App oder Webseite das *Anmelden mit Apple* erlauben. Ist das der Fall, wird im Hintergrund eine extra für diese Anmeldung generierte E-Mail-Adresse angelegt, mit der Sie sich dort anmelden. Diese Adresse kann bei Bedarf auch wieder gelöscht werden. Falls Sie also einen entsprechenden Eintrag auf der Website oder in einer App finden, können Sie diese Funktion nutzen. Folgen Sie in diesem Fall den Anweisungen.

9.6 Datensicherung

Der Verlust persönlicher oder geschäftlicher Daten ist nicht nur ärgerlich und schmerzhaft, er kann auch sehr teuer werden. Damit es erst gar nicht so weit kommt, sollten Sie für deren regelmäßige Sicherung sorgen. Das gilt für den Computer ebenso wie für das iPad und das iPhone. Beim iPad haben Sie zwei Möglichkeiten, Ihre Daten zu sichern. Beide haben ihre Vor- und Nachteile. Sie können ein lokales Backup auf dem Computer anlegen – mithilfe des Finder oder bei Windows mit der Geräte-App. Alternativ erstellen Sie ein Backup über iCloud. In diesem Abschnitt finden Sie Tipps zu beiden Vorgehensweisen.

iCloud-Backup erstellen

Nicht jeder, der ein iPad besitzt, nutzt parallel auch einen Computer – ob dies ein Mac oder ein Windows-PC ist. Neuere iPad-, iPad-Air- und vor allem iPad-Pro-Modelle lassen sich durchaus als Alternative zu einem herkömmlichen Laptop nutzen. Auch aus diesem Grund hat Apple die Möglichkeit vorgesehen, ein Backup ausschließlich online zu erstellen, und zwar über iCloud. Das hat den Vorteil, dass Ihr Backup immer verfügbar ist und auch dann wiederhergestellt werden kann, wenn Sie einmal nicht zu Hause sind. Erforderlich ist allerdings ein ausreichend schneller Internetzugang über WLAN sowie genügend Speicherplatz bei iCloud.

Um ein Backup über iCloud anzulegen, gehen Sie so vor:

1. Öffnen Sie die *Einstellungen* und tippen Sie auf Ihren Apple Account. Danach wählen Sie *iCloud*.
2. Tippen Sie in der fünften Zeile auf *iCloud-Backup*.
3. Nun schalten Sie *iCloud-Backup* mit einem Fingertipp ein. Um sofort ein Backup zu erstellen, tippen Sie auf *Backup jetzt erstellen*. Sie müssen dazu einen sicheren WLAN-Zugang zur Verfügung haben.
4. Je nachdem, wie viele Daten gesichert werden müssen, kann das Backup geraume Zeit in Anspruch nehmen.

iCloud-Speicher erweitern

Damit das Backup über iCloud funktioniert, müssen Sie unter Umständen mehr iCloud-Speicher hinzukaufen. Gratis stehen Ihnen nur 5 GB zur Verfügung. Das reicht in der Regel für ein iPad bei Weitem nicht. Wie Sie mehr Speicherplatz bei iCloud abonnieren und was das kostet, erfahren Sie in Kapitel 4.2.

Lokales Backup über den Finder oder die Geräte-App

1. Schließen Sie Ihr iPad mit dem beiliegenden USB-C-auf-USB-/USB-C-Kabel oder Lightning-auf-USB-Kabel an den Mac oder Windows-PC an und warten Sie, bis dessen Name in der linken Seitenleiste unter *Orte* erscheint. Auch am Windows-PC startet die Geräte-App in der Regel automatisch.
2. Klicken Sie im Hauptfenster auf *Allgemein* und dort auf *Erstelle ein Backup aller Daten deines iPad auf diesem Mac*.
3. Wählen Sie *Backup jetzt erstellen*. Warten Sie, bis das Backup abgeschlossen ist. Danach können Sie das iPad wieder auswerfen.

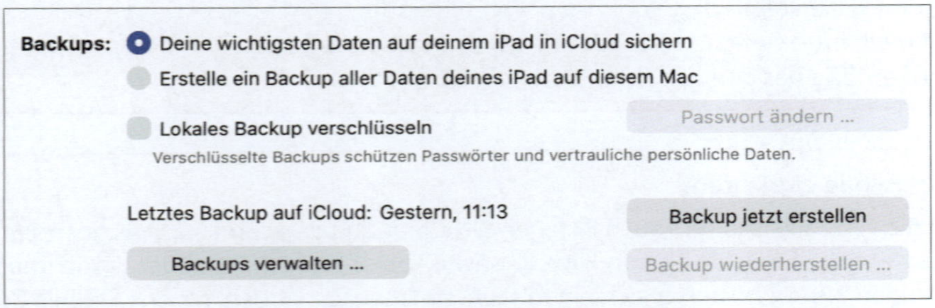

Lokales Backup verschlüsseln

Legen Sie ein verschlüsseltes lokales Backup an, dann werden die auf dem iPad befindlichen Kennwörter berücksichtigt und Sie müssen diese später nicht erneut eingeben. In diesem Fall benötigen Sie für das Backup allerdings ein gesondertes Kennwort.

1. Schließen Sie Ihr iPad mit dem beiliegenden USB-C-auf-USB-/USB-C-Kabel oder Lightning-auf-USB-Kabel an den Computer an und warten Sie, bis das iPad in der Seitenleiste des Finder (oder unter Windows in der Geräte-App) auftaucht.
2. Klicken Sie links auf das kleine Symbol des iPad und wählen Sie den Eintrag *Übersicht* oder *Allgemein*.
3. Im Hauptfenster legen Sie fest, dass das Backup auf dem Mac oder Windows-PC erfolgt, schalten die Option *Lokales Backup verschlüsseln* ein und geben ein sicheres, aber gut zu merkendes Kennwort an.

Lokales Backup im Finder löschen

Verwenden Sie einen Mac zum Backup Ihres iPad, können Sie dort im Hauptfenster im Register *Allgemein* alte lokale Backups über *Backups verwalten* entfernen! Dazu muss das iPad allerdings an den Mac angeschlossen sein, ansonsten erscheinen diese Einträge nicht im Finder-Fenster.

9.7 Diebstahlsicherung

Nicht nur durch neugierige Zeitgenossen oder dunkle Gestalten im Internet sind Ihre Daten in Gefahr, sondern auch, wenn Ihr iPad abhandenkommt. Oftmals ist der Schaden, der durch die verloren gegangenen Daten entstanden ist, besonders, wenn diese geschäftlicher oder beruflicher Natur sind, größer als der des entwendeten iPad. Daher sollten Sie möglichst alle von Apple vorgesehenen Möglichkeiten der Diebstahlsicherung nutzen.

Face ID oder Touch ID aktivieren

Damit die Hürde möglichst hoch ist, Zugriff auf Ihr iPad zu erhalten, aktivieren Sie auf jeden Fall – sofern dies von Ihrem iPad unterstützt wird – Face ID oder Touch ID, damit man Ihren Gesichtsscan oder Fingerabdruck benötigt, um das iPad entsperren zu können. Wie das geht, erfahren Sie im Abschnitt 9.1.

Zugangscode einrichten

Zusätzlich zu Face ID oder Touch ID legen Sie einen Zugangscode an. Dies geschieht, ebenso wie die Einrichtung von Face ID sowie Touch ID, gleich bei der Einrichtung. Verwenden Sie am besten gleich einen sechsstelligen Zugangscode. Wie Sie den Zugangscode einrichten, finden Sie ebenfalls im Abschnitt 9.1.

»Mein iPad suchen« einschalten

Neben Touch ID, Face ID und dem obligatorischen Zugangscode sollten Sie die eigentliche Diebstahlsicherung von Apple über iCloud einschalten: *Mein iPad suchen*. Haben Sie diese Funktion aktiviert, ist es möglich, über ein anderes Ihrer Apple-Geräte oder die Website www.icloud.com das vermisste oder gestohlene iPad zu lokalisieren und ggf. weitere Maßnahmen zu ergreifen:

1. Öffnen Sie die *Einstellungen* und tippen Sie im linken Bereich auf Ihren Apple Account.
2. Rechts schalten Sie unter *Wo ist?* die Funktion *Mein iPad suchen* ein. Dazu müssen Sie Ihr Kennwort für iCloud eingeben.

3. Des Weiteren muss die Funktion *Mein iPad suchen* auch in den Ortungsdiensten aktiviert sein. Tippen Sie dazu in den *Einstellungen* auf *Daten-*

schutz & Sicherheit und dann rechts auf *Ortungsdienste*. Dort schalten Sie nach einem Fingertipp auf *Systemdienste* ebenfalls die Funktion *Mein iPad suchen* weiter unten ein, sollte diese nicht bereits aktiviert sein.

Vermisstes iPad über den Webbrowser lokalisieren und löschen

Vermissen Sie Ihr iPad und möchten Sie es – für denjenigen, der dies widerrechtlich in seinen Besitz gebracht hat – unbrauchbar machen, dann gehen Sie wie unten beschrieben vor:

1. Starten Sie auf dem Mac oder Windows-PC einen Webbrowser und rufen Sie www.icloud.com auf.
2. Melden Sie sich mit Ihrem Benutzernamen und Kennwort an. Falls Sie dies auf dem besagten Rechner das erste Mal machen, wird Ihnen zur Bestätigung ein sechsstelliger Code zugesandt – den Sie zur Authentifizierung eingeben.
3. Klicken Sie auf das Symbol *Wo ist?*
4. Klicken Sie nun oben auf *Alle Geräte* und wählen Sie dort Ihr iPad aus. Auf einer Karte erscheint ein grüner Punkt, der den gegenwärtigen Aufenthaltsort Ihres iPad darstellt.
5. Klicken Sie auf diesen grünen Punkt und wählen Sie dann eine der folgenden Funktionen:
   - *Ton wiedergeben:* wenn Sie das iPad zu Hause verlegt haben und suchen.
   - *Verlorenes iPad:* Wenn Sie Ihr iPad verloren haben, wird es gesperrt und der hoffentlich ehrliche Finder erhält eine Nachricht, wem es gehört und an wen er sich wenden muss.
   - *Löschen:* Wenn Sie das iPad löschen und damit unbrauchbar machen möchten, wählen Sie diese Option.

Daten automatisch löschen

Sofern Ihr iPad per Face ID, Touch ID und Zugangscode abgesichert ist, können Sie eine Einstellung aktivieren, bei der das iPad nach zehn vergeblichen Anmeldeversuchen automatisch gelöscht wird. Damit soll verhindert werden, dass ein Unbefugter sich über zahllose Anmeldeversuche doch noch an Ihrem iPad anmelden kann.

1. Öffnen Sie die *Einstellungen* und tippen Sie in der linken Spalte auf *Touch ID & Code* oder auf *Face ID & Code.*
2. In der zweiten Spalte aktivieren Sie ganz unten die Einstellung *Daten löschen*. In diesem Fall wird Ihr iPad nach zehn fehlgeschlagenen Anmeldeversuchen automatisch komplett gelöscht.

Die »Wo ist?«-App

Zum Lokalisieren Ihrer Geräte sowie der von Familienangehörigen und Freunden können Sie auch, sofern die betroffenen Personen einverstanden sind, die App *Wo ist?* von iPadOS, iOS oder macOS nutzen. Starten Sie diese, erscheint im Hauptfenster unten links eine Liste Ihrer Geräte und der Personen, die Sie suchen können. Hierzu tippen Sie auf das gewünschte Gerät. Sie können dann einen Ton abspielen, es als verloren markieren oder das Gerät löschen, falls es Ihnen abhandengekommen ist. Den Aufenthaltsort von Personen erfahren Sie nur dann, wenn diese die Funktion bei sich selbst freigeschaltet haben und Sie ebenfalls Ihren Standort teilen und auf den entsprechenden Eintrag tippen. Weitere Objekte können Sie ebenfalls lokalisieren, beispielsweise eine Geldbörse oder Ihren Schlüsselbund, sofern diese mit einem AirTag von Apple oder einem kompatiblen Schlüsselfinder verbunden sind. AirTags erhalten Sie im Apple Store oder bei anderen Händlern.

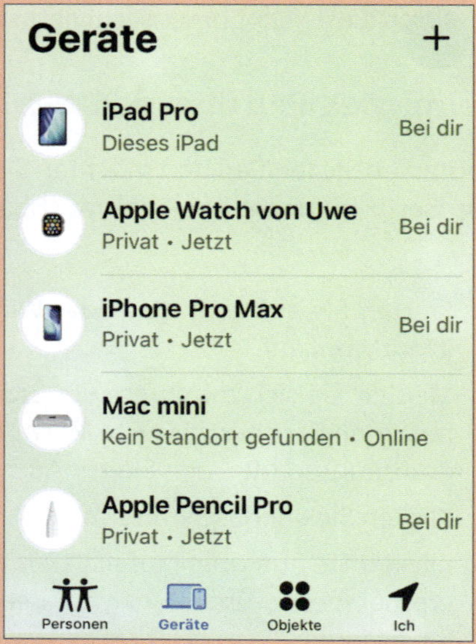

10. Das iPad ergänzen

Das iPad ist ab Werk mit einer Vielzahl praktischer und leistungsfähiger Apps für die wichtigsten Anwendungsbereiche ausgestattet, ansonsten ist Apple aber recht sparsam, was Zugaben anbelangt. Erwerben Sie ein iPad aktueller Bauart, dann finden Sie in der Verpackung nur noch ein USB-C-auf-USB-C-Kabel. Ein Netzteil liegt dem iPad nicht mehr bei, ebenso wenig der Apple Pencil.

In diesem Kapitel haben wir Ihnen zahlreiche Tipps zusammengestellt, wie Sie das iPad nach Ihren Bedürfnissen und Erfordernissen ausstatten können – ob dies Apps sind, Tastaturen, Tastaturhüllen oder andere Erweiterungsmöglichkeiten.

10.1 Apps

Der große Erfolg von iPad und iPhone ist auch auf den App Store und die dort verfügbaren Apps der unterschiedlichsten Anwendungsgebiete zurückzuführen. Mittlerweile gibt es sogar App Stores von Drittanbietern, die Apple aber nur widerwillig zugelassen hat. Zwar bedeutet das theoretisch mehr Vielfalt, kann aber auch Nachteile mit sich bringen. So stellt Apple an Entwickler, die ihre Apps im App Store anbieten möchten, hohe Anforderungen, um damit für ein Mindestmaß an Qualität und ein Mehr an Sicherheit zu sorgen. Im App Store erfolgt die Bezahlung kostenpflichtiger Apps wie im iTunes Store oder in der TV-App über den Apple Account und die dort hinterlegte Bezahlmethode. Einmal erworbene Apps können Sie auf jedem Ihrer Geräte installieren, die damit kompatibel sind – also auf iPad, iPhone und, soweit möglich, auch auf dem Mac.

Apps finden und installieren

Möchten Sie im Angebot stöbern, Apps erwerben und herunterladen, besuchen Sie dazu den App Store auf dem iPad oder iPhone:

1. Starten Sie den App Store. Nach einem Fingertipp auf *Heute* in der Tableiste finden Sie, nach Tagen und Themen geordnet, redaktionell ausgewählte Apps.
2. Für einen Überblick über alle Kategorien an *Apps* und deren *App-Charts* (gratis sowie kostenpflichtig) tippen Sie stattdessen auf *Apps* in der Tableiste. Dasselbe gilt für *Spiele* sowie *Spiele-Charts*.
3. Wollen Sie gezielt nach einer App suchen, tippen Sie auf das Suchfeld rechts in der Tableiste und geben den Suchbegriff ein.
4. Wenn Sie eine App gefunden haben, tippen Sie auf *Laden* bei kostenlosen Apps und auf das Preisschild bei kostenpflichtigen Apps.

5. Nun erscheint in der Regel ein Fenster, bei dem Sie sich – per Touch ID, Face ID oder Eingabe des Kennworts Ihres Benutzerkontos – identifizieren. Die App wird heruntergeladen und installiert und ist dann auf Ihrem Home-Bildschirm sowie in der App-Mediathek im Ordner *Zuletzt hinzugefügt* zu finden.

Alternative App Stores

Wie bereits erwähnt, stehen Ihnen auch alternative App Stores zur Verfügung. Allerdings – das ist die Einschränkung – nur, wenn Sie EU-Bürger sind, sich dort befinden und einen Apple Account in der EU haben. In diesem Fall gehen Sie folgendermaßen vor: Rufen Sie mit Safari die Webseite des alternativen App Stores auf. Starten Sie dessen Installation über einen dortigen Link. Damit die Installation klappt, müssen Sie die *Einstellungen* öffnen und oben auf *Apps von Entwickler [Name] zulassen* tippen sowie ggf. noch einmal auf *Zulassen*. Wenn Sie anschließend erneut auf den Link für den alternativen App Store tippen, wird dieser installiert und Sie können dort Apps beziehen.

Mit Ihren biometrischen Daten einkaufen

Besitzen Sie ein iPad mit Face ID oder Touch ID, brauchen Sie »nur« Ihr Gesicht in die Kamera zu halten oder Ihren Fingerabdruck zu scannen, um eine App herunterzuladen oder zu erwerben. Dazu müssen Sie aber unter Umständen zuvor eine Einstellung vornehmen:

1. Öffnen Sie die *Einstellungen* und wählen Sie in der linken Spalte *Touch ID & Code* oder *Face ID & Code*.
2. Schalten Sie rechts in der Kategorie *Face ID verwenden für* oder *Touch ID verwenden für* die Option *iTunes & App Store* ein.
3. Dazu müssen Sie natürlich zuvor Ihren Fingerabdruck oder Ihr Gesicht registriert haben.

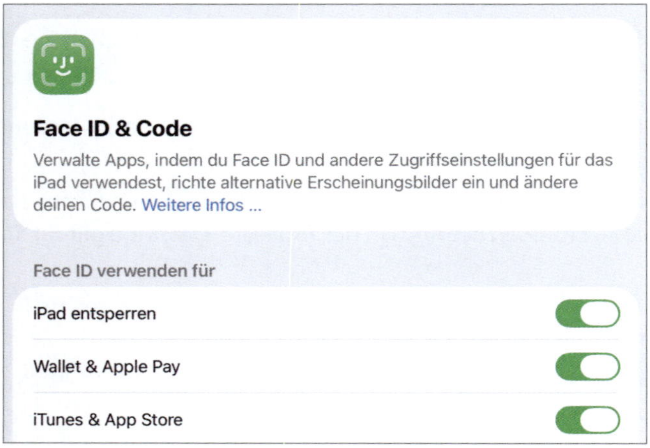

> **Herunterladen von Apps pausieren**
> Falls das Herunterladen einer App zu lange dauert und Sie das unterbrechen wollen, tippen Sie einfach auf das Ladesymbol (Kreis) im App Store oder auf den Home-Bildschirm. Zur Wiederaufnahme des Downloads tippen Sie dann erneut auf das Ladesymbol.

Apps immer automatisch aktualisieren

Nahezu tagtäglich erscheinen Updates der auf Ihrem iPad installierten Apps. Vor allem, wenn eine neue Version von iPadOS erscheint, passen die Entwickler ihre Apps entsprechend an und stellen diese den Kunden zur Verfügung – in der Regel kostenlos. Damit Sie nicht jedes einzelne Update selbst vornehmen müssen, können Sie den App Store anweisen, diese automatisch durchzuführen:

1. Öffnen Sie die *Einstellungen*, tippen Sie unten auf *Apps* und dann rechts auf *App Store*.
2. Schalten Sie in der rechten Spalte die Funktion *App-Updates* ein. Den Zeitpunkt der automatischen Updates können Sie nicht bestimmen. Dies hängt unter anderem davon ab, ob das iPad an einem WLAN-Netzwerk angemeldet ist.
3. Wenn Updates zur Verfügung stehen, erkennen Sie das an einer kleinen Zahl rechts oben am App-Store-Symbol.

Sprache einzelner Apps ändern

Bisweilen ist es besser, eine App in der Originalsprache zu nutzen, beispielsweise, weil diese einfach zu schlecht übersetzt ist. In einem solchen Fall können Sie, sofern unterstützt, die Sprache der App ändern, und das auch, ohne die Sprache von iPadOS komplett umstellen zu müssen. In diesem Fall gehen Sie wie folgt vor:

1. Öffnen Sie die *Einstellungen*, tippen Sie auf *Apps* und wählen Sie dann die entsprechende App aus.
2. Tippen Sie anschließend in der rechten Spalte auf *Sprache*.
3. Suchen Sie die gewünschte Sprache und tippen Sie auf den Eintrag. Unter *Vorgeschlagene Sprachen* finden Sie Ihre Muttersprache als Standardeinstellung – hier *Deutsch*.

Apps gezielt aktualisieren

Findet die automatische Aktualisierung der auf Ihrem iPad installierten Apps nicht schnell genug statt oder wollen Sie eine bestimmte App sofort aktualisieren, ohne warten zu müssen, dann ist auch das möglich.

1. Öffnen Sie den App Store und tippen Sie oben rechts auf Ihren Apple Account. Wischen Sie nach unten bis zu *Anstehende automatische Updates*. Dort finden Sie heraus, für welche Apps Updates zur Verfügung stehen.

2. Möchten Sie das Update einer App gezielt installieren, tippen Sie neben deren Eintrag auf *Aktualisieren*.
3. Blättern Sie noch weiter nach unten, finden Sie unter *Vor Kurzem aktualisiert* die zuletzt aktualisierten Updates.
4. Sollen alle ausstehenden Updates durchgeführt werden, tippen Sie ganz oben auf *Alle aktualisieren*. Je nach Anzahl der zur Verfügung stehenden Updates kann dies einige Zeit in Anspruch nehmen.

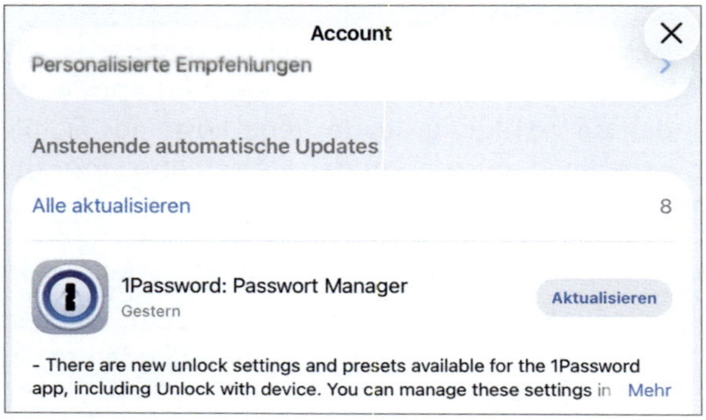

Apps überall auf gleichem Stand halten

Nutzen Sie mehrere iPadOS- und iOS-Geräte wie ein iPad und ein iPhone, können Sie dafür sorgen, dass Ihre Apps auf allen Geräten auf dem gleichen Stand bleiben – also auf einem Gerät erworbene oder heruntergeladene Apps auch auf dem anderen automatisch installiert werden:

1. Öffnen Sie die *Einstellungen*, tippen Sie unten auf *Apps* und dann rechts auf den Eintrag *App Store*.
2. Schalten Sie auf der rechten Seite unter *Automatische Downloads* die entsprechende Funktion für *App-Downloads* sowie *App-Updates* ein. Ist eine App sowohl für das iPad als auch das iPhone verfügbar, wird sie automatisch auf beiden Geräten installiert.
3. Die dort ebenfalls befindliche Einstellung *In-App-Inhalte* bewirkt, dass, bevor die App geöffnet wird, alle erforderlichen Daten geladen werden.

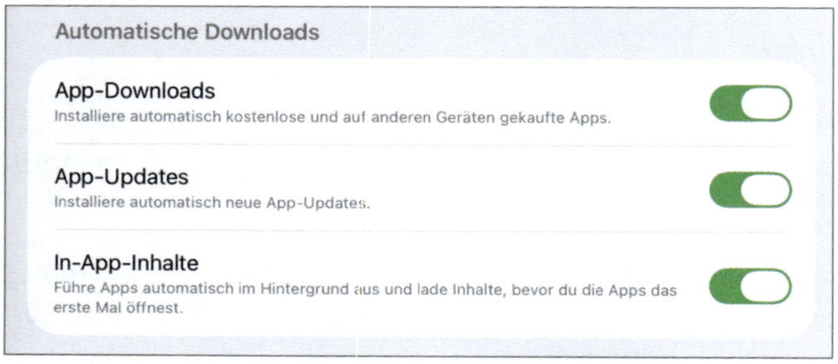

Überzählige Apps löschen

Um auf dem iPad Speicherplatz zu sparen, können Sie Apps, die Sie nicht mehr benötigen, wieder löschen.

1. Wählen Sie den Home-Bildschirm oder Ordner aus, in dem sich besagte App befindet.
2. Drücken Sie so lange auf das App-Symbol, bis deren Kontextmenü erscheint. Tippen Sie auf den Befehl *App löschen*. Bestätigen Sie das Löschen der App.
3. Alternativ tippen Sie auf den Befehl *Home-Bildschirm bearbeiten*. Nun beginnen die App-Symbole zu wackeln.
4. Tippen Sie auf das Minuszeichen links oben am Symbol, um die App zu löschen. Bestätigen Sie die Sicherheitsabfrage, indem Sie auf *App löschen* tippen, wird die App entfernt.
5. Falls Sie die App nur vom Home-Bildschirm entfernen, aber in der App-Mediathek behalten wollen, wählen Sie stattdessen den Befehl *Vom Home-Bildschirm entfernen*.

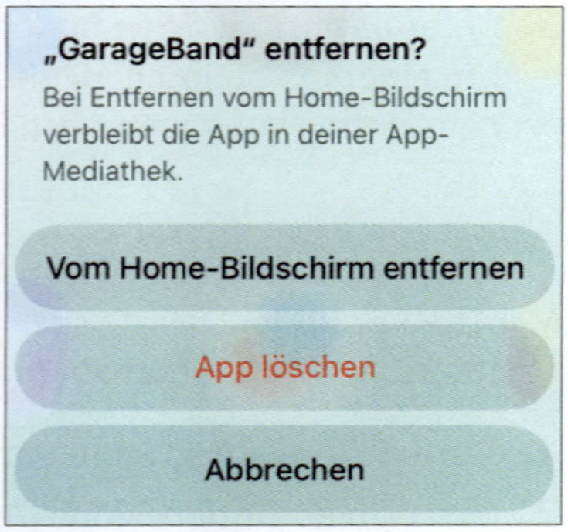

Unbenutzte Apps immer auslagern

Selten oder nie benutzte Apps »müllen« Ihr iPad und benötigten Speicherplatz, den Sie besser für etwas anderes nutzen möchten, unter Umständen zu. In diesem Fall können Sie die App-Store-App anweisen, unbenutzte Apps automatisch auszulagern.

1. Öffnen Sie die *Einstellungen*, tippen Sie unten auf *Apps* und dann rechts auf den Eintrag *App Store*.
2. Schalten Sie auf der rechten Seite die Funktion *Unbenutzte Apps auslagern* ein. Die App wird vom iPad entfernt.
3. Ihre Dokumente und Daten bleiben erhalten und Sie können die App natürlich bei Bedarf erneut installieren, sofern sie noch im App Store erhältlich ist.

Bestimmte Apps immer auslagern statt löschen

Nicht immer ist es gewünscht, eine App vollständig zu löschen. In diesem Fall gehen Sie auf die folgende Weise vor: Öffnen Sie die *Einstellungen* und tippen Sie dort zuerst auf *Allgemein* und dann auf *iPad-Speicher*. Wählen Sie unten eine App aus, die viel Speicherplatz in Anspruch nimmt. Wenn Sie nun auf den Eintrag *App auslagern* tippen, wird die App in die Cloud ausgelagert und belegt nur noch Speicherplatz für ihre Einstellungen und Daten. Benötigen Sie diese später wieder, tippen Sie auf das auf dem Home-Bildschirm befindliche Symbol und die App wird auf das iPad geladen und umgehend gestartet.

Apps über den App Store löschen

Unter Umständen können Apps auch über den App Store gelöscht werden. Dies funktioniert allerdings nur dann, wenn gerade ein Update der App zur Verfügung steht. In diesem Fall gehen Sie auf die folgende Weise vor:

1. Starten Sie den App Store und tippen Sie rechts oben auf Ihren Apple Account.
2. Dort wählen Sie die Option *Anstehende automatische Updates*.
3. Unter *Alle aktualisieren* finden Sie die Apps, für die ein Update vorliegt. Um eine App zu löschen, die Sie nicht mehr benötigen, wischen Sie auf dem Eintrag von rechts nach links und tippen auf *Löschen*.

Apps mit Abos kündigen

Manche Apps oder Dienste sind nicht per Einmalzahlung, sondern nur im Abo erhältlich. Möchten Sie diese nicht mehr nutzen, müssen Sie dazu das Abo kündigen.

1. Starten Sie den App Store und tippen Sie rechts oben auf Ihren Apple Account.
2. Dort wählen Sie den Eintrag *Abonnements* und tippen unter *Aktiv* auf das entsprechende Abonnement.
3. Dann entscheiden Sie sich für *Abo kündigen*. Beachten Sie jeweils die Kündigungsfristen des Anbieters. Das Abo läuft in der Regel bis zum Ende der Kündigungsfrist weiter.

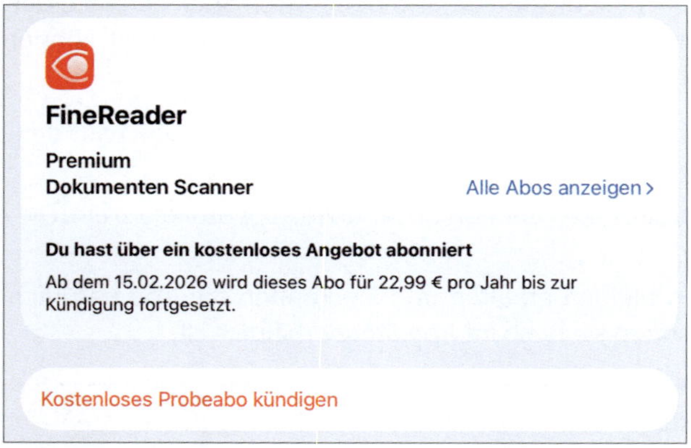

Bereits erworbene Apps erneut installieren

Jede App, die Sie einmal im App Store erworben oder heruntergeladen haben, können Sie auf allen Ihren kompatiblen Geräten installieren, auf denen Sie mit Ihrem Apple Account angemeldet sind. Außerdem lassen sich diese so oft installieren, wie Sie möchten.

Haben Sie also eine App gelöscht, stellen aber später fest, dass Sie diese doch wieder benötigen, laden Sie sie einfach erneut herunter:

1. Starten Sie den App Store und tippen Sie rechts oben auf Ihren Apple Account.
2. Tippen Sie auf *Apps*, wird die Liste aller Ihrer in der Vergangenheit erworbenen Apps eingeblendet.
3. Möchten Sie Apps anzeigen, die nicht auf Ihrem iPad installiert sind, wählen Sie das Register *Nicht a. d. iPad*. Alternativ können Sie auch über das Suchfeld nach einer App suchen.
4. Über einen Fingertipp auf das Wolkensymbol laden und installieren Sie die App erneut auf Ihrem iPad. Eine kostenpflichtige App, die Sie bereits bezahlt haben, können Sie beim zweiten Mal kostenlos herunterladen.

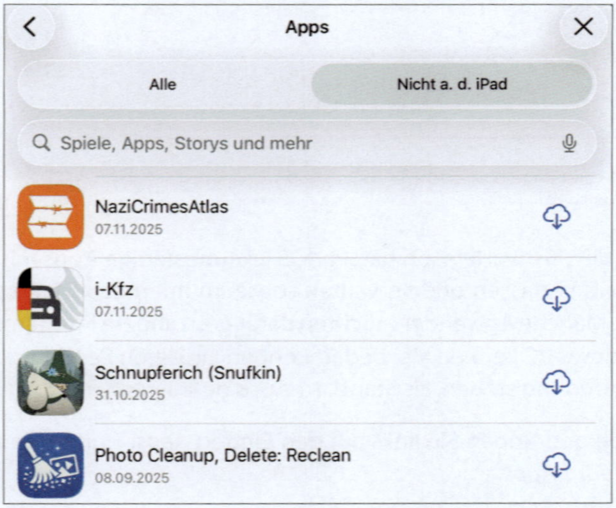

Apps reklamieren und zurückgeben

Falls Sie eine App irrtümlich erworben haben oder diese nicht Ihren Vorstellungen entspricht, können Sie sie reklamieren und unter Umständen zurückgeben. Am bequemsten ist das über den App Store möglich.

1. Starten Sie den App Store auf dem iPad und tippen Sie rechts oben auf Ihr Benutzerkonto.
2. Tippen Sie auf Ihren Apple Account bzw. den Benutzernamen. Blättern Sie nach unten bis zum Eintrag *Kaufverlauf* und suchen Sie die App.
3. Tippen Sie auf den Namen der App oder des Mediums. Tippen Sie dort auf *Problem melden*. Melden Sie sich mit Ihrem Apple Account an, folgen Sie den Anweisungen und schildern Sie das Problem.

4. Sofern die Rückgabe genehmigt wurde, wird Ihnen der Betrag erstattet und Ihrem Konto gutgeschrieben.

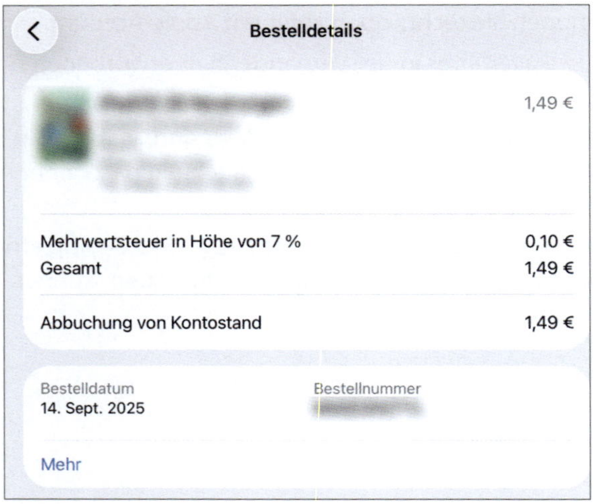

Alternative Apps bestimmen

Mit *Mail* und *Safari* oder auch der *Passwörter*-App hat iPadOS leistungsfähige Apps mit an Bord, mit denen Sie Ihre E-Mails verfassen und verwalten sowie im Internet surfen oder Passwörter verwalten können. Manche Anwender möchten dafür gern andere Programme nutzen, die sie etwa vom Windows-PC kennen. Bei Bedarf können Sie deren Pendants, sofern sie auch für iPadOS zur Verfügung stehen, als Standard-Apps definieren.

1. Öffnen Sie die *Einstellungen* und tippen Sie links auf den Eintrag *Apps*. Tippen Sie anschließend rechts auf *Standard-Apps*.
2. Hier finden Sie alle Apps und Funktionen, für die sich Alternativen festlegen lassen.
3. Tippen Sie etwa auf den Eintrag *E-Mail* oder auch *Browser-App*. Nun wählen Sie eine der Apps aus, die aufgelistet sind.
4. Wenn Sie anschließend etwa auf eine Internetadresse tippen oder auf eine E-Mail-Adresse, wird immer die von Ihnen festgelegte Alternativ-App gestartet und nicht mehr *Safari* oder *Mail*.

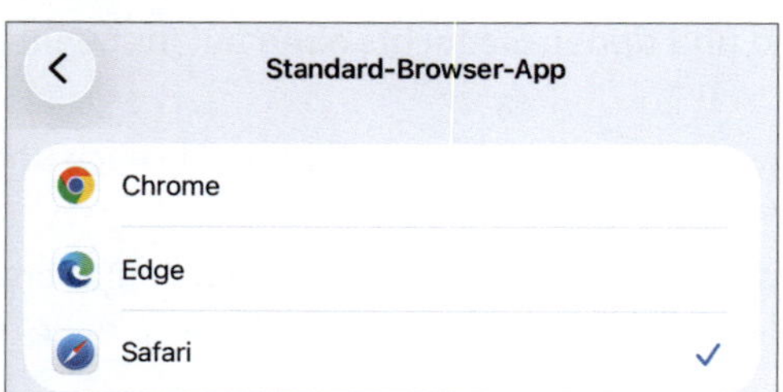

10.2 Die Tastaturhüllen von Apple

Für alle aktuellen iPad-Modelle, mit Ausnahme des iPad mini, bietet Apple diverse Tastaturhüllen für die unterschiedlichsten Ansprüche und Aufgabengebiete an – vom Magic Keyboard Folio für das iPad bis zum Magic Keyboard für das iPad Pro oder iPad Air. Diese praktischen, aufklappbaren und gleichzeitig auch als Hüllen dienenden Tastaturen zaubern aus Ihrem iPad einen Laptop, der für die allermeisten Aufgaben unterwegs verwendet werden kann. Alle aktuellen Magic Keyboards besitzen oben eine Reihe nützlicher Funktionstasten und zudem ein Trackpad. Im Gegensatz zu den meisten Tastaturhüllen von Drittanbietern müssen Sie diese nicht aufladen und per Bluetooth mit dem iPad koppeln. Stattdessen werden sie über den Smart Connector mit dem iPad verbunden. Zudem besitzen die unterschiedlichen Ausführungen des Magic Keyboard für das iPad eine USB-C-Schnittstelle, mit der Sie das iPad aufladen können.

Was Sie alles aus dem Magic Keyboard herausholen können, erfahren Sie in den folgenden Tipps.

Tastenkombinationen für den Home-Bildschirm

Auch wenn es nicht auf den ersten Blick ersichtlich ist, können Sie bei einem angeschlossenen Magic Keyboard einige nützliche Tastenkombinationen für den Home-Bildschirm einsetzen. Verfügbar sind auf dem Home-Bildschirm z. B. die folgenden Tastenkombinationen:

🌐+A: Dock ein- oder ausblenden.
🌐+⇧+A: App-Mediathek ein- oder ausblenden.
🌐+C: Kontrollzentrum anzeigen.
🌐+H: zum Startbildschirm wechseln.
🌐+M: Menüleiste anzeigen.
🌐+N: Sperrbildschirm anzeigen.
cmd ⌘+Leer: Spotlight ein- oder ausblenden.

Tastenkombinationen für Fenster

Die folgenden Tastenkombinationen können Sie für Fenster anwenden, etwa im Modus *Apps als Fenster* oder im *Stage Manager*.

cmd ⌘+W: ein Fenster schließen.
cmd ⌘+M: ein Fenster minimieren.
🌐+F: Vollbild aktivieren oder beenden.
🌐+M: Menüleiste ein- und ausblenden.
cmd ⌘+H: Fenster ausblenden, aber nicht schließen.
cmd ⌘+⇥: unter den geöffneten Apps zur zuletzt verwendeten wechseln.

🌐+control+→: aktuelles Fenster auf die Hälfte des Bildschirms in Richtung des gedrückten Pfeils anordnen.
🌐+control+⇧+→: die aktuellen und letzten Fenster in zwei Hälften des Bildschirms anordnen, wobei das aktive Fenster in der Hälfte des Bildschirms in Richtung des gedrückten Pfeils platziert wird.

Tastenkombinationen für einzelne Apps anzeigen

Zahlreiche Apps von iPadOS wie *Safari*, *Mail*, die *Kalender*- oder *Dateien*-App und viele andere können ebenfalls mit Tastenkombinationen bedient werden. Alle verfügbaren Tastenkombinationen an dieser Stelle im Detail aufzuführen und zu erläutern, würde den Rahmen des Kapitels sprengen. Welche Tastenkombinationen verfügbar sind, finden Sie wie folgt heraus:

1. Starten Sie die App mit einem Fingertipp auf das Symbol im Dock oder auf dem Home-Bildschirm.
2. Blenden Sie die Menüleiste der App ein. Öffnen Sie ein Menü, finden Sie rechts neben den Befehlen die entsprechenden Tastenkombinationen.
3. Bekannte Tastenkombinationen sind u. a. die folgenden:
   cmd ⌘+X: ausgewähltes Objekt aus dem Originaltext löschen und in die Zwischenablage kopieren.
   cmd ⌘+C: ausgewähltes Objekt in die Zwischenablage kopieren.
   cmd ⌘+V: Inhalt der Zwischenablage einfügen.
   cmd ⌘+Z: vorherige Aktion rückgängig machen.
   cmd ⌘+B: den ausgewählten Text fett formatieren bzw. Fettschrift ein- oder ausschalten.
   cmd ⌘+I: den ausgewählten Text kursiv formatieren bzw. Kursivschrift ein- oder ausschalten.
   cmd ⌘+U: den ausgewählten Text unterstrichen formatieren bzw. Unterstreichung ein- oder ausschalten.

Emojis mit dem Magic Keyboard eingeben

Zwar lassen sich direkt mit den Smart Keyboards oder dem Magic Keyboard keine Emojis eingeben, aber Sie können die verfügbaren Emojis aufrufen und dann per Fingertipp auswählen:

1. Starten Sie eine App, bei der die Eingabe von Text vorgesehen ist, z. B. die *Nachrichten*-App, *Mail* oder eine Textverarbeitung.
2. Drücken Sie die Taste mit der Weltkugel kurz, bis das dazugehörige Menü erscheint. Hier wählen Sie *Emoji* aus. Über das Symbol ganz unten wechseln Sie zwischen den einzelnen Gruppen von Emojis.
3. Um ein Emoji einzugeben, tippen Sie darauf und fügen es so in Ihren Text ein.

4. Damit das funktioniert, müssen Sie die entsprechende Option in den *Einstellungen* aktivieren. Dazu tippen Sie in den *Einstellungen* auf *Allgemein/Tastatur/Hardwaretastatur*. Hier aktivieren Sie die Option 🌐 *für Emojis drücken*.

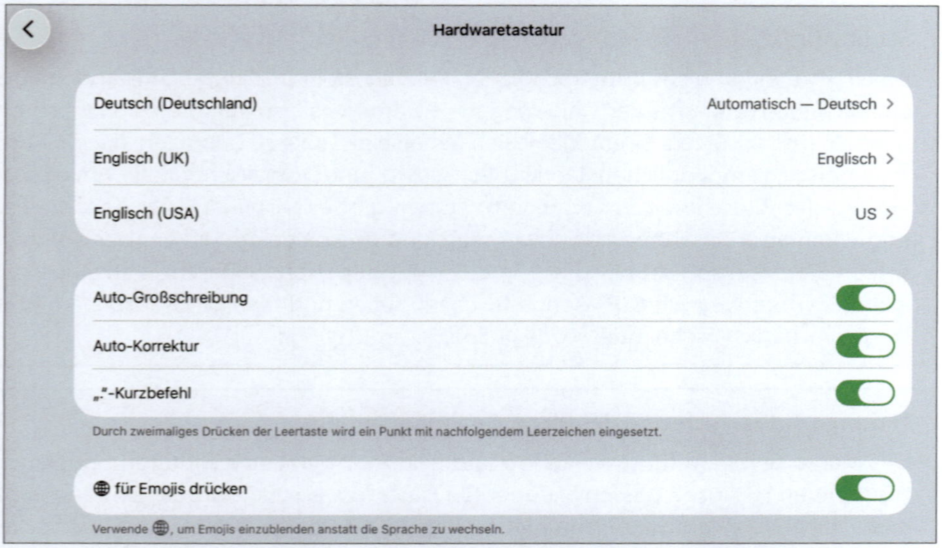

Das Magic Keyboard einstellen

Wollen Sie Einstellungen für Ihr Smart Keyboard, Smart Keyboard Folio oder Magic Keyboard vornehmen, z. B. eine weitere Eingabesprache hinzufügen, geschieht das über die Einstellungen:

1. Öffnen Sie die *Einstellungen*, tippen Sie dort in der linken Spalte auf *Allgemein* und dann in der rechten Spalte auf *Tastatur*.
2. Wählen Sie zunächst den Eintrag *Tastaturen* und installieren Sie über *Tastatur hinzufügen* eine neue Eingabesprache.
3. Wechseln Sie dann wieder zur Einstellung *Tastatur* und tippen Sie auf *Hardwaretastatur*.
4. Oben wird die neu hinzugefügte Eingabesprache aufgelistet. Tippen Sie darauf und dann auf *Automatisch – Sprache*.

Eingabesprache wechseln

Falls auf Ihrem iPad mehrere Eingabesprachen aktiviert und damit verfügbar sind, können Sie über die Taste mit dem Weltkugel-Symbol die Eingabesprache wechseln:

1. Starten Sie eine App, bei der die Eingabe von Text möglich ist.
2. Drücken Sie die Taste mit der Weltkugel, bis das dazugehörige Menü erscheint. Hier wählen Sie die gewünschte Eingabesprache, beispielsweise *English (UK)*, aus.

3. Falls der Eintrag dort nicht stehen sollte, öffnen Sie die *Einstellungen*, tippen auf den Eintrag *Allgemein/Tastaturen/Hardwaretastatur* und schalten dort die Option 🌐 *für Emojis drücken* wieder aus.

> **Schutz fürs iPad**
>
> Da ein iPad einen nicht unbeträchtlichen Wert darstellt und unter Umständen auch einmal weiterverkauft oder weitergegeben werden soll, sollten Sie es pfleglich behandeln und schützen. Es empfiehlt sich daher, eine Hülle zu benutzen, die die Rückseite und den empfindlichen Rand schützt, sowie eine Displayschutzfolie, um ein Zerkratzen des Bildschirms zu verhindern. Zudem gibt es Displayschutzfolien, die Fett und Fingerabdrücke abweisen sowie matt und entspiegelnd wirken. Des Weiteren sollten Sie das iPad – trotz Hülle – in einer gut gepolsterten Tasche transportieren, wenn Sie unterwegs sind. Passende Taschen, Hüllen und Displayschutzfolien gibt es im gut sortierten Fachhandel sowie online.

> **Hintergrundbeleuchtung des Magic Keyboard ändern**
>
> Das Magic Keyboard für das iPad Pro und iPad Air besitzt eine Hintergrundbeleuchtung. Deren Helligkeit passen Sie über die *Einstellungen* und dort die Einträge *Allgemein/Tastaturen/Hardwaretastatur* an. Stellen Sie die Schieberegler unter *Tastaturhelligkeit* entsprechend ein.

Klicks am Magic Keyboard anpassen

Das Magic Keyboard wird durch ein praktisches Trackpad ergänzt. Die Klicks passen Sie wie folgt an:

1. Öffnen Sie die *Einstellungen*, tippen Sie dort in der linken Spalte auf *Allgemein* und dann in der rechten Spalte auf *Trackpad (& Maus)*.

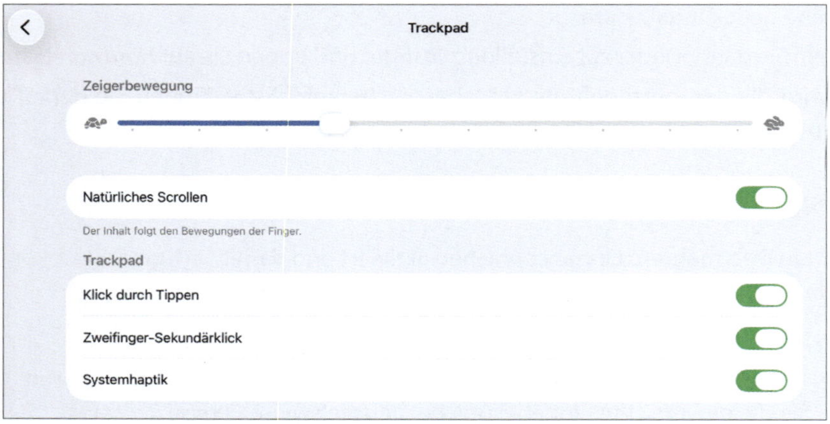

2. Den primären Mausklick des Trackpad ändern Sie durch die Option *Klicken durch Tippen* in ein Tippen.
3. Den sekundären Mausklick verwandeln Sie mit der Einstellung *Zweifinger-Sekundärklick* in ein Zweifinger-Tippen.

Den Mauszeiger und sein Verhalten ändern

Der Mauszeiger von iPadOS wird über die *Bedienungshilfen* in den *Einstellungen* sowie die *Zeigersteuerung* angepasst. Dort lassen sich der *Kontrast* und die *Farbe* des Mauszeigers einstellen sowie die *Zeigergröße* und anderes.

Den Cursor schnell wiederfinden

Nutzen Sie Ihr iPad mit einer externen Maus oder einem Trackpad bzw. mit einem Magic Keyboard, dann sieht der Cursor so aus wie am Mac oder am Windows-PC, besitzt also die Form eines kleinen Pfeils. Daher ist er manchmal auf dem hochauflösenden Bildschirm des iPad nicht auf den ersten Blick zu finden. In diesem Fall bringt ihn ein kleiner Trick wieder zum Vorschein. Bewegen Sie die Maus schnell hin und her oder auch Ihren Finger auf dem Trackpad. Und schon wird der Cursor vergrößert angezeigt und ist einfacher zu identifizieren.

iPad Pro und iPad Air am Magic Keyboard aufladen

Besitzen Sie ein iPad Air (ab der vierten Generation) oder ein iPad Pro sowie ein Magic Keyboard für das iPad, können Sie das iPad auch über die USB-C-Schnittstelle aufladen. Schließen Sie dazu ein USB-C-auf-USB-/USB-C-Kabel sowie ein kompatibles Netzteil an und verbinden Sie dieses mit einer Steckdose. Selbstverständlich muss sich dazu das iPad Air oder iPad Pro in der geschlossenen oder aufgeklappten Hülle befinden. Bitte beachten Sie, dass Sie das iPad über die USB-C-Schnittstelle des Magic Keyboard nur aufladen können. Zur Datenübertragung verwenden Sie immer die USB-C-Schnittstelle direkt am iPad.

10.3 Externe Bluetooth-Tastaturen

Statt eines Magic Keyboard können Sie an Ihr iPad auch eine herkömmliche Bluetooth-Tastatur anschließen – entweder eine externe Tastatur oder eine entsprechende Tastaturhülle, die unterschiedliche Hersteller im Angebot haben. Bluetooth-Tastaturen haben Vor- und Nachteile. So sind externe Bluetooth-Tastaturen flexibler verwendbar – vor allem im stationären Betrieb. Das Schreiben mit einer Tastatur in normaler Größe und Beschaffenheit ist zudem komfortabler.

Bei einer Tastaturhülle ist dies wieder etwas anderes. Hier müssen Sie hinsichtlich des Komforts einige Einschränkungen in Kauf nehmen, da die Tasten meist etwas kleiner sind als bei einer externen Tastatur. Zudem müssen Bluetooth-Tastaturen, ob extern oder als Bestandteil einer Tastaturhülle, regelmäßig aufgeladen und mit dem iPad gekoppelt werden. Beiden Lösungen ist jedoch gemein, dass sie meist günstiger zu erwerben sind als die Apple Smart Keyboards oder gar das Magic Keyboard. Zudem verfügen sie oftmals über zusätzliche Tasten zum Abspielen von Medien und zum Einstellen der Helligkeit des Bildschirms und der Lautstärke.

Bluetooth-Tastatur koppeln

Anders als die Apple Smart Keyboards oder das Magic Keyboard, die über den Smart Connector automatisch mit dem iPad verbunden werden, müssen Sie Bluetooth-Tastaturen mit dem iPad koppeln.

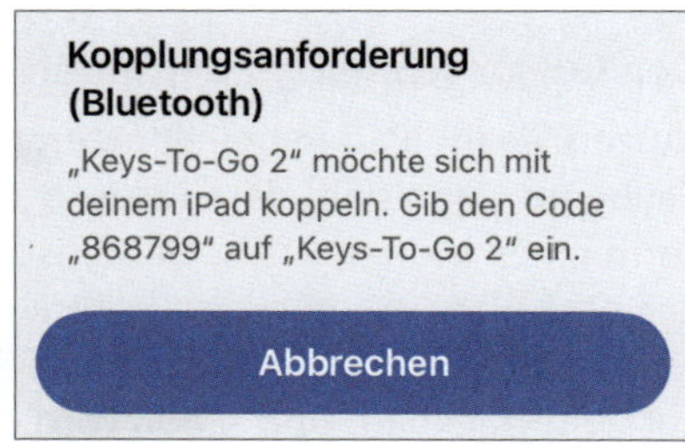

1. Öffnen Sie die *Einstellungen* und wählen Sie in der linken Spalte *Bluetooth*. Schalten Sie in der rechten Spalte *Bluetooth* ein.
2. Schalten Sie die Bluetooth-Tastatur ebenfalls ein, sofern das erforderlich ist. Und aktivieren Sie, sofern erforderlich, den Kopplungsmodus.
3. Nun sollte sie in den Bluetooth-Einstellungen unter *Andere Geräte* erscheinen. Tippen Sie auf den Namen der Tastatur.
4. In der Regel wird ein vierstelliger Code angezeigt, den Sie auf der Tastatur eingeben und mit der [⏎]-Taste bestätigen. Anschließend können Sie die Tastatur am iPad verwenden.
5. Zum späteren Entkoppeln der Tastatur, damit Sie diese an einem anderen Gerät verwenden können, tippen Sie auf das *i*-Symbol neben *Verbunden* und dann auf *Dieses Gerät ignorieren*.

Bluetooth-Tastaturen fremder Hersteller

Bluetooth-Tastaturen anderer Hersteller als Apple lassen sich auch am iPad nutzen. Allerdings können sich dort die Anordnung der Tasten sowie die Beschriftung unterscheiden. In diesem Fall konsultieren Sie das Handbuch oder probieren einfach aus, was welche Sondertaste am iPad bewirkt. Eine Installation von Gerätetreibern ist in der Regel nicht erforderlich.

Sondertasten

Bluetooth-Tastaturen, etwa Apples Wireless Keyboard, besitzen zahlreiche Sondertasten für macOS, die auch am iPad genutzt werden können – ohne dass ein Gerätetreiber installiert werden muss. Dies gilt meist auch für Mac-kompatible Bluetooth-Tastaturen anderer Hersteller.

Folgende Tasten können z. B. genutzt werden:

- F1 und F2: Bildschirm heller und dunkler
- F11 und F12: Ton lauter und leiser
- F10: Ton aus
- F8: Musiktitel abspielen/pausieren
- F7 und F9: vorheriger Titel und nächster Titel
- Auswurftaste: Bildschirmtastatur aus- und einblenden
- →|: zum nächsten Texteingabefeld springen
- Pfeiltasten: den Cursor bewegen

Weitere Schriften verwenden

Seit iPadOS 13 können Sie am iPad andere Schriften als die vorinstallierten verwenden. Diese finden Sie, sofern vorhanden, im App Store. Dort können Sie die Schriften erwerben und installieren. Nutzen können Sie die Schriften in der Regel mit allen Apps, in denen Sie schreiben und Texte eingeben.

10.4 Der Apple Pencil

Der aktuelle Apple Pencil, den es in zwei Ausführungen gibt, funktioniert mittlerweile mit allen im Apple Store erhältlichen iPad-Modellen, vom iPad mini bis zum iPad Pro. Während für das iPad Pro sowie das iPad Air der Apple Pencil Pro die bessere Wahl ist, genügt für das iPad der 10. und 11. Generation auch der Apple Pencil (USB-C). Der Apple Pencil dient allerdings weniger der Bedienung des Tablets an sich, sondern vor allem zum Markieren, Schreiben und Zeichnen.

Das Zeichnen auf dem Bildschirm des iPad ist dem Zeichnen mit Papier und herkömmlichen Stiften vergleichbar, Sie können fast die gleichen Techniken anwenden und müssen dabei vor allem den Handballen nicht hochheben, weil der Bildschirm eine Handballenerkennung besitzt. Allerdings müssen Sie den Apple Pencil (USB-C) für 89 Euro und den Apple Pencil Pro für 149 Euro gesondert erwerben.

Welcher Apple Pencil ist der richtige?

Je nachdem, welches iPad Sie besitzen, ist eine andere Version des Apple Pencil erforderlich. Dies herauszufinden, ist nicht immer ganz einfach. Denn besitzen Sie ein älteres iPad, ist unter Umständen auch ein Apple Pencil der 1. und 2. Generation erforderlich. Am besten besuchen Sie dazu die folgende Webseite des Apple Store: https://www.apple.com/de/apple-pencil/.

Hier wählen Sie in einem Menü zunächst Ihr iPad aus und dann wird aufgelistet, welcher Apple Pencil der richtige ist. Eine Gesamtübersicht erhalten Sie auf dieser Webseite: https://support.apple.com/de-de/guide/ipad/aside/ipad47ee2e98/ipados.

Den aktuellen Apple Pencil koppeln

Je nachdem, welchen Apple Pencil und welches iPad Sie besitzen, wird er auf unterschiedliche Weise mit dem iPad gekoppelt. Am einfachsten funktioniert es mit dem iPad Pro oder dem iPad Air aktueller Bauart und dem Apple Pencil Pro. Hier genügt es, den Apple Pencil Pro magnetisch rechts am iPad Pro oder iPad Air (im Hochformat) zu befestigen. Der Apple Pencil wird dabei automatisch gekoppelt und zudem geladen.

Nutzen Sie einen Apple Pencil (USB-C), ist das schon etwas umständlicher, nämlich auf die folgende Weise:

1. Ziehen Sie am oberen Ende des Apple Pencil (USB-C) die Abdeckung hoch. Darunter befindet sich die USB-C-Buchse.
2. Verbinden Sie den Apple Pencil nun über ein USB-C-auf USB-C-Kabel mit der USB-C-Buchse Ihres iPad.
3. Hierbei wird der Apple Pencil gekoppelt und geladen. Anschließend ist er unter *Meine Geräte* in den Bluetooth-Einstellungen Ihres iPad zu finden.
4. Die weitere Konfiguration des Apple Pencil nehmen Sie über die *Einstellungen* sowie den Eintrag *Apple Pencil* vor.
5. Wollen Sie Ihren Apple Pencil testen, tippen Sie dort auf den Eintrag *Kritzeln ausprobieren* und folgen den Anweisungen. Vor allem, wenn Sie zuvor noch nie mit dem Apple Pencil gearbeitet haben, ist das sinnvoll.

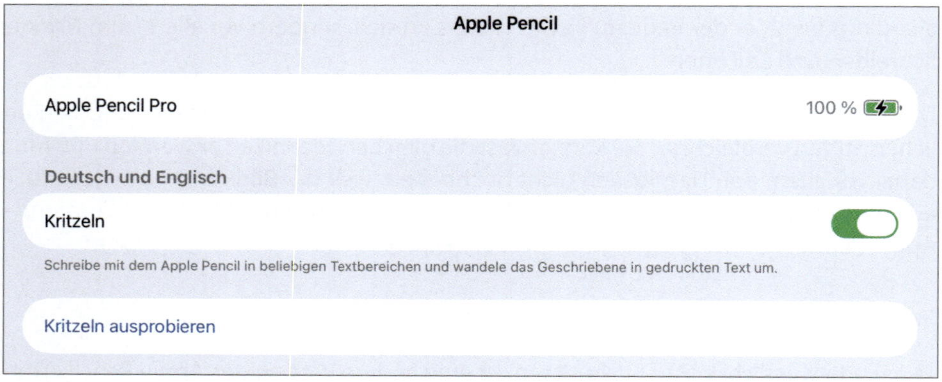

Akkukapazität des Apple Pencil feststellen

Die Akkukapazität Ihres Apple Pencil finden Sie ebenfalls über die *Einstellungen* heraus. Natürlich muss dieser mit dem iPad gekoppelt sein. Öffnen Sie dann die *Einstellungen* und tippen Sie auf den Eintrag *Apple Pencil*. Dort finden Sie ganz oben die Akkukapazität des Apple Pencil in Prozent.

Wie lange Sie mit dem Apple Pencil arbeiten können

Besitzt der Apple Pencil eine Speicherkapazität von 100 %, können Sie ihn ungefähr zehn bis zwölf Stunden benutzen. Ist er leer, lässt er sich schnell wieder in Gang bringen, indem Sie ihn kurz (wenige Minuten) aufladen. Dann lässt er sich erneut für eine halbe Stunde oder sogar etwas länger benutzen.

Logitech Crayon – die Alternative zum Apple Pencil

Mit dem Crayon von Logitech gibt es eine kostengünstigere Alternative für den Apple Pencil. Mit knapp 60 Euro und seiner eher flachen, breiteren Bauweise ist er vor allem – aber nicht nur – für Schüler und den Unterricht am iPad gedacht. Die Bauweise soll verhindern, dass er wegrollt, sodass er besser mit Kinderhänden bedient werden kann. Der Logitech Crayon wird ebenfalls über USB-C aufgeladen. Gekoppelt wird er, indem Sie ihn einschalten. Eine grüne LED zeigt an, dass er betriebsbereit ist. Bitte beachten Sie: Es ist ein älteres Modell des Logitech Crayon im Handel. Dieser ist nur mit älteren iPads mit der Lightning-Schnittstelle kompatibel. Die Kunststoff-Applikationen am alten Logitech Crayon sind orange, am neuen USB-C-kompatiblen Logitech Crayon sind sie grau.

Webseiten markieren und beschriften

Mit dem Apple Pencil können Sie auch Webseiten Markierungen oder handschriftliche Notizen hinzufügen.

1. Starten Sie Safari und rufen Sie die gewünschte Webseite auf, z. B. die zum iPad.
2. Tippen Sie rechts oben auf das Teilen-Feld und dann weiter unten auf das Symbol *Markierung*. Unter Umständen müssen Sie zuvor auf *Mehr* (drei kleine Punkte) tippen, um alle Befehle anzeigen zu lassen.
3. Die Webseite wird zunächst automatisch in eine PDF-Datei konvertiert und geöffnet. Möchten Sie Markierungen anbringen, tippen Sie rechts oben auf das Bleistiftsymbol.
4. Am unteren Rand des Bildschirms erscheinen die bekannten Zeichenwerkzeuge und Farbpaletten. Benutzen Sie diese wie gewohnt.
5. Wenn Sie außerdem rechts unten auf das kleine Plus-Symbol tippen, erscheint ein Menü, in dem Sie einige vorgefertigte Grafiken wie Pfeile finden sowie die Möglichkeit, Textkästen einzufügen.

6. Zudem finden Sie oben links ein Symbol, um ggf. Ihre Unterschrift hinzuzufügen.
7. Haben Sie die Markierungen und Notizen abgeschlossen, tippen Sie links oben auf *Fertig* und dann auf *Datei sichern in ...*, um die PDF-Datei zu speichern. Alternativ können Sie die Datei auch löschen.

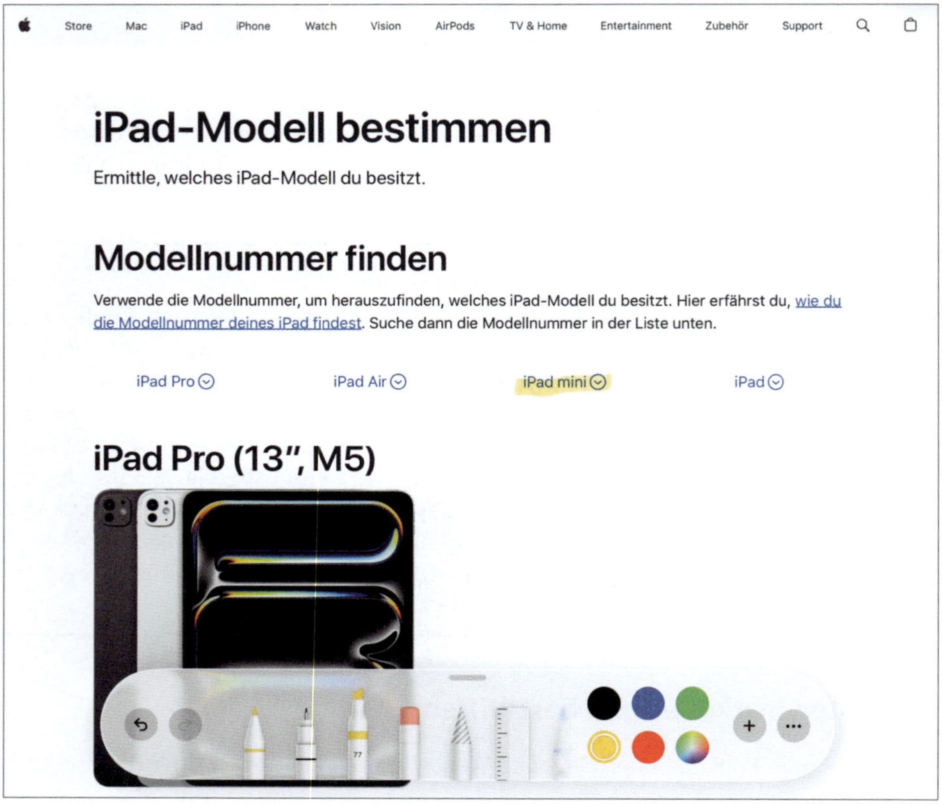

Die Tasten am Apple Pencil Pro

Der Apple Pencil Pro besitzt zwei virtuelle Tasten, die Sie individuell belegen können. Zum einen können Sie den Apple Pencil Pro unten am Schaft drücken oder doppeltippen. Blenden Sie so die Zeichenpalette ein und wählen das Werkzeug aus. Die *Einstellungen* nehmen Sie vor, wenn Sie dort links auf *Apple Pencil* tippen und dann rechts unter *Aktionen* die entsprechenden Aktionen auswählen.

Website oder Dokument auf die Schnelle markieren und beschriften

Das Markieren und Beschriften von Dokumenten mit dem Apple Pencil geht sogar noch schneller als im vorherigen Tipp beschrieben:

1. Öffnen Sie mit Safari eine Webseite und streichen Sie dann mit dem Apple Pencil schnell von der linken unteren Ecke nach rechts oben.
2. Umgehend wird ein Bildschirmfoto erstellt, das Sie markieren, beschriften und nach einem Fingertipp auf *Fertig* über die *Fotos*-App oder die *Dateien*-App speichern können.
3. Zudem können Sie entscheiden, ob das Bildschirmfoto nur den aktuellen *Bildschirm* enthält oder die *Ganze Seite*.

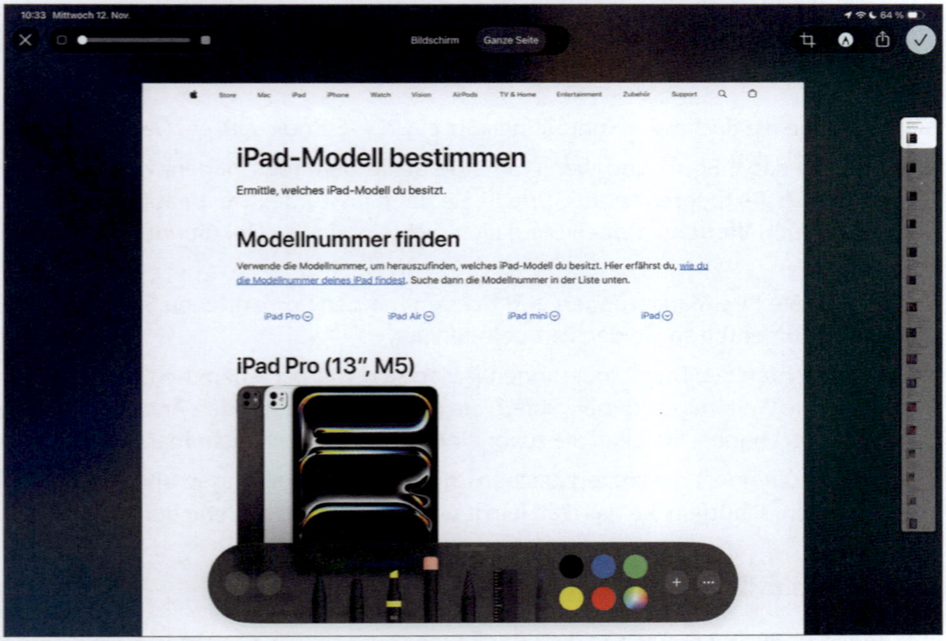

Skizzen in E-Mails erstellen

Mit dem Apple Pencil lassen sich auch Ihre E-Mails mit Skizzen aufwerten. So könnten Sie beispielsweise eine Wegbeschreibung skizzieren und an Freunde senden.

1. Starten Sie die *Mail*-App und legen Sie eine neue E-Mail an oder beantworten Sie eine enthaltene.
2. Geben Sie die E-Mail-Adresse des Empfängers an sowie den Betreff. Verfassen Sie den Text der E-Mail.

3. Nun tippen Sie auf das Textfenster der E-Mail, bis die Bildschirmtastatur erscheint. Wählen Sie ganz rechts den Befehl *Markieren (Zeichnen)*.
4. Im Zeichenfenster erstellen Sie mit den bekannten Zeicheninstrumenten und Farbpaletten die Skizze.
5. Nachdem Sie mit der Skizze oder Zeichnung fertig sind, tippen Sie auf *Fertig* und auf *Zeichnung einfügen*, um sie der E-Mail hinzuzufügen. Versenden Sie die E-Mail wie gewohnt.

PDF-E-Books markieren

Besonders praktisch ist der Apple Pencil, wenn Sie E-Books gern »aktiv« lesen, also Markierungen und Notizen hinzufügen. Welche Markierungen und Notizen Sie vornehmen und erstellen können, hängt davon ab, welches Format das E-Book besitzt. In PDF-E-Books können Sie nach Herzenslust herumkritzeln:

1. Starten Sie die *Bücher*-App und öffnen Sie ein PDF-E-Book, z. B. ein Gerätehandbuch.
2. Lesen Sie das E-Book, und wenn Sie eine Stelle gefunden haben, wählen Sie diese mithilfe der Textbegrenzer aus. Tippen Sie dann im Kontextmenü auf *Markieren* (Bleistiftsymbol). Alternativ tippen Sie gleich rechts oben am Dokument auf das Symbol *Markieren*.
3. Nehmen Sie Ihre Markierungen und Notizen mit den vorhandenen Schreib- und Zeicheninstrumenten sowie den Farbpaletten vor.
4. Bitte beachten Sie: Die Markierungen lassen sich wie bei einem richtigen Buch nicht mehr ohne Weiteres entfernen, sofern Sie das Dokument mit den Änderungen bereits gespeichert haben. Erstellen Sie zuvor eine Kopie des noch nicht markierten E-Books.
5. Falls Sie zumindest die letzten Zeichenstriche oder Markierungen unmittelbar entfernen wollen, schütteln Sie das iPad leicht und tippen anschließend auf *Widerrufen*.

E-Books im EPUB-Format markieren

In E-Books im EPUB-Format aus dem Book Store ebenso wie in nicht kopiergeschützten EPUB-E-Books aus anderen Quellen können Sie nicht so einfach mit dem Apple Pencil herumkritzeln wie bei PDF-E-Books. Jedoch ist es möglich, Textstellen farblich zu markieren und kleine Notizen hinzuzufügen. Der Apple Pencil ist dafür zwar nicht zwingend erforderlich, aber die Arbeit wird damit weit komfortabler:

1. Starten Sie die *Bücher*-App und öffnen Sie ein E-Book im EPUB-Format.
2. Wenn Sie eine Stelle gefunden haben, die Sie markieren möchten, tippen Sie darauf und wählen diese über die Textbegrenzer rechts und links aus.
3. Tippen Sie im Kontextmenü auf *Markierung* und wählen Sie die Farbe. Zum Markieren bewegen Sie den Apple Pencil wie einen herkömmlichen Textmarker über den Text. Zum Markieren einzelner Wörter tippen Sie auf das Wort.

4. Ihre Markierungen können auch gelöscht werden. Tippen Sie dazu doppelt auf die Markierung und anschließend auf *Markierung löschen*.
5. Um einem Text eine Notiz hinzuzufügen, tippen Sie doppelt auf den Text, bis das Kontextmenü erscheint, und anschließend auf *Notiz hinzufügen*. Geben Sie die Notiz über die Bildschirmtastatur oder eine externe Tastatur ein.
6. Alternativ verfassen Sie eine handschriftliche Notiz, die von der integrierten Texterkennung gleich in maschinenlesbaren Text umgewandelt wird.
7. Eine Liste all Ihrer Markierungen und Notizen finden Sie über einen Fingertipp auf das Symbol rechts unten (zwei Striche und drei Punkte). Dieses erscheint, wenn Sie auf eine Seite des E-Books tippen.
8. Wählen Sie dort den Eintrag *Lesezeichen & Markierungen*. Er ist dort nur zu finden, wenn Sie bereits *Markierungen* oder *Lesezeichen* hinzugefügt haben. Um diese wieder zu entfernen, wischen Sie auf dem Eintrag von rechts nach links und tippen auf das rot unterlegte Papierkorbsymbol.

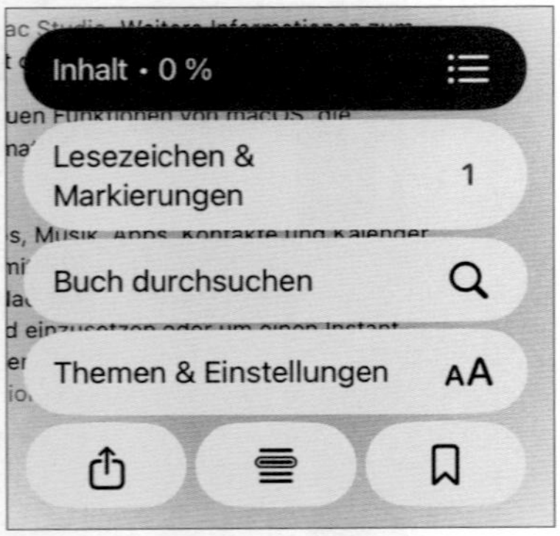

Zeichen-Apps im App Store

Eine große Auswahl leistungsfähiger Apps für Zeichnungen, Skizzen und Pläne finden Sie im App Store. Für Fortgeschrittene ist die App *Procreate* empfehlenswert. Kostenlose Apps wie *Paper* oder *Adobe Photoshop Sketch* sind ebenfalls empfehlenswert.

10.5 AirPrint

Auch wenn es auf den ersten Blick nicht so aussieht, können Sie mit Ihrem iPad Dokumente, Abbildungen und Zeichnungen drahtlos zu Papier bringen – eine WLAN-Verbindung vorausgesetzt. Die entsprechende Technologie von Apple heißt AirPrint. Damit das funktioniert, müssen Sie über einen WLAN-fähigen Drucker verfügen, der Drucker muss AirPrint-kompatibel sein und sich im selben WLAN-Netzwerk befinden.

Drucken eines Dokuments

Um dann ein Dokument zu Papier zu bringen, gehen Sie wie folgt vor:

1. Starten Sie die App. Öffnen Sie das gewünschte Dokument oder die Webseite und tippen Sie oben auf das Teilen-Feld.
2. Alternativ tippen Sie, soweit angezeigt und erforderlich, auf *Mehr* (drei kleine Punkte).

3. Tippen Sie nun auf den Befehl *Drucken*. Im Drucker-Fenster wählen Sie unter *Drucker* das gewünschte Gerät aus, legen fest, wie viele Kopien gedruckt werden sollen und welche Seiten dies sind.
4. Über einen Fingertipp auf das Symbol *Drucken* rechts oben wird das Dokument zu Papier gebracht.

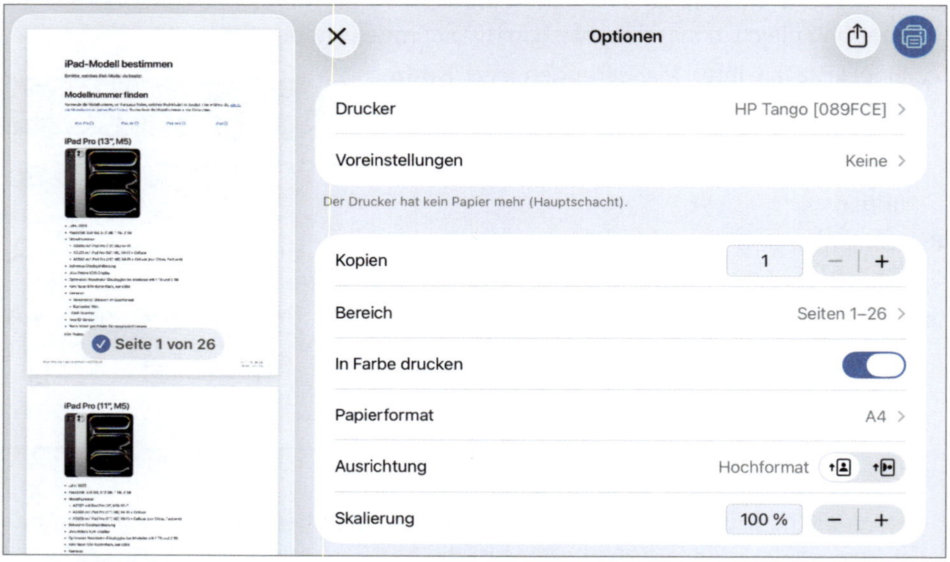

> **Drucken und Scannen über eine App des Druckerherstellers**
> Weit mehr Möglichkeiten beim Drucken und sogar Scannen bieten Apps Ihres Druckerherstellers. So können Sie mit AirPrint-kompatiblen Multifunktionsgeräten oftmals nicht nur drucken und dabei weit mehr Einstellungen vornehmen als bei den Bordmitteln von iPadOS, sondern auch gedruckte Dokumente scannen, ganz wie am Windows-PC oder Mac. Die entsprechenden Apps sind kostenlos im App Store erhältlich. Suchen Sie dort einfach nach Ihrem Druckerhersteller.

10.6 AirPods und weitere Bluetooth-Kopfhörer

Alle aktuellen iPad-Modelle verfügen über keinen separaten Kopfhöreranschluss mehr. Stattdessen müssen Sie einen USB-C-auf-Klinke-Adapter erwerben, um drahtgebunden Kopfhörer anzuschließen. AirPods – von den einfachen AirPods über die AirPods Pro bis zu den AirPods Max – sowie andere Bluetooth-Kopfhörer sind oftmals praktischer. Auch der Klang lässt in der Regel nichts mehr zu wünschen übrig.

Allenfalls audiophile Musikfreunde und Musikfreundinnen mag der Klang über Bluetooth-Kopfhörer nicht vollständig überzeugen. Wie Sie einen handelsüblichen Bluetooth-Kopfhörer eines Drittherstellers mit dem iPad verbinden, lesen Sie hier:

Handelsüblichen Bluetooth-Kopfhörer verbinden

1. Schalten Sie den Kopfhörer ein. Sorgen Sie zuvor dafür, dass er geladen ist.
2. Öffnen Sie die *Einstellungen* und wählen Sie in der linken Spalte *Bluetooth*. Falls noch nicht geschehen, schalten Sie *Bluetooth* ein.
3. Ihre Bluetooth-Kopfhörer werden unter *Andere Geräte* aufgelistet. Um sie mit Ihrem iPad zu koppeln, tippen Sie auf den Namen des Kopfhörers. In der Regel wird er dann verbunden.
4. Ob die Bluetooth-Kopfhörer gekoppelt sind, erkennen Sie auch rechts oben in der Statusleiste an einem kleinen Kopfhörersymbol.
5. Zudem stellen Sie über das Kontrollzentrum fest, ob die Kopfhörer angeschlossen sind. Rufen Sie das Kontrollzentrum auf. Ist ein Bluetooth-Kopfhörer mit dem iPad verbunden, finden Sie das bekannte Bluetooth-Symbol ebenfalls dort.

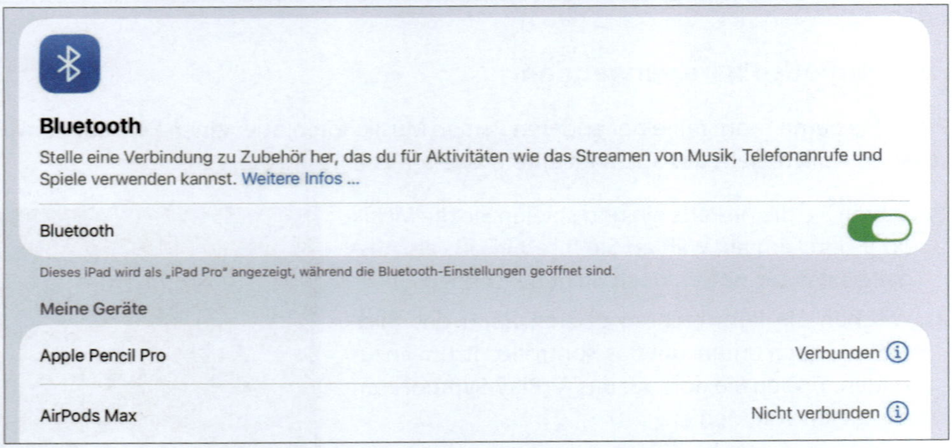

AirPods verbinden

Mit den AirPods, den AirPods Pro und den teuren, aber exzellenten AirPods Max hat Apple echte Verkaufsschlager im Angebot. AirPods dienen aber nicht nur dazu, Musik zu hören, unterwegs Filme anzuschauen oder Hörbücher zu hören, sondern auch zum Telefonieren und zur Verwendung von Siri. Die aktuellen Modelle der AirPods sowie AirPods Pro werden zudem in einer Akkuhülle aufbewahrt, die immer dafür sorgt, dass sie geladen sind. Über diese Akkuhülle können sie über ein handelsübliches Ladegerät sogar drahtlos aufgeladen werden.

AirPods können sehr unkompliziert mit dem iPad gekoppelt werden:

1. Melden Sie sich am iPad mit Ihrem Zugangscode oder per Face ID bzw. Touch ID an. Aktivieren Sie am iPad Bluetooth, sofern noch nicht geschehen.
2. Öffnen Sie die Akkuhülle der AirPods oder AirPods Pro direkt neben dem iPad. Auf dem iPad wird angezeigt, wie Sie weiter verfahren müssen.
3. Wenn Sie auf *Verbinden* tippen, werden Ihre AirPods per Bluetooth gekoppelt.
4. Ihre AirPods werden auf jedem Ihrer Geräte, ob iPad, iPhone oder Mac, automatisch angezeigt und können dort genutzt werden, sofern diese kompatibel und Sie dort mit Ihrem Apple Account angemeldet sind.

AirPods und Akkuhülle aufladen

Ihre AirPods oder AirPods Pro werden automatisch aufgeladen, wenn sie sich in der Akkuhülle befinden. Den Akkustand Ihrer AirPods und Akkuhülle erfahren Sie, wenn Sie diese neben das iPad legen und die Akkuhülle öffnen. Auch im Batterie-Widget wird dieser angezeigt. Die Akkuhülle selbst kann über ein USB-/USB-C-Kabel am Mac oder Windows-PC bzw. über ein kabelloses, Qi-kompatibles Ladegerät geladen werden.

Zwei AirPods-Paare verwenden

Wenn Sie gemeinsam mit einer anderen Person Musik hören oder einen Film auf dem iPad schauen wollen, geht das auch mit einem zweiten Paar AirPods.

1. Setzen Sie die AirPods ein und spielen Sie die Musik oder den Film ab. Wählen Sie Ihre AirPods als Ausgabegerät aus, sofern noch nicht geschehen.
2. Wischen Sie vom rechten oberen Rand des Bildschirms nach unten, um das Kontrollzentrum anzuzeigen. Tippen Sie dort auf das AirPlay-Symbol zum Abspielen von Medien.
3. Wählen Sie den Eintrag *Audio teilen* (Symbol mit zwei Personen). Bewegen Sie nun die anderen AirPods oder ein iPhone bzw. iPad, mit dem ebenfalls AirPods verbunden sind, in die Nähe Ihres iPad.
4. Nun können Sie auf beiden AirPods-Paaren die gleiche Musik oder den gleichen Ton (bei einem Film) hören.

AirPods mit Siri bedienen

Ihre AirPods können über Siri gesteuert werden.

- Bei den AirPods 1 und 2 tippen Sie dazu doppelt auf einen der AirPods.
- Bei den AirPods 3 und 4 sowie den AirPods Pro 1 bis 3 halten Sie den Stiel eines der AirPods gedrückt und warten auf den Signalton von Siri.
- Bei den AirPods Max betätigen Sie die Digital Crown und warten, bis der Signalton von Siri ertönt.
- Bei allen AirPods außer den AirPods 1 sagen Sie „Siri" oder „Hey Siri", um Siri zu aktivieren.

Anschließend sprechen Sie etwa die folgenden Befehle:

- Lauter oder leiser
- Springe zum nächsten Titel
- Spiele Adele

AirPods mit Gesten bedienen

Alternativ können Sie Ihre AirPods auch – in Grenzen – mithilfe von Gesten bedienen, wenn Sie sich z. B. in der Öffentlichkeit befinden und Siri keine Befehle erteilen möchten. Ab den AirPods 3 oder den AirPods Pro 1 haben Sie dazu folgende Möglichkeiten:

- Start/Pause: Drücken Sie einmal.
- Nächster Titel: Drücken Sie doppelt.
- Vorheriger Titel: Drücken Sie dreimal.
- Anruf annehmen: wenn der Anruf eingeht, drücken.

Mit Siri Nachrichten vorlesen lassen

Nutzen Sie mindestens AirPods 2, können Sie sich eingehende Nachrichten nicht nur ankündigen, sondern auch von Siri vorlesen lassen. Auch eine Antwort ist über Siri möglich. Sagen Sie dazu einfach »Hey Siri, lese mir meine Nachrichten vor«. Des Weiteren können Sie sich die Nachrichten gleich automatisch vorlesen lassen.

Dazu nehmen Sie die folgenden Einstellungen vor:

1. Öffnen Sie die *Einstellungen* auf dem iPad und tippen Sie auf *Apple Intelligence & Siri*.
2. Dort wählen Sie die Einträge *Mitteilungen ankündigen* sowie *Kopfhörer*.

Lautstärke- und Kopfhöreranpassungen

Damit Ihr Gehör nicht durch zu laute Töne und Musik beeinträchtigt wird, können Sie Anpassungen vornehmen und sich zudem informieren, ob und wann dies der Fall gewesen sein könnte.

1. Öffnen Sie die *Einstellungen* auf dem iPad und tippen Sie auf *Töne*. Dort wählen Sie die Kategorie *Kopfhörer*.
2. Nun schalten Sie die Option *Laute Töne reduzieren* ein und legen den gewünschten Dezibel-Wert fest. Beachten Sie dazu die Anmerkungen von Apple.
3. Falls die Lautstärke (7-Tage-Wert) überschritten wird, erhalten Sie eine entsprechende Mitteilung.
4. Die Mitteilungen und Informationen zur Lautstärke können Sie in der *Health*-App auf Ihrem iPhone einsehen, sofern Sie ein iPhone nutzen. Wählen Sie dort die Kategorie *Hören*.

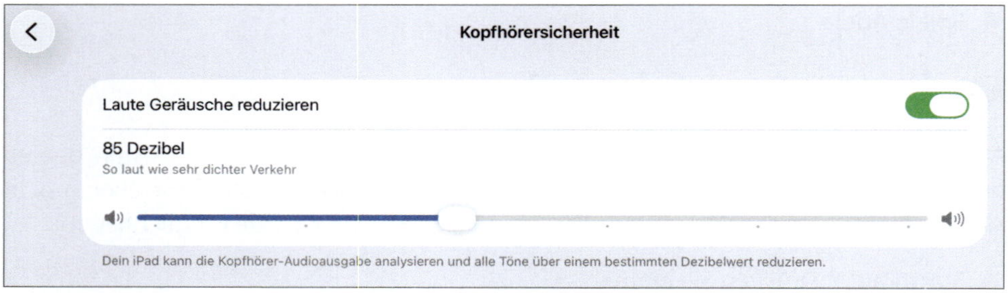

Verlorene AirPods orten

Die AirPods sind nicht nur gute und teure Kopfhörer, sondern auch sehr klein. Verlieren Sie einen oder gar beide AirPods, ist das nicht nur ärgerlich, sondern kann auch ins Geld gehen. Damit Sie diese im Fall der Fälle wiederfinden, lassen sie sich über die App *Wo ist?* orten.

1. Starten Sie die App *Wo ist?* auf dem iPad. Tippen Sie unten auf *Geräte*.
2. Tippen Sie auf den Eintrag *AirPods von [Name]*. Vermuten Sie, dass diese in der Nähe liegen, tippen Sie auf *Ton abspielen*.
3. Um den Weg zu den AirPods zu finden, tippen Sie auf *Route*. Vermuten Sie hingegen, dass Sie diese verloren haben, tippen Sie auf die Kategorie *[Gerät] verloren* und aktivieren über den Modus *Verloren* den gewünschten Schutz.

10.7 AirPlay

AirPlay wird bei Apple die Technologie genannt, Medien und Bildschirminhalte an andere kompatible Geräte wie das Apple TV, AV-Receiver, Lautsprecher etc. zu streamen und dort abzuspielen oder anzuzeigen. Ihr iPad ist ebenfalls AirPlay-fähig. Das heißt, Sie können unter anderem – über Apple TV – den Bildschirminhalt oder auch Filme auf Ihrem TV-Gerät betrachten und Musik auf Ihrer Stereoanlage, dem AV-Receiver oder kompatiblen Lautsprechern streamen.

Hierzu müssen folgende Voraussetzungen erfüllt sein: Bei Apple TV oder den anderen Geräten ist AirPlay aktiviert. Apple TV oder die weiteren Geräte und Ihr iPad befinden sich im gleichen WLAN-Netzwerk. Die ggf. verwendete App ist außerdem AirPlay-kompatibel.

iPad auf Bildschirmen spiegeln

Es kann viele Gründe geben, den Bildschirminhalt Ihres iPad auf einem anderen Gerät, etwa einem TV-Gerät, darzustellen, sei es, um eine Präsentation zu zeigen, Apps vorzuführen oder ein Spiel zu spielen. In diesem Fall gehen Sie wie folgt vor:

1. Schalten Sie Apple TV und das TV-Gerät ein. Wechseln Sie mit der Fernbedienung Ihres TV-Gerätes zum HDMI-Eingang, an dem das Apple TV angeschlossen ist. Die Benutzeroberfläche des Apple TV wird angezeigt.
2. Öffnen Sie auf Ihrem iPad das Kontrollzentrum, indem Sie vom rechten oberen Rand des Bildschirms nach unten wischen.
3. Tippen Sie auf das Kontrollelement *Bildschirmsynchronisierung* und wählen Sie dort *Apple TV*. Der Bildschirminhalt wird auf dem TV-Gerät angezeigt. Die Bedienung erfolgt weiter über das iPad.
4. Auf diese Weise können Sie den Bildschirm des iPad aber auch auf dem Bildschirm Ihres Macs spiegeln. Wählen Sie dazu über die *Bildschirmsynchronisierung* statt *Apple TV* etwa den Namen Ihres Macs aus.

Diashow am TV-Gerät

Vielleicht erinnern Sie sich noch an die Zeiten, als Familie und Freunde beim gemeinsamen Dia-Abend mit Projektor und Leinwand zusammensaßen, um die Fotos vom letzten Urlaub anzuschauen. Auf die ebenso unvergesslichen wie oftmals langatmigen Diashows müssen Sie aber auch als Besitzer eines iPad und Apple TV nicht verzichten:

1. Schalten Sie Apple TV und das TV-Gerät ein. Wechseln Sie mit der Fernbedienung Ihres TV-Gerätes zum HDMI-Eingang, an dem das Apple TV angeschlossen ist. Die Benutzeroberfläche des Apple TV wird angezeigt.

2. Öffnen Sie auf Ihrem iPad die *Fotos*-App und wählen Sie das gewünschte Fotoalbum aus. Tippen Sie auf *Auswählen* und markieren Sie alle Fotos. Anschließend tippen Sie rechts oben auf *Mehr* (drei kleine Punkte).
3. Wählen Sie zunächst den Befehl *Als Diashow wiedergeben*. Um die Diashow über Apple TV auf dem iPad abzuspielen, tippen Sie rechts oben erneut auf das *Mehr*-Symbol und wählen erst *AirPlay* und dann *Apple TV* aus. Die Diashow wird auf dem TV-Gerät angezeigt.
4. Möchten Sie Änderungen an der Diashow vornehmen, z. B. Musikuntermalung oder Übergangseffekte, tippen Sie links unten auf das Notensymbol und nehmen die gewünschten Einstellungen vor.

Video auf dem TV-Gerät zeigen

Ihre selbst gedrehten Videos ebenso wie Filme aus anderen Quellen und Apps können Sie ebenfalls auf dem TV-Gerät vorführen.

1. Schalten Sie Apple TV und das TV-Gerät ein. Wechseln Sie mit der Fernbedienung Ihres TV-Gerätes zum HDMI-Eingang, an dem das Apple TV angeschlossen ist. Die Benutzeroberfläche des Apple TV wird angezeigt.
2. Öffnen Sie auf Ihrem iPad die gewünschte App und öffnen Sie das Video oder den Film. Spielen Sie den Film oder das Video ab.
3. Tippen Sie in der App auf das AirPlay-Symbol. Dies befindet sich meist rechts oben bzw. neben den Abspielelementen. Das Video wird anschließend über Apple TV auf dem TV-Gerät abgespielt.

10.8 Weitere Geräte an Ihr iPad anschließen

Je nachdem, welche Ansprüche Sie haben und wofür Sie Ihr iPad nutzen, haben Apple und andere Anbieter praktische Adapter und Kabel im Angebot, mit denen Sie zahlreiche Peripheriegeräte und Speichermedien an Ihr iPad anschließen können. Hier erfahren Sie, welche Geräte unterstützt werden, welche Kabel und Adapter Sie benötigen und wie Sie dabei vorgehen.

Welche Geräte können angeschlossen werden?

Je nachdem, welches iPad Sie besitzen, können Sie unterschiedliche Geräte anschließen. Die größtmögliche Kompatibilität bieten die aktuellen iPad-Modelle, die alle über eine USB-C-Schnittstelle verfügen.

Daher lassen sich auch nahezu alle USB-Geräte anschließen, falls nötig, über einen USB-C-auf-USB-Adapter, beispielsweise:

- USB-Sticks
- USB-Festplatten (unter Umständen mit eigener Stromversorgung)
- USB-Mäuse
- Kopfhörer (USB-C-Klinke-Adapter)
- Bildschirme (USB-C-Adapter mit dem passenden Anschluss HDMI, DisplayPort oder VGA erforderlich)
- Router (per Ethernet-Kabel, siehe weiter unten)

Bei einem iPad oder iPad Pro mit Lightning-Schnittstelle benötigen Sie statt eines USB-C- den entsprechenden Lightning-Adapter, wenn Sie die genannten Geräte anschließen möchten. Zudem können Sie auch Geräte per Bluetooth verbinden, etwa Bluetooth-Mäuse, Game-Controller, Bluetooth-Lautsprecher und -Kopfhörer.

Multifunktionsgeräte und Drucker
Drucker und Multifunktionsgeräte können am iPad kabelgebunden nicht genutzt werden – nur per WLAN und AirPrint. Bitte beachten Sie dazu Abschnitt 10.5.

Sidecar – das iPad als Zweitbildschirm

Besitzen Sie einen Mac (ab macOS Catalina) und ein iPad mit Apple-Pencil-Unterstützung, das zumindest unter iPadOS 13 läuft, können Sie das iPad als Zweitbildschirm nutzen. In diesem Fall haben Sie die folgenden Möglichkeiten:

- zum Spiegeln des Mac-Bildschirms,
- als Erweiterung des Mac-Bildschirms,
- als Touch Bar oder
- als eine Art Grafiktablett (mit dem Apple Pencil).

Die Voraussetzung dafür ist, dass WLAN und Bluetooth auf beiden Geräten aktiviert und Sie zudem auf beiden Geräten mit dem gleichen Apple Account angemeldet sind. Außerdem muss *Handoff* eingeschaltet sein (siehe Kapitel 8.4).

iPad als Zweitbildschirm anschließen

Das iPad können Sie sowohl mit einem passenden Kabel als auch per WLAN als Zweitbildschirm nutzen:

1. Öffnen Sie zunächst die Systemeinstellungen auf dem Mac und klicken Sie auf *Displays*. Stellen Sie zuvor Ihr iPad in die Nähe Ihres Macs und entsperren Sie es.

2. Gegebenenfalls verbinden Sie beide Geräte mit einem passenden Kabel – wie Lightning-auf-USB-C oder -USB oder USB-C-auf-USB-C oder -USB. Die Frage, ob das iPad dem Mac vertrauen kann, bejahen Sie.
3. Tippen Sie am Mac unten an der Einstellung *Displays* auf den Plus-Schalter. Dort wählen Sie als Gerät Ihr iPad aus.
4. Auf dem iPad erscheint nun die Benutzeroberfläche Ihres Macs. Ziehen Sie ggf. die Voransicht des iPad-Bildschirms an die richtige Stelle, also rechts oder links von Ihrem Mac.
5. Wählen Sie in der Menüleiste das Monitor-Symbol aus, um dort die gewünschten Einstellungen vorzunehmen.
6. Wenn Sie das USB-C-auf-USB-/USB-C-Kabel nun entfernen, bleibt die Verbindung über WLAN erhalten. Über Kabel ist sie unter Umständen aber schneller und sicherer.

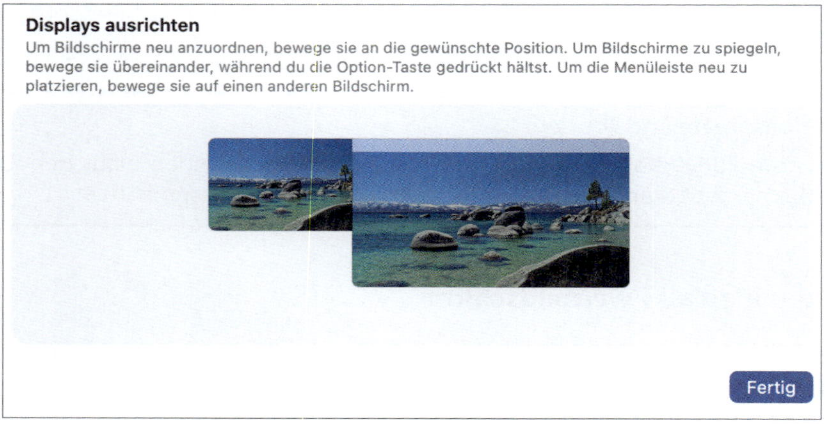

Bildschirm erweitern oder spiegeln?

Auf dem iPad können Sie den Bildschirm Ihres Macs erweitern oder spiegeln. Die entsprechende Einstellung nehmen Sie in der Menüleiste über das Monitor-Menü vor. Dort wählen Sie bei Bedarf *Integriertes Retina-Display spiegeln*. Ansonsten wird es als *Erweitertes Display* verwendet. Des Weiteren können Sie dort auf dem iPad die Seitenleiste und Touch Bar ausblenden.

iPad als Grafiktablett verwenden

Falls Sie kreativ tätig sind, können Sie das iPad sogar als Grafiktablett am Mac einsetzen. Verschieben Sie dazu einfach das Fenster der entsprechenden App auf das iPad als Zweitdisplay und nutzen Sie statt Maus oder Trackpad den Apple Pencil.

iPad an externen Monitor anschließen

Falls einmal erforderlich, können Sie auch einen externen Monitor an Ihr iPad anschließen. Sie benötigen dazu nur den passenden Adapter und das Anschlusskabel. Bei einem iPad mit USB-C-Schnittstelle ist es ein USB-C-Display-AV-Adapter oder ein USB-C-VGA-Multiport-Adapter. Bei einem iPad mit Lightning-Schnittstelle ist ein Lightning-Digital-AV-Adapter oder ein Lightning-auf-VGA-Adapter erforderlich. Den Digital-AV-Adapter benötigen Sie bei Monitoren mit einer HDMI-Schnittstelle. Das Anschlusskabel dazu wählen Sie Ihrem Monitor entsprechend. Anschließend gehen Sie auf die folgende Weise vor:

1. Verbinden Sie das Kabel mit dem passenden Adapter für Ihr iPad.
2. Schließen Sie dann das Kabel an den passenden Monitoreingang an, und den Adapter verbinden Sie mit der USB-C- oder Lightning-Schnittstelle Ihres iPad.
3. Wählen Sie am Monitor den entsprechenden Monitoreingang aus, wird der Bildschirminhalt des iPad auf dem Monitor gespiegelt. Bitte beachten Sie, dass dieser nur gespiegelt werden kann.
4. Besitzen Sie einen Monitor mit einem USB-C- oder DisplayPort-Eingang, können Sie das iPad auch nur mithilfe eines passenden Kabels USB-C-auf-USB-C oder USB-C auf DisplayPort anschließen. Bei einem USB-C-Kabel müssen Sie darauf achten, dass dieses auch zum Anschluss des Monitors geeignet ist.

Schnellladegerät für Ihr iPad

Aktuelle iPads lassen sich um einiges schneller laden als ältere iPad-Modelle. Die Ladezeit sinkt erheblich auf ungefähr 2–3 Stunden. Allerdings ist dazu ein anderes Netzteil bzw. Ladegerät notwendig. Dieses sollte mindestens über 30 Watt Leistung verfügen. Entsprechende Geräte gibt es von Drittanbietern und auch von Apple, etwa den 30W USB-C Power Adapter. Mit einem Preis von 45 Euro ist dieser allerdings nicht gerade günstig. Noch schneller können Sie das neueste iPad Pro, das im Herbst 2026 vorgestellt wurde, laden. Dazu benötigen Sie aber ein Netzteil ab 70W, das bei Apple an die 65 Euro kostet. Damit können Sie das iPad in 30 Minuten zu 50 % laden! Allerdings sollten Sie zum Laden immer das originale Ladekabel von Apple verwenden. Günstige Kabel von Drittanbietern können Probleme verursachen oder sind nicht schnellladefähig.

Mit dem iPad das iPhone laden

Geht die Akkukapazität Ihres iPhone zur Neige und ist Ihr iPad noch vollgeladen, können Sie das iPhone direkt am iPad aufladen – und zwar über ein USB-C-auf-USB-C oder -Lightning-Kabel. Verbinden Sie die beiden Geräte über das Kabel, und schon erhält der Akku Ihres iPhone wieder etwas mehr Strom.

Das iPad per Ethernet-Kabel an einen Router anschließen

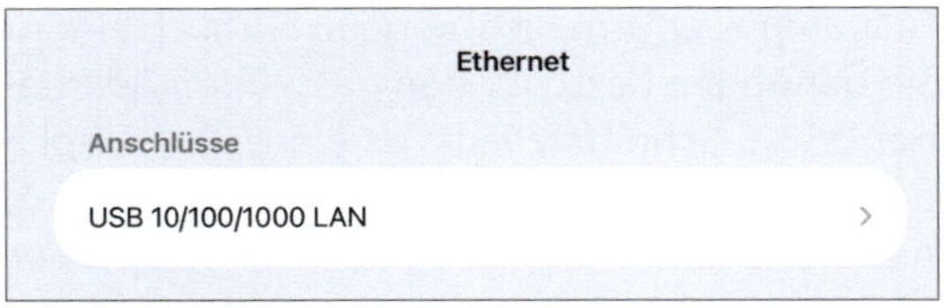

Haben Sie ein iPad Pro ab der dritten Generation, ein iPad Air ab der vierten Generation oder ein iPad mini ab der sechsten Generation, können Sie daran einen USB-C-auf-Ethernet-Adapter anschließen und über ein Ethernet-Kabel mit Ihrem Router oder WLAN-Router verbinden. In diesem Fall haben Sie in der Regel nicht nur eine viel schnellere Netzwerkverbindung, sondern sie ist auch wesentlich sicherer als über WLAN. Ist Ihr iPad per Ethernet mit dem Router verbunden, finden Sie links in den *Einstellungen* den Eintrag *Ethernet*, in der rechten Spalte die entsprechenden Verbindungsdaten. Rechts oben in der Statusleiste erscheint zudem das Symbol des Adapters anstatt WLAN oder Mobilfunkverbindung.

Universal Control – Mac und iPad mit derselben Tastatur und Maus bedienen

Sie können Ihr iPad mit dem Magic Keyboard und der Magic Mouse Ihres Macs bedienen und benötigen daher zumindest zu Hause keine separaten Eingabegeräte für das iPad. Allerdings müssen die folgenden Voraussetzungen erfüllt sein: Auf Ihrem iPad ist mindestens iPadOS 15.4 installiert, auf Ihrem Mac macOS Ventura. Auf beiden Geräten ist WLAN sowie Bluetooth eingeschaltet. Zudem müssen Sie auf beiden Geräten mit dem gleichen Apple Account angemeldet sein.

Anschließend öffnen Sie die Einstellungen zu den *Displays*. Dort schalten Sie nach einem Klick auf *Weitere Optionen* die Funktionen in der Kategorie *Mit Mac oder iPad verknüpfen* ein. Auf dem iPad tippen Sie in den *Einstellungen* auf *Allgemein* und dort auf *AirPlay & Integration*. Hier aktivieren Sie *Handoff* sowie *Cursor & Integration*. Anschließend sollte die Bedienung des iPad mit der Tastatur und der Maus Ihres Macs funktionieren. Bewegen Sie dazu den Mauszeiger an den Rand des Displays, bis dieser auf dem Display des iPad erscheint.

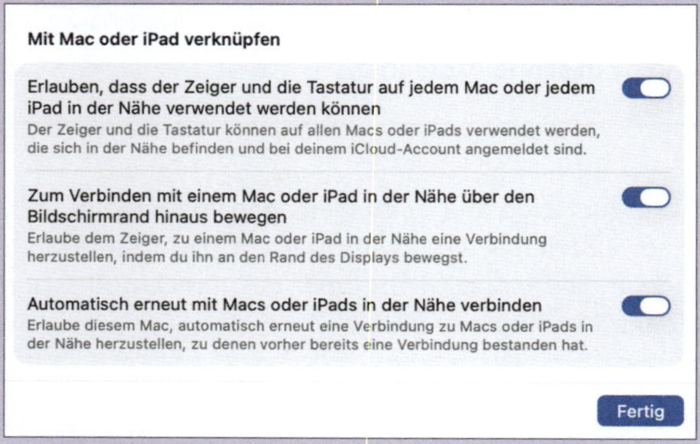

11. Probleme und Lösungen

Die Besonderheit von Apple-Geräten, ob es ein Mac ist, iPhone oder iPad, ist die enge Verzahnung von Hard- und Software. Diese arbeiten optimal zusammen, sind perfekt aufeinander abgestimmt und wirken damit fast wie aus einem Guss. Dennoch sind iPads komplexe technische Geräte, und daher sind Probleme sowie Fehlfunktionen nicht ganz ausgeschlossen. Dank der folgenden Tipps bändigen Sie störrische Apps, bringen das abgestürzte iPad wieder zum Laufen und lösen Probleme mit der Akkulaufzeit oder einer zu geringen Speicherkapazität.

11.1 Akku

Mit der Akkukapazität ist es das Gleiche wie mit dem Speicherplatz – man kann davon nie genug haben. Allerdings sind zumindest bei der Akkukapazität physikalisch Grenzen gesetzt, denn ein erheblich leistungsfähigerer Akku würde das iPad dicker und schwerer machen. Um die Laufzeit wenigstens etwas zu erhöhen, gibt es aber einige Tipps und Tricks, vom Deaktivieren nicht unbedingt notwendiger Funktionen bis zur Verwendung einer Powerbank.

Ladezustand in Prozent anzeigen

Wollen Sie über den Akkustand Ihres iPad bis auf das Prozent genau im Bild sein, aktivieren Sie die entsprechende Anzeige:

1. Öffnen Sie die *Einstellungen* und tippen Sie in der linken Spalte auf *Batterie*.
2. Schalten Sie dann in der rechten Spalte die Option *Batterieladung in %* ein. Diese wird rechts oben in der Statusleiste angezeigt.

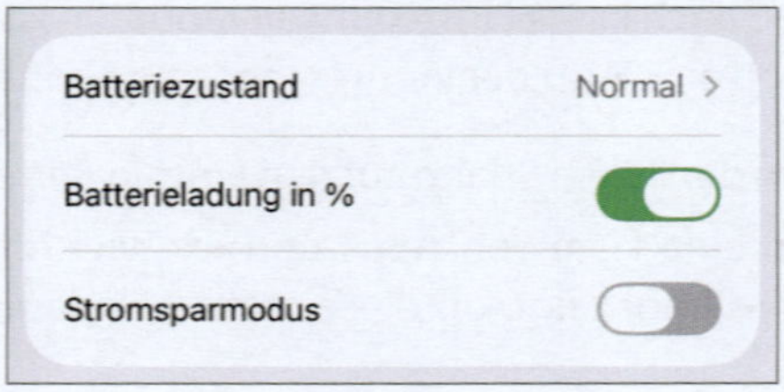

Die Akkulebensdauer erhöhen

Wenn ein Akku immer auf 100 % geladen wird, kann das mit der Zeit zu einer geringeren Lebensdauer führen. »Gesünder« ist es, den Akku nur in Notfällen ganz zu laden, etwa wenn Sie länger unterwegs sind. Ansonsten ist es besser, ihn nur bis zu 80 % zu laden.

Bei iPadOS stellen Sie dies auf folgende Weise ein:

1. Öffnen Sie die *Einstellungen* und tippen Sie in der linken Spalte auf *Batterie*.
2. Tippen Sie dann in der rechten Spalte auf *Batteriezustand*. Dort aktivieren Sie die Option *80 % Limit*.

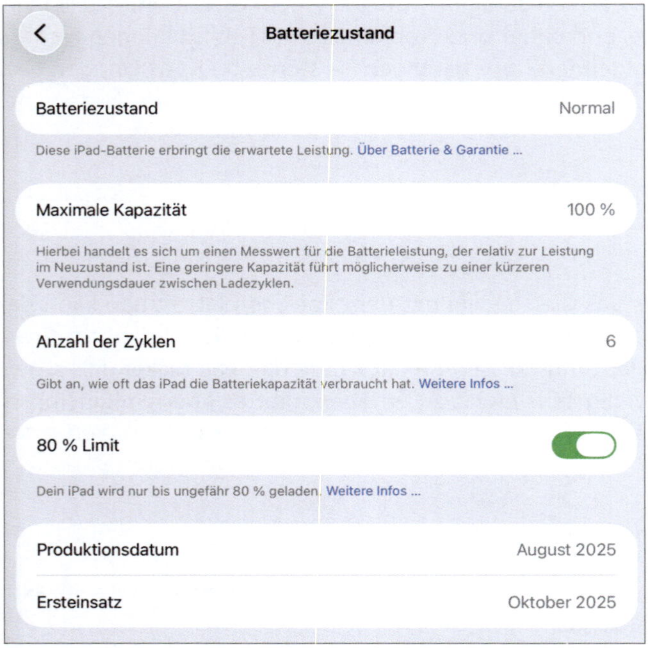

Die schlimmsten Energiefresser finden und abschalten

Wundern Sie sich vielleicht darüber, dass die Akkuladung immer schneller zur Neige geht, obwohl Sie Ihr iPad so verwenden wie immer und auch keine Einstellung verändert haben? In diesem Fall sollten Sie einmal nachschauen, ob eine App der Verursacher sein könnte:

1. Öffnen Sie die *Einstellungen* und tippen Sie in der linken Spalte auf den Eintrag *Batterie*.
2. Nun sehen Sie in der rechten Spalte unten eine Liste von Apps und wie viel Anteil diese am Akkuverbrauch haben. Zudem wird angezeigt, ob diese mehr Akkuladung benötigen als zuvor.
3. Tippen Sie auf *Gesamte Batterienutzung anzeigen*, um den Akkuverbrauch der letzten Stunden sowie der letzten Woche anzuzeigen.
4. Haben Sie den »Bösewicht« gefunden, schränken Sie dessen Einsatz ein oder suchen, soweit möglich, nach einer ähnlichen App, die diesbezüglich etwas sparsamer ist. Bekannte »Akkufresser« auf iPad und iPhone sind übrigens WhatsApp sowie die Facebook-App.

Automatische Sperre nutzen

Auch der Bildschirm hat großen Einfluss darauf, wie lange Ihr iPad durchhält. Nutzen Sie daher die *Automatische Sperre*, die nach einiger Zeit der Inaktivität in Kraft tritt. Die genaue Zeit lässt sich an Ihre Bedürfnisse und Arbeitsweise anpassen:

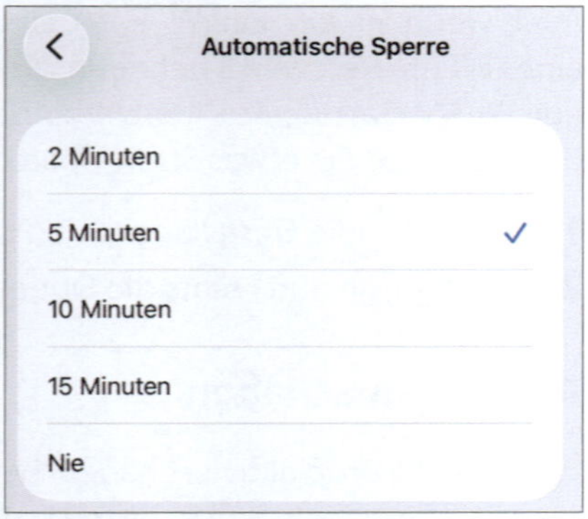

1. Öffnen Sie die *Einstellungen* und tippen Sie in der linken Spalte auf den Eintrag *Anzeige & Helligkeit*.
2. Nun finden Sie in der rechten Spalte unten den Eintrag *Automatische Sperre*. Tippen Sie darauf und wählen Sie die Zeit, nach der die *Automatische Sperre* in Kraft tritt. Ein guter Kompromiss wäre hier etwa *5 Minuten*.

Helligkeit reduzieren

Zwar passen die meisten aktuellen iPads die Helligkeit automatisch an und orientieren sich dabei am Umgebungslicht, aber um Energie zu sparen, können Sie in dunklerer Umgebung die Helligkeit bei Bedarf selbst reduzieren:

1. Öffnen Sie die *Einstellungen* und tippen Sie in der linken Spalte auf den Eintrag *Anzeige & Helligkeit*.
2. Stellen Sie rechts über den Schieberegler die Helligkeit ein.
3. Noch schneller geht es, wenn Sie das Kontrollzentrum aufrufen, indem Sie vom rechten oberen Rand nach unten wischen und dann über das entsprechende Steuerelement die Helligkeit reduzieren.

> **Flugmodus einschalten**
>
> Neben dem Bildschirm benötigen die diversen drahtlosen Verbindungen Ihres iPad zur »Außenwelt« viel Strom, und zwar auch dann, wenn sie gar nicht benötigt werden. Daher schalten Sie diese einfach ab, wenn Sie sie nicht benötigen und offline arbeiten, spielen, Musik hören oder einen Film schauen. Verwenden Sie dann z. B. einen kabelgebundenen Kopfhörer und keinen drahtlosen.
>
> Öffnen Sie das Kontrollzentrum und tippen Sie auf das Flugzeugsymbol. Nun werden alle drahtlosen Verbindungen unterbrochen.

WLAN statt Mobilfunknetz

Auch wenn Sie ein iPad Wi-Fi + Cellular besitzen, sollten Sie, sobald Sie sich in der Nähe eines WLAN-Netzwerks befinden, an dem Sie sich anmelden und das Sie nutzen können, nur WLAN statt einer Datenverbindung über das Mobilfunknetz verwenden. Auch dadurch können Sie etwas Strom sparen.

1. Öffnen Sie die *Einstellungen* und tippen Sie links auf *Mobilfunk*.
2. Schalten Sie nun rechts die Option *Mobile Daten* ab.

AirDrop ausschalten

Wenn Sie AirDrop aktiviert haben, befindet sich dieses in Wartestellung, um jederzeit Dateien von anderen iPadOS- oder iOS-Geräten und Macs empfangen zu können. Auch diese Funktion sollten Sie abschalten, um Energie zu sparen – und übrigens auch aus Sicherheitsgründen.

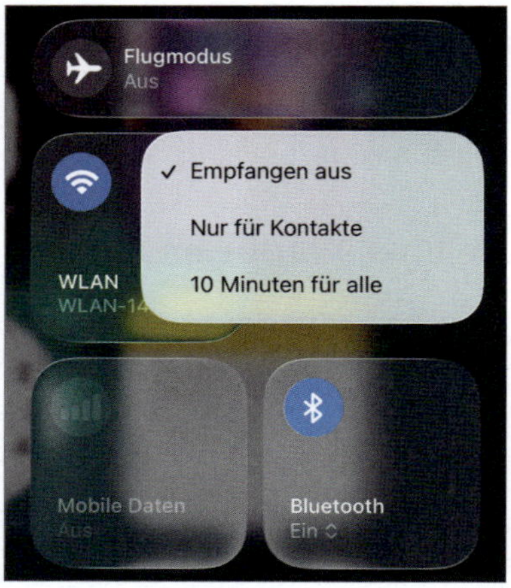

1. Öffnen Sie das Kontrollzentrum, indem Sie vom rechten oberen Bildschirmrand nach unten wischen.
2. Tippen Sie auf das AirDrop-Symbol und wählen Sie im Menü den Eintrag *Empfangen aus*. Unter Umständen erscheint das AirDrop-Symbol erst nach einem Fingertipp auf das Kontrollelement für drahtlose Verbindungen.

Hintergrundaktualisierung abschalten

Zahlreiche Apps auf Ihrem iPad, z. B. *Nachrichten* oder *Mail*, aktualisieren im Hintergrund ihre Inhalte ohne Ihr aktives Zutun. Diese Aktivitäten können großen Einfluss auf die Akkulaufzeit haben. Daher schalten Sie diese bei Bedarf einfach ab:

1. Öffnen Sie die *Einstellungen* und wählen Sie nacheinander die Einträge *Allgemein* sowie *Hintergrundaktualisierung*.
2. Schalten Sie dort die *Hintergrundaktualisierung* ganz oben aus.
3. Alternativ können Sie die *Hintergrundaktualisierung* für wichtige Apps aktiviert lassen und für die weniger wichtigen per Fingertipp abschalten.

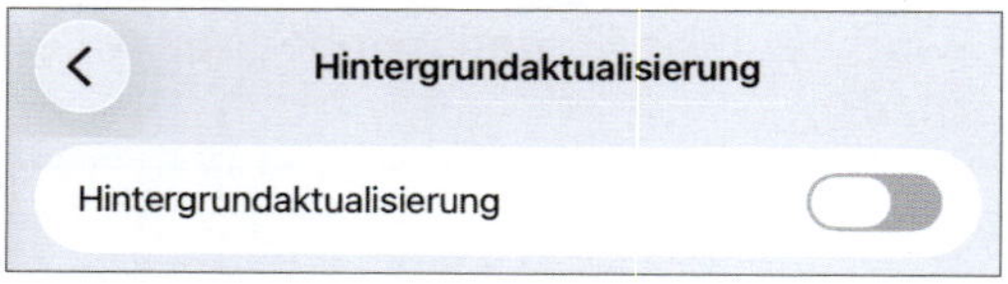

Ortungsdienste deaktivieren

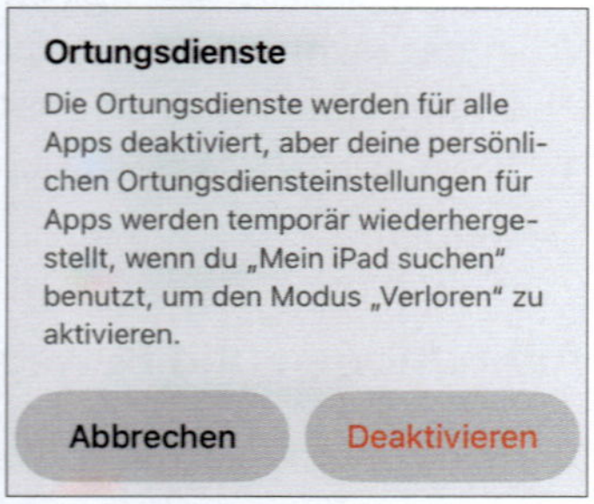

Die Ortungsdienste versuchen, den gegenwärtigen Aufenthaltsort Ihres iPad über Bluetooth, WLAN, GPS und Mobilfunkmasten – bei einem iPad Wi-Fi + Cellular – zu lokalisieren. Auch diese Funktion hat daher Einfluss auf die Akkulaufzeit. Schalten Sie diese bei Bedarf ebenfalls ab. Beachten Sie aber, dass dann Apps, die auf die Ortungsdienste zurückgreifen (müssen), ihren Dienst nicht mehr ordnungsgemäß ausüben können. In einem solchen Fall können Sie daher den Ortungsdienst für die entsprechenden Apps aktiviert lassen oder ihn nur beim »Verwenden« zulassen.

1. Öffnen Sie die *Einstellungen* und wählen Sie die Option *Datenschutz & Sicherheit*.
2. Tippen Sie in der rechten Spalte auf den Eintrag *Ortungsdienste* und schalten Sie diese ggf. mit einem Fingertipp komplett ab.

E-Mails nur noch manuell abrufen

Wird die Funktion *Push* von Ihrem E-Mail-Anbieter unterstützt, werden neue E-Mails automatisch auf Ihr iPad weitergeleitet, Sie müssen diese dann nicht mehr gezielt abrufen.

Da diese an sich praktische Funktion auch Strom benötigt und damit Einfluss auf die Akkulaufzeit hat, können Sie diese ebenfalls abschalten.

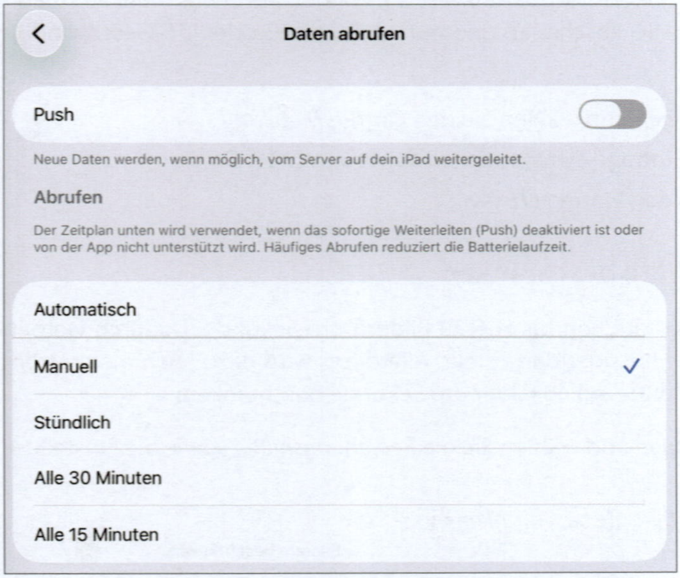

1. Öffnen Sie die *Einstellungen*, wählen Sie in der linken Spalte den Eintrag *Apps* und dann rechts *Mail*.
2. In der rechten Spalte tippen Sie dann auf *Mail-Accounts* und anschließend auf den Eintrag *Datenabgleich*. Dort schalten Sie *Push* ab.
3. Zusätzlich geben Sie unten an, dass die E-Mails nur noch *Manuell* von Ihnen abgerufen werden.

Animationen und Bewegungen deaktivieren

Die Benutzeroberfläche des iPad bietet einige mehr oder weniger sinnvolle Animationen, etwa beim Öffnen von Apps oder beim Neigen des iPad. Diese benötigen auch Rechen- und Speicherkapazität, durch das Abschalten sparen Sie etwas Strom:

1. Öffnen Sie die *Einstellungen* und wählen Sie im linken Bereich die Option *Bedienungshilfen*.
2. Dort tippen Sie nacheinander auf die Einträge *Bewegung* sowie *Bewegung reduzieren* und schalten diese Funktion ein.

3. Zudem können Sie die Funktionen *Nachrichteneffekte ausführen* sowie *Autom. Videovorschau* und *Animierte Bilder automatisch wiedergeben* ausschalten.

5G abschalten und Strom sparen

Besitzen Sie ein iPad, das bereits den Mobilfunkstandard der 5. Generation (5G) unterstützt, sowie einen entsprechenden Mobilfunkvertrag, können Sie etwas mehr Akkulaufzeit herauskitzeln, wenn Sie 5G abschalten und nur noch mit 4G oder LTE-Geschwindigkeit unterwegs surfen.

1. Öffnen Sie die *Einstellungen* und wählen Sie den Eintrag *Mobilfunk*.
2. Dort tippen Sie auf die Einträge *Datenoptionen* sowie *Sprache & Daten*.
3. Wählen Sie hier statt *5G* den Eintrag *LTE* (4G).

Beim iPad Pro die Bildrate beschränken

Das iPad Pro bietet eine Bildrate von bis zu 120 Bildern pro Sekunde. Dadurch werden Medien oder Webseiten viel flüssiger dargestellt. Allerdings wird dazu auch mehr Strom benötigt. Sie können die Bildrate auf 60 Bilder pro Sekunde beschränken:

1. Öffnen Sie die *Einstellungen* und wählen Sie die *Bedienungshilfen* sowie die Einstellungen zur *Bewegung*.
2. Schalten Sie die Option *Bildrate beschränken* ein.

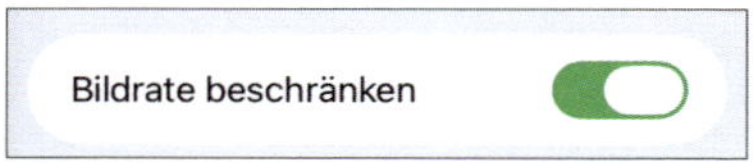

Externe Powerbank verwenden

Auch der Akku Ihres iPad hält nicht ewig. Sind Sie lange unterwegs und haben keine Möglichkeit, das iPad aufzuladen, kann eine Powerbank (quasi als Zusatzakku) gute Dienste leisten. Entsprechende Powerbanks gibt es online oder im Elektrohandel. Bitte achten Sie darauf, dass die Kapazität ausreicht. Je nach Modell hat der Akku Ihres iPad eine Kapazität von über 4.000 bis etwas über 11.000 mAh. Die Powerbank sollte also nicht zu schwach sein. Außerdem benötigen Sie ein Kabel, mit dem Sie die Powerbank an Ihr iPad anschließen können. Dies ist in der Regel ein USB-auf-USB-C-Kabel oder noch ein USB-auf-Lightning-Kabel. Der USB-Anschluss an der Powerbank kann variieren. Achten Sie auf das passende Kabel oder einen Adapter.

11.2 Netzwerkverbindungen

Natürlich können Sie mit dem iPad auch arbeiten und spielen, wenn es nicht mit dem Internet verbunden ist – ob per WLAN oder bei einem iPad Wi-Fi + Cellular über das Mobilfunknetz. Allerdings können Sie in diesem Fall nicht immer alle Funktionen des Tablets uneingeschränkt nutzen. Daher sind Probleme mit der Netzwerkverbindung auch sehr ärgerlich. Was Sie gegen etwaige Verbindungsabbrüche oder eine zu langsame Netzwerkverbindung unternehmen können, zeigen Ihnen die folgenden Tipps. Zudem erfahren Sie, wie Sie – beim Internetzugang über das Mobilfunknetz – Ihr Datenvolumen weniger beanspruchen.

Instabile WLAN-Netzwerke werden ignoriert

Hat Ihr iPad mehrmals Probleme, sich mit einem WLAN-Netzwerk zu verbinden, wird dieses künftig ignoriert und eine automatische Verbindung findet nicht mehr statt, wenn Sie sich in dessen Reichweite befinden. Wollen Sie sich trotzdem mit diesem WLAN verbinden, tippen Sie auf den entsprechenden Eintrag, um die Verbindung dennoch aufzubauen.

WLAN-Router neu starten

Das Problem bei unterbrochenen oder langsamen Netzwerk- und Internetverbindungen liegt oftmals weder am iPad noch am Netzbetreiber, sondern am WLAN-Router. Meist genügt es, diesen neu zu starten. Nutzen Sie dazu das Konfigurationsprogramm Ihres Routers oder schalten Sie diesen aus und wieder ein bzw. trennen Sie ihn ein, zwei Minuten vom Stromnetz. Nach dem Neustart funktioniert meistens alles wieder wie gehabt.

Datensparmodus nutzen

Wollen Sie Ihr Datenvolumen schonen und auch im WLAN unterbinden, dass umfangreiche Downloads stattfinden, schalten Sie den *Datensparmodus* (nur beim iPad Wi-Fi + Cellular verfügbar) ein.

1. Öffnen Sie die *Einstellungen* und tippen Sie in der linken Spalte auf *WLAN*.
2. Wählen Sie rechts das gewünschte WLAN-Netzwerk aus und tippen Sie dort auf das kleine *i*. Hier schalten Sie den Datensparmodus per Fingertipp ein.

Alternative DNS-Server verwenden

Weitere Probleme bei der Verbindung ins Internet lauern beim verwendeten DNS-Server (Nameserver). Der DNS-Server übersetzt die von Ihnen eingegebenen Internetadressen wie www.apple.de in die in allen Netzwerken so auch im Internet gebräuchlichen IP-Adressen wie 192.102.10.1. Ist der DNS-Server ausgefallen oder überlastet, kann es passieren, dass die entsprechende Internetseite nicht gefunden und aufgerufen wird. In diesem Fall können Sie einen alternativen DNS-Server verwenden. Diesen tragen Sie dann wie folgt ein:

1. Öffnen Sie die *Einstellungen* und tippen Sie in der linken Spalte auf *WLAN*. Wählen Sie in der rechten Spalte das aktive WLAN-Netzwerk aus und tippen Sie auf das kleine *i*.
2. Blättern Sie weiter unten zur Option *DNS konfigurieren*. Wählen Sie hier statt *Automatisch* den Eintrag *Manuell* und geben Sie die IP-Adresse des alternativen Nameservers ein.

Alternative Nameserver finden Sie unter anderem auf diesen Webseiten: https://www.ungefiltert-surfen.de oder www.dns-liste.de.

Datenverbrauch im Mobilfunknetz im Blick behalten

Bei einem Mobilfunkvertrag mit Datentarif, wie Sie ihn für Ihr iPad Wi-Fi + Cellular benötigen, erhalten Sie meist ein monatliches Datenvolumen von mehreren Gigabyte. Surfen Sie oft und viel unterwegs, geht selbst dieses recht großzügig bemessene Datenvolumen schnell zur Neige, und dann können Sie nur noch mit stark gedrosselter Geschwindigkeit surfen. Daher sollten Sie Ihren Datenverbrauch kennen und kontrollieren:

1. Öffnen Sie die *Einstellungen* und tippen Sie im Bereich links auf *Mobilfunk*.
2. Unter *Mobile Daten* weiter unten in der rechten Spalte erfahren Sie, wie viel von Ihrem Datenvolumen welche Apps verbraucht haben.
3. Um den mobilen Datenverbrauch zu reduzieren, schalten Sie die Option *Mobile Daten* rechts am entsprechenden Eintrag ab.

Automatische Downloads unterbinden

Auf Wunsch können Sie Ihre Käufe und Downloads mit Ihrem App-Store-Konto automatisch auf alle Ihre Geräte herunterladen – natürlich auch auf das iPad. Diese an sich praktische Funktion kann aber das oftmals begrenzte Datenvolumen im Mobilfunknetz schnell schrumpfen lassen. Die entsprechenden Downloads umfassen schnell mehrere Hundert Megabyte oder gar ein Gigabyte und mehr. Daher sollten Sie dies nur im WLAN-Netzwerk und nicht im Mobilfunknetz erlauben:

1. Öffnen Sie die *Einstellungen*, tippen Sie in der linken Spalte auf *Apps* und dann rechts auf *App Store*.
2. Dort schalten Sie in der rechten Spalte *Mobile Daten* ab. Dann werden die Einkäufe im App Store nur im WLAN-Netzwerk automatisch heruntergeladen.
3. Wählen Sie zudem in den *Einstellungen* links *Apps* und dann rechts den Eintrag *Musik*. Hier deaktivieren Sie bei Bedarf ebenfalls *Mobile Daten*.
4. Zum Schluss tippen Sie in den *Einstellungen* nochmals auf *Apps* und dann rechts auf *TV* und schalten auch dort die Option *Mobile Daten* ab.

Große E-Mail-Anhänge nicht abrufen

Wenn Sie E-Mails mit sehr großen Dateianhängen erhalten, werden diese in der Regel nicht automatisch heruntergeladen. Stattdessen müssen Sie auf das Symbol des Anhangs tippen, um diesen zu laden. Wollen Sie Ihr Datenvolumen im Mobilfunknetz schonen, sollten Sie darauf verzichten und diese Anhänge immer nur dann vollständig herunterladen, wenn Sie sich in einem WLAN-Netzwerk, bevorzugt im heimischen, angemeldet haben.

Automatische Downloads von Podcasts abschalten

Haben Sie Podcasts abonniert, werden die neuen Folgen unter Umständen nach Erscheinen automatisch heruntergeladen. Dies kann nicht nur die Geschwindigkeit Ihres Internetzugangs verlangsamen, weil dies im Hintergrund geschieht, sondern es geht im Mobilfunknetz auch zulasten Ihres Datenvolumens. Daher können Sie den automatischen Download auf das WLAN-Netzwerk beschränken:

1. Öffnen Sie die *Einstellungen*, wählen Sie in der linken Spalte den Eintrag *Apps* und danach rechts *Podcasts*.
2. Aktivieren Sie in der rechten Spalte unter *Automatische Downloads* sowie *Automatisch laden* die Einstellung *Aus*.

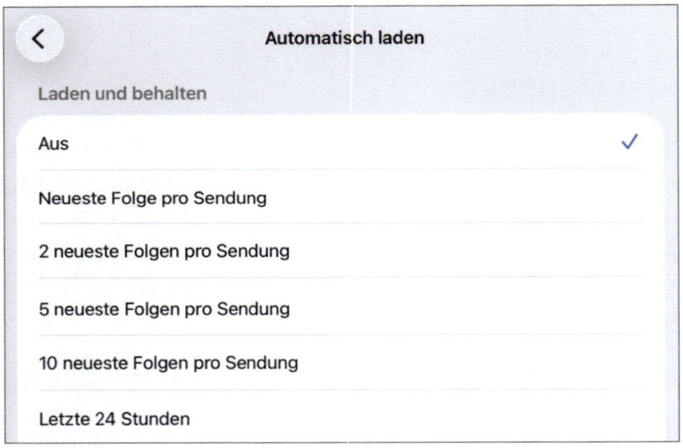

Mobile Daten ganz abschalten

Falls Sie unterwegs weder über das Mobilfunknetz surfen noch etwas herunterladen möchten und auch kein Musik- und Videostreaming nutzen, können Sie die mobilen Daten ganz abschalten.

1. Öffnen Sie die *Einstellungen* und tippen Sie im linken Bereich auf *Mobilfunk*.
2. In der rechten Spalte deaktivieren Sie nun *Mobile Daten*. SMS können Sie aber dennoch empfangen und versenden.

Schnell ein WLAN-Kennwort teilen

Falls Sie schnell einmal mit jemandem ein WLAN-Kennwort teilen wollen, ist das mit iPadOS, iOS oder macOS sehr einfach möglich (Bluetooth und – selbstverständlich – WLAN müssen eingeschaltet sein). Legen Sie einfach dessen Apple-Gerät neben Ihr iPad und es erscheint ein Hinweis, ob Sie sich an dem gleichen WLAN-Netzwerk anmelden möchten.

11.3 Apps

Apple prüft die von den Entwicklern eingereichten Apps sehr genau und lässt bei Weitem nicht alle ohne Änderung und Anpassungen zu. Dennoch kann es vorkommen, dass eine App einmal Probleme bereitet. In diesem Fall können Sie z. B. laufende Apps beenden. Tritt der Fehler öfter auf, sollten Sie prüfen, ob ein Update zur Verfügung steht, und dieses installieren (siehe dazu Kapitel 10.1). Andernfalls hilft es nur, die App zu entfernen und sich nach einer Alternative umzuschauen.

Apps beenden

Normalerweise ist es nicht erforderlich, eine App gezielt zu schließen, da diese sich bei Nichtbenutzung inaktiv im Hintergrund befindet und keinen Hauptspeicher belegt. Sollte es dennoch einmal notwendig sein, gehen Sie so vor:

1. Öffnen Sie den App-Umschalter, indem Sie vom unteren Bildschirmrand langsam nach oben wischen und in der Mitte innehalten.
2. Zum Schließen wischen Sie auf der Voransicht der besagten App schnell von unten nach oben. Die App wird vollständig geschlossen und beendet.
3. Alternativ können Sie die *Menüleiste* einblenden und dort auf den *roten Schalter* tippen.
4. Wollen Sie mehrere Apps auf einmal beenden, wischen Sie auf diesen mit jeweils einem Finger Ihrer Hand nach oben.

11.4 Speicher

Speicherplatz kann man nie genug haben, auch beim iPad nicht. Allerdings sind iPads mit viel Speicherplatz, beispielsweise mit 512 GB oder gar 1 TB, auch recht teuer. Daher sollten Sie mit dem Speicherplatz gut haushalten, um zumindest all die Apps und Daten darauf installieren zu können, die Sie regelmäßig benötigen.

Mit den folgenden Tipps begegnen Sie dem Speichermangel auf Ihrem iPad.

Überblick über den Speicherverbrauch

Bevor Sie Apps und Daten löschen, um den Speicher freizuräumen, sollten Sie sich erst einmal einen Überblick darüber verschaffen, welche Apps, Daten und Medien den meisten Speicherplatz auf Ihrem iPad benötigen:

1. Öffnen Sie dazu die *Einstellungen*, tippen Sie in der linken Spalte auf *Allgemein* und dann in der rechten auf *iPad-Speicher*.
2. Nach einiger Zeit erscheint an oberster Stelle eine farbige Balkengrafik, die anzeigt, wie viel Speicherplatz von Apps, Daten und Medien belegt wird. Damit erhalten Sie einen guten ersten Überblick.

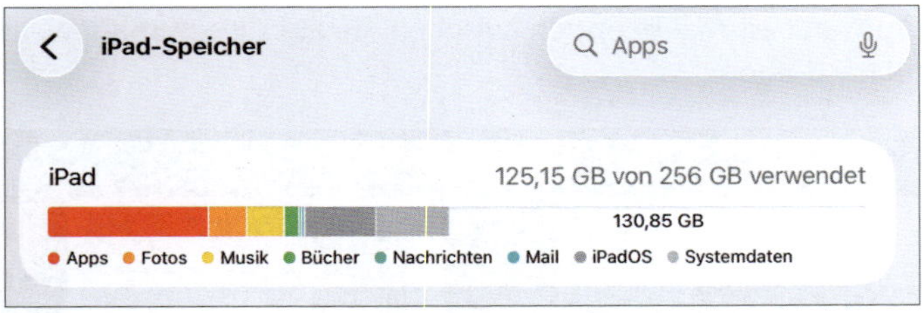

Welche App benötigt am meisten Speicher?

Wollen Sie im Detail herausfinden, welche App und welche Medien wie viel an Speicher belegen, erreichen Sie dies wie folgt:

1. Öffnen Sie dazu die *Einstellungen*, tippen Sie in der linken Spalte auf *Allgemein* und in der rechten auf *iPad-Speicher*.
2. Rechts unten werden alle Apps aufgelistet, die auf Ihrem iPad installiert sind, mit den Angaben, wie viel Speicherplatz sie und ihre Daten belegen.
3. Die Apps mit dem meisten Speicherplatz finden Sie oben. Des Weiteren wird angezeigt, ob Sie die App je benutzt haben und wann zuletzt.
4. Anhand dieser Kriterien entscheiden Sie, ob die App und ihre Daten gelöscht oder ausgelagert werden. Beachten Sie dazu die folgenden Tipps.

Speicherplatz für Musik-Downloads begrenzen

Hören Sie viel Musik mit der *Musik*-App und haben Sie außerdem Apple Music abonniert, landen – weitgehend automatisch – die von Ihnen angehörten Musiktitel auf dem iPad, damit Sie später schneller darauf zugreifen können, auch dann, wenn Sie sich gerade in einem Funkloch befinden. Damit sich der Speicherplatz Ihres iPad nicht bis zum Anschlag automatisch mit Musik-Downloads füllt, können Sie den Platz dafür begrenzen.

1. Öffnen Sie die *Einstellungen* und wählen Sie in der linken Spalte den Eintrag *Apps* sowie anschließend rechts *Musik*.
2. Nun suchen Sie in der rechten Spalte unter *Downloads* die Option *Speicher optimieren* und schalten sie ein.
3. Zudem geben Sie hier an, wie viel Speicher für Musik-Downloads zur Verfügung stehen darf – ob gar keiner, *16 GB*, *32 GB* oder mehr.
4. Weiteren Speicherplatz sparen Sie, wenn Sie die Option *Dolby Atmos laden* abschalten.
5. Unter *Audio* schalten Sie diese ggf. ebenfalls ab und wählen unter *Audioqualität* sowie *Downloads* eine geringe Qualität wie etwa »nur« High Quality.

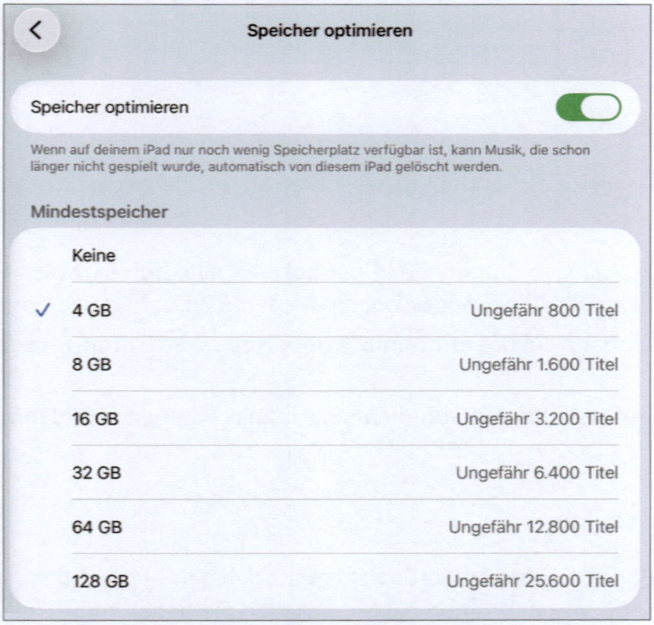

Speicher gezielt aufräumen

Um den iPad-Speicher aufzuräumen, gehen Sie am besten gezielt vor und orientieren sich daran, ob Sie die App und ihre Medien wirklich benötigen und wie oft. Die Apps und ihre Daten löschen Sie später auf die folgende Weise:

1. Öffnen Sie dazu die *Einstellungen*, tippen Sie in der linken Spalte auf *Allgemein* und in der rechten auf *iPad-Speicher*.
2. Unten sind alle Apps aufgelistet, die auf Ihrem iPad installiert sind, und wie viel Speicherplatz sie belegen.
3. Möchten Sie eine App löschen, tippen Sie auf ihren Namen und dann zweimal hintereinander auf den Eintrag *App löschen*. Dabei werden aber auch die Daten der App entfernt.
4. Alternativ können Sie längere Zeit unbenutzte Apps auch in iCloud auslagern. Tippen Sie dazu auf *App auslagern*. Wie Sie einzelne Apps gezielt auslagern, erfahren Sie weiter unten.

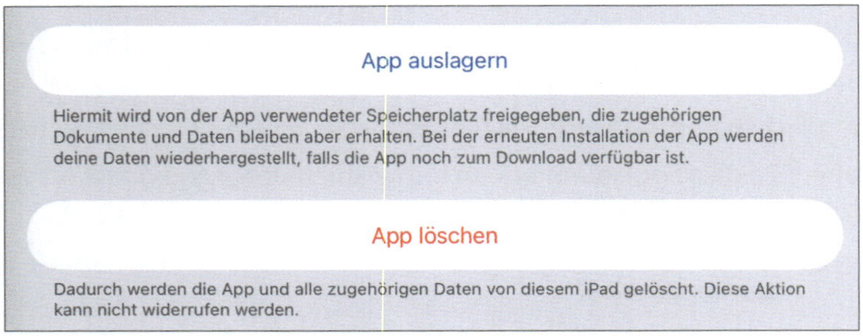

Geladene Videos löschen

Videos benötigen besonders viel Speicherplatz, daher sollten Sie ab und zu die nicht mehr benötigten Filme löschen.

1. Öffnen Sie dazu die *Einstellungen*, tippen Sie in der linken Spalte auf *Allgemein* und dann im rechten Bereich auf *iPad-Speicher/Geladene Videos prüfen*.
2. Tippen Sie auf *Bearbeiten*, dann auf das rote Minus-Symbol links vom Eintrag und dann auf *Löschen*.
3. Alternativ können Sie auf dem Eintrag von rechts nach links wischen und dann auf *Löschen* tippen.

Geladene Podcasts entfernen

Podcasts, vor allem Video-Podcasts, können viel Speicherplatz belegen – je nachdem, welche Einstellung Sie in der App vorgenommen haben. Schauen Sie daher immer wieder einmal in der *Podcast*-App nach und löschen Sie die nicht benötigten Podcasts:

1. Starten Sie die *Podcast*-App, tippen Sie oben rechts in der Tableiste auf das Symbol zum Einblenden der Seitenleiste. Dort tippen Sie auf den Eintrag *Geladen*.
2. Tippen Sie auf das Cover des Podcasts, bis das Kontextmenü erscheint.

3. Um alle geladenen Folgen des Podcasts zu löschen, tippen Sie auf *Downloads entfernen*.

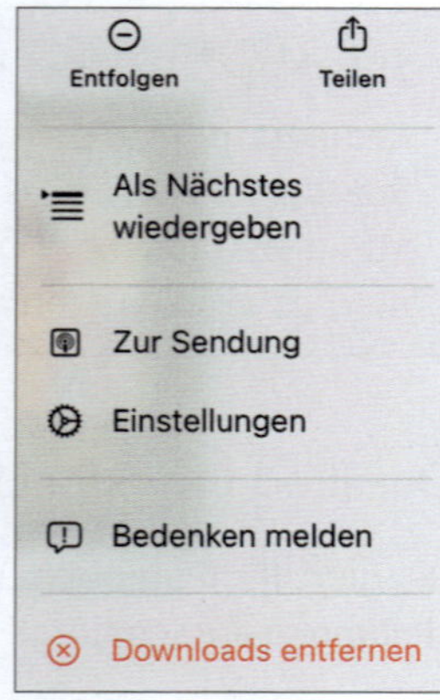

Apps auslagern

Manche Apps benutzen Sie täglich oder oft und andere selten oder gar nicht. Diese Apps können Sie (ab iPadOS 13) auslagern.

1. Öffnen Sie die *Einstellungen*, wählen Sie in der linken Spalte den Eintrag *Allgemein* und tippen Sie in der rechten Spalte auf *iPad-Speicher*.
2. Nun wählen Sie unten die gewünschte App aus. Zum Auslagern der App tippen Sie auf *App auslagern*. Hierbei bleiben Daten und Symbol erhalten, über das Sie die App bei Bedarf wieder laden können.

Speicher voll, was nun?

Ist der Speicher Ihres iPad randvoll, sollten Sie im iTunes Store einen Film ausleihen. Das klingt zunächst widersprüchlich, kann jedoch dabei helfen, dass iPadOS extra Speicher freiräumt, um den Film unterzubringen:

1. Starten Sie den iTunes Store und leihen Sie sich irgendeinen Film aus (siehe dazu Kapitel 7.4).
2. Da Sie so gut wie keinen Speicher mehr zur Verfügung haben, löscht iPadOS Cache-Dateien (Zwischenspeicher) und andere für Sie unsichtbare Dateien, um dem Film Platz zu machen.
3. Dadurch wird wieder etwas Platz auf dem iPad frei, allerdings in der Regel nicht genug, um den Film unterzubringen, und daher wird der Download des Films abgebrochen. Der freigeräumte Speicherplatz bleibt aber unbelegt. Dies können einige 100 MB oder mehr sein.

11.5 Wenn das iPad einmal abstürzen sollte

Ein iPad ist auch nur ein Computer und kann daher auch mal abstürzen. Dies kommt allerdings viel seltener vor als beispielsweise bei einem Windows-PC. Ist es doch einmal der Fall, helfen Ihnen die folgenden Tipps weiter.

Stand-by-Taste oder Home-Taste betätigen

Reagiert Ihr iPad auf Gesten und Fingertipps nicht mehr, drücken Sie einfach kurz die Stand-by-Taste. Dabei geht Ihr iPad in den Ruhezustand. Wecken Sie es dann über die Stand-by-Taste oder die Home-Taste wieder auf und melden sich erneut an, funktioniert es oftmals wieder tadellos.

Das iPad über die Einstellungen abschalten

Reagiert Ihr iPad noch auf Eingaben, können Sie es unter Umständen auch über die *Einstellungen* ausschalten:

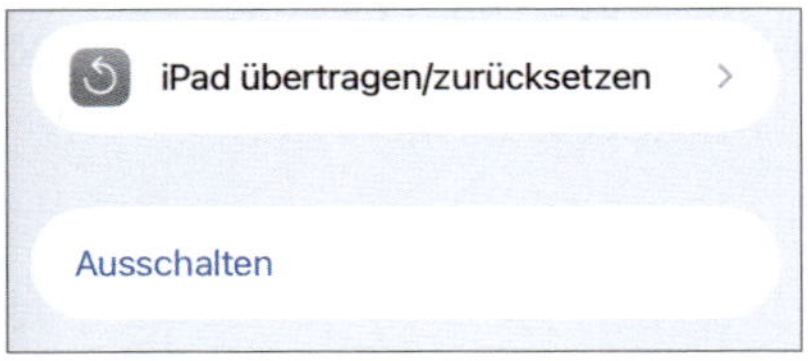

1. Öffnen Sie die *Einstellungen* und wählen Sie in der linken Spalte den Eintrag *Allgemein*.
2. In der rechten Spalte blättern Sie nach unten und tippen dort auf den blauen Eintrag *Ausschalten*. Das iPad wird heruntergefahren.
3. Zum Einschalten drücken Sie später wieder wie gewohnt die Stand-by-Taste.

iPad aus- und einschalten

Nimmt das iPad keine Eingaben mehr an, versuchen Sie, es zunächst auf die bekannte Weise aus- und wieder einzuschalten.

1. Drücken Sie die Stand-by-Taste so lange, bis der Schalter *Ausschalten* auf dem Bildschirm erscheint.
2. Beim iPad Pro ab der dritten Generation, dem iPad Air ab der vierten Generation und dem iPad mini ab der sechsten Generation drücken Sie dazu die Stand-by-Taste und die Lauter-Taste gleichzeitig.

3. Wischen Sie auf dem Schalter *Ausschalten* von links nach rechts, wird das iPad heruntergefahren.
4. Schalten Sie es nach einer kurzen Pause über die Stand-by-Taste erneut ein, sollte es wieder wie gewohnt funktionieren.

iPad per Tastenkombination neu starten

Falls Ihr iPad abgestürzt ist oder sich aufgehängt hat, versuchen Sie, es auf die folgende Weise mit einer Tastenkombination neu zu starten:

1. Bei einem iPad mit Home-Taste drücken Sie die Stand-by-Taste und die Home-Taste gleichzeitig und lassen diese mindestens zehn Sekunden gedrückt.

2. Bei allen iPads ohne Home-Taste drücken Sie zunächst für eine Sekunde die Lauter-Taste, dann für eine Sekunde die Leiser-Taste und dann für ca. fünf Sekunden die Stand-by-Taste.
3. Warten Sie jeweils, bis das Apple-Logo angezeigt wird. Dann können Sie die Tasten wieder loslassen.

Die letzte Möglichkeit: der Wartungszustand

Falls alle anderen Methoden keine Besserung bringen und sich das iPad weder regulär noch über die obige Tastenkombination starten lässt, können Sie noch versuchen, das iPad in den sogenannten Wartungszustand zu versetzen.

Anschließend ist es unter Umständen möglich, es über iTunes neu einzurichten oder über ein – hoffentlich vorhandenes – Backup wiederherzustellen.

Den Wartungszustand beim iPad mit Home-Taste aktivieren

1. Verbinden Sie das iPad über das USB-C-auf-USB- oder das Lightning-auf-USB-Kabel mit dem Mac oder Windows-PC.
2. Drücken Sie die Stand-by- und Home-Taste gleichzeitig für zehn Sekunden.
3. Nun lassen Sie die Stand-by-Taste los, aber halten die Home-Taste für weitere zehn Sekunden gedrückt.
4. In der Regel wird das iPad nun von iTunes bzw. dem Finder erkannt – und zwar im Wartungszustand – und Sie können es neu einrichten oder aus einem Backup wiederherstellen.

Den Wartungszustand beim iPad ohne Home-Taste aktivieren

1. Verbinden Sie das iPad über das USB-C-auf-USB-/USB-C-Kabel mit dem Mac oder Windows-PC.
2. Drücken Sie die Lauter-Taste, und lassen Sie diese sofort wieder los. Drücken Sie die Leiser-Taste, und lassen Sie diese ebenfalls wieder los.
3. Halten Sie nun die Stand-by-Taste gedrückt, bis das iPad erneut startet.
4. Halten Sie die Stand-by-Taste weiter so lange gedrückt, bis das iPad in den Wiederherstellungsmodus versetzt wird.

11.6 Umzug auf ein neues iPad

Endlich liegt es vor Ihnen, das nagelneue iPad. Aber wie bekommen Sie die Apps und Daten des alten Gerätes auf das neue? Dafür bieten sich mehrere Wege an: über den Finder, die Geräte-App von Windows oder auch iCloud.

Umzug über den Finder

Bei einem Mac findet der Umzug schon länger nicht mehr über iTunes, sondern ausschließlich über den Finder statt:

1. Hierzu schließen Sie zunächst Ihr altes iPad über das USB-C- oder Lightning-auf-USB-/USB-C-Kabel an Ihren Mac an. Wählen Sie in der linken Seitenleiste des Finder-Fensters unter *Orte* Ihr iPad aus.
2. Klicken Sie oben auf *Allgemein* und dann auf *Backup jetzt erstellen*. Warten Sie, bis das Backup abgeschlossen ist. Entfernen Sie dann das alte iPad.
3. Schließen Sie anschließend Ihr neues iPad über das USB-C- oder Lightning-auf-USB-/USB-C-Kabel an Ihren Mac an.
4. Sobald der Konfigurationsassistent nachfragt, ob das iPad als neues iPad konfiguriert oder über Ihren Mac oder iCloud wiederhergestellt werden soll, wählen Sie Ihren Mac aus.
5. Falls mehrere Backups existieren, wählen Sie das neueste Backup Ihres alten iPad aus und starten die Wiederherstellung. Das Backup wird auf das neue iPad übertragen, was geraume Zeit in Anspruch nehmen kann.
6. Ist das neue iPad hingegen schon eingerichtet, klicken Sie stattdessen nach dem Anschließen an den Mac auf *Backup wiederherstellen* und folgen den Anweisungen.

Umzug über die Geräte-App von Windows

Sofern Sie einen Windows-PC besitzen, können Sie den Umzug über die Geräte-App vornehmen. Erstellen Sie als Erstes ein Backup Ihres iPad über die Geräte-App.

Haben Sie das Backup erstellt, gehen Sie wie folgt vor, um die Daten auf das neue iPad zu übernehmen:

1. Schalten Sie das neue iPad ein. Der Konfigurationsassistent startet. Folgen Sie den Anweisungen.
2. Sobald der Konfigurationsassistent nachfragt, ob das iPad als neues iPad konfiguriert oder wiederhergestellt werden soll, verbinden Sie es mit dem beiliegenden USB-C- oder Lightning-auf-USB-/USB-C-Kabel mit dem Computer.
3. Öffnen Sie die Geräte-App, falls diese nicht automatisch gestartet wurde, und klicken Sie im Hauptfenster auf den Eintrag *Backup wiederherstellen*.
4. Wenn mehrere Backups existieren, wählen Sie das neueste Backup Ihres alten iPad aus und starten die Wiederherstellung. Das Backup wird auf das neue iPad übertragen, was geraume Zeit dauern kann.
5. Nach dem Neustart des iPad ist es erforderlich, Ihre Kennwörter für iCloud und den iTunes Store erneut einzugeben. Danach können Sie Ihr neues iPad verwenden.

> **Kennwörter beim Umzug mitnehmen**
> Falls Sie die Kennwörter beim Umzug mitnehmen wollen, müssen Sie zuvor ein verschlüsseltes Backup erstellt haben. Wie das geht, erfahren Sie in Kapitel 9.6.

Umzug über iCloud

Ohne Computer nutzen Sie zur Wiederherstellung Ihres Backups auf dem neuen iPad einfach iCloud. Hierbei gehen Sie so vor:

1. Schalten Sie das neue iPad ein. Der Konfigurationsassistent startet. Folgen Sie den Anweisungen. Hierbei melden Sie Ihr neues iPad auch an Ihrem WLAN-Netzwerk an.
2. Sobald der Konfigurationsassistent nachfragt, ob das iPad als neues iPad konfiguriert und u. a. über iCloud wiederhergestellt werden soll, wählen Sie *iCloud* aus.
3. Falls mehrere Backups existieren, wählen Sie das aktuelle Backup Ihres alten iPad aus und starten die Wiederherstellung. Das Backup wird auf das neue iPad übertragen, was geraume Zeit dauern kann.
4. Falls Sie nach dem Neustart des iPad nach Ihren Kennwörtern für iCloud und den iTunes Store gefragt werden, geben Sie diese an. Danach können Sie Ihr neues iPad nutzen.

Vom Android-Tablet zum iPad wechseln

Verwenden Sie bisher ein Tablet mit Android, können Sie, sofern es bestimmte Voraussetzungen erfüllt, auf ein neues iPad umziehen und Ihre Daten (Adressen, Kalender, Nachrichten, Fotos, Videos, Lesezeichen, E-Mail-Konten) in der Regel vollständig übernehmen.

Damit das funktioniert, muss Ihr Android-Tablet aber mindestens unter Android 4 laufen und Sie benötigen außerdem die kostenlose App *Auf iOS übertragen* aus dem Google Play Store.

1. Sorgen Sie dafür, dass das Android-Tablet und das iPad vollständig geladen sind. Schalten Sie das Android-Tablet ein und melden Sie es an Ihrem WLAN-Netzwerk an. Alternativ verbinden Sie die beiden Geräte mit einem passenden Kabel.
2. Laden Sie auf Ihrem Android-Tablet die App *Auf iOS übertragen* aus dem Google Play Store herunter.
3. Schalten Sie das neue iPad ein und folgen Sie den Anweisungen des Konfigurationsassistenten. Sobald der Konfigurationsbildschirm *Apps & Daten* anzeigt, tippen Sie dort auf *Daten von Android übertragen*.
4. Starten Sie auf dem Android-Tablet *Auf iOS übertragen* und folgen Sie den Anweisungen, wobei auch ein Code ermittelt wird. Tippen Sie auf *Weiter*.
5. Tippen Sie auf dem iPad auf *Fortfahren*. Auf dem iPad wird der Code angezeigt, den Sie auf dem Android-Tablet eingeben.

6. Als Nächstes erscheint der Bildschirm zur Datenübertragung. Geben Sie an, welche Daten vom Android-Tablet übertragen werden sollen.
7. Ist der Umzug abgeschlossen, tippen Sie auf *Fertig* und folgen auf dem iPad den weiteren Schritten des Konfigurationsassistenten.

11.7 iPadOS aktualisieren

Apple stellt in unregelmäßigen Abständen Updates für iPadOS bereit, die Sie unbedingt installieren sollten. Neben neuen Funktionen werden dabei vor allem Fehler und Sicherheitslücken beseitigt. Einmal im Jahr erscheint ein größeres Upgrade auf eine neue Version – aktuell ist dies iPadOS 26. Mit den folgenden Tipps funktionieren Update und Upgrade Ihres iPad noch besser.

Läuft iPadOS 26 auf meinem iPad?

Im Gegensatz zu anderen Herstellern stellt Apple die neuesten Versionen seines Betriebssystems für Tablets und Smartphones auch für ältere Geräte bereit. iPadOS 26 läuft daher auf allen folgenden iPads, darunter auch mehrere Jahre alte Geräte:

- iPad Pro 12.9" (ab der 3. Generation)
- iPad Pro 11" (ab der 1. Generation)
- iPad (ab der 8. Generation)
- iPad mini (ab der 5. Generation)
- iPad Air (ab der 3. Generation)

iPadOS über den Finder aktualisieren

Nutzen Sie einen Mac, ist der Finder für das Upgrade zuständig. Dabei gehen Sie wie folgt vor:

1. Schließen Sie Ihr iPad über das USB-C- oder Lightning-auf-USB-/USB-C-Kabel an Ihren Mac an. Wählen Sie in der linken Seitenleiste des Finder-Fensters unter *Orte* Ihr iPad aus.
2. Klicken Sie im Hauptfenster oben auf *Allgemein* und dann auf *Nach Update suchen*.
3. Ist ein neues Update vorhanden, laden Sie es herunter und installieren es.

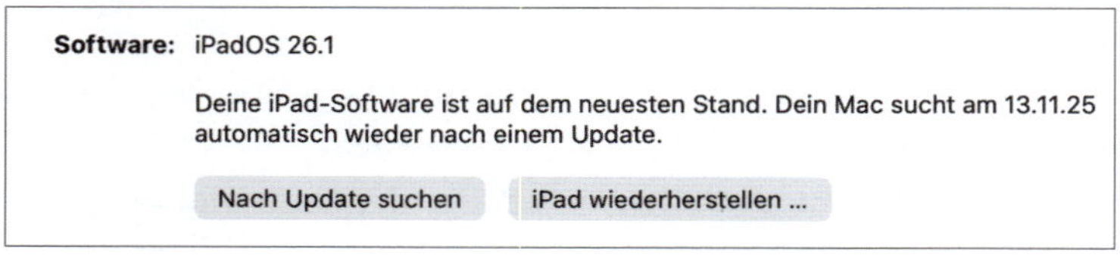

iPadOS online aktualisieren

Besitzen Sie keinen Computer oder steht er Ihnen gerade nicht zur Verfügung, können Sie das iPad auch online aktualisieren. In diesem Fall muss der Akku vollgeladen und das iPad mit Ihrem WLAN-Netzwerk verbunden sein. Ist das der Fall, gehen Sie so vor:

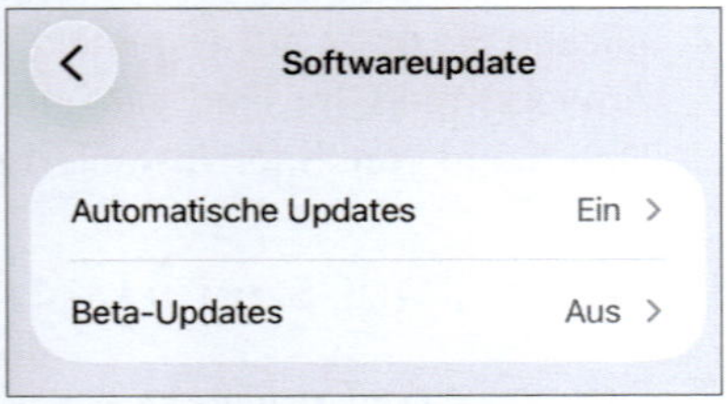

1. Öffnen Sie die *Einstellungen* und wählen Sie in der linken Spalte den Eintrag *Allgemein*.
2. Tippen Sie in der rechten Spalte auf *Softwareupdate* und laden Sie dieses per Fingertipp herunter.
3. Ist das Update heruntergeladen, tippen Sie auf *Jetzt installieren*. Während der Installation wird das iPad neu gestartet.
4. Warten Sie, bis die Installation des Updates abgeschlossen ist, und melden Sie sich danach über Ihren Zugangscode wieder an.

11.8 Werkszustand des iPad wiederherstellen

Wenn Sie Ihr iPad verkaufen, verschenken oder zur Reparatur geben, müssen Sie den Werks- oder Auslieferungszustand wiederherstellen. Wie Sie dabei vorgehen, erfahren Sie in den folgenden Tipps. Bitte beachten Sie, dass Sie zunächst die Funktion *Mein iPad suchen* abschalten müssen!

»Mein iPad suchen« abschalten

1. Öffnen Sie die *Einstellungen* und wählen Sie in der linken Spalte Ihren Apple Account aus.
2. Tippen Sie anschließend in der rechten Spalte auf *Wo ist?* Dort schalten Sie die Funktion *Mein iPad suchen* ab. Dazu müssen Sie das Kennwort Ihres Apple Accounts eingeben.

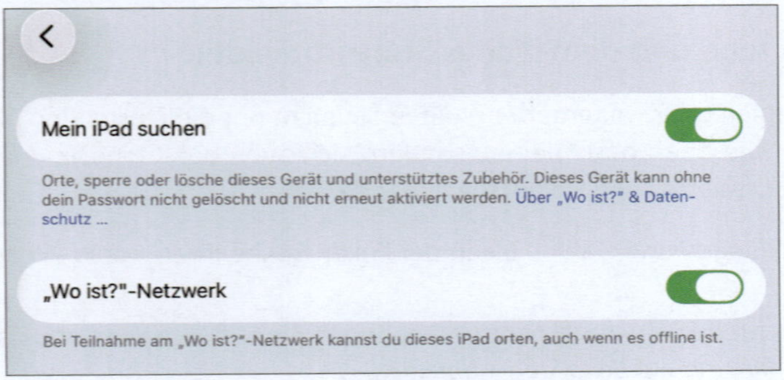

iPad über den Finder zurücksetzen

Unter macOS setzen Sie Ihr iPad im Finder zurück, und zwar auf die folgende Weise:

1. Schließen Sie Ihr iPad über das USB-C- oder Lightning-auf-USB-/USB-C-Kabel an Ihren Mac an. Wählen Sie in der linken Seitenleiste des Finder-Fensters unter *Orte* Ihr iPad aus.
2. Klicken Sie oben auf *Allgemein* und dann auf *iPad wiederherstellen* und folgen Sie den Anweisungen. Ihr iPad wird nun auf den Werkszustand zurückgesetzt, und alle Ihre Daten und von Ihnen installierten Apps werden entfernt.

iPad über iPadOS zurücksetzen

1. Öffnen Sie die *Einstellungen* und wählen Sie in der linken Spalte den Eintrag *Allgemein*.
2. In der rechten Spalte blättern Sie ganz nach unten und tippen dort auf *iPad übertragen/zurücksetzen*.
3. Um bei Ihrem iPad den Werkszustand wiederherzustellen, tippen Sie auf *Zurücksetzen*.
4. Bitte beachten Sie, dass dies einige Zeit in Anspruch nehmen kann und das iPad dazu am besten mit dem beiliegenden Kabel und Netzteil am Stromnetz angeschlossen ist.

Auf dem iPad bei iCloud und dem iTunes Store abmelden

Wenn Sie Ihr iPad verkaufen oder weitergeben, sollten Sie nicht nur die Einstellung *Mein iPad suchen* abschalten wie oben beschrieben, sondern sich auch bei iCloud und dem iTunes Store abmelden. Dies erreichen Sie auf die folgende Weise:

1. Öffnen Sie die *Einstellungen* und wählen Sie in der linken Spalte Ihren Apple Account aus.
2. Blättern Sie in der rechten Spalte nach ganz unten, tippen Sie auf *Abmelden* und dann auf *Bei iCloud abmelden* und auf *Beim Store abmelden*.

3. Bei der Abmeldung haben Sie die Wahl, die iCloud-Daten auf dem iPad zu behalten. Dies sollten Sie natürlich unterlassen, wenn Sie das iPad weitergeben oder verkaufen möchten.
4. Selbstverständlich können Sie sich, je nachdem, auch nur bei iCloud oder beim Store abmelden.

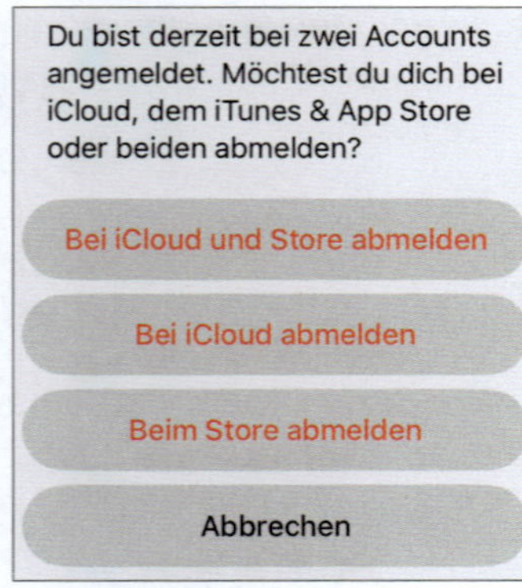

11.9 Seriennummer herausfinden

Wenn Sie herausfinden wollen, ob Ihr iPad noch Apple-Garantie hat, oder wenn Sie eine Reparatur im Apple Store beauftragen, dann benötigen Sie die Seriennummer Ihres iPad. Diese finden Sie auf zwei unterschiedlichen Wegen heraus:

1. Öffnen Sie die *Einstellungen* und wählen Sie in der linken Spalte den Eintrag *Allgemein*.
2. Tippen Sie in der rechten Spalte auf *Info*. Oben finden Sie die Seriennummer Ihres iPad. Des Weiteren ist dort zu finden, ob Sie noch über Garantie verfügen und wie lange diese noch gilt.
3. Lässt sich Ihr iPad hingegen nicht mehr einschalten, finden Sie die Seriennummer auch unten auf der Rückseite Ihres iPad. Allerdings ist diese in sehr kleiner Schrift aufgedruckt. Nehmen Sie ggf. eine Lupe zur Hilfe.

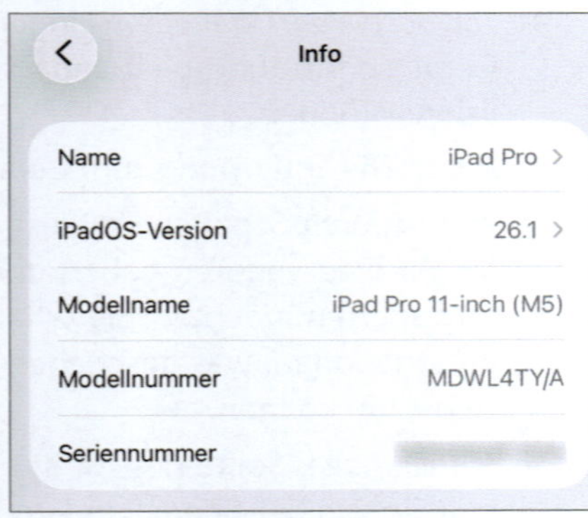

4. Auch auf der Rückseite der Verpackung Ihres iPad ist unten die Seriennummer aufgedruckt.

Seriennummer in die Zwischenablage kopieren

Sofern Ihr iPad noch läuft und Sie die Seriennummer über die *Einstellungen* herausfinden und einsehen können, müssen Sie diese nicht notieren. Sie können sie auch in die Zwischenablage kopieren und dann in eine E-Mail oder ein Textdokument übernehmen:

1. Öffnen Sie die *Einstellungen* und wählen Sie in der linken Spalte den Eintrag *Allgemein*.
2. Tippen Sie in der rechten Spalte auf *Info*. Oben finden Sie die Seriennummer Ihres iPad.
3. Um diese in die Zwischenablage zu kopieren, tippen Sie fest auf den Eintrag und wählen dann den Befehl *Kopieren*.

4. In der *Mail*-App oder einem Textverarbeitungsprogramm fügen Sie diese Seriennummer ein, indem Sie ebenfalls fest auf die entsprechende Stelle tippen und dann *Einsetzen* wählen.

11.10 Alle Geräte wiederfinden mit der App »Wo ist?«

Sofern Sie bei Ihrem iPad, iPhone, dem Mac oder auch der Apple Watch die Funktion *Mein [Gerätename] suchen* in iCloud aktiviert haben, können Sie diese über die App *Wo ist?* von iPadOS schnell lokalisieren:

1. Starten Sie die App *Wo ist?* und tippen Sie unten auf *Geräte*. Ihre Geräte, bei denen die genannte Funktion eingeschaltet ist, werden aufgelistet.
2. Der jeweilige Eintrag enthält neben dem Namen des Gerätes den Aufenthaltsort und die Info, wie weit dieser von Ihrem aktuellen Aufenthaltsort entfernt ist.
3. Tippen Sie auf das Gerät, haben Sie dort folgende Möglichkeiten:
   - *Ton abspielen:* Über einen Fingertipp wird auf dem Gerät ein Ton abgespielt, sodass Sie es besser lokalisieren können.
   - *Route:* Die Entfernung zum Gerät wird angezeigt.
   - *iPad verloren:* Schalten Sie diese Option ein, sofern Sie Ihr iPad verloren haben und dieses schützen und sperren möchten. Sie erhalten zuvor weitere Informationen, was geschehen wird und was Sie selbst tun können.
   - *Mitteilungen:* Sollte das Gerät verloren sein, können Sie sich bei einem Fund und auf Wunsch auch beim wissentlichen oder unwissentlichen Zurücklassen benachrichtigen lassen.

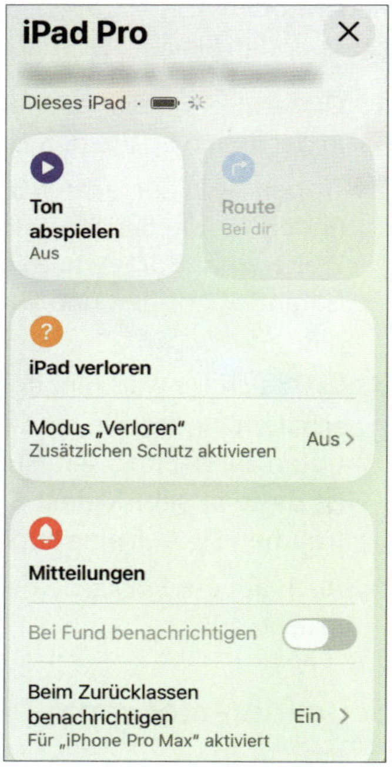

> **Gerät entfernen**
>
> Tippen Sie auf *Gerät entfernen*, wenn Sie dieses verkaufen oder weitergeben. In diesem Fall wird die Verknüpfung zu Ihrem Apple Account aufgehoben, und eine andere Person kann es erneut aktivieren und einrichten. Bleibt diese Verknüpfung bestehen, kann es eine andere Person nicht für sich aktivieren und konfigurieren.

N